本书为上海证券交易所、南京证券、北方民族大学合作编写的投资者教育教材

证券
投资学

张正斌　　邓春朝
　　　　　　　　编著
马明娟　　陈丽萍

经济管理出版社
ECONOMY & MANAGEMENT PUBLISHING HOUSE

图书在版编目（CIP）数据

证券投资学/张正斌等编著 . —北京：经济管理出版社，2022. 12
ISBN 978-7-5096-8927-1

Ⅰ.①证…　Ⅱ.①张…　Ⅲ.①证券投资—高等学校—教材　Ⅳ.①F830.91

中国版本图书馆 CIP 数据核字（2022）第 253971 号

组稿编辑：杨　雪
责任编辑：杨　雪
助理编辑：王　蕾　王　慧
责任印制：黄章平
责任校对：董杉珊

出版发行：经济管理出版社
　　　　　（北京市海淀区北蜂窝 8 号中雅大厦 A 座 11 层　100038）
网　　址：www. E-mp. com. cn
电　　话：（010）51915602
印　　刷：北京晨旭印刷厂
经　　销：新华书店
开　　本：787mm×1092mm/16
印　　张：21. 75
字　　数：477 千字
版　　次：2023 年 4 月第 1 版　　2023 年 4 月第 1 次印刷
书　　号：ISBN 978-7-5096-8927-1
定　　价：59. 00 元

前　言

进入 21 世纪后，我国的证券市场步入了快速发展时期，证券市场在广度和深度两个层面推进。从广度上看，市场交易品种更加丰富，在原来股票、债券和基金等传统交易工具的基础上出现了期货、期权等衍生类金融工具，形成了证券交易所交易与期货和商品交易所交易并行的基本格局。从市场深度上看，市场交易制度不断革新，交易技术逐步向着组合化、量化和智能化方向发展。交易品种的丰富、交易制度和交易技术的变革对普通投资者进行证券投资提出了更高的要求。

在证券市场发展的同时，证券投资理论也取得了长足的发展，继投资组合理论、资产定价理论和套利定价理论等传统的金融理论之后，行为金融则从人类心理和行为的角度对传统的金融理论提出了不同的解释，这些都是需要投资者进入资本市场进行投资时了解和学习的。在此基础上更好地认识证券投资的本质、投资风险与收益之间的关系以及建立理性投资和价值投资的理念。

基于上述两个方面的背景，对投资者特别是个人投资者的投资素养提出了几个方面的要求：一是深入了解和认识证券投资工具特别是新型投资工具的特点和本质，理解投资工具的风险收益特征；二是理解证券发行和上市制度、证券交易制度和证券监管制度的变化，以及对投资者证券投资和交易行为产生的影响；三是能够在了解证券估价原理的基础上，初步认识和准确理解对于股票、债券以及其他投资工具估价的重要性，形成理性估价和价值投资的理念；四是根据对证券收益风险性质的认识，形成正确的投资风险收益观，准确理解和把握风险和收益之间的关系，并根据自身的风险偏好理性选择投资对象进行投资；五是准确理解金融科技不断发展、人工智能和大数据技术在证券投资领域中的不断应用所带来的投资方式、投资理念的变化及其对个人投资者进行证券投资所产生的影响。

根据投资者教育内容及形式发生的变化，高等学校非金融类学生作为未来潜在的投资者，既具有一定的理解与认知能力，但又相对缺乏证券投资基础知识，作为一本投资者教育进入高等学校的普及性教材，在内容安排上既考虑到投资者教育的需要，也考虑到大学生理解和接受知识的能力较强的特点；既突出证券投资的基本理论，也注重具体证券投资的操作和分析。本书主要分为八篇，其中基础篇、股票篇、债券篇、基金篇和衍生工具篇五篇为证券投资的基本工具，以及市场发行和交易的基本制度和规则；第六篇组合管理篇主要是投资组合管理的基本理论；第七篇投资分析篇主要是证券投资的公司、行业和宏观经济分析；第八篇是证券监管篇。

本书由北方民族大学张正斌副教授负责制定编写大纲和统一编写体例，并承担第一章、第九章、第十章和第十二章的编写，北方民族大学邓春朝副教授负责第二章、第三章、第四章、第十三章、第十四章和第十五章的编写，北方民族大学马明娟老师负责第五章、第六章和第十六章的编写，北方民族大学陈丽萍老师负责第七章、第八章和第十一章的编写，最后由张正斌负责统稿。

本书是为投资者教育进入高等学校而编写的投资者教育教材，同时也适用于非金融学专业证券投资课程的选修课教材。由于编者水平有限，书中错误在所难免，恳请各位专家、同行及读者批评指正。

编写组

2023 年 1 月 8 日于银川

目　录

第一篇　基础篇

第一章　投资环境 ··· 3

　第一节　金融资产、实物资产与投资 ······························ 4

　第二节　证券市场 ··· 7

　第三节　证券市场的产生与发展 ·································· 19

　第四节　证券投资过程 ·· 31

第二篇　股票篇

第二章　股票基础知识 ··· 37

　第一节　股票的概念 ··· 37

　第二节　股票的特征 ··· 38

　第三节　股票的分类 ··· 39

第三章　股票的发行与流通 ····································· 42

　第一节　股票的发行市场 ··· 42

　第二节　股票的流通市场 ··· 47

第四章　股票的价值与价值投资 ······························ 50

　第一节　股票估值的原理 ··· 50

　第二节　股票估值的方法 ··· 51

第三篇　债券篇

第五章　债券基础知识 ··· 55

　第一节　债券的内涵 ··· 56

　第二节　债券的种类 ··· 57

　第三节　债券收益率的计算 ······································ 60

　第四节　债券筹资的优缺点 ······································ 66

　第五节　债券的发行与流通 ······································ 66

第六章　债券的价格与收益 ································· 71
　　第一节　债券的定价 ······························· 71
　　第二节　利率的期限结构 ··························· 76
　　第三节　债券资产的组合管理 ····················· 83

第四篇　基金篇

第七章　证券投资基金基础知识 ······················· 95
　　第一节　资产管理、个人理财与投资基金 ··········· 95
　　第二节　我国基金业的发展历程 ··················· 105
　　第三节　投资基金的运作模式与产品创新 ··········· 109

第八章　私募投资基金 ······························· 129
　　第一节　创新、创业与融资 ······················· 129
　　第二节　天使投资 ······························· 147
　　第三节　创业投资或风险投资 ····················· 154
　　第四节　私募股权投资 ··························· 174
　　第五节　私募投资基金的退出渠道 ················· 189

第五篇　衍生工具篇

第九章　衍生金融工具基础知识 ······················· 197
　　第一节　衍生金融工具的含义及类型 ··············· 198
　　第二节　衍生金融市场 ··························· 199

第十章　衍生金融工具的市场交易与风险 ··············· 206
　　第一节　期货与远期 ····························· 207
　　第二节　期权 ··································· 217
　　第三节　互换 ··································· 223

第六篇　组合管理篇

第十一章　资产组合理论 ····························· 229
　　第一节　资产组合理论的基本框架 ················· 230
　　第二节　分散化的威力 ··························· 232
　　第三节　资产组合内部最优配置比例的过程 ········· 237

第十二章　有效市场与行为金融 ······················· 242
　　第一节　什么是有效市场 ························· 243

第二节　有效市场的形式 ·· 247

第三节　效率市场假说的含义 ··· 249

第四节　市场异象 ··· 250

第五节　行为金融及其对市场异象的解释 ·································· 253

第七篇　投资分析篇

第十三章　证券投资的宏观与行业分析 ·································· 259

第一节　影响证券价格的宏观因素 ··· 259

第二节　行业分析 ··· 265

第十四章　公司分析 ··· 275

第一节　公司基本情况分析 ··· 275

第二节　公司财务分析 ··· 280

第十五章　技术分析理论与方法 ··· 289

第一节　技术分析基本假设 ··· 290

第二节　技术分析基本理论 ··· 292

第三节　技术指标分析 ··· 303

第八篇　证券监管篇

第十六章　证券市场监管 ··· 313

第一节　证券市场监管理论 ··· 313

第二节　证券市场监管的理论依据 ··· 322

第三节　证券市场监管的基本内容 ··· 327

第四节　我国证券市场的监管 ··· 333

后　记 ·· 337

第一篇　基础篇

第一章 投资环境

【章首导言】

　　投资是指投入当前资金或资源以期在未来获取收益的行为。人们购买股票并期望股票带来的收益能够补偿与这项投资相关的时间价值和风险。你投入时间学习与投资有关的课程也是一种投资，因为你放弃了在这一时间内可以获得的现时收入而期望在将来获得更高的收入。在正式进入投资内容的学习之前，我们必须先了解投资活动进行的环境。本章首先学习金融资产投资和实物资产投资，明确本课程的主要内容是金融资产的投资。其次介绍证券市场的产生和发展并分析证券市场具有什么功能。最后介绍作为投资者的个人和机构如何开展投资活动、如何进行投资。

【本章知识结构图】

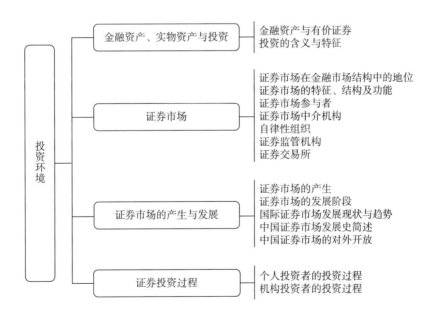

第一节 金融资产、实物资产与投资

一、金融资产与有价证券

一个社会创造财富的能力取决于这个社会的生产能力，即创造产品和服务的能力。这种能力取决于经济中的实物资产或有形资本——建筑、设备和企业存货等的企业投资。除企业投资外，政府、家庭和其他非营利组织也进行投资，此类投资既包括实物资产投资也包括人力资本投资和无形资产投资。

与实物资产相对应的是金融资产。金融资产是货币资本转化为资本的中介，它本身并不能增加一个经济体的生产能力，但是在现代市场经济中，这些金融资产被称为有价证券代表了持有人对实物资产所产生的收入的要求权或索取权。

（一）有价证券

有价证券或金融资产是指标有票面金额，用于证明持有人或该证券指定的特定主体对特定财产拥有所有权或未来收益要求权的凭证。这类证券本身没有价值，但由于它代表着一定量的财产权利，持有人可凭该证券直接取得一定量的商品、货币，或是取得利息、股息等收入，因而可以在证券市场上买卖和流通，客观上具有了交易价格。

有价证券是虚拟资本的一种形式。所谓虚拟资本，是指以有价证券形式存在并能给持有者带来一定收益的资本。虚拟资本是相对独立于实际资本的一种资本存在形式。通常，虚拟资本的价格总额并不等于所代表的真实资本的账面价格，甚至与真实资本的重置价格也不一定相等，其变化并不完全反映实际资本额的变化。

（二）有价证券的分类

有价证券有广义与狭义两种概念。广义的有价证券包括商品证券、货币证券和资本证券；狭义的有价证券仅指资本证券。

商品证券是证明持有人拥有商品所有权或使用权的凭证。商品证券要求权对应的是商品，取得这种证券就等于取得这种商品的所有权或使用权。商品证券主要有提货单、运货单、仓库栈单等。货币证券是本身能使持有人或第三者取得货币索取权的有价证券。货币证券主要包括两大类：一类是商业证券，主要是商业汇票和商业本票；另一类是银行证券，主要是银行汇票、银行本票和支票。资本证券是指由金融投资或与金融投资有直接联系的活动而产生的证券，其持有人有一定的收入请求权。资本证券是有价证券的主要形式，本书中的有价证券即指资本证券。

（三）金融资产的种类

狭义的有价证券即资本证券也被称为金融资产。金融资产通常可以分为三类：固定收益类、权益类和衍生金融资产。

固定收益类金融资产（或称为债券）是指，承诺支付一系列固定的或按一个规则计算的现金流量。如公司债券向持有人承诺每年支付固定（或浮动）的利息，到期偿还本金。权益类金融资产的主要类型是股票，代表了持有者对公司财产的所有权和未来收入的要求权。

权益类金融资产并不对投资者承诺收益，但投资者有权利以股利的形式分配公司的利润，并按照投资比例享有公司剩余财产的分配权。如果公司经营成功，权益价值上升，则投资者财富增加；如果公司亏损，权益价值下降，则投资者蒙受损失。所以，权益类金融资产的风险高于固定收益类资产。

衍生金融资产是指其价值依赖于基础金融资产（或商品）的价格或其他金融变量的金融工具。衍生金融工具主要有远期、期货、期权和互换四大类。衍生证券是风险管理的重要工具，可以用来对基础金融资产如股票、债券以及企业经营中的部分风险进行管理。但衍生证券也会产生大量的高风险投机活动从而引发市场波动。因此，衍生工具通常被称为"双刃剑"。

（四）金融资产的特征

（1）收益性。金融资产的收益性是指持有证券本身可以获得一定数额的收益，这是投资者转让资本所有权或使用权的回报。金融资产代表的是对一定数额的某种特定资产的所有权或债权，投资者持有金融资产也就同时拥有取得这部分资产增值收益的权利，因而金融资产本身具有收益性。

（2）流动性。金融资产的流动性是指变现的难易程度。证券要具有极高的流动性必须满足三个条件：很容易变现、变现的交易成本极小、本金保持相对稳定。证券的流动性可通过到期兑付、承兑、贴现、转让等方式实现。不同证券的流动性是不同的。

（3）风险性。证券的风险性是指实际收益与预期收益的背离，或者说是证券收益的不确定性。从整体上说，证券的风险与其收益成正比。通常情况下，风险越大的证券，其投资者要求的预期收益越高；风险越小的证券，其投资者要求的预期收益越低。

（4）期限性。债券一般有明确的还本付息期限，以满足不同筹资者和投资者对融资期限以及与此相关的收益率需求。债券的期限具有法律约束力，是对融资双方权益的保护。而股票没有期限，可以视为无期证券。

二、投资的含义与特征

（一）什么是投资

在现实生活中，投资无处不在，人们在不同的语境中都在使用投资一词。购买股票债券是投资，购买住房也是投资，将子女送入大学接受高等教育也是投资，将购买的收藏品也称为投资，由此导致人们多对投资产生误解，使其对投资的理解与经济学意义上的投资有很大不同。

投资的理解可以从投资行为和投资过程两个方面进行。①从行为上看，投资是指投入当前资金或资源以期在未来获得收益的行为。例如，人们从自己消费之后的节余中拿出部分资金购买股票、债券或其他资产，以期望未来获得相应的收入。人们投资时间进行学习以期望将来获得更高的薪酬，也是一种投资。你放弃了休闲的时间和当前工作可以获得的收入，并期望在将来可以有更高的收入，这种投资也可以称为人力资本投资。这两种投资的共同特点是投资者放弃现在有价值的东西以期望未来获得收益。②从过程上看，投资就是资本形成——购置或创造用于生产的资源。这个过程也是货币转化为资本的过程。这一转化过程需要一些中介来完成，而这些中介就是我们现在所说的金融资产。

（二）投资的特征

投资作为一个将货币转化为资本的获得收益的过程，一般具有以下四个基本特征。一是投资总是一定主体的经济行为，这个投资主体就是投资者。投资者作为投资主体必须具备四个条件：具有一定货币资金、对货币资金具有支配权、拥有投资的收益权、能承担投资的风险。在这一意义上的投资者才是享有收益且能够承担风险的投资者。二是投资的目的（动机）是为了获取投资效益。投资的最直接目的就是获得投资收益，而在投资者将自己的资金通过有价证券投入企业获取收益的同时，会增加企业的生产能力和整个社会创造财富的能力，既产生微观效益，也产生宏观效益。因此，投资的最终结果是增加了整个社会的财富。三是投资可能获取的收益具有不确定性，即投资有风险。投资风险使投资收益具有不确定性，因此投资者在享有投资收益的同时，也承担与投资收益相伴的风险。投资风险是对投资的内在约束，只有在风险和收益相统一的条件下，投资行为才能得到有效调节。四是投资必须放弃或延迟一定量的消费。要投资就要放弃或者说要牺牲一定量的消费，对个人来说如此，对整个社会来说也是如此。因此，投资实际是在现期消费与将来消费之间的权衡。

【延伸阅读】

赌博、投机与投资

赌博与投资和投机的根本性区别：赌博属于零和博弈，参与双方的盈利和亏损正好相抵，因此遵守法律的人和理性的人通常把赌博作为一种娱乐，而不是收入的来源。赌博比投资或投机更快，持续的时间更短。赌博通过游戏规则，人为制造风险，使参与者承担风险但不能提供与之相匹配的经济利益的预期。

投机也可以说投资机会，投机者伺机而动，有利可图则进入市场，无利可图则不行动。从时间上看，投机持续的时间比赌博长比投资短，投机者主要通过低买高卖获取差价收入。从作用上看，投机有利于减少价格波动。

投资。在证券市场上投资一般是指买入金融资产而持有一段较长时间的行为。美国财政部将投资定义为持有期超过一年的市场资产。本杰明·格雷厄姆认为投资是根据详尽的分析，保证本金安全和满意回报的操作，不符合这一标准的操作就是投机。投资和投机更多的是从持有时间上来区分，而不是从动机上区分。一个投机者可能认为在一个好的投机机会而进入市场，结果市场价格下跌使投机者被套牢，而投机者又不愿意"割肉"离场，最终长期持有股票而成为投资者，但其最初的目的或动机是"投机"。因此投资是一次成功的投机，而投机则是一次不成功的投资。

第二节 证券市场

一、证券市场在金融市场结构中的地位

证券市场是金融市场的一个组成部分。金融市场（Financial Markets）是以金融资产为交易对象而形成的供求关系及其机制的总和。金融市场主要由五个子市场组成，短期金融资产交易的货币市场、中长期金融资产交易的资本市场、外汇资产交易的外汇市场、贵金属特别是黄金市场以及衍生金融市场。资本市场是一个中长期交易市场，除证券市场外，还包括银行储蓄市场、中长期信贷市场、保险市场等。其中，证券市场是长期资产市场的重要内容，因此，一般人们将资本市场等同于证券市场，本书在提及资产市场和证券市场时正是在这种意义上使用这两个概念的。证券市场在整个金融市场中的位置如图1-1所示。

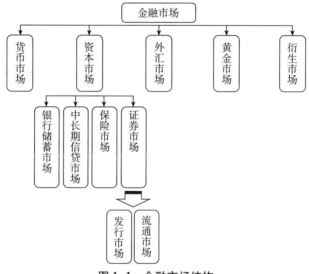

图1-1 金融市场结构

二、证券市场的特征、结构及功能

证券市场是股票、债券、投资基金以及衍生金融工具等有价证券发行和交易的场所。不同的分类方式是按照交易的期限分类，短期债务的市场被称为货币市场，长期债务和资本证券市场称为资本市场。证券市场是市场经济发展到一定阶段的产物，是为解决资本供求矛盾和流动性而产生的市场。证券市场以证券发行与交易的方式实现了筹资与投资的对接，有效地化解了资本的供求矛盾和资本结构调整的难题。

（一）证券市场的特征

证券市场具有以下三个显著特征：

一是证券市场是价值直接交换的场所。有价证券从本质上看都是实物资产市场价值的表现形式，是实物资产价值的直接代表，它们本质上是价值的一种直接表现形式。虽然证券交易的对象是各种各样的有价证券，但由于它们是价值的直接表现形式，所以证券市场本质上是实物资产市场价值的直接交换场所。

二是证券市场是财产权利直接交换的场所。证券市场上的交易对象是作为经济权益凭证的股票、债券、投资基金等有价证券这样一种特殊的商品，它们本身是一定量财产权利的代表，代表着对一定数额财产的所有权或债权以及相关的收益权。证券市场实际上是财产权利的直接交换场所。

三是证券市场是风险直接交换的场所。有价证券既是一定收益权利的代表，同时也是一定风险的代表。有价证券的交换在转让出一定收益权的同时，也把该有价证券所特有的风险转让出去。所以，从风险的角度分析，证券市场也是风险直接交换的场所。

（二）证券市场的结构

证券市场的结构是根据证券市场的属性特征加以区分的不同构成部分及其之间的比例关系。证券市场的结构可以有许多种，但较为重要的结构有：

1. 层次结构

证券市场是投资者和资金需求者为满足投融资需求以及进行风险管理的场所，各种不同类型、不同规模大小的投资者和融资者具有不同的投融资需求，这就决定了资本市场是一个能够满足不同市场主体投融资需求的多层次市场。

根据社会经济发展对资本市场的需求和建设多层次资本市场的部署，我国在以上海证券交易所和深圳证券交易所（以下分别简称"上交所""深交所"）作为证券市场主板市场的基础上，又在深圳证券交易所设置了中小企业板市场和创业板市场，从而形成了交易所市场内的不同市场层次（见图1-2）。

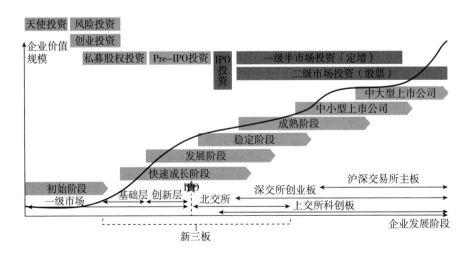

图1-2 我国多层次资本市场结构

（1）主板市场。

主板市场是一个国家或地区证券发行、上市及交易的主要场所。一般而言，各国主要的证券交易所代表着国内主板市场。主板市场对发行人的经营期限、股本大小、盈利水平、最低市值等方面的要求标准较高，上市企业多为大型成熟企业，具有较大的资本规模以及稳定的盈利能力。

深市主板市场于 1990 年诞生，其积极服务国家战略全局，推动上市公司利用资本市场做优做强，实现高质量发展，形成深市市场化蓝筹股市场。2004 年 5 月，深交所在主板内设立中小企业板，开辟了中小企业进入资本市场新渠道。经过近 17 年的发展，中小企业板上市公司不断发展壮大，板块特征逐步与主板趋同，2021 年 4 月 6 日，深市主板与中小企业板正式合并。① 相对创业板市场而言，主板市场是资本市场中最重要的组成部分，很大程度上能够反映经济发展状况，有宏观经济"晴雨表"之称。

（2）二板市场。

二板市场是独立于主板市场，主要为高成长性企业和高新技术企业提供融资服务的资本市场，在我国主要包括深交所的创业板市场和上交所的科创板市场。

创业板市场，是为具有高成长性的中小企业和高科技企业提供融资服务的资本市场。创业板市场是不同于主板市场的独特的资本市场，其具有前瞻性、高风险、监管要求严格以及明显的高技术产业导向的特点。与主板市场相比，在创业板市场上市的企业规模较小、上市条件相对较低，中小企业更容易上市募集发展所需资金。创业板市场的功能主要表现在两个方面：一是在风险投资机制中的作用，即承担风险资本的推出窗口作用。二是作为资本市场所固有的功能，包括优化资源配置、促进产业升级等作用。而对企业来讲，上市除了融通资金外，还有提高企业知名度、分担投资风险、规范企业运作等作用。因而，建立创业板市场是完善风险投资体系，为中小高科技企业提供直接融资服务的重要一环，也是对层次资本市场的重要组成部分。

我国创业板市场于 2009 年 10 月 23 日在深交所正式启动。创业板是我国多层次资本市场体系的重要组成部分。创业板的开板标志着我国交易所市场在经过 19 年发展后，已经逐步确立了由主板、创业板构成的多层次交易所市场体系框架。2020 年 8 月 24 日，创业板改革并试点注册制正式落地，改革后的创业板适应发展更多依靠创新、创造、创意的大趋势，支持传统产业与新技术、新产业、新业态、新模式深度融合，更好地服务高新技术企业、成长型创新创业企业。

科创板（The Science and Technology Innovation Board，STAR Market），是由国家主席习近平于 2018 年 11 月 5 日在首届中国国际进口博览会开幕式上宣布设立的，是独立于现有主板市场的新设板块，并在该板块内进行注册制试点。2019 年 1 月，中国证券监督管理委员会发布的《关于在上海证券交易所设立科创板并试点注册制的实施意见》强调，在上交所新设科创板，坚持面向世界科技前沿、面向经济主战场、面向国家重大需求，主要服务于符合国家战略、突破关键核心技术、市场认可度高的科技创新企

---

① 资料来源：深圳证券交易所，http：//www.szse.cn/ipo/select/marketSystem/index.html。

业。重点支持新一代信息技术、高端装备、新材料、新能源、节能环保以及生物医药等高新技术产业和战略性新兴产业，推动互联网、大数据、云计算、人工智能和制造业深度融合，引领中高端消费，推动质量变革、效率变革、动力变革。

设立科创板并试点注册制是提升服务科技创新企业能力、增强市场包容性、强化市场功能的一项资本市场重大改革举措。通过发行、交易、退市、投资者适当性、证券公司资本约束等新制度以及引入中长期资金等配套措施，增量试点、循序渐进，新增资金与试点进展同步匹配，力争在科创板实现投融资平衡、一二级市场平衡、公司的新老股东利益平衡，并促进现有市场形成良好预期。

设立科创板并试点注册制，是深入贯彻习近平新时代中国特色社会主义思想和党的十九大精神，认真落实习近平主席关于资本市场的一系列重要指示批示精神，按照党中央、国务院决策部署，进一步落实创新驱动发展战略，增强资本市场对提高我国关键核心技术创新能力的服务水平，支持上海国际金融中心和科技创新中心建设，完善资本市场基础制度，坚持稳中求进工作总基调，贯彻新发展理念，深化供给侧结构性改革的重要举措。

（3）三板市场。

我国的"新三板"市场是指全国中小企业股份转让系统（以下简称"全国股转系统"，俗称"新三板"）是经国务院批准，依据证券法设立的继上交所、深交所之后第三家全国性证券交易场所，也是我国第一家公司制运营的证券交易场所。全国股转系统全国性公开证券市场的市场性质，主要为创新型、创业型、成长型中小微企业发展服务。境内符合条件的股份公司均可通过主办券商申请在全国股转系统挂牌，公开转让股份，进行股权融资、债权融资、资产重组等。①

（4）四板市场。

四板市场是指区域性股权交易市场（以下简称"区域股权市场"）。区域股权市场是为特定区域内企业提供股权、债券的转让和融资服务的私募市场，一般以省级为单位，由省级人民政府监管。区域股权市场是我国多层次资本市场的重要组成部分，亦是中国多层次资本市场建设中必不可少的部分。区域股权市场对于促进企业特别是中小微企业股权交易和融资、鼓励科技创新和激活民间资本、加强对实体经济薄弱环节的支持具有积极作用。

2. 品种结构

证券市场的品种结构是根据有价证券的品种形成的结构关系。这种结构关系的构成主要有股票市场、债券市场、基金市场、衍生产品市场等。

第一，股票市场。股票市场是股票发行和买卖交易的场所。股票市场的发行人为股份有限公司。股份有限公司通过发行股票募集公司的股本，或是在公司营运过程中通过增发股票扩大公司的股本。股票市场交易的对象是股票，股票的市场价格除了与

---

① 国务院：《国务院关于全国中小企业股份转让系统有关问题的决定》，中华人民共和国中央人民政府，2013 年 12 月 14 日，http：//www.gov.cn/zhengce/content/2013-12/14/content_ 4024. htm。

股份公司的经营状况和盈利水平以及公司所在行业发展有关外，还受到政治、社会、经济等其他多方面因素的综合影响，因此，股票价格经常处于波动之中。

第二，债券市场。债券市场是债券发行和买卖交易的场所。债券的发行人有中央政府、地方政府、中央政府机构、金融机构、公司和企业。债券发行人通过发行债券筹集的资金一般都有期限，债券到期时，债务人必须按时归还本金并支付约定的利息。债券是债权凭证，债券持有者与债券发行人之间是债权债务关系。债券市场交易的对象是债券。债券有固定的票面利率和期限，因此，相对于股票价格而言，市场价格比较稳定。

第三，基金市场。基金市场是基金份额发行和流通的市场。封闭式基金在证券交易所挂牌交易，开放式基金则通过投资者向基金管理公司申购和赎回实现流通转让。此外，近年来，全球各主要市场均开设了交易型开放式指数基金（又称交易所交易基金，ETF）或上市开放式基金（LOF）交易，使开放式基金也可以在交易所市场挂牌交易。

第四，衍生产品市场。衍生产品市场是各类衍生产品发行和交易的市场，随着金融创新在全球范围内的不断深化，衍生产品市场已经成为金融市场不可或缺的重要组成部分。

3. 交易场所结构

证券市场的结构在层次结构的基础上，根据交易场所的不同，可分为交易所市场和场外市场。

第一，交易所市场。交易所市场是指证券的发行和交易都集中在交易所场内进行，也称为场内交易市场。场内市场是有组织、制度化的交易市场，最初是以有形市场的形式存在，因此有形市场的诞生是证券市场走向集中化交易的重要标志。场内交易市场可以是有形市场，也可以是通过网络进行发行和交易的无形市场。在我国证券交易所主要有上海证券交易所、深圳证券交易所和北京证券交易所。

第二，场外市场。场外市场（Over The Counter，OTC）是与集中化的交易所交易相对应的证券交易市场，主要通过一个经纪商网络完成证券交易。场外市场交易的证券主要有股票、债券、基金、衍生金融产品等。这些证券可以分为两类：一是不符合证券交易所条件而不能在证券交易所上市交易的证券；二是已上市证券，场外市场为交易双方提供的直接进行交易的场所。从传统上看，一部分金融产品的交易一直在场外交易而没在场内交易，如远期合约；而另一部分金融产品则最初以场外交易的形式进行，后来才出现了场内交易，如期权交易。

随着现代通信技术的发展和互联网的广泛应用、交易技术和交易组织形式的演进，越来越多的证券交易不在有形的场内市场进行，而是通过经纪人或交易商的电传、电报、电话、网络等洽谈成交。目前，场内市场与场外市场之间的截然划分已经不复存在，出现了多层次的证券市场结构。很多传统意义上的场外市场由于报价商和电子撮合系统的出现而具有了集中交易特征，而证券交易所市场也开始逐步推出兼容场外交易的交易组织形式。

（三）证券市场的功能

证券市场通过投资者对上市交易证券未来收益的预期形成证券的价值判断，从而通过竞争性市场交易形成证券市场价格，综合反映国民经济运行各维度的基本情况，因此证券市场被称为国民经济的"晴雨表"。证券市场上投资者的竞争性交易行为使证券市场具备以下功能。

一是筹资—投资功能。在市场经济条件下，各经济主体在生产经营活动过程中，总是存在一些经济主体在消费之后有资金盈余，而另一些经济主体存在资金短缺。一般情况下，企业和政府是资金短缺的一方，消费者则是资金提供的一方。证券市场通过其发行和交易机制为资金盈余者和资金短缺者提供了投融资的途径和手段。证券发行人通过发行证券募集所需资金，投资者在市场上买入证券从而将资金提供给发行人。筹资和投资是证券市场基本功能不可分割的两个方面，忽视其中任何一个方面都会导致资本市场功能失灵从而产生严重的不良后果。

二是资本定价功能。证券市场的第二个基本功能是为资本决定价格。证券是资本的表现形式，所以证券的价格实际上是证券所代表的资本的价格。证券的价格是证券市场上证券供求双方共同作用的结果。证券市场的运行形成了证券需求者和证券供给者的竞争关系，这种竞争的结果是：能产生高投资回报的资本，市场的需求大，相应的证券价格就高；反之，证券的价格就低。因此，证券市场提供了资本的合理定价机制。

三是资本配置功能。证券市场的资本配置功能是指通过证券价格引导资本的流动从而实现资本合理配置的功能。在证券市场上，证券价格的高低是由该证券所能提供的预期报酬率的高低来决定的。证券价格的高低实际上是该证券筹资能力的反映。能提供高报酬率的证券一般来自那些经营好、发展潜力巨大的企业，或者是来自新兴行业的企业。由于这些证券的预期报酬率高，其市场价格相应也高，从而筹资能力就强。这样，证券市场就引导资本流向能产生高报酬的企业或行业，从而使资本产生尽可能高的效率，进而实现资本的合理配置。

四是风险管理功能。资本是和风险经常"捆绑"在一起的，证券市场提供了风险管理的方法。投资者在购买证券时实际上是在同证券发行人一起承担公司经营失败的风险。如果购买的是股票，则由公司的所有投资者一起承担公司经营失败的风险。如果购买的是债券，则在公司经营失败时投资者可以获得偿还，但可能只获得部分本金和利息，债券发行人以这种形式与投资者共同承担风险。

五是提供信息功能。证券市场的集中性交易在为每个证券确定价格的同时，也将价格信息提供给市场参与者，节约了市场参与者搜寻价格信息的成本。每天，报纸、广播、电视以及互联网等都在报道股票价格和利率。在收到这些报道的千百万人当中，只有很少一部分在买卖证券。然而，许多不进行证券交易的人也利用证券的价格信息制定其他决策。[1] 居民家庭利用市场利率等信息进行储蓄决策，也可能会利用这些利率

---

[1] ［美］兹维·博迪、［美］罗伯特·C. 莫顿：《金融学》，伊志宏等译，中国人民大学出版社2000年版，第27页。

信息进行购房决策，企业经理选择投资项目和安排融资时，资产价格和利率也将提供关键的信息。

三、证券市场参与者

（一）证券发行人

证券发行人是指为筹措资金而发行债券、股票等证券的发行主体。它包括：

1. 公司（企业）

企业的组织形式可分为独资制、合伙制和公司制。现代公司主要采取股份有限公司和有限责任公司两种形式，其中，只有股份有限公司才能发行股票。公司发行股票所筹集的资本为权益资本，属于自有资本，而通过发行债券所筹集的资本属于借入资本。发行股票和长期公司（企业）债券是公司筹措长期资本的主要途径，发行短期债券则是补充流动资金的重要手段。

2. 政府和政府机构

随着国家干预经济理论的兴起，政府（中央政府和地方政府）和中央政府直属机构已成为证券发行的重要主体之一，但政府发行证券的品种一般仅限于债券。政府发行债券所筹集的资金主要用于协调财政资金短期周转、弥补财政赤字、兴建政府投资的大型基础性的建设项目，也可以用于实施某种特殊的政策，如 2020 年为应对新冠肺炎疫情的影响，由中央财政统一发行的抗疫特别国债，不计入财政赤字，纳入国债余额限额，全部转给地方主要用于公共卫生等基础设施建设和抗疫相关支出，并带有一定财力补助的性质。在战争期间国债还可以用于弥补战争费用的开支。中央政府拥有税收、货币发行等特权，通常情况下，中央政府债券违约风险极低，因此，这一类证券被视为无风险证券，相对应的一年期限的国债收益率被称为无风险利率，是金融市场上最重要的价格指标，也是证券估价的重要利率。

中央银行作为中央政府直属机构，代表一国政府发行货币、制定和执行货币政策、实施金融监管。同时，中央银行也可以成为证券发行主体，主要涉及两类证券。第一类是中央银行股票。在一些国家（如美国），中央银行采取了股份制组织结构，通过发行股票募集资金，但是，中央银行的股东并不享有决定中央银行政策的权利，只能按期收取固定的红利，其股票类似于优先股。第二类是中央银行出于调控货币供给量目的而发行的特殊债券。中国人民银行从 2003 年起开始发行中央银行票据，期限从 3 个月到 3 年不等，主要用于对冲金融体系中过多的流动性。

（二）证券投资者

证券投资者是指通过买入证券而进行投资的各类机构法人和自然人。相应地，证券投资者可分为机构投资者和个人投资者两大类。

1. 机构投资者

机构投资者既是资本市场上常用的一个概念，也是重要的一类投资者，但如何理解和界定机构投资者则没有统一的说法。按照《新帕尔格雷夫货币金融大词典》的解释，"专业的金融机构来管理其储蓄存款。这些机构主要运作退休金、人寿保险计划和投资或单位信托,储蓄存款集中在这些机构中,并置于专业人员控制之下"①,并认为"积极管理对于机构投资者是一个重要的判断依据"。很明显,这个定义所包含的机构投资者是指专门投资于证券业并积极管理这种投资的金融中介机构。这一定义将产业基金、风险投资基金以及大陆法系国家的银行基于投资战略而进行的投资都排除在外,因此这种定义是不完备的。而《牛津金融与银行词典》则将机构投资者定义为大型组织(如保险公司)、依托单位、大型公司的养老基金等用他人的钱进行投资的机构等。

在中国,机构投资者是指在金融市场从事证券投资的法人机构,主要有保险公司、养老基金和投资基金、证券公司、银行等。以机构类型来分,机构投资者主要有政府机构、金融机构、企业和事业法人及各类基金等。

(1)政府机构。

政府机构参与证券市场进行投资主要是为了调剂资金余缺和进行宏观调控。各级政府及政府机构出现资金剩余时,可通过购买政府债券、金融债券投资于证券市场。中央银行以公开市场操作作为政策手段,通过买卖政府债券或金融债券,影响货币供应量进行宏观调控。我国国有资产管理部门或其授权部门持有国有股,履行国有资产的保值增值和通过国家控股、参股来支配更多社会资源的职责。从各国的具体实践看,出于维护金融稳定的需要,政府还可成立或指定专门机构参与证券市场交易,减少非理性的市场震荡。

(2)金融机构。

参与证券市场的金融机构包括证券经营机构、银行业金融机构、保险经营机构以及其他金融机构。

证券经营机构。证券经营机构是证券市场上最活跃的投资者,以其自有资本、营运资金和受托投资资金进行证券投资。我国证券经营机构主要为证券公司。按照《中华人民共和国证券法》(以下简称《证券法》)的规定,证券公司可以通过从事证券自营业务和证券资产管理业务,以自己的名义或代其客户进行证券投资。证券公司从事自营业务,其投资的范围包括股票、基金、认股权证、国债、公司或企业债券等上市证券以及证券监管机构认定的其他证券。经中国证券监督管理委员会(以下简称"中国证监会")批准,证券公司可以在客户资产管理业务范围内为单一客户办理定向资产管理业务、为多个客户办理集合资产管理业务以及为客户办理特定目的的专项资产管理业务,这些业务应与证券公司自营业务相分离。

银行业金融机构。银行业金融机构包括各类商业银行、城市信用合作社、农村信用合作社等吸收公众存款的金融机构以及政策性银行。在我国对银行业与证券信托业实行"分业经营、分业监管"基本政策的背景下,银行业金融机构参与证券市场投资受到法律法规的限制。根据《中华人民共和国商业银行法》规定,除国家另有规定外,商业银行在中华人民共和国境内不得从事信托投资和证券经营业务,不得向非自用不

---

① [美]彼得·纽曼、[美]默里·米尔盖特、[英]约翰·伊特韦尔:《新帕尔格雷夫货币金融大词典》(第二卷),胡坚等译,经济科学出版社 2000 年版,第 413 页。

动产投资或者向非银行金融机构和企业投资。《中华人民共和国外资银行管理条例》规定，外商独资银行、中外合资银行可买卖政府债券、金融债券，买卖股票以外的其他外币有价证券。银行业金融机构因处置贷款质押资产而被动持有的股票，只能单向卖出。

保险经营机构。保险公司是证券市场上重要的机构投资者之一，其投资规模曾一度超过投资基金成为投资规模最大的机构投资者。保险公司除大量投资于各类政府债券、高等级公司债券外，还在其资产配置中大量进行基金和股票投资。

基金管理公司。基金管理公司是利用自身资金或募集投资者的资金成立基金，将资金投入证券投资组合中获取收益，并将收益分配给投资者的一种金融机构，是证券市场上主要的机构投资者之一。并转换为当地货币，通过严格监管的专门账户投资当地证券市场。①

主权财富基金。随着经济的发展，主权国家通过石油等资源类商品出口、政府预算盈余、养老金储备和私营化收入等形成大量的主权财富，为管理好这部分资金，成立了代表国家进行投资的主权财富基金。经国务院批准，中国投资有限责任公司（以下简称"中投公司"）于 2007 年 9 月 29 日宣告成立，成为专门从事外汇资金投资业务的国有投资公司，以境外金融组合产品为主，开展多元投资，实现外汇资产保值增值，被视为中国主权财富基金的发端。

其他金融机构。其他金融机构包括信托投资公司、企业集团财务公司、金融租赁公司等。这些机构通常也在自身章程和监管机构许可的范围内参与证券市场、从事证券投资。

（3）企业和事业法人。

企业可以用自己的积累资金或闲置资金进行证券投资。企业既可以通过股票投资实现对其他企业的控股或参股，也可以将暂时闲置的资金通过自营或委托专业机构进行证券投资以获取收益。事业法人可用自有资金和有权自行支配的预算外资金进行证券投资。

（4）各类基金。

基金性质的机构投资者包括证券投资基金、社保基金、企业年金和社会公益基金。

2. 个人投资者

在证券市场上以个人身份或自然人身份参与证券市场投资的投资者是个人投资者。个人投资者是与机构投资者相对而言的，其在证券市场上的数量最多，但平均投资金额小，在我国证券市场上通常被称为"散户投资者"。为保护个人投资者利益，对于部分高风险证券产品的投资（如衍生产品、信托产品），监管法规还要求相关个人具有一定的产品知识和投资经验。

---

① 注意 QFII 与 RQFII 的区别，QFII（Qualified Foreign Institutional Investor）是合格境外机构投资者的英文简称，QFII 机制是指外国专业投资机构到境内投资的资格认定制度；RQFII（RMB Qualified Foreign Institutional Investor）是人民币合格境外机构投资者的英文简称，其中 R 代表人民币。RQFII 可将批准额度内的外汇结汇投资于境内的证券市场。对 RQFII 放开股市投资是加速人民币国际化的一个重要举措。

3. 投资者的风险特征与投资适当性管理

在市场上，无论是个人投资者还是机构投资者，其对风险的态度或者风险偏好各不相同，理论上可以将投资者的风险偏好分为风险喜好型、风险中立型和风险厌恶型三种类型。实践中，金融机构通常采用客户调查问卷、产品风险评估与充分披露等方法，根据客户分级和资产分级匹配原则，对投资者进行适当性管理，避免误导投资者和错误销售。

根据国际清算银行、国际证监会组织、国际保险监督管理协会 2008 年联合发布的《金融产品和服务零售领域的客户适当性》所给出的定义，适当性是指"金融中介机构所提供的金融产品或服务与客户的财务状况、投资目标、风险承受水平、财务需求、知识和经验之间的契合程度"①。我国《证券期货投资者适当性管理办法》规定，经营机构应基于投资者的不同风险承受能力以及产品或者服务的不同风险等级等因素，提出明确的适当性匹配意见，将适当的产品或者服务销售或者提供给适合的投资者。因此，投资适当性的要求就是"适合的投资者购买恰当的产品"。根据我国投资者适当性管理的要求，将投资者分为专业投资者和普通投资者，专业投资者是符合条件的机构投资者和个人投资者，除专业投资者外其他投资者均为普通投资者。对不同的投资者进行有区别的适当性管理，普通投资者在信息告知、风险警示、适当性匹配等方面享有特别保护。中国证监会和相关交易所、自律组织针对基金销售、资产管理、创业板市场、融资融券、股指期货、期货期权和股票期权等业务分别从不同层面制定了投资者适当性制度的相关规则，对证券期货市场创新业务的顺利开展起到了重要作用。

四、证券市场中介机构

证券市场中介机构是指为证券发行、交易提供服务的各类机构。证券市场中介机构根据其在证券市场中所起作用的不同，主要分为证券公司和证券服务机构。

（一）证券公司

在我国，证券公司是指依照《中华人民共和国公司法》（以下简称《公司法》）、《证券法》规定并经国务院证券监督管理机构批准经营证券业务的有限责任公司或股份有限公司。证券公司的主要业务有证券经纪业务、自营投资业务、投资银行业务（包括股票承销与保荐、债券承销、并购重组、财务顾问等）、资管业务、信用业务和财富管理业务等。对证券公司按照证券经纪、证券投资咨询、财务顾问、证券承销和保荐、证券自营、证券资产管理、其他证券业务等业务类型进行管理，并按照审慎监管的原则，根据各项业务的风险程度，设定分类准入条件。

（二）证券服务机构

证券服务机构是指依法设立的从事证券服务业务的法人机构，主要包括证券投资

---

① BIS. "Customer Suitability in the Retail Sale of Financial Products and Services", *Bank for International Settlements*, 2008, https://www.bis.org/publ/joint20.pdf.

咨询机构、财务顾问机构、资信评级机构、资产评估机构、会计师事务所、律师事务所等。

五、自律性组织

证券市场上的自律性组织主要包括证券交易所、行业协会以及证券登记结算机构，按照我国《证券法》的规定，证券自律管理机构是证券交易所、证券业协会。根据《证券登记结算管理办法》，我国的证券登记结算机构实行行业自律管理。

六、证券监管机构

在我国，证券监管机构是指中国证监会及其派出机构。中国证监会是国务院直属的证券监督管理机构，按照国务院授权和依照相关法律法规对证券期货市场进行集中、统一监管。它的主要职责包括：依法制定有关证券期货市场监督管理的规章、规则和办法，负责监督有关法律法规的执行，负责保护投资者的合法权益，对全国的证券发行、证券交易、中介机构的行为等依法实施全面监管，监管境内期货合约的上市、交易和结算；管理证券期货交易所，维持公平而有序的证券市场等。

七、证券交易所

证券交易所是为证券集中交易提供场所和设施，组织和监督证券交易，实行自律管理的法人。中国除香港、澳门特别行政区和台湾地区以外有三家证券交易所，即1990年11月26日成立的上海证券交易所、1990年12月1日成立的深圳证券交易所以及2021年9月3日成立的北京证券交易所。

在国际上，证券交易所通常可以分为公司制证券交易所和会员制证券交易所。这两种证券交易所既可以是政府或公共团体出资经营的公营制证券交易所，也可以是私人出资经营的民营制证券交易所，还可以是政府与私人共同出资经营公私合营的证券交易所。

（一）公司制证券交易所

公司制证券交易所是以股份有限公司形式组织的，以营利为目的，为证券交易提供交易场所和人员，便利证券交易和交割的证券交易所。从证券交易所发展实践看，公司制证券交易所通过收取上市公司的上市费和根据证券成效金额的一定比例收取的佣金而获取收入。从事公司制证券交易所经营的人员不能从事证券交易从而保证了市场交易的公平性。

自20世纪90年代以来，世界上一些著名的证券交易所先后都从非营利的会员制证券交易所转型为营利性的公司制证券交易所，如纽约证券交易所和伦敦证券交易所等。

（二）会员制证券交易所

会员制证券交易所是不以营利为目的，由会员自治自律、互相约束，参与经营的会员可以参加股票交易中的股票买卖与交割的交易所。会员制证券交易所是传统的证券交易所组织形式，证券交易所的会员本身即是从事证券交易的券商。证券交易所的会员拥有证券交易所交易席位，从事证券交易，而没有交易席位的券商则通过场内交易席位完成交易。我国的上海证券交易所和深圳证券交易所都属于会员制证券交易所。

（三）证券交易所的成员

证券交易所的成员是指在证券交易所从事证券交易或为证券交易服务的人员。无论是会员制证券交易所还是公司制证券交易所，其成员都是经纪人和自营商。

会员。按照我国交易所会员管理的相关规定，证券经营机构符合规定的条件，向证券交易所提出申请，可以成为交易所的会员。会员主要包括股票经纪人、证券自营商和专业（专家）经纪人。

股票经纪人也被称为佣金经纪人，是专门接受投资者的委托，以投资者的需要从事证券交易并收取佣金的证券商。根据证券交易所的规定，只有符合条件成为会员的经纪人才能在证券交易所内从事交易，因此非会员佣金经纪人只有通过会员经纪人才能完成代理客户买卖证券的交易。

证券自营商是指可以用自己的资金和账户为会员自身利益和投资需要在交易所从事证券交易的券商。证券自营商可以分为两种：一种是专营自营商，即只用自有资金和账户为自身利益而从事证券交易；另一种是兼营自营商，既自己从事证券交易，也代理客户从事证券交易而收取佣金。

专业经纪人也被称为专家经纪人或做市商，在证券交易所专门从事某一种或某几种证券的交易，是经纪人的经纪人。专业经纪人向场内经纪人购入证券并向场内经纪人出售证券，以维持证券市场的正常运行和向证券市场提供流动性。专业经纪人的作用是为稳定市场而创造市场，在市场流动性缺失时充当流动性缺失的一方从而创造市场流动性。

八、证券交易制度

（一）做市商交易制度

做市商（Market Maker）一般是证券市场上专门从事某一证券交易的经纪商，因此也被称为专家经纪人。在做市商交易制度下，做市商提供该证券的买卖报价，市场上需要买入该证券的投资者通过自己的经纪商向做市商买入证券，做市商则卖出该证券，反之则由做市商卖出该证券。所以做市商交易制度又称报价驱动交易制度，其主要特点是存在进行双向报价的做市商，买卖双方都根据做市商报价与做市商进行交易，证券交易价格由做市商决定。在市场交易中如果流动性不足而缺失市场交易的一方，则由做市商充当缺失的交易方，为市场提供流动性，回报则是做市商买卖证券的差价。在做市商交易制度下，上市公司的证券必须至少有一家做市商为其股票做市。与此同时，做市商制度下也会有多名（至少有两名以上）做市商同时对某一股票进行报价，典型的如 NASDAQ 中的做市商以及纽约证券交易所（NYSE）中的做市商。

（二）竞价交易制度

竞价制度也称指令（委托）驱动交易制度、双向拍卖制度，主要特点是遵循价格优先、时间优先的原则，由买卖双方的委托直接决定交易价格。竞价制度又分成连续竞价制度和集合竞价制度,前者适用于日内连续交易,对市场流动性的要求较高;后者适用于确定开、收盘价格等,对市场流动性的要求相对较低。以亚洲国家为主的绝大多数新兴市场都采用了竞价交易制度。我国证券市场目前正是采用了这两种制度。我国在货币市场的外汇市场和国债市场中则实行做市商交易制度。

在20世纪90年代以前,世界各主要证券市场所采用的证券交易制度的基本格局是:英美市场以竞争性做市商制度为主,欧洲大陆市场和亚洲新兴市场则以竞价制度为主。自20世纪90年代开始,随着计算机技术在证券市场的广泛运用,交易制度也发生了一些重要的变化,混合交易制度代表了一种新的方向,并有逐渐取代竞争性做市商制度的趋势。混合交易制度主要有两种途径:一是由竞争性做市商制度向混合交易制度的过渡;二是在竞价交易制度中引入做市商。

表1-1显示了做市商交易制度和竞价交易制度的比较。

表1-1 两种不同交易制度的比较

交易制度		对流动性的要求	交易成本
做市商交易制度		低	高
竞价交易制度	集合竞价	高	低
	连续竞价	中	中

第三节 证券市场的产生与发展

一、证券市场的产生

相对于商品经济而言,证券市场的历史要短暂得多。换句话说,在商品经济的历史长河中,人类曾经历了一个长期没有证券市场的时代。证券市场从无到有,主要归因于以下三点:

(一)证券市场的形成得益于社会化大生产和商品经济的发展

在自给自足的小生产社会中,受生产力水平的制约,生产所需的资本极其有限,单个生产者的积累就能满足再生产的需要,不需要也不可能存在证券和证券市场。从自然经济向商品经济发展的初期,由于社会分工不发达,生产力水平低下,社会生产所需要的资本除自身积累外,可以通过借贷资本来筹集,但当时的信用制度仍是简单落后的,证券市场无法形成。随着生产力的进一步发展,社会分工的日益复杂,商品经济日益社会化,社会化大生产产生了对巨额资金的需求,依靠单个生产者自身的积累难以满足需求,即使依靠银行借贷资本也不能解决企业自有资本扩张的需要。因此,客观上需要有一种新的筹集资金的机制以适应社会经济进一步发展的要求。在这种情况下,证券与证券市场就应运而生了。

（二）证券市场的形成得益于股份制的发展

随着商品经济的发展，生产规模日渐扩大，传统的独资经营方式和家族型企业已经不能胜任对巨额资本的需求，于是产生了合伙经营的组织；随后又由单纯的合伙组织逐步演变成股份公司。股份公司通过发行股票、债券向社会公众募集资金，实现资本的集中，用于扩大生产。股份公司的建立、公司股票和债券的发行为证券市场的产生提供了现实的基础和客观的要求。

（三）证券市场的形成得益于信用制度的发展

只有当货币资本与产业资本相分离，货币资本本身取得了一种社会性质时，公司股票和债券等信用工具才会被充分运用。随着信用制度的发展，商业信用、国家信用、银行信用等融资方式不断出现，越来越多的信用工具随之涌现。信用工具一般都有流通变现的要求，而证券市场为有价证券的流通、转让创造了条件。因而，随着信用制度的发展，证券市场的产生成为必然。

二、证券市场的发展阶段

纵观证券市场的发展历史，其进程大致可分为五个阶段：

（一）萌芽阶段

在资本主义发展初期的原始积累阶段，西欧就已有了证券的发行与交易。15 世纪的意大利商业城市中的证券交易主要是商业票据的买卖。16 世纪的法国里昂、比利时安特卫普已经有了证券交易所，当时进行交易的是国家债券。1602 年荷兰的东印度公司发行了世界上最早的股票。16 世纪中叶，随着资本主义经济的发展和企业经营规模的扩大导致所有权和经营权相分离，从而出现股份公司，使股票、公司债券及不动产抵押债券依次进入有价证券交易的行列。1609 年，在荷兰的阿姆斯特丹成立了世界上第一个股票交易所。

1698 年，英国已有大量的证券经纪人，伦敦柴思胡同的乔纳森咖啡馆就是因有众多的经纪人在此交易而出名。1773 年，英国的第一家证券交易所即在该咖啡馆成立，并于 1802 年获得英国政府的正式批准。这家证券交易所即为现在伦敦证券交易所的前身，最初主要交易政府债券，之后公司债券和矿山、运河股票逐渐上市交易。到 19 世纪中叶，一些地方性证券市场也在英国兴起，此时期铁路股票盛行。

在美国，其证券市场是从买卖政府债券开始的。在独立战争中，美国的战时国会、各州和军队都发行了各种各样的中期债券和临时债券。战争结束后，美国政府为了取信于民，就以发行联邦债券的形式承担了这笔 8000 万美元的债务。这项巨额债券的发行是依靠大量的证券经纪人兜售的。证券交易首先从费城、纽约开始，其后向芝加哥、波士顿等大城市蔓延，为美国证券市场的发展打下了基础。1790 年，美国成立了第一个证券交易所——费城证券交易所。1792 年 5 月 17 日，24 名经纪人在华尔街的一棵梧桐树下聚会，商定了一项名为"梧桐树协定"的协议，约定每日在梧桐树下聚会，从事证券交易，并订出了交易佣金的最低标准及其他交易条款。1793 年，一家名叫"汤迪"的咖啡馆在华尔街落成，于是露天的证券市场就移进咖啡馆经营。1817 年，参与华尔街汤迪咖啡馆证券交易的经纪人通过了一项正式章程，并成立组织，起名为"纽约证券交易会"，1863 年改名为"纽约证券交易所"。独立战争结束后，美国工业革命开始。受工业革命影响，证券市场上的公司股票逐渐取代政府债券的地位，运输公司股票、铁路股票、矿山股票纷纷出现在证券市场上，同时银行股票、保险公司股票及一些非金融机构的公司股票也开始露面，股票交易开始盛行。

（二）初步发展阶段

20 世纪初，资本主义从自由竞争阶段过渡到垄断阶段。正是在这一过程中，为适应资本主义经济发展的需要，证券市场以其独特的形式有效地促进了资本的积聚和集中，同时其自身也获得了高速发展。首先，股份公司数量剧增。以英国为例，1911~1920 年建立了 64000 家，1921~1930 年建立了 86000 家。至此，英国 90% 的资本都处于股份公司控制之下。与此同时，持股公司形成并获得了发展，而金融公司、投资银行、信托投资公司、证券公司等证券经营机构也获得了极大的发展。其次，在这一时期，有价证券发行总额剧增。1921~1930 年全世界有价证券共计发行 6000 亿法国法郎，比 1890~1900 年增加了近 5 倍。有价证券的结构也起了变化，在有价证券中占主要地位的已不是政府债券，而是公司股票和公司债券。据统计，1900~1913 年全世界发行的有价证券中，政府公债占发行总额的 40%，而公司股票和公司债券则占了 60%。[①]

（三）停滞阶段

1929~1933 年，资本主义国家爆发了严重的经济危机，导致世界各国证券市场的动荡，不仅证券市场的价格波动剧烈，而且证券经营机构的数量和业务锐减。危机的先兆就表现为股市的暴跌，随之而来的经济大萧条更使证券市场遭受了严重打击。到 1932 年 7 月 8 日，道琼斯工业股票价格平均数只有 41 点，仅为 1929 年最高水平的 11%。[②] 该危机过后，证券市场仍一蹶不振。第二次世界大战爆发后，虽然各交战国由于战争的需要发行了大量公债，但整个证券市场仍处于不景气之中。与此同时，加大证券市场管制力度的呼声越来越强烈，使证券市场的拓展工作陷入前所未有的停滞之中。

（四）恢复阶段

第二次世界大战后至 20 世纪 60 年代，因欧美与日本经济的恢复和发展以及各国的经济增长大大地促进了证券市场的恢复和发展，公司证券发行量增加，证券交易所开始复苏，证券市场规模不断扩大，买卖越来越活跃。这一时期，世界贸易和国际资本流动得到了一定程度的恢复与发展，因而证券市场国际化的进程也逐渐有所加快。但由于人们对经济危机和金融危机会不会卷土重来仍心存疑虑，加之在此阶段许多国家面临着资本稀缺和通货膨胀的双重压力，对资本的流动实行了严厉的管制，因而，证券市场的发展并不十分引人注目。

（五）加速发展阶段

从 20 世纪 70 年代开始，证券市场出现了高度繁荣的局面，不仅证券市场的规模更

①②　中国证券业协会：《金融市场基础知识》，中国财政经济出版社 2022 年版。

加扩大，而且证券交易日趋活跃。其重要标志是反映证券市场容量的重要指标——证券化率（证券市值/GDP）的提高。根据深圳证券交易所的一项研究，1995 年末发达国家的平均证券化率为 70.44%，其中美国为 96.59%，英国为 128.59%，日本为 73.88%。而到了 2003 年，美国、英国、日本证券化率分别提高至 298.66%、296.54% 和 209.76%，韩国、泰国、马来西亚等新兴市场经济国家的该项比率也分别达到 112.4%、119.83% 和 240.82%。①

三、国际证券市场发展现状与趋势

20 世纪 90 年代以来，在高新技术快速发展和经济全球化的背景下，各国（地区）的证券市场发生了一系列深刻而重要的变化。在有效推进金融自由化、加大金融业对外开放、国际金融竞争加剧以及随之而来的金融风险凸显的过程中，各国（地区）证券市场之间的联系更加密切，显示出全球化的趋势。这些全球性的变化主要表现在以下几个方面：

（一）证券市场一体化

在经济全球化的背景下，国际资本流动频繁且影响深远，并最终导致全球证券市场相互联系日趋紧密，证券市场出现了一体化趋势。具体反映为以下几个方面：首先，从证券发行人或筹资者层面看，异地上市、海外上市以及多个市场同时上市的公司数量和发行规模日益扩大，海外发行主权债务工具的规模也非常巨大。其次，从投资者层面看，随着资本管制的放松，全球资产配置成为流行趋势，个人投资者可以借助互联网轻松实现跨境投资，以全球基金、国际基金为代表的机构投资者大量投资境外证券，主权国家出于外汇储备管理的需要，也形成对外国高等级证券的巨大需求。再次，从市场组织结构层面看，交易所之间跨国合并或跨国合作的案例层出不穷，场外市场在跨国并购等交易活动的驱动下，也渐趋融合。最后，从证券市场运行层面看，全球资本市场之间的相关性显著增强。此外，从产品设计与创新、投资理念、监管制度等角度看，全球化趋势也非常明显。

（二）投资者法人化

机构投资者主要包括开放式共同基金、封闭式投资基金、养老基金、保险基金、信托基金，此外还有对冲基金、创业投资基金等。进入 21 世纪以来，国际证券市场发展的一个突出特点是各种类型的机构投资者快速成长，它们在证券市场上发挥出日益显著的主导作用。根据经济合作与发展组织（OECD）2008 年的统计，1995～2005 年，OECD 国家机构投资者管理的资产规模平均年增长 6.6%，2005 年资产规模达到 40.3 万亿美元，为 OECD 国家 GDP 总额的 162.6%，而 1995 年该比率为 110.2%。这十年来，原先金融资产占 GDP 比重相对较低的国家，提升最显著。例如，波兰该比率年增长率为 36.4%，土耳其为 28.3%，匈牙利为 21%。

（三）金融创新深化

创新是金融业永恒的主题，进入 21 世纪，在新的金融理论和金融技术的支撑下，

---

① 《中国证券市场产品创新研究》，深圳证券交易所研究报告，2007 年 5 月 12 日。

有关产品、组织、监管等方面的发展千变万化、日新月异。在有组织的金融市场中，结构化票据、交易所交易基金（ETF）、各类权证、证券化资产、混合型金融工具和新型衍生合约不断上市交易；从功能上看，天气衍生金融产品、能源风险管理工具、巨灾衍生产品、政治风险管理工具、信贷衍生产品层出不穷，极大地拓展了"金融帝国"的范围。场外交易衍生产品快速发展以及新兴市场金融创新热潮也反映了金融创新进一步深化的特点。在场外市场中，以各类奇异型期权为代表的非标准交易大量涌现，成为风险管理的利器。而新兴市场在金融产品的设计和创新方面也开始从简单模仿和复制，逐步发展到独立开发具有本土特色的各类新产品，成为全球金融创新浪潮不可忽视的重要组成部分。

（四）金融机构混业化

20 世纪 90 年代以来，全球范围内的国际金融市场竞争愈演愈烈，金融创新使金融机构和金融业务的界限日益模糊，原来对金融业实行分业经营的国家，政府管制和法律限制被不断突破，混业经营趋势不断增强。1999 年 11 月 4 日，美国国会通过《金融服务现代化法案》，废除了 1933 年经济危机时代制定的《格拉斯—斯蒂格尔法案》，取消了银行、证券、保险公司相互渗透业务的障碍，标志着金融业分业制度的终结。在此背景下，金融机构之间展开了大规模的并购和跨国并购，通过并购重组，不仅推动了金融机构的资产规模高速增长，而且形成了一些大型的跨国金融控股集团。这些大型的金融控股集团通过控股或全资拥有的投资银行、商业银行、保险公司、资产管理公司等，既实现了各类金融业务紧密结合、相互渗透，又顺应了新经济条件下客户对金融服务多样化、立体化、超级市场化的需求。

（五）交易所重组与公司化

进入 21 世纪以来，在证券市场上最引人注目的事件是欧洲证券交易所的重组。2000 年 3 月 18 日，阿姆斯特丹交易所、布鲁塞尔交易所、巴黎交易所签署协议，合并为泛欧证券交易所；2002 年又先后合并伦敦国际金融期权期货交易所（LIFFE）和葡萄牙交易所（BVLP）。2006 年 4 月，纳斯达克（NASDAQ）收购伦敦证券交易所（LSE）股份，至年底持有 LSE28.75% 的股份。2006 年 6 月，纽约证券交易所（NYSE）与泛欧证券交易所（Euronext）达成总价约 100 亿美元的合并协议，组建全球第一家横跨大西洋的纽交所—泛欧证交所公司（NYSE Euronext）。2006 年 7 月，澳大利亚证券交易所（ASX）与悉尼期货交易所（SFE）宣布合并。2006 年 10 月，芝加哥商业交易所（CME）和芝加哥期货交易所（CBOT）宣布合并，组成 CME 集团有限公司。此外，还有更多交易所之间通过产品交叉上市、共享交易代码和交易平台等方式实现了战略合作。交易所公司化是证券业应对激烈市场竞争的又一表现。从 1993 年斯德哥尔摩证券交易所挂牌上市到 2002 年 12 月 6 日芝加哥商业交易所（CME）在纽约证券交易所首次公开发行股票并上市，近 10 年来已有 30 多家证券交易所实现了公司化改制。其中，斯德哥尔摩证券交易所、阿姆斯特丹证券交易所、澳大利亚证券交易所、新加坡交易所、悉尼期货交易所、巴黎证券交易所、伦敦证券交易所、芝加哥商业交易所、中国香港证券交易所、新泛欧交易所、德意志交易所已公开挂牌上市。

（六）证券市场网络化

随着电子计算机技术的发展，国际金融市场的交易手段越来越先进。自从 1970 年伦敦证券交易所采用市场价格显示装置、1971 年美国建成全国证券商协会自动报价系统和纽约证券交易所创设市场间交易系统以来，这种交易过程的创新始终未曾停顿。最为典型的是由芝加哥商业交易所率先使用 G10BEX 电子交易系统，以后又进一步采用新的金融信息交换（Financial Information Exchange）应用程序界面（Application Programming Interface）技术，即 FIEAPI 技术以来，其他交易所也纷纷效仿，使用电子交易系统来提高交易效率。电子交易系统的普遍采用，使国际证券市场突破了时间和空间的限制，实现了网络化。

20 世纪 90 年代以来，随着电子计算机技术的发展和信息经济的来临，出现了电子金融创新（E-Finance Innovation）。电子金融创新是电子商务（E-Business）在金融业的应用，它不是将电子计算机技术应用于金融资产的交易和交割过程，而是应用于金融信息的收集、分析、传播、交流和金融资产的管理过程。值得一提的是，以国际互联网或大型计算机网络为基础的比较系统和完整的金融信息分析及金融资产管理是近几年才出现的。

（七）金融风险复杂化

随着金融创新和金融交易的快速发展，各国（地区）金融相关度进一步提高，竞争的加剧、汇率的波动、国际短期资本的流动以及经济发展战略的失误都可能直接引发一国（地区）甚至多国（地区）发生金融危机，而一国（地区）的金融风险可能立即在周边国家（地区）传递，甚至影响国际金融市场正常运行。

20 世纪 90 年代是国际金融风险频繁发生的时期，这一时期曾发生的主要金融风险有：1992 年，英镑危机，导致英国英镑和意大利里拉退出欧洲汇率机制；1993 年，日本泡沫经济破灭，将日本经济拖入漫长的衰退期；1994 年，墨西哥金融危机，墨西哥政府被迫宣布货币贬值，结果引起更大规模的资本外逃以及拉丁美洲地区金融市场的连锁反应；1995 年，巴林银行事件，导致这家有 223 年历史的英国老字号投资银行进入清算状态，最终被荷兰国际收购；1997 年 7 月，东南亚危机，由泰铢贬值、泰国政府放弃实行多年的固定汇率开始，最后演变成一场严重的地区性经济危机；1997～1998 年，日本许多大型金融机构宣布破产，巨额坏账拖累日本金融和经济；1998 年 8 月，俄罗斯发生债务危机，引起国际金融市场的恐慌；1998 年 8 月，为应对国际投机者的攻击，中国香港金融管理局毅然采取不寻常的入市干预办法，成功维持了港元和恒生指数的稳定；1998 年 8 月，美国一家大型对冲基金长期资本管理公司因在国际债券期货市场上投机失败而濒临倒闭；1999 年初，巴西爆发金融动荡，汇市、股市双双暴跌，最后由国际货币基金组织出面组织援助。频频发生的金融危机使人们认识到，金融全球化不仅意味着全球金融活动一体化，而且意味着全球金融风险日益紧密联系并相互传递。金融风险已成为 20 世纪 90 年代以来影响世界经济稳定发展的最重要因素。

进入 21 世纪以来，全球市场风险发生了一些新的变化，新兴市场与成熟市场之间的风险因素互动加剧，成熟市场风险对新兴市场的影响不断增大。2007 年以来，主要发源于美国的次级按揭贷款和相关证券化产品危机广泛影响了全球金融机构和市场，全球资产价格大幅缩水，大量金融机构破产或重组，并传导至实体经济领域，引发全球经济大衰退。

（八）金融监管合作化

频繁发生的金融风险给各国（地区）以深刻的教训，为此，各国（地区）更加注重健全金融体系，推行金融改革；加强和改善金融监管，建立和完善保护投资者权益和信心的制度；完善宏观经济管理，保持国际收支基本平衡。鉴于金融危机的国际传递趋势，各国更注重加强国际金融合作和协调，运用国际资源提升防范国际金融危机的能力，防范和化解国际金融风险。2007年开始的美国次级贷款危机，最终演变成了一场全球金融危机和经济危机。这场危机让人们对金融衍生产品的风险性、金融风险的复杂性、金融机构高杠杆经营的危害性有了更为深入的认识，全球金融市场都在深刻反思，各国（地区）金融监管部门纷纷采取必要的措施防止危机进一步扩大。在此背景下，全球证券市场的发展也呈现一些新的趋势，突出表现在以下几个方面：

一是金融机构的去杠杆化。美国的投资银行、对冲基金、债券保险公司等非银行金融机构，由于没有严格的资本监管要求，缺乏稳定的资金来源和丰厚的资本金，它们一般会借助财务杠杆操作，大量持有证券、债券和复杂的信贷产品，以高杠杆投资方式将利润急剧放大，多次打包次贷产品，组合成投资工具，按风险等级划分后再出售到各国金融机构。高杠杆运作本身具有无法克服的先天缺陷。首先，投资银行等机构自有资金有限，主要靠货币市场上的大宗借款来放大资产倍数；其次，这些机构投资的衍生产品具有高杠杆属性，保证金交易制度使衍生产品投资的杠杆效应倍数放大；最后，无节制地开发过度打包的基础产品，导致产品的风险程度不透明，链条层次过长使高杠杆运作的风险放大，不易被投资者察觉，加剧高杠杆产品风险的蔓延。所以，在市场流动性收紧引发房地产价格下跌等一系列资产价格泡沫破灭后，这些金融机构的去杠杆化势在必行。

二是金融监管的改革。随着金融危机的不断蔓延，各国（地区）监管机构逐步形成了对现行金融监管体系进行改革的共识，最主要的是对金融监管边界的重新界定。自20世纪80年代初以来，西方国家掀起了一场以放松金融管制为主要目标的金融自由化运动。放松金融管制的实际结果是明显地缩小了监管的范围和边界，扩大了无监管或少监管的范围，尤其是对近年来出现的创新金融产品和基金业几乎没有监管。放松金融管制对解放金融生产力和促进金融业现代化起到了一定的积极作用，但也带来了很多问题。金融监管不平衡和不完全扭曲了金融机构之间的利益关系，降低了金融机构的盈利能力和风险承受能力，使一些金融机构千方百计地逃离监管边界的束缚，造成监管性套利活动泛滥，导致广泛性金融风险无限制地扩张。比如，不受监管的或较少受监管的结构性衍生金融产品、投资银行和单一险种保险商等，这些金融产品或金融机构一旦出现问题，便会对受监管较严的商业银行造成伤害。因此，要求重新界定金融监管边界的呼声越来越高。此外，还包括调整政府金融行业监管结构、更严厉的清算和资本要求、改革破产制度和信用卡制度以及加强对金融机构薪酬制度的监管等。

三是国际金融合作的进一步加强。一些经济学家建议，应当尽快建立一个全球性的监管协调机构，以增强全球金融监管的一致性和有效性。他们认为，在西方金融业普遍存在巨大的政治游说和干预势力的情形下，建立不受各国国内政治因素影响的高度专业化的、独立性较强的国际金融监管机构是极为必要的。具有较充分独立性的国际金融监管机构的主要职能是监督国际协议的执行和促进资本流动，而不是重新监管全球经济。目前，包括"G20 协调机制"在内的多边协调机制正在发挥着日益重要的作用。

四、中国证券市场发展史简述

（一）1949 年以前的中国证券市场

证券在我国属于舶来品，最早出现的股票是外商股票，最早出现的证券交易机构也是由外商开办的上海股份公所和上海众业公所。上市证券主要是外国公司股票和债券。从 19 世纪 70 年代开始，清政府洋务派在我国兴办工业，随着这些股份制企业的兴起，中国自己的股票、公司债券和证券市场便应运而生了。1872 年设立的轮船招商局是我国第一家股份制企业。1914 年，北洋政府颁布的《证券交易所法》推动了证券交易所的建立。1917 年，北洋政府批准上海证券交易所开设证券经营业务。1918 年夏天成立的北平证券交易所是中国人自己创办的第一家证券交易所。1920 年 7 月，上海证券物品交易所得到批准成立，是当时规模最大的证券交易所。此后，相继出现了上海华商证券交易所、青岛市物品证券交易所、天津市企业交易所等，逐渐形成了旧中国的证券市场。

（二）1949 年以后的中国证券市场

20 世纪 70 年代末期以来的中国经济改革大潮，推动了资本市场的重新萌生和发展。在过去的 10 多年间，中国资本市场从无到有，从小到大，从区域到全国，得到了迅速的发展。回顾改革开放以来中国资本市场的发展，大致可以划分为以下四个阶段：

1. 新中国资本市场的萌生（1978～1992 年）

1978 年 12 月，以中国共产党第十一届三中全会的召开为标志，经济建设成为国家的基本任务，改革开放成为中国的基本国策。随着经济体制改革的推进，企业对资金的需求日益多样化，新中国资本市场开始萌生。20 世纪 80 年代初，若干小型国有和集体企业开始进行多种多样的股份制尝试，开始出现股票这一新生事物。这一时期股票一般按面值发行，大部分实行保本保息保分红、到期偿还，具有一般债券的特性；发行对象多为内部职工和地方公众；发行方式多为自办发行，没有承销商。

1981 年 7 月，我国改变传统"既无外债、又无内债"的计划经济思想，重启国债发行。1982 年和 1984 年，企业债和金融债开始出现。随着证券发行的增多和投资者队伍的逐步扩大，证券流通的需求日益强烈，股票和债券的柜台交易陆续在全国各地出现，二级市场初步形成。随着一、二级市场的初步形成，证券经营机构的雏形开始出现。1987 年 9 月，中国第一家专业证券公司——深圳特区证券公司成立。1988 年，为适应国库券转让在全国范围内的推广，中国人民银行下拨资金，由省级分行组建了 33

家证券公司，同时，财政系统也成立了一批证券公司。

1990 年，国家允许在有条件的大城市建立证券交易所。1990 年 12 月 19 日和 1991 年 7 月 3 日，上海证券交易所和深圳证券交易所先后正式营业。同年 10 月，郑州粮食批发市场开业并引入期货交易机制，成为新中国期货交易的实质性发端。1992 年 10 月，深圳有色金属交易所推出了中国第一个标准化期货合约——特级铝期货标准合同，实现了由远期合同向期货交易的过渡。总体上看，中国资本市场的萌生源于中国经济转轨过程中企业和公众的内生需求。在发展初期，市场处于一种自我演进、缺乏规范和监管的状态，并且以区域性试点为主；股票发行市场也一度出现过混乱；同时，人们对资本市场的发展在认识上也产生了一定的分歧。

1992 年 1~2 月，邓小平同志在南方视察时指出："证券、股市，这些东西究竟好不好，有没有危险，是不是资本主义独有的东西，社会主义能不能用，允许看，但要坚决地试。看对了，搞一两年对了，放开；错了，纠正，关了就是了。关，也可以快关，也可以慢关，也可以留一点尾巴。怕什么，坚持这种态度就不要紧，就不会犯大错误。"邓小平同志南方谈话后，中国确立经济体制改革的目标是建立社会主义市场经济体制，股份制成为国有企业改革的方向，更多的国有企业实行股份制改造并开始在资本市场发行上市。1993 年，股票发行试点正式由上海、深圳推广至全国，打开了资本市场进一步发展的空间。

2. 全国性资本市场的形成和初步发展（1993~1998 年）

1992 年 10 月，国务院证券管理委员会（以下简称"国务院证券委"）和中国证监会成立，标志着中国资本市场开始逐步纳入全国统一监管框架，区域性试点推向全国，全国性市场由此开始发展。1997 年 11 月，中国金融体系进一步确定了银行业、证券业、保险业分业经营、分业管理的原则。1998 年 4 月，国务院证券委撤销，中国证监会成为全国证券、期货市场的监管部门，建立了集中统一的证券、期货市场监管体制。中国证监会成立后，推动了《股票发行与交易管理暂行条例》《公开发行股票公司信息披露实施细则》《禁止证券欺诈行为暂行办法》《关于严禁操纵证券市场行为的通知》等一系列证券、期货市场法规和规章的建设，资本市场法规体系初步形成，使资本市场的发展走上规范化轨道，为相关制度的进一步完善奠定了基础。市场创建初期，国家采取了额度指标管理的股票发行审批制度，即将额度指标下达至省级政府或行业主管部门，由其在指标限度内推荐企业，再由中国证监会审批企业发行股票。在交易方式上，上海证券交易所和深圳证券交易所都建立了无纸化电子交易平台。随着市场的发展，上市公司数量、总市值和流通市值、股票发行筹资额、投资者开户数、交易量等都进入一个较快发展的阶段。沪、深证券交易所交易品种逐步增加，由单纯的股票陆续增加了国债、权证、企业债券、可转换债券、封闭式基金等。随着全国性市场的形成和扩大，证券经营机构也得到快速发展。到 1998 年底，全国有证券公司 90 家，证券营业部 2412 家。① 从 1991 年开始，出现了一批投资于证券、期货、房地产等市场

① 马庆泉：《中国证券史》，中信出版社 2003 年版。

的基金（统称为"老基金"）。1997年11月，《证券投资基金管理暂行办法》颁布，规范证券投资基金的发展。同时，对外开放进一步扩大，推出了人民币特种股票（B股），境内企业逐渐开始在中国香港、纽约、伦敦和新加坡等境外市场上市；期货市场也得到初步发展。

3. 资本市场的进一步规范和发展（1999~2010年）

1998年12月，我国《证券法》正式颁布并于1999年7月实施，这是新中国第一部规范证券发行与交易行为的法律，并由此确认了资本市场的法律地位。

在这个阶段，中国围绕完善社会主义市场经济体制和全面建设小康社会进行持续改革。随着经济体制改革的深入，国有和非国有股份公司不断进入资本市场。2001年12月，中国加入世界贸易组织，中国经济走向全面开放，金融改革不断深化，资本市场的深度和广度日益拓展和扩大。自1998年建立了集中统一监管体制后，为适应市场发展的需要，证券、期货监管体制不断完善，实施了"属地监管、职责明确、责任到人、相互配合"的辖区监管责任制，并初步建立了与地方政府协作的综合监管体系。与此同时，执法体系逐步完善。中国证监会在各证监局设立了稽查分支机构，2002年增设了专司查处操纵市场和内幕交易的机构。2007年，为适应市场发展的需要，证券执法体制又进行了重大改革，建立了集中统一指挥的稽查体制。

中国证监会不断加强稽查执法基础性工作，严格依法履行监管职责，集中力量查办了琼民源、银广夏、中科创业、德隆、科龙、南方证券、闽发证券等一批大案、要案，坚决打击各类违法违规行为，切实保护广大投资者的合法权益，维护"公开、公平、公正"的市场秩序。

但是，资本市场发展过程中积累的遗留问题、制度性缺陷和结构性矛盾也逐步开始显现。从2001年开始，市场步入持续4年的调整阶段：股票指数大幅下挫；新股发行和上市公司再融资难度加大、周期变长；证券公司遇到了严重的经营困难，到2005年全行业连续4年总体亏损。

这些问题产生的根源在于，中国资本市场是在向市场经济转轨过程中由试点开始而逐步发展起来的新兴市场，早期制度设计有很多局限性，改革措施不配套。一些在市场发展初期并不突出的问题，随着市场的发展壮大，逐步演变成市场进一步发展的障碍，包括上市公司改制不彻底、治理结构不完善；证券公司实力较弱、运作不规范；机构投资者规模小、类型少；市场产品结构不合理，缺乏适合大型资金投资的优质蓝筹股、固定收益类产品和金融衍生产品；交易制度单一，缺乏有利于机构投资者避险的交易制度等。为了积极推进资本市场改革开放和稳定发展，国务院于2004年1月发布了《国务院关于推进资本市场改革开放和稳定发展的若干意见》，为资本市场新一轮改革和发展奠定了基础。2005年11月，修订后的《证券法》和《公司法》颁布，并于2006年1月1日起实施。2007年，《期货交易管理条例》发布实施；2008年，《证券公司监督管理条例》和《证券公司风险处置条例》正式发布实施；有关资本市场监管法规和部门规章也得到了相应的调整与完善。在加强资本市场法律法规建设的同时，证券监管部门着力解决了一些制约证券市场发展的制度性问题，主要包括实施股权分置改革；通过完善上市公司监管体制、强化信息披露、规范公司治理、清理违规占用上市公司资金等方式全面提高上市公司质量；对证券公司进行综合治理，进一步健全发行制度，大力发展机构投资者，改善投资者结构等。中国资本市场发生了一系列深刻的变化。

2006年，在众多历史遗留问题得到妥善解决、机构投资者迅速壮大、法律体系逐步完善的基础上，中国资本市场出现了一系列积极而深刻的变化。为充分发挥资本市场的功能，市场各方对多层次市场体系和产品结构的多样化进行了积极的探索。中小板市场的推出和代办股份转让系统的出现是中国在建设多层次资本市场体系方面迈出的重要一步。可转换公司债券、银行信贷资产证券化产品、住房抵押贷款证券化产品、企业资产证券化产品、银行不良资产证券化产品、企业或证券公司发行的集合收益计划产品以及权证等新品种的出现，丰富了资本市场交易品种。2007年末，沪、深市场总市值位列全球资本市场第三；2007年首次公开发行股票融资4595.79亿元，位列全球第一；日均交易量1903亿元，成为全球最为活跃的市场之一。[1] 在市场规模和交易量成倍增长的情况下，交易结算系统和监管体系基本保持了平稳运行，未发生影响市场正常运行的异常事件。同时，债券市场得到初步发展，中国债券市场规模有所增加，市场交易规则逐步完善，债券托管体系和交易系统等基础建设不断加快。期货市场开始恢复性增长。

2007年中后期，金融危机席卷全球，中国证券市场也受到波及并出现深幅调整，股票市值大幅缩水。中国证监会公布的数据显示，以上证指数为例，2007年10月16日盘中最高曾达到6124点，2008年11月4日盘中最低曾达到1679点，一年间最大跌幅接近73%。与2007年底相比，2008年股市总市值和流通市值分别下降63%和51%，总成交额下降42%，印花税减少55%。

面对全球金融危机的严峻挑战，中国证券业及时了解金融危机扩散的最新信息，深入研究国内外市场的关联互动，最大限度控制了境外风险对中国市场的影响。上海证券交易所公布的数据显示，随着中国经济的快速回暖，至2009年末，上证综指的收盘指数回升至3277点，比2008年同期的1820点上涨了80%，市场信心初步得以恢复。与此同时，中国证券监管机构审时度势，以制度创新作为应对危机的重要武器，推进了资本市场的建设。

4. 跨越式发展阶段——多层次市场初具规模（2011年至今）

从2011年开始，十年来，资本市场日趋成熟，建立多层次资本市场是这十年来的重要主题。而2019年科创板的设立、2020年创业板注册制的推出则是中国资本市场深化改革、与国际接轨的重要成果。

2012年11月8日，中国共产党第十八次全国代表大会（简称"党的十八大"）在北京召开。党的十八大明确提出，要"加快发展多层次资本市场"；同时提出了未来若干年中国经济社会的主要目标。而这些目标，与资本市场的发展亦密不可分，中国

---

① 中国证券业协会：《金融市场基础知识》，中国财政经济出版社2022年版。

资本市场发展从此走向了"快车道"。

2014 年 11 月 17 日，沪港通正式开通；2016 年 12 月 5 日，深港通正式开通。互通机制的启动是资本市场改革开放的重要举措。互联互通机制可复制、可推广，是我国资本市场改革开放的成功案例，为国际资本市场创新发展提供了中国智慧和中国方案。它的顺利开通和平稳运行大幅提升了 A 股市场对境外投资者的吸引力。

在沪港通、深港通平稳运行后，2017 年 6 月 20 日，MSCI（明晟指数）决定自 2018 年 6 月开始将 A 股部分纳入 MSCI 新兴市场指数和 MSCI ACWI 全球指数。A 股纳入 MSCI 是中国资本市场改革与演进，以及国际投资者与中国市场相互适应、更好互动、互利共赢的重要契机和推进器。A 股纳入 MSCI ACWI 将利于中国进一步推动金融改革，也会让全球更好分享中国红利。

2019 年，中国多层次资本市场建设全面提速。2019 年 6 月 13 日，科创板正式开板。2019 年 7 月 22 日，科创板首批 25 家公司挂牌上市。中国资本市场全面推行改革效果显现，众多高科技、新经济公司寻求通过登陆 A 股市场获得更广阔的发展平台，华尔街中资概念公司也选择回归 A 股市场。

这一阶段，金融科技也越来越多渗入到资本市场本身的建设中，间接推动了服务资本市场的证券行业经营模式大转型。十年来，证券行业以信息科技为切入点，大力借助人工智能、大数据，实现了金融资源配置的高效化、集约化。根据中国证券业协会统计，2019 年全行业信息技术投入金额 205.01 亿元，同比增长 10%，占到 2018 年营业收入的 8.07%，较 2018 年同期提高了 2.03 个百分点。中国证券业协会指出，2017 年至 2021 年证券行业在信息技术领域累计投入达 550 亿元，行业持续加大信息技术领域的投入为行业数字化转型和高质量发展奠定了坚实基础。

五、中国证券市场的对外开放

我国资本市场对外开放局面的形成是我国经济发展和改革开放的客观需求。第一，加快资本市场对外开放是当前国内外政治、经济形势对我国资本市场提出的迫切要求，是我国兑现加入世贸组织所做出的承诺；第二，加快资本市场对外开放是我国深化国有企业改革和加快推进金融体系改革的现实要求，是我国加快适应全球经济金融一体化挑战的重要手段；第三，加快对外开放步伐也是我国证券市场规范化、市场化建设推进到一定阶段的必然产物。从内容上看，中国证券市场对外开放可分为以下两个方面。

（一）在国际资本市场募集资金

我国股票市场融资国际化是以 B 股、H 股、N 股等股权融资作为突破口的。1992 年，我国开始在上海、深圳证券交易所发行境内上市外资股（B 股），截至 2009 年 12 月，共发行 B 股 111 只，募集资金 50.03 亿美元。1993 年，我国开始发行境外上市外资股（H 股、N 股等），截至 2009 年 12 月末，共发行 H 股 159 只，累计筹资额 1273.94 亿美元。[①]

---

① 资料来源：笔者根据深圳证券交易所公布的数据整理。

在利用股票市场筹资的同时，我国也越来越重视依赖国际债券市场筹集中长期建设资金。我国机构在境外发行外币债券融资出现较早。1982 年 1 月，中国国际信托投资公司在日本债券市场发行了 100 亿日元的私募债券，这是我国国内机构首次在境外发行外币债券。1984 年 11 月，中国银行在东京公开发行 200 亿日元债券，标志着中国正式进入国际债券市场。1993 年 9 月，财政部首次在日本发行了 300 亿日元债券，标志着我国主权外债发行的正式起步。1984 年以来，财政部、国家开发银行、进出口银行、中信公司、中国银行、中国建设银行等国内机构陆续在境外发行外币债券，发行覆盖了欧洲、美国、日本、中国香港、新加坡等市场。

（二）开放国内资本市场

2001 年 12 月 11 日，我国正式加入世界贸易组织，标志着我国的证券业对外开放进入了一个全新的阶段。在利用股票和债券在国际资本市场筹资的同时，我国也逐步放开了境内资本市场。

自加入世界贸易组织起，我国资本市场走上了加快对外开放的道路，并在开放中实现了健康发展。按照开放的广度和深度，这一历程可以初步分为三个阶段：第一个阶段是 2002~2013 年，这一阶段确立了 QFII（合格境外机构投资者）、QDII（合格境内机构投资者）与 RQFII（人民币合格境外机构投资者）等制度，初步实现了"引进来"和"走出去"；第二个阶段是 2014~2017 年，沪深港通、债券通相继落地，MSCI（明晟，美国指数编制公司）将 A 股纳入全球指数等，推动对外开放呈现双向可扩容格局；第三个阶段是 2018 年至今，国务院金融委发布金融业对外开放 11 条，证监会推出进一步扩大资本市场对外开放 9 项举措，形成更全方位、更高水平的对外开放格局。

第四节　证券投资过程

一、个人投资者的投资过程

在证券市场上，个人投资者是一个很宽泛的概念，在我国证券市场上经常被称为"散户"。个人投资者经常会有不同的名称，如私人客户、高净值投资者和个人投资者。从个人投资者都需要对其财富进行适当管理的角度看，私人客户、高净值客户和个人投资者是可以互换的。虽然由于个人风险偏好、投资经历、个人财富水平不同，其具体投资策略不同，但其投资过程与专业机构投资者的投资过程明显不同。

（一）投资前的准备

1. 现金储备

在个人进行投资之前，应该确保投资者的其他需求都已得到满足，在投资者的其他需求得到满足之后还有剩余资金可用于投资，投资者才应该开始投资。可以用于投资的金额应该是在满足个人和家庭消费后以及保留适度的现金储备后才可以进行。个人投资者在投资时，应该确保足够的现金储备来应对未来可能出现的收入波动、失业、意外支出及其他紧急情况。

保留适度的现金储备可以为个人投资者提供更好的安全保护，不至于因为投资而影响个人的日常生活。现金储备可以以现钞的形式或银行活期存款的形式持有，也可以以流动性高、安全性高的金融资产如短期政府债券、货币市场基金等无风险资产形式持有。

2. 了解个人投资风险收益偏好

证券市场上不同的产品具有不同的风险收益特征，如股票风险高，其收益也高；债券风险次于股票，但收益也低于股票。个人投资者由于个人经历、个人财富水平的不同具有不同的风险偏好。个人投资者在投资前，应该进行风险偏好水平测试来确定自己的风险偏好。一般投资者的风险偏好分为风险偏好型、风险中性以及风险厌恶型三种类型，个人投资者应该根据自己的风险偏好类型选择合适的证券或证券组合进行投资。

（二）个人投资者的投资过程

个人投资者投资资金主要源于收入消费之后的剩余。一个人在一生之中，随着年龄的增长，收入和消费水平也会发生周期性的变化，这就是一个人收入和消费的生命周期。在不同的生命周期阶段，收入和消费的特征不同，个人投资者在不同阶段的投资策略选择也会不同。个人投资者的生命周期一般分为积累阶段、匹配阶段和纯支出阶段。

积累阶段是个人投资者从工作开始到中年时期，这一阶段的主要特点是个人的收入在满足日常消费之外，需要为将来的各种类型的消费积累资金。这些资金开支如住房消费、教育消费、养老消费等。因此，人们在这一阶段的财务安排和投资计划对整个人生具有重要的影响。由于处于这一阶段的人们对投资收益的期望较高，同时又有将来的收入能力作为保障，通常这一阶段投资的主要特点为人们更倾向于长期的且风险程度较高的投资，以保证获得比平均投资收益率更高的投资收益率，通过投资改善个人和家庭的生活水平。

匹配阶段是个人职业生涯的中期开始直到退休，即从中年时期到老年时期。这一阶段的初期，人们的收入除了应付日常消费开支以外，主要支付积累下来的各类债务，例如住房抵押贷款、汽车贷款、子女的教育费用等。这一阶段的后期，许多家庭已经付完各种债务，开始为将来退休后的生活和房地产投资等做投资计划，以保证将来更高的生活质量。人们在这一阶段的财务安排和投资计划主要影响后半生和后代的生活水平，对投资收益的期望收益较积累阶段有所降低，其也没有将来的收入能力作为保障。因此，这一阶段投资的主要特点为人们倾向于中长期的中等风险程度的投资品种，以保证获得更加稳定的投资收益率，而不愿意冒更大的投资风险，以免影响个人和家庭的生活水平。

纯支出阶段是个人投资生命周期的第三阶段。从人们退休开始，这一阶段的主要生活费用由三部分组成：第一部分来源于社会福利，即按照社会保障体系给退休人员所提供的公共福利；第二部分为退休人员所在企业和退休人员自己在工作期间所累积的养老金；第三部分为退休人员先前的投资所产生的收益。这一阶段的财务安排和投资计划的显著特点是，人们投资的最主要目的是保值而不是收益以保证原先的投资不受损失，低风险投资品种成为投资首选。人们努力争取保证原有的生活水平和生活质量不受财产损失和通货膨胀等因素影响而下降。通常这一阶段投资的主要特点为人们更倾向于长期的风险程度较低的投资，同时又必须被动地参与一些风险投资以保证投资收益率可以弥补通货膨胀所带来的资产损失。

二、机构投资者的投资过程

机构投资者的投资过程与个人投资者不同。机构投资者的投资业务有两类：一类是自营业务，即利用自有资金直接从事证券交易而获取收益的行为；另一类是基金管理人设立基金，募集投资者的资金进行投资，基金管理人获得管理费用。无论是哪一种，机构投资者都是通过设立一定的投资目标，构建一个符合投资目标的资产组合，实现特定的风险收益目标。这一投资过程可以分为两部分：一是资产配置决策，二是证券选择。资产配置决策是指投资者对资产大类的选择，即在风险资产和无风险资产之间进行选择，确定风险资产和无风险资产的比例。这种配置方法也是自上而下的方法。

在确定了资产大类的选择之后就是证券选择。证券选择是对包含在资产组合中的各类资产进行估值、分析，确定购买何种股票，每种股票的数量是多少，即每种证券在整个资产组合中的比重。这主要体现在基金管理人或机构投资者的选股能力上。这种方法也被称为自下而上法。

机构投资者与个人投资者相比，具有个人投资者无法比拟的优势。一是信息优势。机构投资者通常与上市公司联系更紧密，收集处理信息的能力更强且具有信息成本优势，能够以更低成本获取信息、处理信息。二是资金规模优势。机构投资者资金规模大，可以进行更分散化的投资，能够获得交易费用等方面的规模优势。个人投资者则由于受资金规模所限，分散化程度低，也不具有交易成本规模优势。三是技术优势。机构投资者拥有先进的证券投资分析、估值及风险管理技术，这些技术的掌握需要较高的知识来支撑，对于一般个人投资者是无法获得的。四是人力资本优势。机构投资者拥有专业的投资管理团队，专门从事证券分析与投资，具有丰富的证券投资经验，这也是一般个人投资者所不具备的。

【本章小结】

本章从投资的对象金融资产和实物资产的区分开始，对投资进行了论述。然后介绍了证券市场在整个金融市场中的结构与地位，指出证券市场具有提供流动性、资源配置以及风险管理等功能。对于我国证券市场的参与者从投资者、中介机构、监管机构以及自律组织进行介绍。在此基础上梳理了我国证券市场的发展历史及未来的发展趋势。最后是个人投资者和机构投资者的投资过程。

【思考与练习】

1. 什么是投资？如何理解投资与投机的关系？

2. 证券市场的功能是什么？这些功能在我国证券市场发挥情况如何？

3. 试比较做市商交易制度和竞价交易制度的异同？

4. 我国证券市场都有哪些参与者？各自在市场上主要从事什么交易？

5. 个人投资者与机构投资者有何不同？个人投资者如何在证券市场上进行投资？

第二篇　股票篇

第二章 股票基础知识

【章首导言】

股票是股份有限公司在筹集资本时发行的股份凭证，用以证明投资者的股东身份和权益。人们在购买股票之前，有必要了解股票的性质和特点。股票不是单一品种的金融证券，不同类型的股票，其发行地域、权力划分也有所不同，投资者需要了解股票的不同分类，以便根据自身需要做出适当选择。

【本章知识结构图】

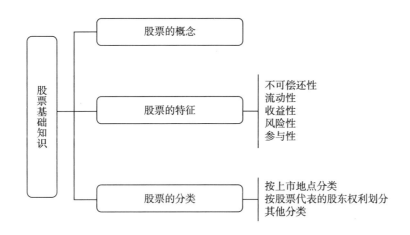

第一节 股票的概念

股票是股份有限公司在筹集资本时发行的股份凭证，用以证明投资者的股东身份和权益，投资者可以根据股票所载内容获取利息和红利，行使相应权利。股票的本质是一种所有权凭证，这种所有权是一种综合权利，包括参加股东大会、投票表决公司重大事项、参与公司重大决策、收取股息或分享红利等。

股票作为一种所有权凭证，必须采用纸面形式或国务院证券管理部门规定的其他形式，并具有一定的格式。根据我国法律法规规定，股票应载明的事项主要包括：公司名称、股票种类、公司登记成立日期、票面金额以及所代表的股份数、股票的编号等。股票需经股份公司董事长签名、公司盖章后方可生效，发起人的股票还应当标明"发起人股票"字样。

由于股票只是对股份公司拥有实际资本的所有权证书，是获取股息和参与公司决策的凭证，不是实际资本，它只是间接地反映了实际资本运动的状况，从而表现为一种虚拟资本。

从股票概念来看，主要包含以下几个内容：

（1）股票是一种出资证明。当自然人或法人依法以自有资产向股份有限公司投资参股时，便可获得股票作为出资的凭证。股票的持有者，凭借股票来证明自己的股东身份，并依法承担义务、行使权利。

（2）股票是一种要式证券。股票应记载的事项，均通过法律法规的形式加以规定，相关各方也需保证所载事项的真实、准确、完整。如果缺少必要的要件，股票将不具备相应的法律效力。在我国，《公司法》《证券法》等法律法规还对股票的制作、发行、流通等行为作出了规定，并有专门的部门负责此类行为的审批和监管。

（3）股票是一种权利证券。股票持有者作为股份公司的股东，享有独立的股东权利，可以参加公司股东大会，投票选举公司董事会、监事会等管理者，投票表决公司重大事项，参与公司重大决策。持有股票的投资人还可以参与股份公司的利润分配，获得股息或分享红利，并在企业破产清算时，拥有剩余财产的分配权。但是，股票不是物权证券，股东虽然是股份公司财产的所有人，但对股份公司的财产没有直接处分的权力，全体股东需作为一个整体，对股份公司的财产行使所有权。股票也不是债权证券，股东与股份公司之间并非还本付息的债权关系，股东以其认缴出资额为限，对公司承担有限责任。

（4）股票是一种有价证券。有价证券是财产价值和财产权利的统一表现形式，股票是有价证券的一种。首先，股票表示拥有一定价值量的财产。虽然股票本身没有价值，但其承载着股东要求股份公司按规定分红、派息的请求权，代表着拥有股份公司一定价值量的资产。其次，股票表明其持有人可以行使股票所代表的所有权，即股东权利的转让与股票占有权的转移是同步的、不可分割的。

第二节　股票的特征

股票具有以下特征：

（1）不可偿还性。股票是一种无偿还期限的法律凭证，投资者认购股票后，就不能要求退股，只能在二级市场将股票出售给其他投资人。股票的转让意味着公司股东的改变，股票所载权利的转让并不减少公司资本。从期限上看，公司存续期间对外发行的股票都将存在，股票的期限等同于公司存续的时间。

（2）流动性。流动性是指股票可以依法转让，持有人可依据自身需求和市场状况，自由地进行股票转让，其变现能力很强，买卖具有相当大的灵活性。许多国家都设有证券交易场所，股票持有者可以在股票交易市场上方便地卖出其持有的股票，会计核算通常将股票划分为流动资产。

（3）收益性。股票的收益性表现在两个方面：一方面，股东凭其持有的股票，有权从公司领取股息或红利，依法获取投资收益，股息或红利的多少主要取决于公司的盈利水平和盈利分配政策；另一方面，股票的收益性还表现在股票投资者可以通过股票的买卖获得价差收入，以期实现资产保值增值，即通常所说的低价买入和高价卖出股票，赚取价差利润。

（4）风险性。风险性是指股票投资可能产生经济损失的特性。股票的风险性本质上是预期收益的不确定性。尽管股票可能给持有者带来收益，但这种收益受公司业绩、市场状况等不确定因素的影响，有可能造成股票投资的损失。认购公司发行的股票，可能承担发行失败的风险。股东获取的股息和红利收益，取决于公司的盈利状况。公司发生亏损，股东要承担相应的有限责任，其投入公司的资产会受到损失。公司破产时，可能连本金都无法完全收回。股票的市场价格会受公司的盈利水平和市场利率的影响，还会受政治局势、宏观经济状况、社会心理因素等的影响，使股票的价格出现波动，从而使股票持有者蒙受损失。

（5）参与性。股票作为一种权利凭证，其持有者有权出席股东大会，选举公司董事会，参与公司重大决策。股票持有者的投资意志以及其经济利益，通常是通过行使股东参与权来实现的。股东对公司的决策权利大小，往往取决于所持的股份多少，只要股东持有的股票数量达到左右决策结果所需的实际多数，就能对公司的决策实现实际控制。

第三节 股票的分类

股票分类的方式、方法多种多样，标准不一而足，以下是几种主要的分类方法。

一、按上市地点分类

工商注册地点在中国内地的上市公司，其所发行的股票根据上市地点的不同，主要分为以下几种：

（1）A股。人民币普通股股票，也称A股。是由中国境内公司发行，供境内机构、组织或个人以及合格境外机构投资者（QFII）认购和交易的普通股股票。A股以人民币计价交易。

（2）B股。人民币特种股票，也称B股。是指在中国内地注册、在中国内地上市的特种股票。B股以人民币标明面值，以外币认购和交易。

（3）H股。H股是中国境内公司发行的以人民币标明面值，供境外投资者用外币认购，在香港联合交易所上市的股票。

（4）N股。N股是中国境内公司发行的以人民币标明面值，供境外投资者用外币认购，在纽约证券交易所上市的股票。由于中国和美国在证券市场准入、市场监管、信息披露等方面的制度差异较大，中国公司主要采取存托凭证（ADR）而非普通股的形式进入美国股票市场。存托凭证是一种以证书形式发行的可转让证券，用以代表某家非美国注册公司的已发行股票。另外，还有许多中国公司在美国纳斯达克（NAS-DAQ）市场挂牌上市，在NASDAQ市场挂牌的中国公司股票，一般被称为"纳指中国概念股"。

（5）S股。S股是中国境内公司发行的以人民币标明面值，供境外投资者用外币认购，在新加坡交易所上市的股票。H股、N股、S股上市公司的注册地均在中国内地，公司的生产、经营等核心业务也多在国内，主要区别在于股票的上市地点不同。

二、按股票代表的股东权利划分

（1）普通股。指在公司的经营管理、利润分配、财产分配上享有普通权利的股份。上市公司收益及财产分配方面，首先满足所有债权偿付要求，其次是优先股股东的收益权与求偿权，最后才是普通股对企业盈利和剩余财产的索取权。普通股是股票的一种基本形式，目前我国上海和深圳证券交易所上市交易的股票都是普通股。普通股股东根据其所持股份比例行使权利，相同股份拥有相同权利。

普通股股东拥有以下基本权利：①参与公司决策的权利。普通股股东可以通过参与股东大会，行使对公司事务的建议权、表决权和选举权，普通股股东因故不能参加股东大会可以委托他人代表其行使股东权利。②利润分配的权利。普通股股东有权从公司利润分配中得到股息，但每期股息不是固定的，由公司盈利状况及其分配政策决定。同时，普通股股东的利润分配权必须在优先股股东取得固定股息之后才能行使。③优先认购股份的权利。公司因业务需要而增发普通股股票时，现有普通股股东有权按其持股比例优先购买相应数量的新发行股票，从而保持其对企业所有权的原有比例。④剩余资产分配的权利。公司破产或清算时，若公司资产在清偿所有债权类债务后还有剩余，其剩余部分先分配优先股股东权益，后对普通股股东权益进行分配。

（2）优先股。优先股在利润分配及剩余财产分配方面，其权利优先于普通股。优先股股东有两种权利：①优先分配权。公司分配利润时，优先股股东可以在普通股股东之前分配利润，但是享受的股利是相对固定的。通常情况下，公司若不对优先股股东进行股利分配，就不能对普通股股东进行股利分配，因为优先股股东有先于普通股股东的分配权利。②剩余财产优先分配权。若公司破产或清算，在分配剩余财产时，优先股在普通股之前分配。

三、其他分类

（1）记名股票和无记名股票。主要根据股票是否记载股东姓名来划分。记名股票在股票上记载股东的姓名，转让时必须经公司办理过户手续。无记名股票在股票上不记载股东的姓名，持有者即为权利人，转让时通过交付即可生效。

（2）有票面值股票和无票面值股票。主要根据股票是否记载每股金额来划分。有票面值股票是在股票上记载每股的金额。无票面值股票只记载股票和公司资本总额，或每股占公司资本总额的比例。

（3）表决权股票和无表决权股票。主要根据股票持有者是否拥有表决权来划分。普通股股票持有者都有表决权，在某些方面享有特别利益的优先股股票持有者，在表决权上常受到限制，只能对公司的部分事务行使决策权，甚至完全没有表决权。无表决权股票的股东不能参与公司决策。

【本章小结】

本章从股票的概念、特点出发，介绍了股票的不可偿还性、流动性、风险性等特征。根据股票分类方式的不同，介绍了 A 股、B 股、H 股、N 股、S 股等股票类型。根据股东权利的不同，股票还可以划分为普通股、优先股等。不同分类标准相互结合，还可以产生更为丰富的股票类型，如无表决权的 H 股优先股等。股票的种类繁多，不同偏好、不同投资目标的投资者可以根据自身的风险承受能力、资金的期限结构等因素选择不同的股票。

【思考与练习】

1. 什么是股票？如何理解股票的不可偿还性和风险性？

2. 股票的特征对其交易价格的变动有何影响？

3. 不同类型股票适合什么样的投资者？

第三章　股票的发行与流通

【章首导言】

　　股票的发行市场和流通市场在主要参与方、从事的主要活动、所需达成的主要目标等方面均有所不同。通常意义上的"炒股"是指在股票流通市场上买卖股票,以买卖差价为主要获利形式的投资行为。投资者有必要了解股票发行市场与流通市场的不同运作模式,区别股票发行与流通的不同规则与程序,选择适合自身需求的投资场所与形式。

【本章知识结构图】

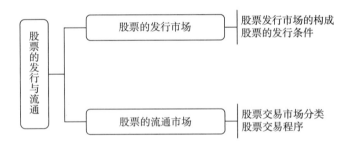

第一节　股票的发行市场

　　股票发行市场,是指作为股票发行人的公司或企业向投资者出售股票以筹集资金的市场,又称初级市场或一级市场。股票发行市场是股票交易市场的基础,并与股票交易市场构成统一完整的股票市场,两者相互依赖、相辅相成,是一个不可分割的整体。股票发行市场是股票交易市场的基础和前提,有了股票发行市场供给的股票,才有股票交易市场的股票交易。股票交易市场是股票发行市场得以持续发展的必要条件,没有股票交易市场,股票就会丧失流动性,股票发行市场将无法持续发展。同时,股票交易市场交易价格的变动,也会影响股票发行市场的发行价格,从而影响发行市场的运行。

一、股票发行市场的构成

股票发行市场是由多家机构与个人组成的无形市场，为股票的首次发行提供资源、信息与销售渠道。股票发行市场的主要参与方是发行人、投资人和中介机构。主要从事的活动是股票发行人直接或者通过中介机构向社会进行招股，从而筹集发展资金，投资者通过各种渠道认缴出资、购买其股票。

（1）股票发行人。股票发行人是指正在从事股票发行或者进行股票发行准备工作的企业、金融机构或者政府组织。股票发行人必须符合资本市场对发行条件的要求，许多国家的资本市场都在股票发行人的主体资格、净资产、经营状况、发起人责任等方面有具体的要求，并以法律法规的形式予以严格限制。我国对股票发行人的资格要求，主要由《公司法》《证券法》等法律法规来规范。

（2）投资人。股票投资人是股票发行中根据发行人的招股要约已经认购股票或者即将认购股票的个人或机构投资者，是股票发行市场的重要组成部分。股票投资人可以是金融机构、基金组织、企业或其他机构投资人，也可能是持股代理人或以承销为目的的中介机构。作为股票发行活动中重要的权利义务当事人，投资人在法律上应当具备主体资格的合法性，各国法律均对此有明确规定。

（3）中介机构。股票发行市场上的中介机构主要包括证券公司、会计师事务所、律师事务所、资产评估事务所等为股票发行提供服务的公司与机构。它们是股票发行人和投资人之间的媒介，在股份公司的资质认证、资产核算、股票定价、路演销售以及信息披露中起着重要作用。现代股票发行市场中，发行人通常不会直接将股票销售给投资人，而是由股票承销人包销或者代销股份。鉴于股票发行业务的复杂性，以及股票市场的波动性与风险性，以证券公司为首的中介机构在股票发行中起着重要的连接供需、沟通买卖的桥梁作用。各国法律法规均规定，中介机构有对股票发行人主体资格、经营状况、会计报表、资产状况、法律责任等进行尽职审查的义务，并对发行业务中所产生的相关法律文件的真实性、准确性和完整性负有连带责任。

二、股票的发行条件

股票发行制度主要有核准制和注册制两种。核准制是实质管理，主张事前控制，股票发行不仅要以真实状况的充分披露为条件，还必须符合证券监督管理机构制定的发行实质条件。核准制的目的在于禁止质量差的股票发行，对股票发行的实质性核准工作量较大，需要的时间较长，股票发行人花费的资源也较多。欧洲最常见的股票发行上市方式是核准制。中国早期以核准制为主，现逐渐向注册制为主过渡。

注册制主张事后控制，股票发行审核机构只对注册文件进行形式审查，不做实质判断。发行成本方面，注册制下股票发行人的成本更低，上市的效率会更高，对社会资源的消耗会更少。美国公司发行股票并上市的常见方式是注册制。

我国发行股票的条件，主要由《公司法》《证券法》《首次公开发行股票并上市管理办法》等法律法规予以规范。《证券法》第十二条规定，公司首次公开发行新股，应当符合下列条件：

（1）具备健全且运行良好的组织机构；

（2）具有持续经营能力；

（3）最近三年财务会计报告被出具无保留意见审计报告；

（4）发行人及其控股股东、实际控制人最近三年不存在贪污、贿赂、侵占财产、挪用财产或者破坏社会主义市场经济秩序的刑事犯罪；

（5）经国务院批准的国务院证券监督管理机构规定的其他条件。

《公司法》对股份有限公司的发起、设立、资本规模、认缴方式等做出了规定。该法第七十六条规定，设立股份有限公司，应当具备下列条件：

（1）发起人符合法定人数；

（2）有符合公司章程规定的全体发起人认购的股本总额或者募集的实收股本总额；

（3）股份发行、筹办事项符合法律规定；

（4）发起人制订公司章程，采用募集方式设立的经创立大会通过；

（5）有公司名称，建立符合股份有限公司要求的组织机构；

（6）有公司住所。

关于发起人资格规定，《公司法》第七十八条规定，设立股份有限公司，应当有二人以上二百人以下为发起人，其中须有半数以上的发起人在中国境内有住所。注册资本及其认缴方面，《公司法》第八十条规定，股份有限公司采取发起设立方式设立的，注册资本为在公司登记机关登记的全体发起人认购的股本总额。在发起人认购的股份缴足前，不得向他人募集股份。股份有限公司采取募集方式设立的，注册资本为在公司登记机关登记的实收股本总额。法律、行政法规以及国务院决定对股份有限公司注册资本实缴、注册资本最低限额另有规定的，从其规定。

中国证券监督管理委员会作为经国务院批准的国务院证券监督管理机构，对股票发行提出了更为具体的要求。证监会《首次公开发行股票并上市管理办法》第二十六条规定，发行人应当符合下列条件：

（1）最近3个会计年度净利润均为正数且累计超过人民币3000万元，净利润以扣除非经常性损益前后较低者为计算依据；

（2）最近3个会计年度经营活动产生的现金流量净额累计超过人民币5000万元；或者最近3个会计年度营业收入累计超过人民币3亿元；

（3）发行前股本总额不少于人民币3000万元；

（4）最近一期末无形资产（扣除土地使用权、水面养殖权和采矿权等后）占净资产的比例不高于20%；

（5）最近一期末不存在未弥补亏损。

除首次公开发行股票外，已经上市的公司也可以向社会公开发行新股，包括向原股东配售和向全体社会公众发售新股股票。我国《证券法》规定，上市公司发行新股，应当符合经国务院批准的国务院证券监督管理机构规定的条件，具体管理办法由国务院证券监督管理机构规定。根据《中国证监会关于进一步推进新股发行体制改革的意见》（证监会公告〔2013〕42号），强化发行人及其控股股东等责任主体的诚信义务：

（1）发行人控股股东、持有发行人股份的董事和高级管理人员应在公开募集及上市文件中公开承诺：所持股票在锁定期满后两年内减持的，其减持价格不低于发行价；公司上市后6个月内如公司股票连续20个交易日的收盘价均低于发行价，或者上市后6个月期末收盘价低于发行价，持有公司股票的锁定期限自动延长至少6个月。

（2）发行人及其控股股东、公司董事及高级管理人员应在公开募集及上市文件中提出上市后三年内公司股价低于每股净资产时稳定公司股价的预案，预案应包括启动股价稳定措施的具体条件、可能采取的具体措施等。具体措施可以包括发行人回购公司股票，控股股东、公司董事、高级管理人员增持公司股票等。上述人员在启动股价稳定措施时应提前公告具体实施方案。

（3）发行人及其控股股东应在公开募集及上市文件中公开承诺，发行人招股说明书有虚假记载、误导性陈述或者重大遗漏，对判断发行人是否符合法律规定的发行条件构成重大、实质影响的，将依法回购首次公开发行的全部新股，且发行人控股股东将购回已转让的原限售股份。发行人及其控股股东、实际控制人、董事、监事、高级管理人员等相关责任主体应在公开募集及上市文件中公开承诺：发行人招股说明书有虚假记载、误导性陈述或者重大遗漏，致使投资者在证券交易中遭受损失的，将依法赔偿投资者损失。

同时，保荐机构、会计师事务所等证券中介服务机构应当在公开募集及上市文件中公开承诺：因其为发行人首次公开发行制作、出具的文件有虚假记载、误导性陈述或者重大遗漏，给投资者造成损失的，将依法赔偿投资者损失。

此外，提高公司大股东持股意向的透明度。发行人应当在公开募集及上市文件中披露公开发行前持股5%以上股东的持股意向及减持意向。持股5%以上股东减持时，须提前三个交易日予以公告。

随着我国多层次资本市场的建立与完善，中国证监会针对在创业板、科创板等不同层次证券市场发行股票的公司制定了不同的规则制度，用以规范不同市场的发行上市活动，为中国多层次资本市场发展提供了有力的法律保障。

【延伸阅读】

全面实行股票发行注册制改革

我国证券市场建立以来，新股发行制度先后经历了从多部门监管到审批制再到核准制，最后到目前的全面实行注册制。最终完成了股票发行完全市场化。在全面实行注册制前，我国已经过多年注册制改革探索，并于2023年全面实施。

一、我国注册制改革的历程

2013年11月，党的十八届三中全会审议通过了《中共中央关于全面深化改革若干重大问题的决定》，提出了"推进股票发行注册制改革，多渠道推动股权融资"。

2015年12月，第十二届全国人民代表大会常务委员会第十八次会议审议通过了

《关于授权国务院在实施股票发行注册制改革中调整适用〈中华人民共和国证券法〉有关规定的决定》，明确授权国务院可根据股票发行注册制改革的要求，调整适用证券法关于股票核准制的规定，对注册制改革的具体制度作出专门安排。

2018年11月5日，习近平在首届中国国际进口博览会开幕式演讲中宣布将在上海证券交易所（以下简称上交所）设立科创板并试点注册制。这是我国首次抛出设立"科创板+试点注册制"的概念。

2018年12月，上交所完成设立科创板并试点注册制的方案草案。

2019年6月13日，科创板在上交所开市并首次实施注册制，标志着我国证券市场开启了全新的探索。

2020年4月27日，中央全面深化改革委员会第十三次会议审议通过了《创业板改革并试点注册制总体实施方案》（以下简称《总体方案》）。证监会、深交所当日起分别就《创业板首次公开发行股票注册管理办法（试行）》等四部规章和《创业板股票上市规则》等八项业务规则草案向社会公开征求意见。

2020年8月，深圳证券交易所创业板改革并试点注册制，首批18家企业上市，在创业板这个存量市场开始实行新制度，标志着改革试点从增量市场进入存量市场。

2021年11月，北京证券交易所（以下简称北交所）开市，同步试点注册制。经过三个市场的试点，注册制稳步推进，从而具备了全面推行注册制的条件。

2021年12月，中央经济工作会议提出了"全面实行股票发行注册制"。2023年2月，尚未实行注册制的沪深两市的主板、与北交所衔接的新三板基础层、创新层也已开始实行注册制，全面注册制的新时代已来。

二、从核准制到注册制，发行制度发生五大根本性变化

变化一：发行上市条件更加精简优化。相比核准制，注册制更加强调以信息披露为核心，发行条件更加精简优化、更具包容性，总体上是将核准制下发行条件中可以由投资者判断事项转化为更严格、更全面深入精准的信息披露要求。

变化二：信息披露制度更加严格。除了上市标准更契合新经济特征、更多元化以外，注册制改革另一大亮点便是以信息披露为核心的制度建设理念。通过强化发行主体的信息披露责任，加强信息披露的监管工作，从而推进市场向透明化、法治化发展。

变化三：发行承销机制更加市场化。注册制实行更加市场化的发行承销机制，新股发行价格、规模等主要通过市场化方式决定，新股发行定价注重发挥机构投资者的专业投研（即投资研究）定价能力，形成以机构投资者为参与主体的询价、定价、配售等机制。

变化四：中介机构责任强化。在注册制改革不断深入的进程中，要让市场发挥更大的作用，中介机构"看门人"的作用必须落到实处。

变化五：法律制度更加健全。随着注册制改革，资本市场的法治建设不断完善，证券违法违规的成本持续上升，更有利于保护投资者的利益。

全面实行注册制是涉及资本市场全局的重大改革。在各方共同努力下，科创板、创业板和北交所试点注册制总体上是成功的，主要制度规则经受住了市场检验，改革成效得到了市场认可。这次全面实行注册制，既标志着注册制基本定型，也标志着注册制推广到全市场和各类公开发行股票行为，在中国资本市场改革发展进程中具有里程碑意义。

第二节 股票的流通市场

一、股票交易市场分类

股票是一种有价证券，股票流通通常在证券交易市场中进行，这里重点介绍证券交易市场。证券交易市场也称二级市场、次级市场，是指对已经发行的证券（包括股票）进行买卖、转让和流通的市场，在证券交易市场上交易证券的收入属于出售证券的投资者，而不属于发行该证券的公司。证券交易市场有场内交易市场和场外交易市场两种形式。

（1）场内市场是指证券交易所市场。我国《证券法》第三十七条规定，公开发行的证券，应当在依法设立的证券交易所上市交易或者在国务院批准的其他全国性证券交易场所交易。其中的证券交易场所市场，俗称场内市场。根据《证券交易所管理办法》，设立证券交易所必须制定章程。证券交易所章程的制定和修改，必须经国务院证券监督管理机构批准。证券交易所为证券集中交易提供场所和设施，组织和监督证券交易，实行自律管理，依法登记，取得法人资格。证券交易所的设立、变更和解散由国务院决定。证券交易所可以根据证券品种、行业特点、公司规模等因素设立不同的市场层次。证券交易所履行自律管理职能，应当遵守社会公共利益优先原则，维护市场的公平、有序、透明。证券交易所必须在其名称中标明证券交易所字样，其他任何单位或者个人不得使用证券交易所或者近似的名称。

证券交易所不仅为买卖双方公开交易股票提供场所，也为投资者提供多种服务，证券交易所向投资者提供股票交易的即时委托、成交价格、成交数量等信息，提供发行企业所公布的财务状况、重大事项等方面的公告。同时，证券交易所还制定各种规则，对参加交易的经纪人、自营商进行管理，对股票交易活动进行监督，防止操纵市场、内幕交易、欺诈客户等违法犯罪行为的发生。

（2）场外市场是指在证券交易所之外的证券交易市场，通常指柜台交易市场、第三市场、第四市场。柜台交易通常由证券交易商进行，采用协议价格成交。第三市场是指非证券交易所成员在交易所之外买卖挂牌上市证券的场所。第四市场是指由大企业、大公司、大金融机构等机构投资者，彼此之间直接买卖或交换大宗股票而形成的场外交易市场。

为规范场外交易市场交易行为，有效规避违规交易、证券欺诈等金融风险，我国《证券法》规定，公开发行的证券应当在证券交易所上市交易，或者在国务院批准的其他全国性证券交易场所交易；非公开发行的证券，除上述场所外，还可以在按照国务院规定设立的区域性股权市场转让，具体管理办法由国务院规定。

二、股票交易程序

股票在证券交易所的交易程序一般包括以下几个环节：开户、委托、竞价与成交、清算与交割、过户等步骤。

（1）开户。投资者买卖股票，首先需要在证券交易商处开设资金账户，证券交易商需对投资者的开户资格、资信状况进行调查，合格后方可给予开户。资金账户用于存放投资者买入股票所需资金，以及卖出股票取得的资金，记录股票交易资金的币种、余额及其变动情况，是投资者在证券交易商处开设的资金专用账户。

投资者还需在证券登记机构开设证券账户，用于记录投资者所持的证券种类、名称、数量及相应权益变动情况。证券交易商一般会提供代理开设证券账户的服务，投资者可以持有效证件到证券登记机构核查开户情况。资金账户和证券账户开设完毕，投资者就可以委托证券交易商代为买卖股票。

（2）委托。投资者不能亲自到证券交易所办理买卖股票，必须通过证券交易所的会员来进行。投资者委托证券交易商买卖某种证券时，要签订委托契约书，填写年龄、职业、身份证号码、通讯地址、电话号码等信息。下单委托时，还需要明确买卖股票的种类、价格、买卖数量等，签名盖章后生效。投资者可以在证券交易商柜台委托交易，也可以通过电脑、电话、手机 APP 等形式委托交易。世界范围内，投资者委托的有效期根据交易所与客户的不同而异，我国证券交易所的委托施行当日有效的制度，即投资者的委托在委托当日有效，次日投资者需重新下达新的委托来维持交易。

（3）竞价与成交。证券交易商接受投资者委托后，即按投资者指令进行申报竞价，然后成交。目前，世界各国证券交易所的主要竞价方式是电脑终端撮合竞价。投资者委托下单后，证券交易商交易员在电脑终端机上将买卖报价输入到交易所的电脑主机，然后由电脑主机配对成交。通过手机、电脑参与竞价的委托，也可以不经过交易员，直接通过证券交易商的席位进入交易所的电脑主机参加竞价撮合。我国证券市场中，股票竞价交易的时间是 9：15 ~ 9：25（集合竞价），9：30 ~ 11：30、13：00 ~ 15：00（连续竞价）。连续竞价的撮合原则是价格优先、时间优先，集合竞价的撮合原则是最大成交量。

（4）清算与交割。股票的清算与交割是一笔证券交易达成后的后续处理，是价款结算和证券交收的过程。清算与交割统称股票的结算。我国的清算交割采取净额结算法，通常需要两次结算，首先由证券交易所的清算中心与证券交易商之间进行结算，称为一级结算，然后由证券交易商与投资者之间进行结算，称为二级结算。股票结算的时间安排，不同证券交易所因传统和交易方式的不同而异。多数交易所采取 T+n 的滚动交收原则，我国的 A 股股票采取 T+1 清算交割原则，即当日买入的股票，次日到账；当日卖出股票，钱款次日到账。我国的 B 股股票采取 T+3 清算交割制度，即交易日后第 3 日交割。世界主要证券交易所的股票交易多采用 T+0 交割制度，即买入的股票即刻到账，可以随时卖出；卖出股票的钱款立刻到账，可以参与后续交易。

（5）过户。证券过户是指证券的所有者向新所有者转移有关证券全部权利的记录行为。证券过户是完成证券交易的最后步骤。股票过户意味着股票所载权利的所有人发生转换。我国证券交易所的股票交易已实现了"无纸化"交易，完成结算即实现过户，所有的过户手续都由交易所电脑自动过户系统一次完成，无须投资者再办理过户手续，投资者可持有效证件到证券登记机构查询所买股票的种类、数量等信息。

【本章小结】

本章从股票的发行和流通出发，介绍股票的发行市场和流通市场。首先，股票发行市场是由发行人、投资人和中介机构组成的，为股票首次发行提供服务的无形市场。发行股票的条件，不同国家、不同市场有较大的区别。我国发行股票的条件，主要由《公司法》《证券法》等法律法规予以规范。其次，股票可以在多种市场实现交易流通，本章重点介绍场内市场和场外市场。同时，以场内市场交易为例，介绍了股票交易的程序、步骤和规则。

【思考与练习】

1. 股票发行市场由哪些主体构成？各方当事人的作用是什么？
2. 我国股票发行的基本条件是什么？
3. 股票流通市场中，场内市场和场外市场有什么区别？
4. 股票交易的一般程序和规则是什么？

第四章　股票的价值与价值投资

【章首导言】

价格围绕价值上下波动是一般经济规律，股票的市场价格也遵循同样的原理。本章介绍股票估值的主要理论——收益资本化原理，并就具体估值介绍三种较为通用的方法。

【本章知识结构图】

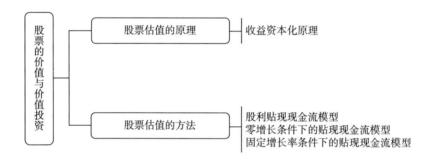

第一节　股票估值的原理

股票估值的主要原理是收益资本化原理，是将公司未来预期的具有代表性或相对稳定的收益用资本化率转换为公司价值的一种计算方法。收益资本化原理通常以单一年度的收益预测为基础，通过将预期收益用合适的比率折算为现在的价值来确定股票的价值，其中的折算率一般使用货币市场上的基础利率，也可以在基础利率上加上一定的风险收益率。

股票估值可以采用股票的内在价值，它是收益资本化原理的具体应用。股票的内在价值是指股票未来现金流入的现值，它是股票的理论价值。根据通行的股票价值决定理论，公司股票的内在价值由其未来的现金流的现值决定，因此股票的内在价值为：

$$V = \sum_{t=1}^{\infty} \frac{NCF_t}{(1+k)^t} \tag{4-1}$$

其中，NCF_t 为预期未来的现金流量；k 为对应时间的贴现率，一般是公司预期未来的收益率。

根据式（4-1），股票的内在价值依赖公司的资本成本和对未来股利分配的预期。如果能够正确地预期股票的未来股息分配，股票的价格便很容易确定下来。但是未来是不确定的，用以折现的贴现率也会随经济形势变化而改变，从而导致股票内在价值较难准确预测，在一定程度上激发了投资者的想象，导致了股价泡沫的产生。

第二节　股票估值的方法

股票的内在价值，是某一时刻股票的理论价值，也是股票投资的价格基准线。理论上，股票价格应围绕其价值上下波动。计算股票的内在价值通常使用折现法。受上市公司的存续期、每股税后利润、社会平均投资收益率等因素的影响，股票的内在价值较难精确计算，一般都是取预测值。

1. 股利贴现现金流模型

股利贴现现金流模型是运用收入资本化定价方法来决定普通股的内在价值的。根据收入资本化定价方法，资产的内在价值由拥有这种资产的投资者在未来时期中所接受的现金流决定。由于现金流是未来时期的预期值，因此必须按照一定的贴现率返还成现值，即该资产的内在价值等于预期现金流的贴现值。对于股票来说，这种预期的现金流即在未来时期预期支付的股利，因此，股利贴现现金流模型的公式为：

$$P_V = \frac{d_i}{(1+k)^1} + \frac{d_2}{(1+k)^2} + \cdots + \frac{d_\infty}{(1+k)^\infty} = \sum_{t=1}^{\infty} \frac{d_t}{(1+k)^t} \tag{4-2}$$

股利贴现现金流模型是最基本的股票定价模型，可以被推广到诸多特例当中，代表着股票估值方法的基本思想和理论。

2. 零增长条件下的贴现现金流模型

零增长模型是最简化的股利贴现模型。该模型假定每期期末支付的股利的增长率为零，因此各期股利支付额相同。若已知某只股票第一期的股利支付为 D_0，则可知未来各期的股利支付均为 D_0。可以看出，此时股票为投资者带来一笔未来各年数额一致的现金流，相当于一笔终身年金，因此有：

$$V = \sum_{t=1}^{\infty} \frac{D_0}{(1+k)^t} = \frac{D_0}{k} \tag{4-3}$$

虽然假定某种股票永远支付固定的股利不尽合理，但零增长模型在现实生活中的应用依然广泛，特别是在决定优先股内在价值时，因为大多数优先股支付的股利不因每股收益的变化而改变，是发行股票的公司与投资者事先约定的，而且由于优先股没有固定的生命期，假设的永久持有也是合理的。

3. 固定增长率条件下的贴现现金流模型

固定增长率条件下的贴现现金流模型是收入资本化定价方法的另一项运用，被广泛地使用在股票定价之中。该模型假设公司每年股利按照固定的百分比增长，增长率为 g，假定第 0 期股利为 D_0，则对于第 t 期股利 D_t，有：

$$D_t = D_{t-1}(1+g) = D_0(1+g)^t \tag{4-4}$$

因此，该模型下股票内在价值为：

$$V_0 = \frac{D_1}{(1+k)^1} + \frac{D_2}{(1+k)^2} + \cdots + \frac{D_\infty}{(1+k)^\infty} = \frac{D_0(1+g)}{(1+k)^1} + \frac{D_0(1+g)^2}{(1+k)^2} + \cdots + \frac{D_0(1+g)^\infty}{(1+k)^\infty} \tag{4-5}$$

当增长率 g 小于贴现率 k 时，式（4-5）收敛，对式（4-5）求极限可得：

$$V_0 = \frac{D_0(1+g)}{k-g} \tag{4-6}$$

即股票价值取决于贴现率与增长率之差，并与该差值成反比。

实践中，增长率小于贴现率的假设，就行业整体水平而言，在较长的时间段内是符合现实情况的。但对于单个特定企业，在特定时间内就不一定完全符合了。这里留下了对于个股估值的想象空间，也成为某些股票在某段时期内价格虚高的原因之一，但这种现象终究是个别的、短暂的。

【本章小结】

本章从股票价值估算入手，介绍股票估值的主要理论——收益资本化原理。收益资本化原理是将预期收益用一定的比率折算为现在的价值来确定股票的价值。具体估值中有三种较为通用的方法，股利贴现现金流模型、零增长条件下的贴现现金流模型、固定增长率条件下的贴现现金流模型。实践中，贴现率的选择十分重要，增长率与贴现率之间的关系也很微妙。

【思考与练习】

1. 什么是收益资本化原理？其中的要素有哪些？

2. 什么是股利贴现现金流模型、零增长条件下的贴现现金流模型？

3. 固定增长率条件下的贴现现金流模型中，增长率与贴现率之间的关系如何？

第三篇　债券篇

第五章 债券基础知识

【章首导言】

债券作为债权债务凭证，不仅是重要的融资手段，也是重要的投资工具。债券作为重要的固定收益证券，是机构投资者非常注重的投资组合管理类对象。在发达的证券市场，各种政府债券、公司债券的发行与交易已经成为重要的投融资活动。与此同时，对以债券为代表的固定收益证券的收益与风险的研究也随着债券市场的发展而不断深入，特别是利率期限结构理论与利率风险结构理论奠定了对固定收益证券研究的范式和框架，也为固定收益证券市场的发展起到了十分重要的指导作用。本章首先学习债券的内涵、种类以及债券收益率的计算。其次，介绍债券筹资的优缺点，明确债券投资与其他投资工具的区别和联系。最后，学习和了解债券的发行与流通市场是如何运作的。

【本章知识结构图】

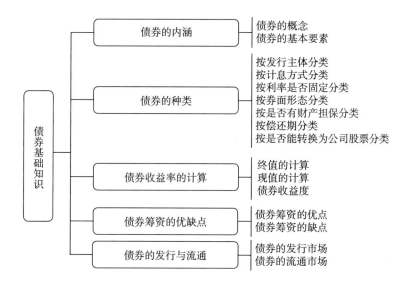

第一节　债券的内涵

一、债券的概念

债券（Bond）属于债务型证券（Debt Security），是一种金融契约，是政府、金融机构、工商企业等机构在直接向社会借债筹措资金时，向投资者发行的、承诺按一定利率支付利息并按约定条件偿还本金的债权债务凭证。债券购买者（或投资者）与发行人之间是一种债权债务关系，债券发行人就是债务人，投资者（或债券购买者）就是债权人。

由此，债券的概念包含了以下四层含义：①债券的发行人（政府、金融机构、企业等机构）是资金的借入者。②购买债券的投资者是资金的借出者。③发行人（借入者）需要在一定时期还本付息。④债券是债权债务的证明书，具有法律效力。债券购买者（或投资者）与发行人之间是一种债权债务关系，债券发行人就是债务人，投资者（或债券持有人）就是债权人。

二、债券的基本要素

债券是发行人依照法定程序发行的、约定在一定期限向债券持有人或投资者还本付息的有价证券。作为一种债务凭证，债券反映了发行人与购买者之间的债权债务关系。尽管种类多种多样，但债券在内容上都要包含一些基本的要素。这些要素是指发行的债券上必须载明的基本内容，这是明确债权人和债务人权利与义务的主要约定，具体包括：

（1）债券面值。债券面值是指债券的票面价值，是发行人对债券持有人在债券到期后应偿还的本金数额，也是企业向债券持有人按期支付利息的计算依据。债券面值与债券实际的发行价格并不一定是一致的，发行价格大于面值称为溢价发行，小于面值称为折价发行。

（2）票面利率。债券的票面利率是指债券利息与债券面值的比率，是发行人承诺以后一定时期支付给债券持有人报酬的计算标准。债券票面利率的确定主要受到银行利率、发行者的资信状况、偿还期限和利息计算方法以及当时资金市场上资金供求情况等因素的影响。

（3）付息期。债券的付息期是指企业在发行债券后的利息支付时间。它可以是到期一次支付，或 1 年、半年、每季度支付一次。在考虑货币时间价值和通货膨胀因素的情况下，付息期对债券投资者的实际收益有很大影响。到期一次付息的债券，其利息通常是按单利计算的；而年内分期付息的债券，其利息是按复利计算的。

（4）偿还期。债券的偿还期是指企业债券上载明的偿还债券本金的期限，即债券发行日至到期日之间的时间间隔。公司要结合自身资金周转状况及外部资本市场的各种影响因素来确定公司债券的偿还期。

第二节 债券的种类

一、按发行主体分类

（1）政府债券，是国家为筹集资金而向投资者出具的、承诺在一定时期支付利息和到期偿还本金的债务凭证。由于它的发行主体是国家，所以具有最高的信用度，被公认为最安全的投资工具。依据政府债券发行主体的不同，政府债券可以划分为中央政府债券和地方政府债券。

中央政府债券又称为国债（National Debt，Government Loan），其发行量大、品种多，是债券市场中最主要的投资工具。我国于1981年开始恢复发行国债，从1995年开始，国债不再称为"国库券"，改称为"无记名国债""凭证式国债""记账式国债"。2020年6月15日，财政部发布通知明确，2020年抗疫特别国债启动发行[①]。2020年9月，富时罗素公司宣布，中国国债将被纳入富时世界国债指数（WGBI）。[②]

地方政府债券（Local Treasury Bonds），指某一国家中有财政收入的地方政府地方公共机构发行的债券，其发行的目的主要用于交通、通信、住宅、教育、医院和污水处理系统等地方性公共设施的建设。同中央政府发行的国债一样，地方政府债券一般也是以当地政府的税收能力作为还本付息的担保。正因为如此，国外没有将一般责任债券和收益债券构成的集合称为地方政府债券，而是市政债券（Municipal Securities）。2020年10月，地方政府债券（以下简称"地方债"）发行4429亿元，其中，新增债券1899亿元，再融资债券2530亿元。截至10月底地方债发行超过6万亿元。[③]

（2）金融债券，是银行等金融机构作为筹资主体为筹措资金而向投资者发行的一种有价证券。

（3）公司债券，是由公司依照法定程序发行的、约定在一定期限还本付息的有价证券。

【延伸阅读】

1981年1月，国务院通过《中华人民共和国国库券条例》（以下简称《国库券条例》），决定发行国库券来弥补财政赤字，以后又发行了国家重点建设债券、财政债券、重点企业债券、保值公债、特种公债等。到1992年止，每年都颁布一个国库券条例，对发行对象与方式、发行数额及利率、还本付息的期限、国库券及其他债券的贴现、抵押和转让、国债法律责任、国债管理机构等内容予以规定。1989~1991年每年

---

① 资料来源：中国政府网。
② 资料来源：新华网。
③ 资料来源：经济参考报。

还颁布了一个特种国债条例，对特种国债的发行对象、发行数额、发行期限、利率及偿还期等内容予以规定。1992年3月18日，国务院颁布《国库券条例》，但是《国库券条例》已经不能满足当前社会主义市场经济发展的需要。《国债法》是指通过制定的调整国债在发行、流通、转让、使用、偿还和管理等过程中所发生的社会关系。目前，国债立法国有美国、法国、日本、韩国，我国有关部门正在积极起草《国债法》，以期对国债行为和国债关系予以明确规范。

2014年10月14日，英国政府宣布成功发行30亿元以人民币计价的国债。这表明英国成为第一个发行人民币国债的西方国家，其发行规模在非中国发行的人民币债券中最大。

2019年6月25日，财政部和澳门特区政府25日发布，中央政府将于2019年7月4日在澳门发行20亿元人民币国债，用以支持澳门发展特殊金融，促进澳门经济适度多元可持续发展，也是澳门人民币市场发展的里程碑，对于引导更多发行体在澳门发行人民币债券、加快推动澳门债券市场建设意义重大。

资料来源：人民网，http://scitech.people.com.cn/n/2014/1016/c1057-25843022.html。

二、按计息方式分类

（1）零息债券（Zero-coupon Bond），是指以贴现方式发行，不附息票，而于到期日时按面值一次性支付本利的债券，一般低于面值发行。零息债券是一种较为常见的金融工具创新。

（2）附息债券（Coupon Bond），是指债券券面上附有息票的债券，或是按照债券票面载明的利率及支付方式支付利息的债券，一般约定半年或一年支付一次利息，按利率是否固定又可分为固定利率债券和浮动利率债券。

（3）息票累积债券（Accumulated Coupon Bond），与附息债券类似，债券到期时一次性归还本息，存续期间不支付利息。

三、按利率是否固定分类

（1）固定利率债券（Fixed Rate Bond），是将利率印在票面上并按其向债券持有人支付利息的债券。该利率不随市场利率的变化而调整，因而固定利率债券可以较好地抵制通货紧缩风险。

（2）浮动利率债券（Floating Rate Notes），是指债券利率随市场利率变动而调整的债券。因为浮动利率债券的利率同当前市场利率挂钩而当前市场利率又考虑了通货膨胀率的影响，所以浮动利率债券可以较好地抵制通货膨胀风险。浮动利率债券往往是中长期债券。浮动利率债券的利率通常根据市场基准利率加上一定的利差来确定。如1984年4月底，苏联设在英国伦敦的莫斯科国民银行发行了5000万美元的7年浮动利率债券，利率为伦敦同业拆借利率加0.185%。

四、按券面形态分类

（1）实物债券。它是具有标准格式实物券面的债券。在其券面上，一般印制了债券面额、债券利率、债券期限、债券发行人全称、还本付息方式等各种债券票面要素，不记名、不挂失，可上市流通。

（2）凭证式债券。债权人认购债券的收款凭证，而不是债券发行人制定的标准格式的债券。

（3）国家储蓄债凭证式国债收款凭证。可记名、挂失，不可上市流通。持有期提前支取，按持有天数支付利息。

（4）记账式债券。无实物形态的票券，利用账户通过计算机系统完成债券发行、交易及兑付的全过程，我国从1994年开始发行。记账式债券可记名、挂失，可上市流通，安全性好。

五、按是否有财产担保分类

（1）抵押债券，是以企业财产作为担保的债券，按抵押品的不同又可以分为一般抵押债券、不动产抵押债券、动产抵押债券和证券信用抵押债券。抵押债券可以分为封闭式和开放式两种。"封闭式"公司债券的发行额会受到限制，即不能超过其抵押资产的价值；"开放式"公司债券的发行额不受限制。抵押债券的价值取决于担保资产的价值。抵押品的价值一般超过它所提供担保债券价值的25%~35%。

（2）信用债券，是不以任何公司财产作为担保、完全凭信用发行的债券。其持有人只对公司的非抵押资产具有追索权，企业的盈利能力是这些债券投资人的主要担保。因为信用债券没有财产担保，所以在债券契约中都要加入保护性条款，如不能将资产抵押给其他债权人、不能兼并其他企业、未经债权人同意不能出售资产、不能发行其他长期债券等。

六、按偿还期分类

（1）一次到期债券，是发行公司于债券到期日一次偿还全部债券本金的债券。

（2）分期到期债券，是指在债券发行的当时就规定有不同到期日的债券，即分批偿还本金的债券。分期到期债券可以减轻发行公司集中还本的财务负担。

七、按是否能转换为公司股票分类

（1）可转换债券（Convertible Bond），是指在特定时期内可以按某一固定的比例转换成普通股的债券。它具有债务与权益双重属性，属于一种混合性筹资方式，具有债权和股权的双重特性，具有股权性、债权性、可转换性三个特点。由于可转换债券赋予债券持有人将来成为公司股东的权利，因此其利率通常低于不可转换债券。若将来转换成功，在转换前发行企业达到了低成本筹资的目的，在转换后又可节省股票的发行成本。

（2）不可转换债券，是指不能转换为普通股的债券，又称普通债券。由于不可转换债券没有赋予债券持有人将来成为公司股东的权利，所以其利率一般高于可转换债券。

【延伸阅读】

根据《中华人民共和国公司法》的规定，发行可转换债券应由我国证券监管部门批准发行，公司应同时具备发行公司债券和发行股票的资格。1996 年，我国政府决定选择有条件的公司进行可转换债券的试点；1997 年，国务院证券委员会发布了《可转换公司债券管理暂行办法》；2001 年 4 月，中国证监会发布了《上市公司发行可转换公司债券实施办法》，极大地规范、促进了可转换债券的发展。我国《上市公司证券发行管理办法》规定，可转换公司债券的期限最短为一年，最长为六年，自发行结束之日起六个月后方可转换为公司股票。

第三节　债券收益率的计算

爱因斯坦说过，复利是世界第八大奇迹。为什么会这么说呢？下面几个小故事，你或许会有所感悟！

【延伸阅读】

国王下棋

一个爱下象棋的国王棋艺高超，从未遇到过敌手。为了找到对手，他下了一份诏书，说不管是谁，只要下棋赢了国王，国王就会答应他任何一个要求。

一个年轻人来到皇宫，要求与国王下棋。紧张激战后，年轻人赢了国王，国王问这个年轻人要什么奖赏，年轻人说他只要一点小奖赏：就是在他们下棋的棋盘上放上麦子，棋盘的第一个格子中放上一粒麦子，第二个格子中放进前一个格子数量的一倍麦子，接下来每一个格子中放的麦子数量都是前一个格子中的一倍，一直将棋盘每一个格子都摆满。

国王没有仔细思考，以为要求很小，于是欣然同意了。但很快国王就发现，即使将自己国库所有的粮食都给他，也不够百分之一。因为从表面上看，青年人的要求起点十分低，从一粒麦子开始，但是经过很多次的翻倍，迅速变成了庞大的"天文数字"（1 千克麦子约 4 万粒，换算成吨的话，约等于 4611 亿吨，而我国 2010 年粮食年产量为 5.4 亿吨，相当于以我国高产量的 853 年总产量）。

或许你会说，这个复利是 100% 的，很少有这么好的复利。那么下面看看这个真实的案例。

【延伸阅读】

巴菲特的复利收益

巴菲特这样总结自己的成功秘诀："人生就像滚雪球，重要的是发现很湿的雪和很长的坡。"

有人以为他是靠炒股而发财的，实际他靠的是理财观念和强大的熟悉业务的能力。业务能力可以慢慢提高，但是观念却不容易改变。他的投资原则里，复利是关键中的关键。"小雪球是启动资金，湿雪就是低成本的长期资金，长长的山坡，就是有长期竞争优势的优秀企业。有了这几个要素，投资就可以形成滚雪球一般的复利。"巴菲特本人就是"复利"最好的证明。

从1965年巴菲特接管伯克希尔公司到2010年，过去46年巴菲特平均取得了20.2%的年复合收益率，同期标准普尔500指数年复合收益率仅为9.4%，巴菲特每年只不过比市场多赚了10.8%而已。但是46年巴菲特累计赚了90409%，而指数累计增长了6262%。①

或许你又会说，也只有一个巴菲特能做到年复利20%。那么，你就从现在开始理财，比巴菲特活的时间更长，你也能达到他的财富。

恭喜，你现在遇到了一个好的理财产品，鼎通就是帮助你实现财富的工具。

债券收益必须考虑货币的时间价值。如果在今天的100元与1年后的100元之间进行选择时，我们都愿意今天拿到100元，这实际上就是货币的时间价值。如何准确地计算出货币的时间价值呢？我们首先要明确两组概念：终值与现值，单利与复利。

终值是指现在的资金在未来某个时刻的价值，现值是指未来某个时刻的资金在现在的价值。单利与复利是利息的两种计算方式。按照单利计息，是指无论时间多长，只按本金计算利息，上期的利息不计入本金内重复计算利息。按照复利计息，是指除本金计算利息外，还要将期间所生利息一并加入本金计算利息，即所谓的"利滚利"。

一、终值的计算

1. 单利终值的计算

设 FV 为单利终值，P 为本金，r 为每期利率，n 为计息的期数，则单利终值为：

$$FV = P(1+nr) \tag{5-1}$$

2. 复利终值的计算

设 FV 为复利终值，P 为本金，r 为每期利率，n 为计息的期数，那么第1期末的复利终值为：

$$FV_1 = P(1+r) \tag{5-2}$$

第2期末的复利终值为：$FV_2 = FV_1(1+r) = P(1+r)(1+r) = P(1+r)^2$。

第3期末的复利终值为：$FV_3 = FV_2(1+r) = P(1+r)^2(1+r) = P(1+r)^3$。

依次类推，第n期末的复利终值为：$FV_n = FV_{n-1}(1+r) = P(1+r)^{n-1}(1+r) = P(1+r)^n$。

【例5-1】假设某投资者将10000元本金存入银行，一年定期存款利率为2.5%，每年底将本息再转存一年期定期存款，5年后本息共有多少？

① 笔者根据纪录片《成为巴菲特》整理。

解：按复利计算资金终值：$FV=10000 (1+2.5\%)^5=11314.08$（元）

【例5-2】投资者将30000元本金投资5年零3个月，年利率为4.5%，每年按复利付息一次。求投资期末的本息和。

解：3个月即1/4年，则$n=5.25$，所以，$FV=30000 (1+4.5\%)^{5.25}=37799.13$（元）

在现实经济生活中，一笔投资每年可能多次收到利息，利息可以半年付、季付、月付、周付，甚至日付。在我们给出的复利终值计算公式中，需要指出的是，r是每期利率，要用年利率除以每年付息的次数；n是计息的期数，要用投资年数乘以每年付息的次数。

3. 年金终值的计算

年金是指在相同的间隔时间内陆续收到或付出相同金额的款项，比如分期付款买房、分期偿还贷款、发放养老金等，都属于年金收付的形式。按照收付的时间，年金终值的计算可以划分为以下两类：

（1）普通年金终值的计算。

普通年金（后付年金）是指在各期期末收入或付出的年金。若A表示每期期末收付的金额，F_k为金额A在k期后的终值，n为复利期数，则年金终值为：$FV=F_0+F_1+F_2+\cdots+F_{n-2}+F_{n-1}$。

设r为每期利率，则复利终值公式为：$F_k=F_0 (1+r)^k$，$k=0, 1, 2, 3, \cdots, n-1$
而$F_0=A$，所以，

$$FV=F_0+F_1+F_2+\cdots+F_{n-2}+F_{n-1}=A+A (1+r) +A (1+r)^2+\cdots+A (1+r)^{n-1}$$
$$=A [(1+r)^n-1] /r \tag{5-3}$$

【例5-3】投资者购买面值为5000元的10年期债券，年利率为6%，每年末付息一次，第一次付息在一年之后。如果投资者持有该债券直至到期日，将每年得到的利息以年利率4%进行再投资，10年后他一共将获得多少资金？

解：每年末利息收入为300元（$=5000×6\%$），构成一笔10年期的普通年金，将利息进行再投资的终值就是普通年金的终值：

$$FV=300× [(1+4\%)^{10}-1] /4\%=3601.83（元）$$

投资者10年后获得的本息和为：$5000+3601.83=8601.83$（元）

（2）预付年金终值的计算。

预付年金是在每期期初收入或付出的年金，它的终值与普通年金终值的推导过程大同小异。若A表示每期期初收付的金额，F_k为金额A在k期后的终值，n为复利期数，r为每期利率，则预付年金的终值是：

$$FV=F_1+F_2+\cdots+F_{n-1}+F_n=A (1+r) +A (1+r)^2+\cdots+A (1+r)^{n-1}+A (1+r)^n$$
$$=A \{ [(1+r)^n-1] /r\} (1+r) \tag{5-4}$$

【例5-4】在例5-3中，债券若改为每年初付息一次，从投资者购买时开始支付，重新求10年后投资者获得的本息和。

解：每年初获得的利息构成一笔10年期的预付年金，可以运用预付年金终值公式求出利息再投资的终值：

$FV = 300 \times \{[(1+4\%)^{10}-1] / 4\%\} \times (1+4\%) = 3601.83 \times (1+4\%) = 3745.90$（元）

第10年末获得的本息和为：$5000+3745.90=8745.90$（元）

二、现值的计算

（一）复利现值

根据复利终值的计算公式：$FV = P (1+r)$，即求现值的过程与求终值的过程正好相反。

$$FV = P (1+r)^n \tag{5-5}$$

通过变形可以得到复利现值为：

$$P = \frac{FV}{(1+r)^n} \tag{5-6}$$

【例5-5】投资者在考虑是否购买这样一种附息债券，它的面值为1000元，票面利率为10%，每年末付息，从一年后开始支付，5年后到期，市场价格是1170元。如果投资者要求的年收益率为6.2%，他购买该债券是否值得？

解：首先应该按投资者要求的收益率，计算出该债券未来一系列支付的现值：

第n年	支付的终值	支付的现值（r=6.2%）
1	100元	94.16元
2	100元	88.66元
3	100元	83.49元
4	100元	78.61元
5	1100元	814.27元
		现值的总和为1159.19元

该附息债券的利息与本金支付按要求的收益率贴现的现值小于它的市场价格，因此，如果投资者按市场价格购买该债券，他获得的实际收益率将会小于要求的收益率，投资会得不偿失。

（二）年金现值

1. 普通年金现值的计算

普通年金现值是指一定时期内每期期末收付的等额款项的复利现值之和，若A表示每期期末收付的金额，P_k为第k期金额A的现值，n为复利期数，则普通年金的现值是：$PV = P_1 + P_2 + \cdots + P_{n-1} + P_n$。

设r为每期利率，根据复利现值公式，有 $P_k = A (1+r)^{-k}$，$k = 1, 2, 3, \cdots, n-1, n$。

$$PV = A (1+r) + A (1+r)^2 + \cdots A (1+r)^{n-1} + A (1+r)^n = A [1-(1+r)^{-n}] / r \tag{5-7}$$

【例5-6】在例5-5中，债券的利息支付构成了一笔5年期的普通年金，它的现值等于：

$100 \times [1-(1+6.2\%)^{-5}] / 6.2\% = 418.95$（元）

本金的复利现值等于：1000/（1+6.2%）^{5}=740.25（元）

两者之和是1159.20元，这与例5-5中按每期复利现值求和得到的结果是近似相等的，之所以存在差别是因为我们在保留小数点位数时进行了四舍五入。

【例5-7】银行同意向某人提供一笔200000元的住房贷款，期限为30年，每月底的还款额相等。贷款收取的年利率为12%，银行每月应当向客户收取多少还款？

解：银行希望获得的普通年金现值为200000元，每月收取还款意味着每年收取12次，年金收入的次数 n 为3012=360，调整后的每期利率 r 为12%/12=1%。运用普通年金现值的计算公式可得：

200000=A［1-（1+1%）$^{-360}$］/1%

A=2057.23（元）

因此，银行每月应当向客户收取还款2057.23元。

2. 预付年金现值的计算

在普通年金现值推导的基础上稍做修改，我们可以推出预付年金现值的计算公式。预付年金的现值是：PV=P_0+P_1+P_2+…+P_{n-1}+P_n。

设 r 为每期利率，根据复利现值公式，我们有：

PV=A+A（1+r）+A（1+r）^{2}+…+A（1+r）$^{n-1}$=A｛［1-（1+r）^{n}］/r｝（1+r）

(5-8)

【例5-8】在例5-5中，把利息支付时间改为每年初，从购买时开始支付，其他条件不变，重新判断该债券是否值得投资。

解：该债券的利息支付成为一笔5年期的每年100元的预付年金，其现值等于：

100｛［1-（1+6.2%）$^{-5}$］/6.2%｝×（1+6.2%）=418.95×（1+6.2%）=444.92（元）

第5年末收回1000元本金，其复利现值等于：

1000/（1+6.2%）^{5}=740.25（元）

两者之和是1185.17元，高于该债券现行的市场价格（1170元）。因此，如果投资者购买该债券，获得的实际收益率将会高于要求的收益率，因此值得投资。

3. 永续年金现值的计算

永续年金是无限期定额支付的年金，它没有终止的时间，也就没有终值。永续年金现值的计算可以由普通年金现值的计算公式推导出来。

普通年金的现值为：

PV=A［1-（1+r）$^{-n}$］/r

(5-9)

当 n 趋近于无穷大时，（1+r）^{n}趋近于0。因此，永续年金的现值是：

PV=A/r

(5-10)

【例5-9】一种面值为1000元的永续债券，票面利率为9%，每年底付息一次，一年后开始支付，市场价格为988元。投资者要求的年收益率为10%，购买该债券是否值得？

解：该债券的支付是一笔永续年金，按要求的收益率贴现的现值为：

PV=90/10%=900（元）

900 元小于当前的市场价格。因此，投资该债券的实际收益率必将小于 10%，该债券不具有投资吸引力。

资金现值的计算是确定金融产品价格的基础，任何金融产品的定价都相当于求解投资产生的预期现金流的现值。

三、债券收益率

债券收益率是债券收益与其投入本金的比率，通常用年率表示。债券收益不同于债券利息，债券利息仅指债券票面利率与债券面值的乘积。但是，由于人们在债券持有期内还可以在债券市场上进行买卖，以赚取价差，因此债券收益除利息收入外，还包括买卖盈亏差价。

决定债券收益率的主要因素有债券的票面利率、期限、面值和购买价格。最基本的债券收益率计算公式为：

$$债券收益率 = \frac{到期本息和 - 发行价格}{发行价格 \times 偿还期限} \times 100\% \tag{5-11}$$

由于债券持有人可能在债券偿还期内转让债券，因此债券的收益率还可以分为债券出售者的收益率、债券购买者的收益率和债券持有期间的收益率。各自的计算公式如下：

债券出售者的收益率 = （卖出价格 - 发行价格 + 持有期间的利息）/（发行价格 × 持有年限）× 100% (5-12)

债券购买者的收益率 = （到期本息和 - 买入价格）/（买入价格 × 剩余期限）× 100% (5-13)

债券持有期间的收益率 = （卖出价格 - 发行价格 + 持有期间的利息）/（买入价格 × 持有年限）× 100% (5-14)

比如，某人于 2017 年 1 月 1 日以 102 元的价格购买了一张面值为 100 元、利率为 10%、每年 1 月 1 日支付一次利息的 2013 年发行的 5 年期国库券，并持有到 2018 年 1 月 1 日到期，则

债券购买者的收益率 = （100 + 100 × 10% - 102）/（102 × 1）× 100% = 7.8%

债券出售者的收益率 = （102 - 100 + 100 × 10% × 4）/（100 × 4）× 100% = 10.5%

再如，某人于 2015 年 1 月 1 日以 120 元的价格购买了一张面值为 100 元、利率为 10%、每年 1 月 1 日支付一次利息的 2014 年发行的 10 年期国库券，并在 2018 年 1 月 1 日以 140 元的价格卖出，则

债券持有期间的收益率 = （140 - 120 + 100 × 10% × 3）/（120 × 3）× 100% = 13.9%

以上计算公式没有考虑把获得的利息进行再投资的因素。把所获利息的再投资收益计入债券收益，据此计算出来的收益率就是复利收益率。

第四节　债券筹资的优缺点

一、债券筹资的优点

对于企业来说，债券融资的优点主要包括：

（1）资本成本低。债券的利息可以税前列支，具有抵税作用。此外，债券投资人比股票投资人的投资风险低，因此其要求的报酬率也较低，故公司债券的资本成本也要低于普通股。

（2）具有财务杠杆作用。债券的利息是固定的费用，债券持有人除获取利息外。不能参与公司净利润的分配，因而债券筹资具有财务杠杆作用，在息税前利润增加的情况下，会使股东的收益以更快的速度增加。

（3）所筹集资金属于长期资金。发行债券所筹集的资金一般属于长期资金，可供企业在1年以上的时间内使用，这就为企业安排投资项目提供了有力的资金支持。

（4）债券筹资的范围广、金额大。债券筹资的对象十分广泛，它既可以向各类银行或非银行金融机构筹资，也可以向其他法人单位、个人筹资，因此筹资比较容易，并可筹集较大金额的资金。

二、债券筹资的缺点

对于企业来说，债券融资的缺点主要包括：

（1）财务风险大。债券有固定的到期日和固定的利息支出，当企业资金周转出现困难时，易使企业陷入财务困境，甚至破产清算。因此，筹资企业在通过发行债券筹资时，必须考虑利用债券筹资方式所筹集资金开展的投资项目未来收益的稳定性和增长性问题。

（2）限制性条款多，资金使用缺乏灵活性。因为债权人没有参与企业管理的权利，为了保障债权人债权的安全，债券合同中通常会包括各种限制性条款。这些限制性条款会影响企业资金使用的灵活性。

第五节　债券的发行与流通

一、债券的发行市场

（一）债券的发行目的与发行条件的选择

1. 发行目的

国债发行的目的主要是平衡财政预算、扩大政府投资、解决临时性资金需要、归还债务本息。发行金融债券主要是为了改善负债结构增强负债的稳定性、获得长期资金来源、扩大资产业务。发行企业债则主要是为了多渠道筹集资金、调节负债规模实现最佳的资本结构。

2. 发行条件和方式的选择

发行人在发行前应考虑发行金额、期限、债券的偿还方式、票面利率、付息方式、发行价格、收益率、债券的税收效应、发行费用、担保等因素，合约确定发行条件。

（二）债券的发行程序

1. 政府债券

（1）由国家或政府主管部门确定发行额和发行条件及方式。

（2）与经审核并取得认可的承销机构签订承销合同或采取投标方式承销。

（3）实施发售。

2. 企业债券

（1）经周密研究及科学决策后制定发行文件。

（2）经 2/3 以上董事出席的董事会中半数以上董事决议生效。

（3）由证券评级机构对债券的信用评级。

（4）发行人与承销商谈判确定发行债券的总额、发行方式、达成发行条件的协议、确定承销方式。

（5）组织承销团。

（6）向公众发售。

（三）债券的信用评级

债券的信用级别一般分为十个等级，依次是 AAA 级、AA 级、A 级、BBB 级、BB级、B 级、CCC 级、CC 级、C 级、D 级。评级机构经过对企业的产业状况、财务状况、负债比率、财务弹性指标、清算价值等指标进行分析后做出评审意见。

（四）我国对金融债券、企业债券和公司债券的发行管理

1. 金融债券

（1）由具有发行资格的国有商业银行、政策性银行以及其他金融机构构成发行人。

（2）报审金融债券的发行额度、面额、发行条件、转让抵押、发售时间及方式、资金的运用。

（3）发行债券前发布通告并详细说明发行的目的、发行数额、发行办法、债券期限、债券利率、认购对象、认购和缴款的地址等事项。

2. 企业债券

（1）由企业规模、财务会计制度符合国家规定，具有偿债能力、经济效益好且前 3年连续盈利境内法人向其行业主管部门申请发行额度。其所筹资金需符合国家产业政策。

（2）与证券经营机构签订债券包销或代销协议。

3. 公司债券

（1）股份有限公司、国有独资公司和两个以上的国有企业或者其他两个以上的国

有投资主体投资设立的有限责任公司为筹集生产经营资金可以发行公司债券。

（2）发行资格。

1）股份有限公司的净资产额不低于人民币 3000 万元，有限责任公司的净资产额不低于人民币 6000 万元。

2）累计债券总额不超过公司净资产额的 40%。

3）最近 3 年平均可分配利润足以支付公司债券 1 年的利息。

4）债券的利率不得超过国务院限定的利率水平，且筹集的资金用途符合国家产业政策。

5）前一次发行的公司债券尚未募足或已发行的债券及债务有违约或延迟支付本息的不得再次发行公司债券。

（3）由董事会制订方案股东会决议，或由国家授权投资的机构及部门作出发行决定后。须主管部门审批确定发行规模。

（4）与证券经营机构签订债券包销或代销协议。公开发行的公司债面总值超过人民币 5000 万元时，由承销团承销。

4. 可转换公司债券（可转债）

（1）在一定期间内依据约定的条件可以转换成公司股份的可转债采取记名式无纸化发行方式，最短期限为 3 年、最长期限为 5 年。可转换公司债券可以依法转让、质押和继承。

（2）发行资格。

1）最近 3 年连续盈利，且最近 3 年净资产利润率平均在 10% 以上；属于能源、原材料、基础设施类的公司可以略低，但是不得低于 7%。

2）可转换公司债券发行后，资产负债率不高于 70%。

3）累计债券余额不超过公司净资产额的 40%。

4）筹集资金的投向符合国家产业政策。

5）可转换公司债券的利率不超过银行同期存款的利率水平。

6）可转换公司债券的发行额不少于人民币 1 亿元。

（3）重点国有企业发行可转换公司债券，除应当符合上述条件（1）和条件（2）外，还应当符合下列条件：

1）最近 3 年连续盈利，且最近 3 年的财务报告已经具有从事证券业务资格的会计师事务所审计。

2）有明确、可行的企业改制和上市计划。

3）有可靠的偿债能力。

4）有具有代为清偿债务能力的保证人的担保。

（4）由省级政府或行业主管部门推荐，报送证监会审批。

（5）发行人必须公布可转换公司债券募集说明书。

（6）经向证监会提出上市申请，可转债可在发行人股票上市或者拟上市的证券交易所上市交易，并在上市前 5 个工作日将上市公告书刊登。

（7）在发行结束后 6 个月，持有人可以依据约定的条件随时转换股份。重点国有企业发行可转换公司债券，在该企业改建为股份有限公司且其股票上市后，持有人可以依据约定的条件随时转换股份。

（8）发行人应当在每一季度结束后的 2 个工作日内，向社会公布因可转换公司债券转换为股份所引起的股份变动情况。转换为股份累计达到公司发行在外普通股的 10%时，发行人应当及时将有关情况予以公告。

（9）可转换公司债券持有人请求转换股份时，所持债券面额不足一股股份的部分，发行人应当以现金偿还。法人因可转换公司债券转换为股份，直接或者间接持有上市公司发行在外的普通股达到 5%时，应当在 3 个工作日内向中国证监会、证券交易所和上市公司作出书面报告，并向社会公告。

（10）重点国有企业发行可转换公司债券，转换期满时仍未转换为股份的，利息一次性支付，不计复利。可转换公司债券到期未转换的，发行人应当按照可转换公司债券募集说明书的约定，于期满后 5 个工作日内偿还本息。

二、债券的流通市场

债券流通市场，又称债券二级市场，指已发行债券买卖转让的市场。债券一经认购，即确立了一定期限的债权债务关系，但通过债券流通市场，投资者可以转让债权。

（一）债券流通市场的分类

债券流通市场可从不同角度分类。

（1）根据交易品种划分。根据交易的品种，债券流通市场可以分为国债流通市场、企业债流通市场、转换债流通市场等。在我国，国债在债券流通市场占据绝对优势，而金融债、企业债等则占比很少。

（2）根据交易方式划分。根据交易方式的不同，债券流通市场可以分为现货交易市场、回购交易市场和期货交易市场。

（3）根据市场组织形式划分。债券流通市场可以分为场内交易市场（交易所市场）和场外交易市场（银行间债券市场、柜台市场）。其中，银行间债券市场包括现货交易、回购交易、远期交易。交易所债券市场流通的是记账式国债和企业债、可转债等各类可上市债券。

（二）债券流通市场的作用

债券流通市场的作用包括提供流通场所及手段、增加投资工具与机构、提供风险管理工具、宏观调控的重要依托。

【本章小结】

首先，本章从债券的内涵、种类以及债券收益率的计算开始对债券的基础知识进行了详细、系统的介绍。其次，在介绍债券筹资的优缺点的基础上明确了债券投资与其他投资工具的区别和联系。最后，从证券市场实务入手阐述了债券的发行市场与流通市场是如何运作的，并对我国金融债、企业债券和公司债券的发行予以了具体说明。

【思考与练习】

1. 什么是债券？债券投资具有哪些特征？
2. 债券筹资的优缺点分别是什么？
3. 债券与股票具有哪些区别与联系？如何理解？
4. 如何计算债券的收益率？债券的收益率具有哪些功能？

第六章 债券的价格与收益

【章首导言】

本书之前高度抽象地论述了风险和收益的关系，并对各类证券做出了预先的、详细的分析，评估了各种证券的风险与收益特征。债券是基础的债务工具，在此基础上，为了对具体类别的证券市场进行专门分析，我们必须学习与考察债券的定价原则、利率的期限结构以及债券资产的组合管理。本章将首先介绍债券怎样根据市场利率定价以及债券价格随各类利率变动的原因，其次探讨不同期限资产的利率模型，以期找出影响该模型的各种因素，并从利率的期限结构入手，挖掘出起关键性作用的因素，本部分内容奠定了对固定收益证券进行研究的范式和框架。最后讨论各种债券资产组合管理策略，并详细说明消极策略和积极策略的区别。

【本章知识结构图】

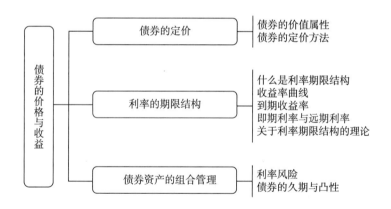

第一节 债券的定价

一、债券的价值属性

债券是一种有价证券，是社会各类经济主体为筹措资金而向债券投资者出具的，并且承诺按一定利率定期支付利息和到期偿还本金的债权债务凭证。由于债券的利息通常是事先确定的，所以债券又被称为固定收益证券。债券的票面要素有：①债券的票面币种。债券票面价值的币种，即债券以何种货币作为其计量单位。币种的选择要依据债券的发行对象和实际需要来确定。若发行对象是国内有关经济实体，可选择本币作为债券价值的计量单位；若发行对象是国外有关经济实体，可选择债券发行国家的货币或国际通用货币作为债券价值的计量单位。②债券的票面金额。不同的票面金额可以对债券的发行成本、发行数额和持有者的分布产生不同的影响。如果票面金额较小，有利于小额投资者购买，但可能会增加发行费用，加大发行的工作量；如果票面金额较大，债券则会更多地被大额投资者持有，能够降低发行费用，减轻发行工作量，但可能会减少债券的发行量。

1. 债券的发行价格

债券的发行价格（Bond Issuing Price）是指发行公司（或其承销商、代理机构）发行债券时所使用的价格，亦即投资者向发行公司认购其所发行债券时实际支付的价格。决定债券发行价格的基本因素包括债券面额、票面利率、市场利率、债券期限。债券的发行价格可能不同于债券的票面金额。当债券的发行价格高于票面金额时，称为溢价发行；当债券发行价格低于票面金额时，称为折价发行；当债券发行价格等于票面金额时，称为平价发行。债券的发行价格通常取决于市场的利率水平以及债券二级市场交易价格。

2. 债券的交易价格

债券离开发行市场进入流通市场进行交易时，便具有交易价格。债券的交易价格随市场利率和供求关系的变化而波动，同样可能偏离其票面价值。

3. 债券的偿还期限

债券的偿还期限是指从债券发行之日起至清偿本息之日止的时间。债券的偿还期限一般分为三类：偿还期限在 1 年或 1 年以内的，称为短期债券；偿还期限在 1 年以上、10 年以下的，称为中期债券；偿还期限在 10 年以上的，称为长期债券。债券偿还期限的长短主要取决于以下几个因素：

（1）债务人对资金需求的时限。足够的偿还期限，有助于实现债务人的负债目的，也保证了债务人在规定的时间内有相应的资金作为偿还的来源，这既维护了发行者信誉，也便于发行者从容调配使用资金。

（2）未来市场利率的变化趋势。一般来说，如果市场利率呈下降趋势，则多发行短期债券；如果市场利率呈上升趋势，则多发行长期债券。这样可以减少因市场利率上升而引起的筹资成本增多的风险。

（3）证券交易市场的发达程度。如果交易市场发达，债券变现能力强，购买长期债券的投资者就多，发行长期债券就会有销路；反之，如果交易市场不发达，债券不易自由变现，投资者便会倾向于购买短期债券，长期债券就难有销路。

4. 债券的利率

债券的利率即债券的利息与债券票面额的比率。例如，某种债券年利率为 10%，即表示每认购 100 元面额的债券，每年就可获得 10 元的利息。

影响债券利率的因素主要有：

（1）银行利率水平。银行利率水平提高时，债券利率水平也要相应提高，以保证人们会去购买债券而不是把钱存入银行。

（2）发行者的资信状况。发行者的资信状况好，债券的信用等级高，表明投资者承担的违约风险较低，作为债券投资风险补偿的债券利率也可以定得低些；反之，信用等级低的债券，则要通过提高债券利率来增加吸引力。

（3）债券的偿还期限。偿还期限长的债券，流动性差，变现能力弱，利率风险高，其利率水平则可高一些；偿还期限短的债券，流动性好，变现能力强，利率风险小，其利率水平便可低一些。

（4）资本市场资金的供求状况。资本市场上的资金充裕时，发行债券利率便可低些；资本市场上的资金短缺时，发行债券利率则要高一些。

5. 债券的特征

债券作为一种债权债务凭证，与其他有价证券一样，也是一种虚拟资本，而非真实资本（如后面提到的股票、期货、期权等）。债券作为一种重要的融资手段和金融工具，具有如下特征：

（1）偿还性。偿还性指债券必须规定到期期限，由债务人按期向债权人支付利息并偿还本金。当然，也曾有过例外，如无期公债或永续公债。这种公债不规定到期时间，债权人也不能要求清偿，只能按期支取利息。历史上，只有英国、法国等少数几个国家在战争期间为筹措军费而使用过。

（2）流动性。流动性指债券能够迅速转变为货币而又不会在价值上蒙受损失的一种能力。一般来说，如果一种债券在持有期内不能任意转换为货币，或者在转换成货币时需要付出较高成本，如较高的交易成本或较大的资本损失，这种债券的流动性就较低。高流动性的债券一般具有以下特点：一是发行人具有及时履行各种义务的信誉；二是偿还期短，市场利率的上升只能轻微地减少其价值。

（3）安全性。债券安全性是相对于债券价格下跌的风险性而言的。一般来说，具有高流动性的债券其安全性也较高。导致债券价格下跌的风险有两类：一是信用风险，指债务人不能按时支付利息和偿还本金的风险。这主要与发行者的资信情况和经营状况有关。信用等级高，信用风险就小。信用风险对于任何一个投资者来说都是存在的。二是市场风险，指债券的市场价格因市场利率上升而跌落的风险。债券的市场价格与利率呈反方向变化。市场利率上升，债券价格下降；市场利率下降，债券价格上升。债券的有效期（指到期之前的时期）越长，债券价格受市场利率波动的影响越大；随着债券到期日的临近，债券价格便趋近于票面价值。

（4）收益性。投资者可以在持有债券期限内根据债券的规定，取得稳定的利息收入。投资者还可以通过在二级市场上买卖债券，获得资本收益。这一点主要是通过对市场利率的预期来实现的。

债券的偿还性、流动性、安全性与收益性之间存在着一定的矛盾。一种债券很难同时具备以上四个特征。如果某种债券流动性强，安全性高，人们便会争相购买，于是该种债券价格上涨，收益率降低；反之，如果某种债券的风险大，流动性差，购买者减少，债券价格低，其收益率相对提高。对于投资者来说，可以根据自己的投资目的、风险收益偏好和财务状况，对债券进行合理的选择和组合。

二、债券的定价方法

任何金融产品的定价都相当于求解该产品未来产生的预期现金流的现值，债券的定价也不例外。

（一）债券价值的计算

债券未来现金流入的现值称为债券的内在价值（Intrinsic Value），简称债券价值，或者说是债券的理论价格。只有当债券的价值大于市场上的购买价格时，债券才值得购买。因此，债券价值是确定债券投资决策时使用的主要指标之一，如果要决定为某种债券支付多少，就必须计算出它的价值。典型的债券是附息债券，它具有固定票面利率、按年支付利息和到期归还本金的特点。计算这种最典型、最简单的债券的价值（理论价格），应该遵循以下四个步骤：

1. 选择适当贴现率

计算债券价值所采用的适当贴现率是投资者对该债券要求的收益率。一般来说，某种债券的适当贴现率接近于市场上存在的其他类似债券提供的到期收益率。可以选取市场上存在的其他类似债券的收益率作为参考利率，考虑拟估值债券与参考债券的异同点，然后进行相应的调整，最终得出该债券的适当贴现率。为了进一步理解影响债券适当贴现率的因素，下面介绍适当贴现率。从理论上来说，某种债券的适当贴现率可以用式（6-1）表示：

$$Y_n = R_{t,n} + DP + LP + TA + CALLP + PUTP + COND \qquad (6-1)$$

其中，Y_n 为 n 年期债券的适当贴现率；$R_{t,n}$ 为 n 年期政府债券的适当贴现率（到期收益率）；DP 为信用风险报酬；LP 为流动性风险报酬；TA 为税收调整的利差；CALLP 为可提前偿还而产生的溢价（正利差）；PUTP 为可提前兑付而产生的折价（负利差）；COND 为可转换性导致的折价。

由式（6-1）可知，某种债券的适当贴现率（即投资者对某种债券要求的收益率）取决于多种因素，如发行者的信用状况、期限、流动性风险、税收规定以及债券的一些特殊条款。债券的违约风险、流动性风险越大，投资者要求的收益率应该越高。由于政府债券没有违约风险且流动性最强，因此具有相同期限的政府债券的到期收益率构成了债券的基准利率。另外，如果债券赋予发行者可提前偿还的权利，这对发行者有利、对投资者不利，投资者就会要求更高的收益率以弥补自己的损失；相反，如果赋予投资者可提前兑付的权利，则投资者对债券要求的收益率可以降低。同理，在其他条件相同的情况下，可转换债券的收益率也会更低一些。税收规定是影响债券适当贴现率的重要因素，由于某些债券的利息免缴所得税，如我国的政府债券和金融债券，所以在其他条件相同的前提下，免税债券的适当贴现率更低，因为投资者关心的是税后收益率。

在下面计算债券价值的过程中，我们假定适当贴现率是已知的。

2. 计算所有利息的现值之和

债券在到期日之前的利息支付构成一笔年金，我们在以后的例题中将只考虑普通年金的情况，并假设支付均发生在每期期末。利息的现值之和可以使用普通年金的现值公式来计算：

$$APV = \sum_{t=1}^{n} \frac{C}{(1+r)^t} \tag{6-2}$$

其中，APV 为一系列利息的现值；C 为利息；r 为每年的适当贴现为利息支付的总次数。

【例 6-1】有一种刚刚发行的附息债券，面值是 1000 元，票面利率为 9%，每年付一次利息，下一次利息支付正好在 1 年以后，期限为 10 年，适当贴现率是 10%。试计算该债券所有利息的现值总和。

解：利息的现值总和 $= \sum_{t=1}^{n} \frac{90}{(1+0.10)^t} = 90 \times \frac{1-(1/1.10)^{10}}{0.10} = 553.01$（元）

3. 计算本金的现值

本金的现值计算利用的是复利现值公式：

$$PV = F / (1+r)^n \tag{6-3}$$

其中，PV 为本金的现值；F 为本金；r 为每年的适当贴现率；n 为距到期日的年数。继续例 6-1 的计算，则该债券本金的现值 $= 1000 / (1+0.10)^{10} = 385.54$（元）。

4. 将两个现值相加，得到债券的价值

债券的价值是利息现值和本金现值的加总，例 6-1 中债券的价值为：

553.01+385.54=938.55（元）

由此，我们可以总结出债券价值的计算公式如下：

$$V = \sum_{t=1}^{M} \frac{C}{(1+r)^t} + \frac{F}{(1+r)^M} \tag{6-4}$$

其中，V 为债券的价值；r 为利息；F 为本金；M 为债券的期限年数，即距到期日的年数；r 为年度的适当贴现率；t 为现金流发生的年数。

更一般的债券价值公式可以表示为：

$$V = \sum_{t=1}^{M} \frac{C}{(1+r)^t} + \frac{F}{(1+r)^M} = \frac{C_1}{(1+r)^1} + \frac{C_2}{(1+r)^2} + \cdots + \frac{C_M}{(1+r)^M} + \frac{F}{(1+r)^M}$$
$$\tag{6-5}$$

其中，C 为第 t 年支付的利息（现金流）；其他各项的含义与式（6-2）至式（6-4）的相同。

（二）对债券价格的几点说明

1. 债券价格和面值的关系

在例 6-1 中，债券的价值是 938.55 元，低于面值 1000 元，主要原因是适当贴现率与票面利率不同。在此例中，债券的票面利率为 9%，如果债券按照面值销售，债券提供的回报率是9%。然而，投资者对该债券要求的回报率（适当贴现率）为10%，因此该债券的价格偏高使投资者不会按照面值购买债券，故该债券的价格就会降低，直到债券价格降低到这样的均衡水平：债券价格低于面值所形成的资本利得，正好弥补了票面利率低于适当贴现率的利差部分。同理，如果债券的票面利率超过了投资者要求的回报率，投资者就会竞相购买，导致债券价格升高，则债券的价格就会超过面值，价格超过面值所形成的资本损失正好抵消了票面利率高于适当贴现率的利差部分。当票面利率正好等于投资者要求的回报率时，债券就按照面值出售。因此，债券价格和面值的关系主要取决于票面利率和适当贴现率之间的关系，可总结如下：

（1）当票面利率<适当贴现率时，价格<面值，为折价债券。

（2）当票面利率=适当贴现率时，价格=面值，为平价债券。

（3）当票面利率>适当贴现率时，价格>面值，为溢价债券。

2. 影响债券价格的因素

债券的价格不断波动，哪些因素导致债券价格的波动呢？从式（6-2）可以很容易地看出，唯一的变化因素就是适当贴现率。从债券定价的公式中，我们发现了一个重要规律：债券价格与适当贴现率呈反方向变动。

导致适当贴现率变化的因素都会影响债券的价格。如果金融市场的利率水平升高，意味着所有债券的适当贴现率都跟着提高，即基准利率提高了，这将导致债券价格的下跌；如果公司的信用风险增加，信用风险报酬就会增加，导致适当贴现率增加，最终导致债券价格下跌。公司信用风险状况的变化是影响公司债券价格的重要因素。

此外，时间也是导致债券价格不断变化的重要因素。债券在到期日的价格肯定等于面值，因而随着到期日的临近，债券的价格逐渐趋于面值。因此，随着时间的推移，债券价格也不断变化。下面通过一个具体的例子来说明。假设期限为10年、面值为100元的某债券的适当贴现率在整个期限内都保持不变。如果该债券的适当贴现率等于票面利率，那么在整个期限内该平价债券的价格保持不变，始终等于面值；如果适当贴现率高于票面利率，那么随着到期日临近，该折价债券的价格逐渐增加，直至到期日等于面值；如果适当贴现率低于票面利率，那么随着到期日临近，该溢价债券的价格逐渐降低，直至到期日等于面值。

3. 债券的现金流不确定

到目前为止，我们假定债券未来所有现金流的数额和支付时间都是确定的。但有些债券，如浮动利率债券、附加选择权的债券，其未来现金流的数额或支付时间都是不确定的。显然，用上面介绍的方法为这类债券进行估值是不正确的。对附加选择权的债券进行估值，可以参考固定收益证券的专门教材进行深入学习。

第二节　利率的期限结构

任何一种利率大多对应着不同期限。例如，存款利率，对应着长短不同的期限而高低不同，这是存款利率的期限结构；国债利率，对应着长短不同的期限有高有低，这是国债利率的期限结构等。在市场经济国家，在债券以及类似的金融工具在经济生活中占有极其重要地位的背景下，人们开展了对利率期限结构问题的研究。

一、什么是利率期限结构

利率期限结构（Term Structure of Interest Rates）是指在某一时点上，不同期限基金的收益率（Yield）与到期期限（Maturity）之间的关系。利率的期限结构反映了不同期限的资金供求关系，揭示了市场利率的总体水平和变化方向，为投资者从事债券投资和政府有关部门加强债券管理提供可参考的依据。概括来说，同一品类的不同期限的利率构成该品类的利率期限结构，而期限结构则是利率与期限相关关系的反映，因此，利率的期限结构，即零息债券的到期收益率与期限的关系可以用一条曲线来表示，如水平线、向上倾斜和向下倾斜的曲线。甚至还可能出现更复杂的收益率曲线，即债券收益率曲线是上述部分或全部收益率曲线的组合。

在前面讲过基准利率，其他任何利率品种都是在它的基础上加上一定百分点的风险溢价得出的。因此，一般选择基准利率的期限结构用来表示一个经济体的利率期限结构。一个社会中最理想的基准利率是在良好的国债市场上表现出来的收益率。所以，这个市场上不同期限国债的收益率的组合成为了该经济体利率期限结构的代表。

利率期限结构对于金融活动具有十分重要的意义。各种债券价格的制定都是以它为基础的。比如，某个被评为 BB 级的企业欲发行 3 年期债券，债券的发行价格以及票面利率的确定就需要参照市场上同期国债的收益率，并考虑在它的基础上按照风险程度所应增加的百分点，形成该企业债券的收益率；然后在企业债券收益率的基础上确定债券的发行价格或者债券的票面利率。此外，利率期限结构也可以帮助确定其他金融产品如股票的价格等。在我国，利率期限结构的研究也已开展，并开始进入实用之中。

二、收益率曲线

收益率曲线（Yield Curve）是对利率期限结构的图形描述，是分析利率走势和进行市场定价的基本工具，也是进行投资的重要依据。国债在市场上自由交易时，不同期限及其对应的不同收益率形成了债券市场的"基准利率曲线"，如图 6-1 所示。此外，通过中美国债收益率对比来阐释债券收益率曲线的类型，如图 6-2 所示。

基准收益率曲线是市场上其他证券的参照标准，所用的证券必须符合流动性、规模、价格、可得性、流通速度和其他一些特征标准。根据过去不同时日的到期收益率绘制出来的收益率曲线形状各异。收益率曲线并非静止不变，随时都可能发生快速的变动。如何加以归纳，有不同的处理。其中之一是归纳为四种基本图形：①向上倾斜状，我国现在开始绘制的收益率曲线也是向上倾斜的；②向下倾斜状；③驼峰状；④水平状。如图 6-3 所示。

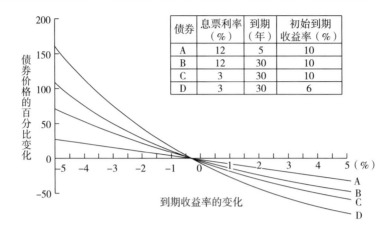

债券	息票利率（%）	到期（年）	初始到期收益率（%）
A	12	5	10
B	12	30	10
C	3	30	10
D	3	30	6

图 6-1　债券的收益率曲线

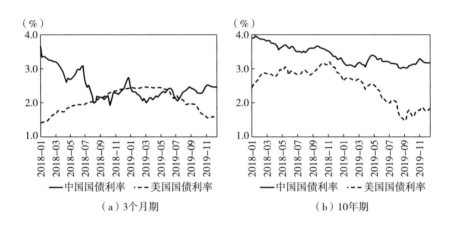

图 6-2　中国与美国国债收益率的对比

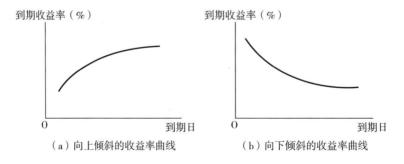

图 6-3　四种形状的收益率曲线

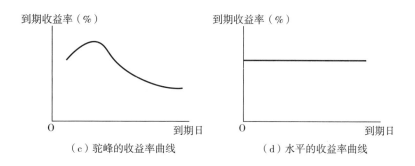

（c）驼峰的收益率曲线　　　　（d）水平的收益率曲线

图6-3　四种形状的收益率曲线（续）

为什么收益率曲线不是简单向上倾斜，体现期限越长则利率越高的结果？形成曲线种种不同走势的原因是什么？不同的曲线走势会给未来的利率预期提供什么信息？这些都是利率期限结构理论的重要内容。

三、到期收益率

在前面讲到收益率时提到，由于债券的投资收益不仅取决于票面利率，同时还取决于其市场价格，所以要计算收益率。到期收益率（Yield to Maturity，YTM）是投资购买债券的内部收益率，即可以使投资购买债券获得的未来现金流量的现值等于债券当前市价的贴现率。①到债券还本时为止分期支付的利息和最后归还的本金折合成现值的累计，在翻译的有关著作中通常表述为"债券现金流（Cash Flow）的当前价值"；②债券当前的市场价格。设每年付息，期终还本，还有 n 年到期的国债，其面值为 P，按票面利率每期支付的利息为 C，当前的市场价格为 P_m，到期收益率为 y，则 y 可依据式（6-6）算出近似值：

$$P_m = \frac{C}{1+y} + \frac{C}{(1+y)^2} + \cdots + \frac{C}{(1+y)^{n-1}} + \frac{C+P}{(1+y)^n} \tag{6-6}$$

到期收益率相当于投资者按照当前市场价格购买债券并且一直持有到期满时可以获得的年平均收益率。它的存在使不同期限导致不同现金流状态的债券收益具有可比性。到期收益率取决于债券面额、债券的市场价格、票面利率和债券期限。不过，在债券偿还期内，面额、票面利率和期限是不会变化的（除非是浮动利率债券的票面利率可变）。因此，影响到期收益率变化的基本因素就是债券的市场价格。有太多的因素会影响债券价格波动：中央银行的再贴现率调整、债券发行人的资质状况、通货膨胀预期、债券剩余期限、股票市场价格波动，乃至政局、战争等。我国的有关单位已计算和公布国家债券和金融债券的到期收益率。计算的公式就是式（6-6）的具体化。

四、即期利率与远期利率

需要注意的是，在讨论这四种利率期限结构理论的时候，为了剔除其他影响债券收益率的因素，我们研究的是政府债券（无风险债券）即期利率（而不是到期收益率）的期限结构。实际上，这里研究的是一种特殊的收益率曲线——即期利率曲线

（Spot Rate Curve），即不同期限政府债券的即期利率与各自期限的关系，如图 6-4
所示。

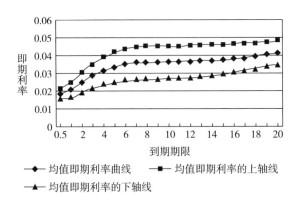

图 6-4　我国国债的即期利率均值曲线

为了介绍利率期限结构理论，必须先介绍两个重要的术语：即期利率（Spot Interest Rate）和远期利率（Forward Interest Rate）。即期利率就是零息债券（纯贴现债券）的到期收益率。即期利率可以用式（6-7）表示：

$$P_t = \frac{M_t}{1+s_t} \qquad (6-7)$$

其中，P_t 为零息债券的价格；M_t 为零息债券到期日的价值；s_t 为即期利率。

远期利率是指从未来某个日期开始的远期债务合约所要求的利率。下面通过一个例子来解释远期利率的定义。假设某个一年期零息债券的即期利率为 8%，而另一个两年期零息债券的即期利率为 10%。如果投资者将 1 元钱投资在一个两年期零息债券上，两年后将获得 $1\times(1.10)^2$ 元。那么，从现在看，第 2 年（第 2 年初到第 2 年末）的远期利率是多少呢？第 2 年的远期利率可计算如下：

$$\frac{1\times(1.10)^2}{1.08}-1=12.04\%$$

当投资者投资即期利率为 10% 的两年期零息债券时，他在两年到期时获得的收益与另一种滚动投资策略获得的收益是相等的。滚动投资策略就是在第 1 年按照 8% 的收益率进行投资，接着在第 1 年将第 1 年获得的全部本息收入按照确定的 12.04% 的收益率再进行投资。在此，根据一年即期利率和两年即期利率推导出来的第 2 年的收益率 12.04% 就是第 2 年的远期利率。一般来说，如果给定一年期即期利率 s_1 和两年期即期利率 s_2，就可以用下面的关系式计算出第 2 年的远期利率 $f_{1,2}$：

$$(1+s_1)(1+f_{1,2})=(1+s_2)^2 \qquad (6-8)$$

根据上述推理可计算出将来任何一年的远期利率，远期利率和即期利率的关系如下：

$$(1+s_{t-1})^{t-1}\times(1+f_{t-1,t})=(1+s_t)^t \qquad (6-9)$$

将上述公式进一步展开，可以推导出以下关系式：

$$(1+s_1) \times (1+f_{1,2}) \times (1+f_{2,3}) \times \cdots \times (1+f_{t-1,t}) = (1+s_t)^t \qquad (6-10)$$

其中，$f_{t-1,t}$ 为第 t 年的远期利率，即第 t-1 年底到第 t 年底这一年中的远期利率；s_{t-1} 为第 t-1 年的即期利率；s_t 为第 t 年的即期利率。

五、关于利率期限结构的理论

实践中，我们发现不同期限债券的收益率是不同的。通常来说，在其他条件都一样的情况下，短期债券的收益率会低于长期债券的收益率。在少数情况下，短期债券的收益率也可能高于长期债券收益率。因此，不同期限债券的收益率会随着债券期限的不同而出现变化，这就是利率期限结构。对于影响利率期限结构的因素解释主要有人们对利率的预期、人们对流动性的偏好、资金在不同期限市场之间的流动程度等。比较经典的解释理论有预期理论（Expectation Theory）和市场分割理论（Market Segmentation Theory）。其中，预期理论又可以分为纯粹预期理论（Pure Expectation Theory）、流动性理论（Liquidity Theory）和期限偏好理论（Preferred Habitat Theory）。

（一）预期理论（纯粹预期理论）

预期理论假设：①债券持有人风险中性，对期限不同的债券没有特殊偏好，投资者仅考虑（到期）收益率而不关心债券的利率风险，或是在无风险的确定环境下进行投资；②所有市场参与者都有相同的预期，金融市场是完全竞争的；③在投资人的资产组合中，期限不同的债券可以完全替代。基于这样的假设，利率将保持在这样一个水平，该利率使得第 t 年的远期利率与预期的第 t 年即期利率正好相等，即

$$f_{t-1,t} = es_{t-1,t} \qquad (6-11)$$

其中，$es_{t-1,t}$ 为预期的第 t 年即期利率。

将式（6-11）代入式（6-10），可以得出如下结果：

$$(1+s_1) \times (1+es_{1,2}) \times (1+es_{2,3}) \times \cdots \times (1+es_{t-1,t}) = (1+s_t)^t \qquad (6-12)$$

从式（6-12）可以看出，预期理论认为，收益率曲线的形状主要由市场预期的未来短期利率水平决定。向上倾斜的收益率曲线就是因为市场预期未来的短期利率会上升。向上倾斜的收益率曲线意味着 $S_t > S_{t-1}$，由式（6-9）和式（6-11）可推导出如下结果：

$$(1+s_{t-1})^{t-1} (1+es_{t-1,t}) = (1+s_t)^t \qquad (6-13)$$

由式（6-13）可知，$es_{t-1,t} > s_{t-1}$ 即市场预期未来的短期利率会上升；同理，向下倾斜的收益率曲线是因为市场预期未来的短期利率会下降；水平的收益率曲线则是市场预期未来的短期利率将基本保持稳定；而驼峰形的收益率曲线则是市场预期较近的一段时期短期利率将会上升，而在较远的时期，市场预期短期利率将会下降。

（二）市场分割理论

投资者由于法律制度、文化心理、投资偏好的不同，一般会比较固定地投资于某一期限的债券，这就形成了以期限为划分标志的细分市场。即期利率水平完全由各个期限债券市场上的供求力量决定，单个债券市场上的利率变化不会对其他债券

市场上的供求产生影响。即使投资于其他期限债券市场的收益率可能会更高，风险报酬可能无限大，但由于债券市场上的交易者只偏好自己投资的债券市场，不会转而投资于其他债券市场。向下倾斜的收益率曲线说明短期债券市场的均衡利率水平高于长期债券市场上的均衡利率水平；向上倾斜的收益率曲线说明短期债券市场的均衡利率水平低于长期债券市场上的均衡利率水平；而峰形的收益率曲线则说明中期债券市场的收益率最高；水平的收益率曲线则说明各个期限债券市场的利率水平基本一致。

市场分割理论与预期理论完全不同，该理论认为资金在不同期限市场之间基本是不流动的。这并不是行政力量限制，而是金融机构的特定业务运作所导致的对资金期限的特定要求使然。不同金融机构有不同的负债性质，因而对资金的期限有特定需求。比如，商业银行对资金的需求主要是短期的，不会轻易到长期资金市场上融资。这种不同期限市场上资金流动的封闭性决定了收益率曲线可以有不同的形态。例如，当长期市场上资金供过于求，导致利率下降的同时，短期市场资金供不应求，导致利率上升，就会形成向下倾斜的收益率曲线。

总的来说，投资者是风险厌恶者，而期限越长的债券，利率风险越大。在其他条件都相同的情况下，投资者偏好期限更短的债券。仍以上面的例子说明这个观点。不论投资者的计划投资期是一年还是两年，如果两种投资策略的预期收益相同，投资者会倾向于期限短的一年期债券。如果投资者的计划投资期是一年，投资者可以购买一年期债券，年底获得确定的收入是 1.07 元；也可以购买两年期债券，年底将未到期的债券售出，年底获得的收入为 $(1+8\%)^2/(1+s_{1,2})$。由于投资者在决策时无法确切地知道第 2 年的实际即期利率（$s_{1,2}$），只能对第 2 年的即期利率进行预期。因此，投资者在第 1 年底的收入是不确定的。

（三）特定期限偏好理论

特定期限偏好理论同样认为利率期限结构反映了未来短期利率的预期值和流动性报酬两种因素。与流动性偏好理论（流动性理论）不同的是，该理论不认为流动性报酬随着期限的增加而增加。该理论认为，上述结论只有在投资者偏好短期债券、发行者倾向于发行长期债券的情况下才成立。而现实世界并非如此，因为很多金融机构和个人投资者的投资期限、发行债券的期限主要取决于本身的资产负债状况。特定期限偏好理论认为，某种期限的资金供求状况经常是不平衡的，一些投资者和借款人可以改变原来的期限偏好来满足这种不平衡。为了让这些投资者和借款人改变原来偏好的特定期限，必须向他们提供某种程度的补偿，这种补偿就是风险报酬。该风险报酬反映了投资者和借款人对利率风险的厌恶程度。

特定期限偏好理论认为风险报酬可正可负，即对风险报酬 $L_{t-1,t}$ 值不加限定，以吸引交易者改变自己原来偏好的特定期限。例如，如果大部分投资者偏好长期投资，那么流动性报酬就可能为负，期限越长的债券预期收益率反而可能越低。很显然，根据特定期限偏好理论，任何形状的收益率曲线都是可能的。

第三节 债券资产的组合管理

一、利率风险

（一）什么是利率风险

利率风险是指由于利率水平的波动使经济主体遭受损失的可能性。巴塞尔银行监管委员会在 1997 年发布的《利率风险管理原则》中将利率风险定义为：利率变化使商业银行的实际收益与预期收益或实际成本与预期成本发生背离，使其实际收益低于预期收益，或实际成本高于预期成本，从而使商业银行遭受损失的可能性。利率风险的存在需要两个基本条件：①经济主体必须有或者将要有与利率相关联的资产或者负债。这里所说的资产可以是债券、商业票据等，负债可以是银行借款、企业债券等。②市场利率在一定的时间内发生变化。市场利率的变化会使经济主体的投资收益或者融资成本发生变化，并影响经济主体最终的利润和价值。只有满足上述两个条件，我们才能认定经济主体面临一定的利率风险。

事实上，市场利率水平的变化不一定会带来损失，有时候也会带来意外收益，但是这种意外收益往往是靠不住的。对于那些依靠经营获取利润而不是通过市场利率的波动来投机获取利润的机构和个人而言，防范利率风险是一种经常性的任务，他们为此宁愿舍弃利率波动可能带来的收益，以便其暴露在利率风险下的头寸部分能够将利率锁定。市场利率上升或下降给经济主体的筹资活动和投资活动带来的风险并不相同。对于筹资活动来讲，如果某企业以固定利率进行融资或者将要以固定利率进行融资，那么该企业所要面临的风险主要是市场利率下降的风险，因为这会使借贷期限内企业实际支付的利息高于以当时市场利率计算的利息，造成机会损失；如果该企业以浮动利率进行融资，那么此企业所要面临的风险主要是利率上升的风险，因为这会使借贷期限内企业实际支付的利息高于以借贷日利率计算的利息，造成机会损失。

对于投资活动来讲，其分析与上面的情况类似，但其所面临的利率风险却和融资活动不同。如果企业投资于固定收益证券，那么市场利率的上升会使企业的实际投资收益低于按市场利率计算出的收益，造成机会损失；如果企业投资于浮动利率的证券，那么市场利率的下降会使企业的投资收益低于以借贷日利率计算的利息，这同样会造成机会损失。

（二）利率风险的影响因素

利率风险的根源在于市场利率的波动。在利率市场化的条件下，利率的变动主要受制于借贷资金的供求状况，供求关系的变化导致了利率的波动。其他的一些影响因素都是通过直接或间接影响供求，从而影响利率水平，并造成利率的波动。这些因素主要有以下几个方面。

1. 投资需求的变化

利率同投资是互相影响的关系。一方面，投资需求的变化直接影响整个社会的借贷资金需求与供给双方的平衡。投资需求的增加会使借贷资金的需求上升，而在供给没有相应上升的情况下，市场利率会上升。投资需求的下降会降低借贷资金的需求，而在供给没有变化的条件下，利率水平会下降。另一方面，利率的上升会增加投资的成本、减少投资需求，利率的下降会降低投资的成本、增加投资需求。利率与投资这两者之间互相影响，并最终达到均衡。

2. 通货膨胀率

在一般情况下，借贷双方制定的利率是名义利率，即利率水平不会随着通货膨胀率的变化而进行相应的调整。这就使在物价水平不断上升的情况下实际利率水平的下降，从而给资金贷出方带来损失。在这种情况下，实际利率水平的下降会使资金的需求上升，进而引起市场利率的上升。同理，在通货紧缩的情况下，由于物价水平不断下降，就会使实际利率水平不断上升，导致资金的借入方遭受损失。同样，由于实际利率水平上升会使资金的需求下降，从而降低市场利率水平。因此，实际利率与名义利率的计算方法如下：

$$i_R = \frac{1+i_N}{1+r} - 1 \approx i_N - r \qquad (6-14)$$

其中，i_R 表示实际利率；i_N 表示名义利率；r 表示通货膨胀率。

必须保证实际利率达到一定的水平才会使资金的贷出方有动力将资金贷给需求方。因此，通货膨胀率是确定市场利率时必须参考的因素。

3. 货币政策

货币政策是国家进行宏观调控的重要政策工具之一。货币政策主要有三大政策工具，即公开市场政策、再贴现政策和法定存款准备金制度，由中央银行依据总体经济的发展和稳定的要求制定相应的货币政策。货币政策主要控制经济中的货币供给量、利率和汇率等。货币总供给的变化会直接影响借贷资金的需求与供给的均衡。如果央行实行相关的货币政策，使货币总供给量上升，借贷资金的供给会相应增加，从而降低市场利率水平。如果央行紧缩货币供给，就会降低借贷资金的供给，从而使市场利率水平上升。央行的再贴现利率同样会影响市场利率水平。因为央行的再贴现利率水平会影响银行的资金成本，银行会依据再贴现利率水平来制定贷款利率。因此，央行的再贴现利率可认为是市场的基准利率之一。如果央行实行货币政策，降低再贴现利率，就会使银行的资金成本下降，增加再贷款，从而增加借贷资金的供给，降低市场利率。反之，如果央行调高再贴现利率，就会使市场利率上升。

4. 国际利率水平和汇率水平

随着经济全球化的逐渐深入，各国金融市场的关联程度也越来越高。国家间的资金流动也越来越多、越来越快。这就使各国的利率水平有趋同的动力。如果一国的利率水平比较高，也就表示在这个国家投资的收益会比较高，这就会吸引大量的国际资金进入，从而增加借贷资金的供给并降低该国的利率水平；反之，如果一个国家的利率水平较低，其资金就会流向国外，从而减少国内的资金供给并使得利率水平上升。

利率与汇率是相互影响的。从汇率对利率的影响来看，当一国的汇率上升、本币贬值时，国内的居民就会减少外汇的持有转而持有本币，从而使本币的供应充足，进而增加资金的供给，降低利率水平；当汇率下降、本币升值时，就会使外汇的持有量上升、本币的持有量下降，从而降低本币的供给，提高利率水平。

5. 财政收支状况

当一国出现财政赤字时，其利率的变化主要取决于该国政府所选择的弥补财政赤字的措施。一般来说，可采取的措施有以下几种：①提高税率。企业税率的提高会使企业投资兴趣下降，企业的投资需求下降，资金的需求下降，从而降低利率水平；相反，税率的下降会刺激投资，增加资金的需求，提高利率水平。②增发货币。这样会使通货膨胀率上升，最终导致利率的上升。③发行国债。从长期来看，这将导致更大幅度的物价上涨，也会使利率上升。

6. 心理预期

在货币市场上，人们是否进行借贷，在很大程度上取决于人们对利率走向的看法。心理预期已经成为影响利率变动的一种重要力量。例如，如果人们预期未来的通货膨胀率会大幅上升，那么人们所要求的利率水平会相应地大幅上升。由于影响人们预期的因素很复杂，既包括经济因素，又包括社会政治因素和其他一些突发事件，因此由人们的心理预期变化导致的利率波动具有复杂易变的特点。

二、债券的久期与凸性

（一）久期

1. 久期的定义

久期也称持续期，是由美国经济学家弗雷德里克·麦考利（Frederick Macaulay）于 1938 年提出的，指债券各期现金流支付所需时间的加权平均值，是测度债券价格对利率波动敏感性的重要变量，用以衡量债券价格的收益率敏感性。换句话说，久期就是价格变化的百分比除以收益率变化的百分比。

$$D = \frac{\Delta P / P}{\Delta (1+y) / (1+y)} = -\frac{\Delta P / P}{\Delta y / (1+y)} \qquad (6-15)$$

其中，P 为债券的初始价格；ΔP 为债券的价格变化值；y 为初始收益率；$\Delta (1+y)$ 为收益率的变化值，之所以加负号，是因为债券价格与收益率变化的方向相反。整理可得：

$$\frac{\Delta P}{P} = -\frac{D}{1+y} \times \Delta y \qquad (6-16)$$

因此，如果知道某个债券的久期，就可以根据式（6-16）计算一定的收益率变化百分比导致的价格变化百分比。定义 D/（1+y）为修正久期，用 D^* 表示，那么公式可以转换为：

$$\frac{\Delta P}{P} = -D^* \times \Delta y \qquad (6-17)$$

如何计算债券的久期？根据久期的定义，可以将债券价格对收益率求导。下面计算最普通的附息债券的久期，即该债券没有附加任何选择权，每期期末按照固定票面利率和面值的乘积支付利息，到期还本。普通债券的价格和收益率的关系可由式（6-18）表示：

$$P = \sum_{t=1}^{T} \frac{CF_t}{(1+y)^t} \tag{6-18}$$

其中，P 为债券价格；T 为期数；CF_t 为每期现金流（包括利息和本金）；y 为债券的收益率。

麦考利首次将式（6-18）称为久期，又称麦考利久期。可以看出，普通债券的久期是债券现金流到期时间的加权平均，其权重是每次现金流现值占现金流现值总和（即债券价格）的比例。而债券的到期时间与价格的利率敏感性具有相关性。但是，用到期时间长短作为价格的利率敏感性大小的测量指标是不完善的，久期——债券现金流（即每期息票利息和到期本金支付）的平均到期时间，才是衡量普通债券利率敏感性的准确指标。

可以说，普通债券的久期是债券的有效到期时间，它是收到每一笔支付时间的加权平均，权重与支付的现值成比例。一般来说，除了零息债券外，债券的久期比到期时间短一些。零息债券的久期与它的到期时间相等。但对于某些特殊债券，久期可能会比到期时间更长。请记住，久期是衡量债券价格利率敏感性的指标，某些附加选择权债券的价格利率敏感性很大，即利率的微小变化会引起债券价格的大幅变化，这些债券的久期有可能超过债券本身的期限。最后需要强调的是，从本质上看，久期就是衡量债券价格利率敏感性的指标，而不是一种期限。因为普通债券的久期等于所有现金流到期时间的加权平均数，所以很多人误以为久期是一种期限。对于一些特殊债券而言，久期就不等于未来现金流到期时间的加权平均数了。

2. 久期的计算

可以通过式（6-19）计算普通债券的久期 D：

$$D = \frac{\sum_{t=1}^{T} \dfrac{tCF_t}{(1+y)^t}}{\sum_{t=1}^{T} \dfrac{CF_t}{(1+y)^t}} \tag{6-19}$$

其中，t 为现金流发生的时间；CF_t 为第 t 期的现金流；y 为每期的到期收益率；T 为距到期日的期数。

【例6-2】面值为 100 元，票面利率为 8% 的三年期债券，半年付息一次，下一次付息在半年后。如果到期收益率为 10%，计算它的久期。

解：该债券的久期是 5.4351 个半年，也就是 5.4351/2=2.7176 年，计算过程如下：

时间（期数）	现金流（元）	现金流的现值（元）	权重	时间×权重
1	4	3.8095	0.0401	0.0401
2	4	3.6281	0.0382	0.0764

时间（期数）	现金流（元）	现金流的现值（元）	权重	时间×权重
3	4	3.4554	0.0364	0.1092
4	4	3.2908	0.0347	0.1388
5	4	3.1341	0.0330	0.1650
6	104	77.6064	0.8176	4.9056
总计		94.9243	1	5.4351

【例6-3】有一种面值为100元的三年期零息债券，如果到期收益率为10%，计算它的久期。

解：该债券的久期是6个半年，即3年，计算过程如下：

时间（期数）	现金流（元）	现金流的现值（元）	权重	时间×权重
1~5	0	0	0	0
6	100	74.6215	1	6
总计		74.6215	1	6

可见，零息债券的久期就等于它的到期时间。这是因为零息债券只有一次支付，并且发生在到期日，因此支付的加权平均时间就是到期时间。

根据年金的计算方法，再加以数学推导，我们可以简化久期的计算公式（用 F 表示面值，用 P 表示债券价格，用 C 表示每期票面利率，用 y 表示每期到期收益率，用 T 表示距到期日的期数）：

$$附息债券的久期 = \frac{1+y}{y} - \frac{(1+y)+T(c-y)}{c\left[(1+y)^T - 1\right]+y} \qquad (6-20)$$

在例6-3中，利用简化后的久期计算公式，我们可以重新计算该债券的久期：

$$D = \frac{1+5\%}{5\%} - \frac{(1+5\%)+6(4\%-5\%)}{4\%\left[(1+5\%)^6 - 1\right]+5\%} = 5.4349（半年）$$

也就是2.7175年，这与前面的结果是近似相等的。

3. 久期法则

票面利率、到期时间、到期收益率是影响债券价格利率敏感性的三个重要因素，它们与久期之间的关系也表现出一些规律。

（1）保持其他因素不变，票面利率越低，息票债券的久期越长。呈现这种规律的原因在于：票面利率越高，早期现金流的现值越大，占债券价格的权重越高，使时间的加权平均值越低，即久期越短。所以，零息债券的久期比其他条件相同的息票债券要长。我们知道，票面利率越低，债券价格的利率敏感性越强，而久期是对利率敏感性的度量，这与票面利率越低、久期越长是一致的。

（2）保持其他因素不变，到期收益率越低，息票债券的久期越长。对于这种规律的解释是：到期收益率越低，后期的现金流现值越大，在债券价格中所占的比重也越高，时间的加权平均值越高，久期越长。我们已经分析过，初始收益率水平越低，债券价格的利率敏感性越强，这与债券的到期收益率越低、久期越长也是一致的。当然，对于零息债券，它的久期始终等于到期时间，不受到期收益率大小的影响。

（3）一般来说，在其他因素不变的情况下，到期时间越长，久期越长。债券的到期时间越长，价格的利率敏感性越强，这与债券的到期时间越长、久期越长是一致的。但是，久期并不一定总随着到期时间的推移而增长。对于收益率很高的某些债券，久期可能会随着到期时间的推移而减短。此外，息票债券久期的增长速度比到期时间的增长速度慢一些。也就是说，到期时间增长一年时，久期的增长小于一年。当然，对于零息债券来说，久期等于到期时间，到期时间增长一年，久期也增长一年。

4. 久期与价格波动的关系

我们已经知道，债券的到期时间与价格的利率敏感性是相关的。与到期时间相比，久期能更准确地衡量债券价格的利率敏感性，是对债券利率风险程度的测量，也是规避资产组合利率风险的重要工具。如果两个债券到期时间相同，但票面利率不同，它们的价格对于利率变动的反应程度是不同的。然而，如果两个债券的久期相等，即使票面利率不同，它们价格的利率敏感性也是相同的。这是因为久期不仅考虑了到期时间不同对利率敏感性的影响，还包含了票面利率这一影响利率敏感性的重要因素。所以，只有对于不存在息票支付的零息债券，到期时间才能准确衡量，用一句话来概括就是，修正的久期越大，利率变动时价格的波动越大，利率风险就越大。

（二）凸性

1. 凸性的定义

价格—收益率曲线是凸的，价格—收益率的关系不是线性的，价格—收益率的图形表示不是直线而是曲线，在收益率更高时变得更加平缓，在收益率更低时变得更加陡峭。因此，当收益率上升时，债券价格以更小的幅度下降；当收益率降低时，债券价格以更大的幅度增长。由于 $\frac{\Delta P}{P} = -D^* \times \Delta y$，所以 $D^* = -\left(\frac{\Delta P}{P}\right) / \Delta y$。因此，久期在数学上对应于价格—收益率函数的一阶导数的绝对值。修正久期与初始价格的乘积是价格—收益率曲线在某点的线性估计。如果利用久期估计收益率变化所导致的价格变化，在收益率降低时会低估价格的上升，在收益率上升时会高估价格的下降。两者的误差等于曲线和直线之间的垂直距离。所以说，只有在收益率变化不大的情况下利用久期估计价格的变化才比较准确；如果收益率变化较大，用久期估计价格变化就会产生较大误差，而且收益率变化越大，误差就越大。

因此，在收益率变化比较大的情况下，为了更精确地估计债券价格的变化，必须考虑价格—收益率曲线的凸度性质。

2. 凸性的计算

为了更准确地计算债券价格的变化，需要计算债券的久期和凸性。对于普通债券来说，凸性 C 的计算公式为：

$$C = \frac{1}{P \times (1 + y)^2} \sum_{t=1}^{T} \left[\frac{CF_t}{(1 + y)^t} \times (t^2 + t) \right] \tag{6-21}$$

其中，t 为现金流发生的时间；CF_t 为第 t 期的现金流；y 为每期的到期收益率；T 为距到期日的期数；P 为债券的市场价格。

用式（6-21）计算出的是以期数为单位的凸性，为了转化成以年为单位的凸性，还要把它除以每年付息次数的平方值。

对于零息债券，凸性的计算公式还可以进一步简化为：

$$C = (T^2 + T) / (1+y)^2 \tag{6-22}$$

在式（6-21）中，令

$$W_t = \frac{CF_t}{(1+y)^t P} \tag{6-23}$$

则

$$C = \frac{1}{(1+y)^2} \sum_{t=1}^{T} (t^2 + t) \times W_t \tag{6-24}$$

我们发现，凸性的计算与久期非常相似，区别在于它是 $t^2 + t$（而不是 t）的加权平均，再除以 $(1+y)^2$，权重仍是按到期收益率贴现的每期现金流现值占债券市场价格的比重。应当注意，从式（6-24）中求出的凸性是以期数为单位的，我们还要把它除以每年付息次数的平方，再将其转化成以年为单位的凸性。

【例6-4】计算例6-2中三年期债券的凸性。

解：计算过程如下：

时间（期数）	现金流（元）	现金流的现值（元）	权重	t (t+1) ×权重
1	4	3.8095	0.0401	0.0802
2	4	3.6281	0.0382	0.2292
3	4	3.4554	0.0364	0.4368
4	4	3.2908	0.0347	0.6940
5	4	3.1341	0.0330	0.9900
6	104	77.6064	0.8176	34.3392
总计		94.9243	1	36.7694

因此，半年期的凸性为：$C = 36.7694/1.05^2 = 33.3509$

转化为以年为单位的凸性等于 $33.3509/2^2 = 8.3377$。

【例6-5】有一种面值为 1000 元，票面利率为 10% 的 5 年期债券，一年付息一次，下一次付息在一年后。如果到期收益率为 14%，计算它的久期和凸性。

解：该债券的久期为 4.1001 年，凸性为 17.6323，计算过程如下：

时间 t（年）	现金流（元）	现金流现值（元）	权重	久期（t×权重）	t (t+1)	凸性 [t (t+1) ×权重]
1	100	87.7193	0.1017	0.1017	2	0.2034
2	100	76.9468	0.0892	0.1784	6	0.5352

续表

时间 t（年）	现金流（元）	现金流现值（元）	权重	久期（t×权重）	t（t+1）	凸性[t（t+1）×权重]
3	100	67.4972	0.0782	0.2346	12	0.9384
4	100	59.2080	0.0686	0.2744	20	1.3720
5	1100	571.3055	0.6622	3.3110	30	19.8660
总计		862.6768	1	4.1001		22.9150

则 D＝4.1001，C＝17.6323

3．凸性与价格波动的关系

由于

$$D^* = \frac{dP}{dy^2} \times \frac{1}{P} \qquad (6-25)$$

$$C = \frac{d^2P}{dy^2} \times \frac{1}{P} \qquad (6-26)$$

因此，式（6-17）可以修正为久期与价格波动的关系式：

$$\frac{\Delta P}{P} = -D^2 \times \Delta y + \frac{1}{2} \times C \times (\Delta y)^2 + \frac{\varepsilon}{P} \qquad (6-27)$$

式（6-27）右边第一项是基于修正久期对债券价格波动的近似估计。第二项是引入凸性以后对久期估计的价格波动做出的修正。当收益率变动较小时，$(\Delta y)^2$ 会相当小，式（6-27）右边第二项代表的修正项的值很小，可以忽略不计，因此不考虑凸性，用久期估计出的价格波动也较准确。当收益率变动较大时，$(\Delta y)^2$ 就会比较大，如果不考虑基于凸性计算的修正项，仅根据久期估计的价格波动就会产生较大的误差。从计算普通债券的凸性式（6-22）很容易看出，凸性不可能为负值。因此，在收益率降低时，根据久期估计的价格波动会低估价格上升的幅度；在收益率升高时则会高估价格下降的幅度。凸性的修正会在一定程度上消除这种高估或低估。当收益率上升时，正的修正项会使估计的价格下降幅度变小；当收益率下降时，正的修正项会使估计的价格上升幅度变大。因此，考虑凸性后估计的价格波动与实际情形更为贴近。

正因为凸性是正值，所以债券的凸性越大，对投资者就越有利。如果其他条件都一样，凸性越大的债券，在收益率降低时债券价格上涨的幅度就越大，在收益率升高时债券价格下跌的幅度就越小。

【概念应用】

久期和凸性的关系

久期和凸性是衡量债券利率风险的重要指标。久期描述了价格—收益率曲线的斜率，凸性描述了价格—收益率曲线的弯曲程度。凸性是债券价格对收益率的二阶导数。

假设如果一只债券收益率下降了 10BP，大概涨了多少钱？即大概上涨了 10BP＊久期。

例如，一只 4.5 久期的债券收益率下降 10BP 大概上涨了 4.5×10＝45，也就是 0.45元。

例如，一只 2 久期的债券收益率上涨 10BP 大概下跌了 2×10＝20，也就是 0.2 元。

如果债券市场上涨，什么样的券涨得更多？

久期长，凸性大。

通俗点的说法：久期与期限相关，可以反映价格对利率变动的敏感性，久期越长，对利率敏感性越高。凸性则代表债券涨跌的弹性。当两个债券的久期相同时，它们的风险不一定相同，因为它们的凸性可能是不同的。

两个债券的收益率与价格的关系如图 6-5 所示，内侧的曲线为凸性大的曲线，外侧的曲线为凸性小的曲线。在收益率增加相同单位时，凸性大的债券价格减少幅度较小；在收益率减少相同单位时，凸性大的债券价格增加幅度较大。因此，在久期相同的情况下，凸性大的债券其风险较小。

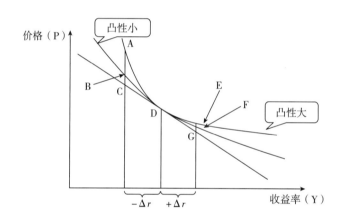

图 6-5 久期与凸性关系示意图

由于修正久期度量的是债券价格和到期收益率的近似线性关系，由此计算得出的债券价格变动幅度存在误差，而凸性值对这种误差进行了调整。

【本章小结】

本章首先从债券价值属性的介绍开始，对债券的定价方法进行了系统论述，并对债券价格进行了具体说明。其次，介绍了利率期限结构理论在整个证券市场，特别是固定收益证券市场中的地位，在此基础上进一步具体阐述了收益率曲线、即期收益率、即期利率与远期利率。再次，通过对比分析预期理论、金融脆弱说、市场分割理论和特定期限偏好理论，论述了利率期限结构理论的理论基础与依据。最后，介绍了利率风险及其影响因素，并阐述了债券久期和凸性具体的内涵及其计算方法。

【思考与练习】

1. 如何理解债券的定价方法?
2. 什么是利率的期限结构与收益率曲线,如何理解?
3. 什么是即期利率和远期利率,两者之间的区别是什么?
4. 利率期限结构的利率依据是什么,这些理论依据之间具有哪些区别和联系?
5. 如何计算债券的久期与凸性?

第四篇　基金篇

第七章　证券投资基金基础知识

【章首导言】

对于中小投资者来说，投资储蓄存款或债券虽然风险较低，但是收益较低，很难满足投资者的保值增值的需求。而投资股票有可能获得较高收益，但又风险较高，因为中小投资者的资金有限且投资经验可能不足，再加上时间有限，难以对股票市场的大量信息进行分析和决策，面临严重的信息的不对称问题。

投资基金作为一种面向中小投资者设计的间接投资工具，将众多投资者的小额资金汇集起来进行组合投资。由于专业投资机构进行管理和运作为投资者提供了有效参与证券市场的投资渠道，投资基金已经成为广大民众普遍接受的一种理财方式。

【本章知识结构图】

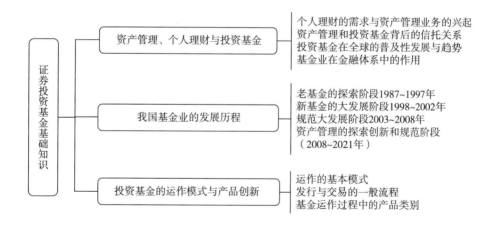

第一节　资产管理、个人理财与投资基金

一、个人理财的需求与资产管理业务的兴起

（一）居民投资现状与理财需求

金融是资金融通，金融中介是资金融通的桥梁，让资金充裕者暂时让渡资金的使

用权，供资金短缺者使用，利息作为使用资金的回报，成为资金充裕者的财产性收入。表 7-1 显示了我国四大部门在资金流通中的地位。

以居民部门为例，居民资金来源（融入资金）主要是贷款，资金运用（融出资金）于通货、存款、证券、证券投资基金份额、证券公司客户保证金、保险准备金，当资金运用大于资金来源，或融出资金大于融入资金的净资金供给方，则表 7-1 中的金融交易净投资为正。从数据来看，住户部门是净资金供给方，非金融企业部门是净资金需求方，而政府部门在 2001～2004 年、2007 年、2016 年、2018 年是净资金需求方，其余年份是净资金供给方，金融部门作为资金融通的桥梁，部分年份是净资金供给方、部分年份是净资金需求方。将所有年份加总为存量数据，则只有非金融企业部门是净需求方，其他部门是净供给方。

表 7-1 我国四部门的净金融投资额 单位：亿元

年份	住户部门	政府部门	非金融企业部门	金融机构部门
2001	10611.12	-1068.60	-5725.00	-2381.87
2002	14646.54	-1752.00	-10449.74	483.70
2003	16122.39	-540.47	-14530.65	2672.01
2004	15450.36	-2429.69	-9080.74	1742.22
2005	26372.17	3310.67	-14716.43	-1462.52
2006	27706.00	4687.00	-9637.00	-2454.00
2007	23119.00	-6540.00	-11453.00	20450.00
2008	50290.00	61.00	-27546.00	8490.00
2009	35907.00	8264.00	-25326.00	2066.00
2010	37715.06	5619.04	-15122.55	-2438.55
2011	48644.00	10178.00	-44271.00	-1318.00
2012	69335.00	5899.00	-44272.00	-18554.00
2013	48913.09	15809.24	-37420.96	-15838.23
2014	50328.00	20393.00	-64014.00	8918.00
2015	81184.71	11507.91	-10806.61	-61245.34
2016	47870.15	-8083.70	-16006.86	-10758.65
2017	42482.00	155.00	-56254.00	24744.00
2018	55347.55	-46515.49	-79874.50	74253.41
合计	702044.14	18953.91	-496507.04	27368.18

注：净金融投资额=资金运用-资金来源。

资料来源：国家统计局公布的金融交易的资金流量表。

表7-2显示，住户部门的初次分配的收入中，80%以上是劳动收入所得，通过房产、汽车等家庭财产的收入从2001年的4.13%增加到2019年的7.35%，而通过银行存款、国债、公司债等固定收益类证券获得的利息收入占总收入的比重由2001年的3.73%增长到2019年的5.83%，而通过持有股票获得的分红收入的比重也有所上升，但是幅度不大。再将初次分配的收入，经过转移支付、社会保险福利和社会补助等项目调整后得到的居民可支配收入中，2019年可支配收入中的34.79%用于储蓄，这表明居民的主要投资渠道是储蓄，通过储蓄转化为投资，支撑了间接融资模式为主导的格局。

表7-2 住户部门初次分配总收入中各项收入来源的占比　　　　　单位:%

年份	劳动者报酬占比	财产收入占比	利息占比	红利占比	其他财产收入占比
2001	80.75	4.13	3.73	0.31	0.09
2002	83.98	3.88	3.37	0.44	0.07
2003	82.92	3.71	3.33	0.29	0.09
2004	83.04	3.87	3.31	0.41	0.14
2005	82.79	3.98	3.32	0.39	0.27
2006	81.13	5.53	4.64	0.36	0.53
2007	80.55	6.19	4.57	0.51	1.11
2008	81.18	6.36	5.29	0.39	0.68
2009	80.83	5.50	4.39	0.38	0.73
2010	78.92	5.36	4.24	0.44	0.68
2011	78.24	6.63	5.60	0.39	0.64
2012	80.31	7.62	6.41	0.54	0.67
2013	84.51	6.17	5.21	0.49	0.47
2014	84.74	6.33	5.23	0.51	0.59
2015	85.43	5.96	4.67	0.55	0.73
2016	85.18	6.00	4.35	0.56	1.10
2017	85.42	6.17	4.57	0.53	1.07
2018	85.01	7.13	5.64	0.55	0.94
2019	84.98	7.35	5.83	0.57	0.95

资料来源：国家统计局公布的实物交易的资金流量表。

（二）各类金融机构资产管理业务的发展

从资金的供给方来看，随着居民财富积累的不断增加和金融素养的提高，对于资产保值增值的需求也越来越多，而企业也有多元化融资的需求，形成了目前的大资管行业的格局。

　　资产管理业务是指银行、信托、证券、基金、期货、保险资产管理机构等金融机构接受投资者委托，对受托的投资者财产进行投资和管理的金融服务。从表7-3中可以看出资产管理业务遍及各个金融机构，其投融资方式采取的是基金的方式，参与各方是一种信托关系。

表7-3　我国资产管理行业外延

机构类型	资产管理业务
基金管理公司及子公司	公募基金和各类非公募资产管理计划
私募机构	私募证券投资基金、私募股权投资基金、创业投资基金、私募资产配置基金等
信托公司	单一资金信托、集合资金信托
证券公司及其子公司	集合资产管理计划、单一资产管理计划、私募股权及创投类基金（直投，含FOF）
期货公司及其子公司	期货资产管理业务
保险公司、保险资产管理公司	万能险、投连险、管理企业年金、养老保障及其他委托管理资产
商业银行	非保本银行理财产品、私人银行业务

　　资料来源：《中国证券投资基金业年报（2020）》。

　　表7-4中统计了2008~2019年各类资产管理业务的规模。从各类金融机构开展的资产业务的规模来看，2008~2019年银行非保本理财占比基本在25%左右，与公募和私募基金的规模不相上下，而2013年以后券商资产管理、基金子公司也异军突起。从资产管理规模的增速来看，2008~2019年增长最快的是2012年，这主要与资产管理业务更加复杂的交易结构的出现有关，到2017年我国的资产管理业务的规模已经达到了97.10万亿元。

表7-4　2008~2019年各类金融机构资产管理业务的规模　　　　单位：万亿元

年份	银行非保本理财	信托公司资金信托	券商资管受托资金余额	保险公司资管计划	公募和私募基金净值	基金普通专户资管	基金子公司特定客户资管	期货及子公司资管	合计
2008	—	1.22	0.09	0.04	1.94	—	—	—	3.29
2009	1.18	2.02	0.15	0.05	2.67	—	—	—	6.07
2010	2.02	2.89	0.19	0.07	2.52	—	—	—	7.69
2011	2.84	4.64	0.28	0.13	2.64	0.18	—	—	10.71
2012	4.54	6.98	1.89	0.17	4.12	0.20	—	—	17.91
2013	6.53	10.31	5.20	0.23	5.50	0.65	0.94	—	29.36

续表

年份	银行非保本理财	信托公司资金信托	券商资管受托资金余额	保险公司资管计划	公募和私募基金净值	基金普通专户资管	基金子公司特定客户资管	期货及子公司资管	合计
2014	10.09	13.04	7.95	0.31	6.59	1.22	3.73	0.13	43.07
2015	17.43	14.69	11.89	0.73	13.46	2.99	8.57	0.10	69.88
2016	23.11	17.46	17.31	1.04	19.40	5.10	10.50	0.28	94.21
2017	22.17	21.91	16.51	1.27	22.70	4.96	7.31	0.25	97.10
2018	22.17	18.94	13.36	1.64	25.74	4.39	5.24	0.13	91.61
2019	23.40	17.94	10.83	2.47	28.85	4.34	4.19	0.14	92.17

资料来源：券商资管信托资金余额、基金普通专户、基金子公司特定客户资管、期货及子公司资管全部来自中国证券业协会和中国证券投资基金业协会网站，其中基金子公司和期货公司的资产管理业务是从2012年开放的，因此数据从2013年才有。信托公司资金信托计划来自中国信托业协会网站，保险公司资管计划来自中国保险业协会网站。商业银行非保本理财数据分为几个来源：2009~2012年数据来自西南财经大学信托与理财研究所的《中国理财市场发展报告》，所测算的数据是所有理财产品的规模，非保本的比例＝按照当年发行的非保本的理财产品数量/理财产品发行总数，分别为0.62、0.03、0.62、0.64。2013~2017年银行业理财登记托管中心发布的《中国银行业理财市场报告》中，公布了非保本理财的比例，分别为0.638、0.6717、0.7417、0.7956、0.7505，采用每年的理财余额与非保本比例的乘积作为非保本理财余额。而2018年《资管新规》以后，禁止刚性兑付，保本理财退出市场，因此2018~2019年的《中国银行业理财市场报告》中直接公布了非保本理财的余额。

在实际运作过程中，为了维持整个融资链条的稳定性，原本的信托关系扭曲了，间接地演变为一种债权债务关系，具体为：为投资者承诺保本、保收益等行为，也就是"刚性兑付"；在募集短期资金投资于长期项目时，为了保证有源源不断的资金投入，用新募集的资金补充尚未收回的资金，也就是"滚动发行"；投资过程中，以一个资管计划投资另一个资管计划，使资金在金融体系内空转，也就是"多层嵌套"；资金池—资产池将所有项目的投资关系混合在一起，无法区分哪一个资金对接的哪一个项目，存在投资者不了解资金去向的情况，导致定价困难，也就是"混同运作""分离定价"。

2018年，为了防范以上问题引发的系统性风险的跨行业、跨市场、跨区域的传递，人民银行、银保监会、证监会、外汇局联合发布的《关于规范金融机构资产管理业务的指导意见》（以下简称《资管新规》）提出资产管理业务"功能性监管"的思路，打破监管套利；同时，回归"受人之托、代人理财"的资产管理的本质，更加强调服务实体经济。因此，《资管新规》后，资产管理的规模上有所下降，2019年为92.17万亿元。

虽然资产管理业务规范以后面临规模的下降，但是这种跨机构、跨市场的融资模式不容忽视。图7-1对比了银行信贷、债券、股票等几个渠道的融资方式。2016年，资产管理业务的规模与金融机构元信贷的比值为0.88，是与债券托管余额比值的2.15倍，是与股票市值比值的1.86倍；2016年后下降，截至2019年分别为0.6、1.42、1.55。

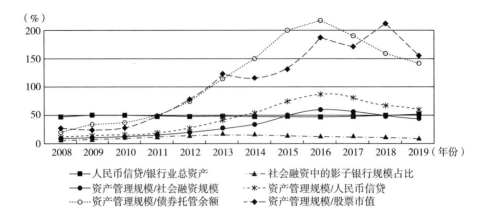

图7-1 资产管理规模与其他融资渠道的比较

资料来源：笔者根据中国人民银行、中国债券信息网、国泰安数据库公布的相关数据绘制而成。

二、资产管理和投资基金背后的信托关系

随着经济金融化水平的不断提高，资产管理的范围也在逐步地扩大，从最基本的存款凭证、股票、债券等标准化资产，到信贷资产转让、应收账款、委托贷款、信托贷款、带回购条款的股权性融资、交易所委托债权、私募债权、票据类、信用证等非标准化资产（即没有二级流通市场的资产）。Gurley 和 Shaw（1967）研究了金融结构与经济发展的关系，认为初始的金融制度向较为成熟的金融制度发展时，首先表现为金融资产的增多，不仅体现在种类上，也体现在数量上。[①] 资产管理的专业化是金融发展的高级阶段，金融机构将承担资产管理的重任，大资管的时代已经到来。

"受人之托、代人理财"是资产管理的本质，其中的"托"就是信托（Trust）的意思。资产管理业务是银行、信托、基金、证券、期货、保险资产管理机构、金融资产投资公司等金融机构接受投资者委托，对受托的投资者财产进行投资和管理的金融服务。投资基金是基金份额持有人委托基金公司进行专业管理，以实现利益共享、分享共担的集合投资方式，其专业化程度远高于其他的资产管理机构，因而投资基金是资产管理的主要方式。

由于资产管理业务背后是信托关系，那么投资基金也是一种信托关系。《韦伯斯特新20世纪辞典》对投资基金的解释是：投资基金是一种信托，它投资于证券，通过出售其股份获得资金，并将其从证券投资中获得的利润分配给股东。下面将从信托本身的起源和业务范围来间接阐述投资基金的主要特征，有助于理解后面章节中各种资产管理乱象的治理中为什么要回归"受人之托、代人理财"的本源。

家族信托、遗嘱信托、公益信托都是常见的信托。信托是法律概念，包括三个主

---

① Gurley J G, Shaw E S. "Financial Structure and Economic Development", *Economic Development and Cultural Change*, Vol. 15, 1967, pp. 257-268.

体：委托人、受托人、受益人。2001 年发布的《中华人民共和国信托法》指出，信托是指委托人基于对受托人的信任，将其财产权委托给受托人，由受托人按委托人的意愿以自己的名义，为受益人的利益或者特定目的，进行管理或者处分的行为（见图 7-2）。

这里需要注意的几点：一是信托立足于信赖的基础上，受托人要忠实地为受益人的利益处理信托事物，不能利用该地位为自己或者受益人以外的第三人谋取不正当的利益；二是信托财产是信托关系的核心，意味着委托人要将信托财产和其他财产独立，并不再享有管理和处分权，而受托人要承担管理和处分信托财产并移交给受益人的义务；三是信托财产的权利在法律上属于受托人，由其控制，并且受托人以自己的名义进行管理，不能借助委托人或受益人的名义；四是委托人要按照受托人的意愿，这些意愿体现在委托文件中，是受托人行为和取得报酬的依据。①

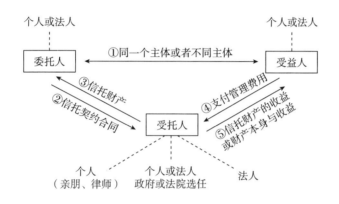

图 7-2 信托的基本结构

资料来源：中国信托协会：《信托基础》，中国金融出版社 2012 年版。

就投资基金来说，委托人是个人投资者或者法人机构，受托人是基金公司或者基金管理人，受益人和委托人是同一人，信托财产则是现金或存款，信托财产的收益是基金公司将所有资金投资于标的资产获得收益，如果是损失也由投资者承担。因此，投资基金是一种组合投资、专业管理、利益共享、风险共担的集合投资方式。

我国的信托业自改革开放之时，承担了银行以外的信贷融资的功能，在社会融资规模中体现为信托贷款，是信托公司的主要业务之一。近年来，信托业逐步回归主业，服务支持实体经济的转型取得了显著成效。根据中国信托业协会公布的 2019 年底的数据，融资类信托规模 5.38 万亿元，投资类信托规模为 5.12 万亿元，事务管理类的信托为 10.65 万亿元。可以看出，融资类的信托贷款规模只占了总规模的 1/4，家族信托、遗嘱信托、不动产和动产信托等事务管理类信托占到了一半的规模，剩下的投资类的信托中，单一资金信托和集合资金信托则属于大资管的范畴。这表明，我国的信托业整体朝着四个大方向转变：投资银行业务、资产管理业务、财富管理业务和专业化受托服务。

---

① 中国信托业协会：《信托基础》，中国金融出版社 2012 年版。

三、投资基金在全球的普及性发展与趋势

信托资产管理的发展规模远小于投资基金，因为投资基金的运作更加规范，既有公募也有私募，且投资标的以流通规模较大的证券为主，而信托资管大多以私募为主。投资基金在美国被称为"共同基金"，在英国和我国香港特别行政区被称为单位信托基金，在欧洲一些国家被称为集合投资基金或者集合投资计划，在日本被称为证券投资信托基金，在我国称为投资基金。

基金信托起源于 1868 年的英国，兴盛于美国，现在已风靡于全世界。1840 年前后，英国基本完成了工业革命，成为世界上第一个工业化国家，处于"世界工厂"的垄断地位，19 世纪 60 年代以后，英国的工商业极为发达，殖民地和贸易遍及世界各地，社会和个人的财富迅速增长，由于英国国内资金积累过多，投资机会相对饱和，促使商人将个人财产和资金转移到海外市场，但是投资者对海外投资环境不了解。因此，1968 年 11 月，英国组建了世界上公认的最早的投资基金——海外和殖民地政府信托（The Foreign and Colonial Government Trust），在《泰晤士报》刊登招股说明书，公开向社会个人发售认股凭证，主要投资于海外殖民地（南北美洲、中东、东南亚、意大利、葡萄牙、西班牙等）的公司债。

早期的基金管理并没有引进专业的管理人，而是投资人通过签订契约，推举代表来管理和运作基金资产，比如苏格兰的罗伯特·弗莱明（Robert Fleming）从美洲大陆考察归来，认为美国铁路建设迫切需要资金，且获利丰厚，在 1873 年创立了苏格兰美国投资信托。直到 1879 年英国的《股份有限公司法》颁布以后，专门进行投资的组织出现了。

1918 年第一次世界大战结束后，美国从战前的债务国变为债权国，到 1924 年美国掌握的黄金总量已经达到了世界黄金储备的 1/2，控制了国际金融市场，使战后资本主义世界的金融中心由英国转移到了美国。美国经济的起飞和民众对于投资理财的强烈需求使美国引进了英国的证券投资信托制度，于 1921 年 4 月设立了第一家证券投资基金组织——美国国际证券信托基金（the International Securities Trust of America），标志着证券投资基金发展中的"英国时代"结束而"美国时代"的开始，仅在 1926～1928 年 3 月，美国成立的公司型基金就多达 480 家，其中，1924 年 3 月，由哈佛大学 200 名教授出资 5 万美元发行了美国的第一只开放型基金——美国马萨诸塞州金融服务公司（Massachusetts Financial Services）。

随着投资人狂热的投入，投资公司竞争加剧，为了争取客户，其投资风格日益投机，最终在 1929 年 10 月，全球股市崩溃，大部分基金倒闭或停业，许多投资人血本无归。20 世纪 30 年代，美国基金业的发展一直处于停滞状态，为了抑制投机对投资者信心的影响和规范基金运作过程，1933 年的《证券法》、1934 年的《证券交易法》，1940 年的《投资公司法》和《投资顾问法》的出台为美国基金业的发展和基金在全球的普及性发展起到重要作用。1971 年的货币市场基金的推出为美国基金业的发展注入了新的活力，加上 20 世纪 80 年代养老基金的建立和随后股市的持续大牛市，美国基金业迎

来了大发展。

从图7-3中可知，在2019年全球开放式基金资产净值的全球占比中，美国占了将近一半的比例，而其他国家占比在个位数。尽管我国的开放式基金发展速度较快，但是在全球的份额中仍然占比较小。

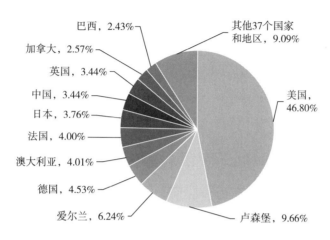

图7-3　2019年各国开放式基金资产净值的全球占比

资料来源：中国证券投资基金业协会。

从图7-4中可知，2019年全球开放式基金中，资产净值占比最大的是股票型基金，占比44.66%；债券型基金占比21.49%；房地产基金占比2.06%。证券投资基金本着"为大众投资者服务、为实体经济服务"的宗旨，不仅能够识别实体经济运行中的金融服务的需求，并进行产品设计的开发和投资策略的专业管理，还是金融市场中重要的机构投资者，起到了引领投资方向的作用，使投资基金在全球普及性地发展。

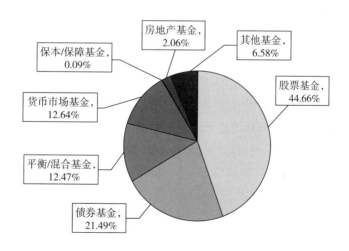

图7-4　2019年全球开放式基金净额的构成

资料来源：中国证券投资基金业协会。

四、基金业在金融体系中的作用

（一）为中小投资者拓宽投资渠道

对于中小投资者来说，储蓄或购买债券较为稳妥，但是收益较低。投资于股票有可能获得较高收益，但对于手中资金有限、投资经验不足的中小投资者来说，直接进行股票投资有一定困难，而且风险较大。在资金量有限的情况下，很难做到组合投资、分散风险。此外，股票市场变幻莫测，中小投资者由于缺乏投资经验，再加上信息条件的限制，很难在股市上获得良好的投资收益。投资基金作为一种面向中小投资者设计的间接投资工具，为投资者提供了有效参与证券市场的投资渠道，已经成为广大民众普遍接受的一种理财方式。

（二）优化金融机构，促进经济增长

从融资渠道来看，我国以银行贷款的间接融资为主，中国人民银行公布的数据显示，根据 2020 年存量的社会融资规模中，贷款融资占比 61%，股票融资占比 2.9%，企业债券融资占比 9.37%。从优化企业资本结构的角度，大力发展直接融资，建立多层次资本市场是未来的方向。公募基金将投资者的资金汇集投资于证券市场，并成为 A 股市场最主要的专业机构投资者，提高了资本市场的流动性；私募基金在实体经济创新、产业结构优化升级、社会财富管理方面发挥了积极作用。总体来看，基金为中小投资者提供了更多的投资工具，能够有效分流储蓄资金，扩大了直接融资，并进一步降低了金融业的系统性风险。

（三）有利于证券市场的稳定和健康发展

在整个基金的管理中，基金公司将针对每一个基金产品设计一整套的投资研究方案，从投资风格、选股策略、投资范围、投资比例、估值和定价、合规保障和运营支撑等一系列的过程，发挥专业理财的优势。在证券市场上，基金管理人充当了机构投资者，不仅能够引导证券市场价值体系的形成，倡导理性的投资文化，有助于防止市场的过度投机，而且充分发挥了机构投资者对上市公司的监督和制约作用，推动上市公司完善治理结构。

（四）完善金融体系和社会保障体系

社会保障基金、企业年金、养老金等社会保障型的资金，需要抵御通货膨胀风险和长寿的风险，而基金的专业化服务成为社会保障型资金保值增值的重要力量，做出了重大贡献。根据全国社会保障基金理事会公布的数据，截止到 2019 年末，社保基金资产总额 26285.66 亿元，其中直接由社保基金会投资占比 39.6%，委托投资管理人投资资产占比为 60.4%。基金权益总额 21376.51 亿元，自 2000 年 8 月成立以来，累计实现投资收益额 12464.06 亿元，年均投资收益率 8.14%。这表明专业化的基金管理公司为社保基金的保值增值贡献了重要力量。

（五）推动责任投资，实现可持续发展

长期以来，投资者一般主要关注被投企业的经济绩效，投资标的被视为一个个封闭的利润中心，投资的主要目标是找到当前或未来有盈利潜力的企业，通过持有其股份获得分红，或在更高的价格上卖出获得投资回报。

基金的产品引领投资风向，也传递了投资的价值理念，公募基金的社会责任基金就是典型的代表。社会责任投资（ESG），是倡导在投资决策过程中充分考虑环境（Environment）、社会（Society）和公司治理（Governance）因素的投资理念。以 ESG 为核心的社会责任投资理念代表了当前国际投资和经济发展新趋势，社会责任投资运用 ESG 标准指导实践，将投资决策的标准从财务绩效扩展到绿色发展、公共利益和稳健成长，摒弃短期利益驱动而损害上市公司长期健康发展的行为，这不仅是长期投资理念和投资行为的转变，也是行业道德标准的提升。

ESG 投资将目标公司置于相互联系、相互依赖的社会网络之中，更加注重目标公司的环境、社会、内部治理表现，以及由此带来的经济绩效和社会价值的提升，而不局限于单一个体的财务结果。从客观方面看，ESG 绩效更好的公司，一般比同类公司具有更高的内在价值和未来盈利预期，同时也比同类公司面临更低的经济和社会风险，对其投资所面临的风险敞口更低。对投资标的进行恰当的 ESG 评价并据此调整投资组合能够给投资者带来更好的风险收益回报，这一结果已经被诸多投资实践所验证。从主观方面看，ESG 投资不仅由追求经济回报的动机所驱动，也受到投资者内心价值观的驱动，对投资标的的选择承载了投资者特定的价值取向，例如拒绝烟草、毒品，反对武器、战争，追求性别、种族平等，加强环境保护等。这些价值观独立于被投企业的经济绩效，体现了投资者的特定价值偏好。随着全球化的到来，千年发展目标、气候变化、可持续发展、人类命运共同体等全球议题为 ESG 投资增添了新的内涵，ESG 投资逐渐超越个体、国别诉求，发展出具有普遍意义的投资伦理和投资方法，在机构投资者的积极推动下，逐渐发展为经济金融领域最重要的投资价值观，对金融资本运用产生日益显著的影响。

从全球来看，ESG 投资原则已经得到养老金、共同基金、捐赠基金等机构投资者的广泛认可。中国证券业协会 2019 年的调查发现，16% 的公募和私募证券投资业务的会员和 11% 的私募股权投资业务的会员十分关注 ESG/绿色投资并开展了实践。

第二节 我国基金业的发展历程

一、探索阶段——老基金（1987~1997 年）

20 世纪八九十年代，中国市场日渐开放，受国外基金业发展影响，基于中国市场的巨大发展潜力，海外中国基金、中国概念基金纷纷成立。1985 年 12 月，中国东方投资公司在中国香港、伦敦推出"中国东方基金"。中国最早的投资基金设立于 1987 年，当时由中国新技术创业公司与汇丰集团、渣打集团在中国香港联合发起设立了中国置业基金，首期集资 3900 万港元，直接投资于以广东珠江三角洲为中心的乡镇高科技企业，随即在香港联合交易所挂牌交易。其后，受中国经济高速发展的吸引，一批由中资金融机构与外资金融机构在境外设立的"中国概念基金"相继推出。1987 年，中国银行和中国国际信托投资公司开展基金业务；1989 年 5 月，香港新鸿基信托基金管理有限公司推出中国概念基金——新鸿基中华基金；1991 年，中国新技术创业投资公司与汇丰集团、渣打集团在中国香港联合发起成立中国置业基金，并随即在香港联合交易所挂牌交易。

在"中国概念基金"与中国证券市场发展的影响下，中国国内第一家比较规范的投资基金——淄博乡镇企业投资基金，于 1992 年 11 月经中国人民银行总行批准正式设立。该基金为封闭式基金，募集规模 1 亿元，60% 投向淄博乡镇企业，40% 投向上市公司，并于 1993 年 8 月在上海证券交易所最早挂牌交易。

人们习惯将 1997 年以前设立的基金称为"老基金"。1991～1997 年，共批准 75 只基金，1 只已清盘，其中，上交所交易 15 只，深交所交易 7 只，租借深交所交易系统的 2 只，地方证券交易中心交易 38 只，地方柜台交易 7 只，未交易的基金 5 只。批准发行总规模 58.22 亿元，实际募集 57.07 亿元[①]。

"老基金"存在以下四个方面的问题：一是缺乏基本的法律规范，普遍存在法律关系不清、无法可依、监管不力的问题；二是受地方政府要求"服务地方"经济需要引导以及当时国内证券市场规模狭小的限制，"老基金"并不以上市证券为基本投资方向，而是大量投向了房地产、企业等产业部门，因此它们实际上是一种直接投资基金，而非严格意义上的证券投资基金；三是这些"老基金"设立于 1992 年前后，在当时的经济过热时期，基金投资集中流向房地产、法人股、实业项目等领域，后来深受房地产市场降温、实业投资无法变现以及贷款资产无法回收的困扰，资产质量日益恶化；四是"老基金"长期以来受到市场如同股票一样的炒作，投机性较强，二级市场的价格不同程度地高于其单位资产净值。

二、大发展阶段——新基金（1998～2002 年）

在"老基金"发展的基础上，国务院原证券委员会于 1997 年 11 月 14 日颁布了《证券投资基金管理暂行办法》，这是我国首次颁布的规范证券投资基金运作的行政法规，为我国证券投资基金业的规范发展奠定了法律基础。

1998 年 3 月 27 日，经中国证监会批准，新成立的南方基金管理公司和国泰基金管理公司分别发起设立了规模均为 20 亿元的两只封闭式基金——基金开元和基金金泰，从此拉开了中国证券投资基金试点的序幕。随后，1998 年 4 月华夏基金公司发起设立了兴华基金，华安基金管理公司发起设立了安信基金。最早发行的封闭式基金受到了市场的热烈欢迎，比如，基金开元和基金金泰的申购户数分别为 95.8 万户、119.8 万户，中签率不足 2.5%。[②]

1998 年，基金试点的当年，我国共设立了 5 家基金管理公司，管理封闭式基金 5

---

① 中国人民大学信托与基金研究所：《中国基金业发展报告（1991-2003）》，中国经济出版社 2004 年版。

② 中国证券投资基金业协会：《证券投资基金》，高等教育出版社 2017 年版。

只，基金募集金额为 100 亿份。1999 年有 5 家新的基金公司获批，这 10 家基金公司成为我国的第一批基金管理公司。[①]

在新基金快速发展的同时，中国证监会开始着手对原来的"老基金"进行清理规范，将"老基金"资产置换后，合并扩充募集范围，改制成为符合《证券投资基金管理暂行办法》的新证券投资基金。2000 年，共有 36 只"老基金"改制成 11 只证券投资基金，基金的数量在 2000 年底达到了 33 只。同时新成立了 6 家基金管理公司，管理改制之后的基金。[②]

在封闭式基金成功试点的基础上，2000 年 10 月，中国证监会发布并实施了《开放式证券投资基金试点办法》，2001 年 9 月，我国第一只开放式基金——华安创新诞生。到 2001 年底，已有华安创新、南方稳健和华夏成长 3 只开放式基金，2002 年底的开放式基金发展到 17 只，规模为 566 亿份。开放式基金的灵活性为我国证券投资基金业的发展注入了活力，到 2003 年底，我国的开放式基金的数量已经超过了封闭式基金，成为当前的主要形式。

三、大发展阶段——规范（2003~2008 年）

2003 年 10 月 28 日，第十届全国人民代表大会常务委员会第五次会议通过的《中华人民共和国证券投资基金法》，以法律形式确认了证券投资基金业在资本市场及社会主义市场经济中的地位和作用，成为中国证券投资基金业发展史上的一个重要里程碑。该部法律对于基金活动的基本法律关系，基金管理人，基金托管人，基金的募集，基金份额的交易，基金份额的申购和赎回，基金运作和信息披露，基金合同的变更、终止，基金财产的清算，基金份额持有人的权利等基金运作的各个环节都做出了明确的法律规范。法律的规范再加上 2005 年股权分置改革后的 2006 年、2007 年的股市繁荣，我国证券投资基金业走上了一条更加规范、更加快速的发展轨道上。

规范阶段的主要表现：一是基金业绩表现异常出色，创历史新高。比如，2006 年的股票型开放式基金平均净值收益率达到 121.45%，封闭式基金平均净值收益率为 105.26%。二是基金业资产规模急速增长，基金投资者队伍迅速壮大。比如，2006 年的证券投资基金资产规模合计 8564.61 亿元，比 2005 年增幅超过 80%，2007 年则是 2006 年的 3.83 倍。2007 年末，基金投资者户数超过了 1 亿户，基金资产总规模相当于城乡居民元储蓄总额的 1/6。三是基金产品和业务创新继续发展。先后出现了生命周期基金、QDII 基金、结构分级基金等。四是基金管理公司分化加剧、业务呈现多元化趋势。比如，2007 年底前十大基金管理公司占市场的份额为 49.78%。2007 年 11 月，基金公司可以开展私募的基金专户业务，大大提高了基金公司设计个性化投融资方案的灵活性。五是针对基金业快速扩张中出现的问题，规范基金行业，保护投资者，先后出台了《基金管理公司管理办法》《基金运作管理办法》《基金销售管理办法》《基金信息披露管理办法》等。

---

①②　中国证券投资基金业协会：《证券投资基金》，高等教育出版社 2017 年版。

四、资产管理的探索创新时期（2008~2016年）

2008年以后，受金融危机的影响，我国经济增速放缓和股市的大幅调整，基金行业进入了平稳发展时期，资产管理规模波动较大，基金行业进行了积极的探索创新。

资产管理业务是指银行、信托、证券、基金、期货、保险资产管理机构等金融机构接受投资者委托，对受托的投资者财产进行投资和管理的金融服务。从前面的表7-3中可以看出，资产管理业务遍及各个金融机构，其投融资方式类似于基金，参与各方是一种信托关系，因而被称为"大资管时代"。

我国资产管理业务的大发展有几个关键的因素：一是在资产管理业务的发展过程中，我国存在正规金融与非正规金融之间的利率不同、各金融机构面临的监管主体和严格程度不同，这些都导致各个金融机构开展同类业务受到的监管和收益有较大的差异，因而形成了监管套利。二是资金供给层面，经济的增长红利逐步显现以及房地产行业的大发展使居民积累了一定的财富，对资金的保值增值有更高的要求，银行理财的大发展可见一斑。三是资金需求层面，产能过剩的企业、房地产行业、地方政府融资平台等在经济进入新常态后面临改革的阵痛期，企业需要生存，而地方政府需要维持地方经济增长，因此对更加灵活的融资方式有更大的需求。

资产管理业务的核心是基金的运作模式，围绕着钱从哪里来、钱到哪里去、谁来管理、收益如何分配的问题。资产管理业务的典型模式是"资金池—资产池"模式，也就是各方渠道投资的钱汇成一个资金池，各种资产（标准化资产和非标准化资产）汇成一个资产池，然后进行匹配，形成各个资管计划，资产的增值就是投资者的收益来源。这种方式极大地调动了各种资源，特别是不具有流动性的资产，是一种非常灵活的融资方式和投资方式。

五、规范与过渡时期（2017~2021年）

我国资产管理业务的大发展离不开实体经济的需要，但在实际运作过程中，为了维持整个融资链条的稳定性，原本的信托关系扭曲并间接地演变为一种债权债务关系：具体有为投资者承诺保本、保收益等行为，也就是"刚性兑付"；在募集短期资金投资于长期项目时，为了保证有源源不断的资金投入，用新募集的资金补充尚未收回的资金，也就是"滚动发行"；投资过程中，以一个资管计划投资另一个资管计划，使资金在金融体系内空转，也就是"多层嵌套"；资金池—资产池将所有项目的投资关系混合在一起，无法区分哪一个资金对接的哪一个项目，存在投资者不了解资金去向的情况，导致定价困难，也就是"混同运作""分离定价"。

在这之前，相关监管部门对银信合作、同业业务、银行理财、资金池—资产池等进行了相应的监管措施，也收到了一定的成效，同时也带来了更加隐蔽的通道和模式的出现。系统性的规范是从2017年开始的。2017年4月，原中国银监会发布的三个文件：45号文《关于开展银行业"违法、违规、违章"行为专项治理工作的通知》、46号文《关于开展银行业"监管套利、空转套利、关联套利"专项治理的通知》、53号文《关于开展银行业"不当创新、不当交易、不当激励、不当收费"专项治理工作》，简称"三三四"专项治理工作。通过专项治理行动，重点对银行业进行了系统性的风险排查。为了防范以上问题引发的系统性风险的跨行业、跨市场、跨区域的传递，2018 年 4 月，央行、银保监会、证监会、外汇管理局联合发布了《关于规范金融机构资产管理业务的指导意见》，这一文件系统性地对资产管理业务的表外业务属性、功能性监管的思路、风险控制等进行了规范。2018 年 7 月，央行、银保监会、证监会又对银行理财业务、证券期货经营机构私募资产管理业务进行了配套和细化。《资管新规》要求金融机构三年的过渡期，并由于疫情因素，过渡期延长一年，到 2021 年底，通过压实金融机构主体责任、健全激励约束机制、强化监管协调，推动政策落实等规范资产管理行业的发展。

第三节 投资基金的运作模式与产品创新

金融创新包括组织方式的创新、产品的创新、流程的创新等。产品创新的根本是各种要素的组合。现如今，各种基金产品让人眼花缭乱，但其基本的运作模式是不变的，无非再加入是否上市、是否直接投入资产、是否嵌套等条款，使基金产品净值计算更加复杂而已。因此，首先要从基金运作模式上了解基金产品。

一、投资基金运作的基本模式

投资基金整个运作过程中，要解决钱从哪里来？钱到哪里去？谁来管理投资的资产？谁来分配资产的收益？投资基金是指通过发售基金份额，将众多不特定投资者的资金汇集起来，形成独立财产，委托基金管理人进行投资管理，基金托管人进行财产托管，由基金投资人共享投资收益，共担投资风险的集合投资方式。

图 7-5 中，m 个投资人是出钱的人，大部分是主权基金、养老基金、学校捐赠基金、保险基金等。当然，有限合伙人有些是金融机构，除了将资金交给专业的投资基金打理以外，还会自己做投资，比如保险资管计划。有限合伙人意味着投资人的责任是有限的，当出现投资项目破产时，也仅以投资的金额为限，也就是最大的损失是其投资额。资金管理者类似于管理层，主要负责基金的具体运营，比如项目的投资和退出，跟管理层不同的是，普通合伙人也要出资。比如一些名气很大的基金：黑石、凯雷、红杉资本、高瓴等。

基金的主要特点是集合理财、专业管理，投资多个资产，构成一个资产组合，以实现分散风险的目的。也就是说，基金的两头都是分散的，投资者之间可以集中资金、分散风险，资产之间也可以实现分散风险的目的。这不得不联想到商业银行的运作模式。图 7-5 中，商业银行吸收存款，发放贷款，两头也是分散化的过程。居民或企业将闲置的资金存入商业银行，汇集为商业银行的资金池（基础资产），而资金短缺的企业和个人向银行申请借款，两者签订借款合同，在企业信贷监管中，要求单一客户在银行的借款比例不能超过 10%，也就是借款者尽可能分散，以降低信用风险。

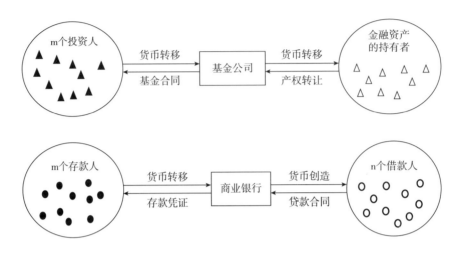

图 7-5 投资基金和商业银行的投融资对比

在发展中国家，商业银行将储蓄转化为投资的能力，极大地促进了一国的经济增长，是投融资最成熟的模式。基金产品的设计也是看到了商业银行投融资运作的优势和效率，这也是基金投资的优势之一。当然，基金公司和商业银行的投融资规模不是数量级的，原因至少有两方面：一方面是商业银行具有吸收存款的特许经营权，这已经在很大程度上保证了吸收资金的成本较低，规模较大；另一方面是银行贷款是间接融资方式，也就是说存款者与商业银行之间是债权债务关系，商业银行与贷款者之间也是债权债务关系，信用风险直接由银行承担，而存款者间接承担信用风险，因而商业银行的信用货币创造功能决定了存贷款规模都是数量级的。而基金的本质是直接融资，投资者和投资标的之间是所有权关系，基金管理者只是受到了投资者的委托，因此投资的风险由投资者全部承担，基金公司只是收取专业化管理的手续费和服务费而已。

虽然基金的运作难以获得商业银行的投融资优势，但是相比单一的股票、债券投资来说，发挥了分散化资金来源和金融资产配置的作用，也受到了广大中小投资者的青睐。

图 7-6 所展示了投资基金的运作流程和基本特点。

1. **基金中的参与主体要素**

（1）基金投资人或基金份额持有人。

基金投资人是基金设立后募集资金部分的身份，而基金份额持有人是基金资产投资结束后主张资产收益时的身份。根据 2022 年修订的《证券投资基金法》的规定，我国基金份额持有人享有以下权利：①分享基金财产收益；②参与分配清算后的剩余基金财产；③依法转让或者申请赎回其持有的基金份额；④按照规定要求召开基金份额持有人大会或者召集基金份额持有人大会；⑤对基金份额持有人大会审议事项行使表决权；⑥对基金管理人、基金托管人、基金服务机构损害其合法权益的行为依法提起诉

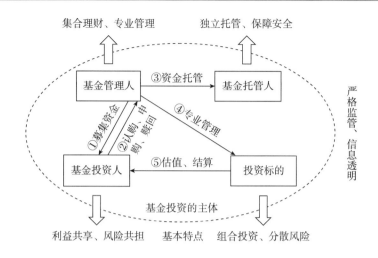

图 7-6　投资基金的运作流程和基本特点

讼；⑦基金合同约定的其他权利。此外，公开募集基金的基金份额持有人有权查阅或者复制公开披露的基金信息资料；非公开募集基金的基金份额持有人对涉及自身利益的情况，有权查阅基金的财务会计账簿等财务资料。

（2）基金管理人。

基金管理人是指发行基金份额，募集证券投资基金，并按照法律、行政法规的规定和基金合同的约定，为基金份额持有人的利益，采取资产组合方式对基金财产进行管理、运用的机构。

（3）基金托管人。

基金托管人由依法设立的商业银行或者其他金融机构担任，按照法律法规的规定及基金合同的约定，履行保管基金财产、办理清算交割、复核审查资产净值、开展投资监督、召集基金份额持有人大会等职责。

2. 基金的特征

（1）集合理财，专业管理。

基金将众多投资者的资金集中起来，委托基金管理人共同投资，是一种集合理财的方式。这种方式的好处是让一些资金少的投资者能参与进来，积少成多，发挥资金投资的规模优势，以降低成本。而基金管理者具有丰富的金融市场投资经验，可以弥补没有时间、专业知识和经验的中小投资者的不足，专业的投资团队进行全方位动态的跟踪和深入分析，以开发出好的投资策略，提高投资者的收益。

（2）组合投资，分散风险。

每种金融资产的背后都与企业、市场息息相关，既有单个公司因为经营不善带来的风险，也有市场突发事件或者政策因素带来的风险。风险与信息息息相关，而且信息瞬息万变，难以把握。因此，"不把鸡蛋放在一个篮子里"的组合投资的方式，可以很大地分散风险，而组合投资中资产数量较多，单个投资者资金有限，很难做到，而基金汇聚大量的资金可以做到组合管理。

（3）利益共享，风险共担。

在募集资金阶段，投资者是按照份额进行认购的，也就是份额认购的越多，收益也会分配的更多。当某个金融资产净值降低，损失时，损失也会由投资者一起承担，份额越多的投资者承担的损失也越多。因此，总体来看，共享收益、共担风险的权利和义务是对等的，与投资者所投入资金的金额大小有关。

（4）严格监管，信息透明。

基金运作过程中，专业的基金管理人可以随时关注到所投金融资产的变动，在基金合约设计上也占有优势地位，因此众多中小投资者缺乏专业知识、时间有限，无法起到监督基金管理者的作用，因此监管当局所起的作用至关重要。监管部门对损害投资者的行为进行严厉打击，并强制要求基金进行及时、准确、充分的信息披露，尤其是公募基金所募集的对象是社会大众，监管会更加严格。

（5）独立托管，保障安全。

虽然基金公司持有牌照，不同于非法集资，但是也不能保证基金管理人自身无职业道德问题，他们可能试图违背"受人之托、代人理财"的原则，存在占用、挪用资金的情况。因此，最保险的方式是实行独立的资金托管，这样托管方和基金管理人之间可以互相监督、互相制约。

二、证券投资基金的发行与交易的一般流程

（一）基金的募集和认购

由于基金募集的资金来源比较分散，投资标的也比较分散，这种"资金池—资产池"的投资方式，个人投资者很难将自己投入的资金与某一个资产进行一一对应，例如股票投资中，投资者能够随时查到所买股票的价格，并能粗略估算出自己的盈亏。而对于基金持有人来说，实际上是购买了基金管理人专门设计的投资策略，其盈亏完全依赖该策略下的资产组合的收益和损失状况，再按照每个人所持有的份额进行分配。因此，基金合同的设计往往较为复杂，从基金发起设立，募集期满，再到基金合同生效，可以划分为两个环节：基金管理人的基金募集环节、基金投资人的基金认购环节，两个环节时间上有重叠部分，具体内容如图7-7所示。

1. 基金管理人的基金募集环节

（1）基金管理公司向中国证监会申请设立基金产品，提交的文件包括《基金募集申请报告》、《基金合同草案》、《基金托管协议草案》、《招股说明书草案》、《法律意见书》以及中国证监会规定的其他文件。这些文件要具备以下条件：①有明确、合法的投资方向；②有明确的基金运作方式；③符合中国证监会关于基金品种的规定；④基金合同、招募说明书等法律文件草案符合法律、行政法规和中国证监会的规定；⑤基金名称表明基金的类别和投资特征；⑥招股说明书真实、准确、完整地披露了投资者做出投资决策所需的重要信息，不存在虚假记载、误导性陈述或者重大遗漏，语言简明、易懂、实用，符合投资者的理解能力；⑦有符合基金特征的投资者适当性管理制度，有明确的投资者定位、识别和评估等落实投资者适当性安排的方法，有清晰的风

险警示内容；⑧基金的投资管理、销售、登记和估值等业务环节制度健全，行为规范，技术系统准备充分。

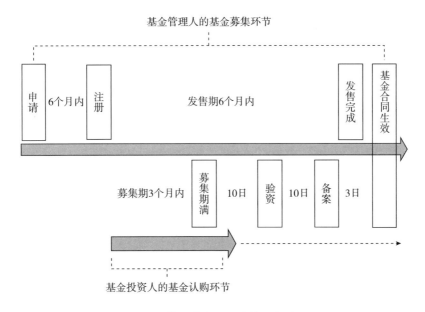

图 7-7 基金募集和认购的一般流程

（2）中国证监会自受理起的 6 个月内做出注册与否的决定。随着基金投资策略的不断开发，金融产品的创新日益丰富，五花八门的基金产品对于广大的中小投资者来说，难以穿透式的了解，因此，基金募集前和基金合同生效前，中国证监会根据《证券投资基金法》，在基金进行注册和备案的过程中进行合规性监管和质量控制，保护了投资者的利益。注册审查重点关注要件齐备和内容合规，不对基金的投资价值及市场前景等作出实质性的判断和保证。

（3）基金管理人自收到核准文件之日起 6 个月内进行基金份额的发售。超过 6 个月的，原注册的事项未发生实质性变化的，应报中国证监会备案，发生实质性变化的，应重新提交注册申请。

（4）基金管理人在基金份额发售 3 日前公布《招股说明书》、《基金合同》及其他文件；自基金份额发售之日起，3 个月内完成募集。当募集期满时，封闭式基金募集总额要达到核准规模的 80% 以上，且基金份额持有人达到 200 人以上；开放式基金募集份额不少于 2 亿份，募集金额不少于 2 亿元，基金份额持有人不少于 200 人。

（5）自募集期届满起 10 日内，验资机构要完成验资，并出具《验资报告》。

（6）基金管理公司收到验资报告之日起 10 日内，向中国证监会提交《备案申请》和《验资报告》，办理基金备案手续。

（7）中国证监会收到《验资报告》和基金备案材料之日起 3 个工作日内予以书面确认，自证监会书面确认之日起，基金备案手续办理完毕，基金合同生效。

2. 基金投资人的基金认购环节

基金的认购是投资者在基金募集期内购买基金份额的行为，基金的募集期限要从基金份额发售日开始计算，募集期不超过 3 个月。

投资者认购基金的过程中，需要回答几个问题：以什么价格和费用认购？通过什么渠道认购？在认购前，投资者需要在上海和深圳证券交易所开立证券账户或者基金账户，在基金托管机构开立资金账户，将资金存入资金账户。不同的基金产品，认购方式有所差异（见表 7-5）。开放式基金采取全额缴款，认购结束后再计算认购份额，而封闭式基金直接申请认购份额，每份份额 1 元外加认购费。这意味着开放式基金的份额价格在认购未结束前是不确定的，因为投资者可以多次认购开放式基金，也可以在提交后的两日内撤销，T+2 日可以查询认购申请的受理情况。

表 7-5 各种基金认购方式和渠道的比较

种类	认购方式	认购渠道
开放式基金	投资人填写《认购申请表》，全额缴款，认购结束后计算认购份额；认购份额＝（净认购金额+认购利息）/基金份额面值；净认购金额=认购金额/（1+认购费率）	①线上认购：通过与证券交易所的交易系统联网的全国各地的证券营业部；②线下认购：通过基金管理人指定的营业网点和承销商的指定账户
封闭式基金	投资人以"份额"为单位提交认购申请，每份份额 1 元，外加认购费	
ETF 基金	场内现金认购：投资者以现金方式参与证券交易所网上定价发售	基金管理人的营业网点、具有基金代销资格的证券公司的营业网点
	场外现金认购：投资者在基金管理人及指定代发机构进行现金认购	
	证券认购：投资者认购基金管理人及指定代发机构指定的证券	
LOF 基金、分级基金	场内认购：投资者在中证登注册的开放式基金注册登记系统中认购	
	场外认购：投资者在中证登的证券登记结算系统中认购	

注：中国证券登记结算有限责任公司简称"中证登"。

交易型开放式指数基金（ETF）和上市开放式基金（LOF）结合了证券公司、商业银行等代销机构的营业网点和交易所交易网络的销售优势，在认购渠道上场内和场外都可以。但所采用的认购系统不同，这主要与 ETF 和 LOF 基金设计的特点有关，ETF 要紧密跟踪指数表现，因此要通过证券交易所的交易系统；而 LOF 具有转托管的机制，认购渠道广泛，主要通过中证登的登记和结算系统中认购，方便基金的登记和结算。

（二）封闭式基金的交易与开放式基金的申购与赎回

当基金合同生效后，基金的发行完成。当然，还有一部分投资者没有在募集期购买基金，有一部分投资者即便在募集期认购了基金，但是出于各种原因无法持有至到期，为了满足这两部分投资者的需求，基金满足一定的条件（参见《证券投资基金法》）即可上市，实现基金的流通（见表 7-6）。基金流通的前提是所投标的物有二级流通市场，比如货币基金、债券基金、股票基金，每种标的的交易规则都与相应的市场交易规则有关，比如，需要开立沪、深证券账户或者基金账户、资金账户，交易时间为上海证券交易所、深圳证券交易所的交易时间。

表7-6　封闭式基金的交易与开放式基金的申购和赎回的要求

	封闭式基金的交易	开放式基金的申购与赎回
上市交易条件	①基金的募集符合《证券投资基金法》； ②基金合同期限为5年以上； ③基金募集金额不低于2亿元； ④基金份额持有人不少于1000人； ⑤基金份额上市交易规则规定的其他条件	
交易时间	与上交所和深交所的时间有关，为每周一到周五（法定公众节假日除外），每天9：30~11：30，13：00~15：00	
交易原则	"价格优先、时间优先"的原则	股票、债券基金采取未知价交易原则，金额申购、份额赎回原则；货币市场基金采取确定价原则，金额申购、份额赎回原则
报价单位	申报价格最小变动单位为0.001元，申报数量为100份或其整数倍，最大数量低于100万份	金额申购、份额赎回原则，即申购的单位为1元或其整数倍，赎回时的单位为1份基金份额或其整数倍
交易渠道		基金管理人的直销中心或者基金销售代理网点，以电话、传真、互联网等方式
费用	交易费	申购费、赎回费、销售费

1. 封闭式基金的上市与交易

封闭式基金发行结束后，基金合同期内基金份额是固定不变的，意味着封闭式基金的持有人不能申请赎回，其交易过程类似于股票。因为股票在没有增资或者没有发放股票股利的情况下，股份数也是固定的，唯一变化的是股票价格，从封闭式基金的交易原则（价格优先、时间优先）、涨跌幅限制（10%）、报价单位（每份基金价格）、申报数量（100份或其整数倍，单笔最大数量低于100万份）和资金交割（T+1）上可见一斑。投资者不能按照基金净值购买基金，而是委托证券公司在证券交易所按照当前二级流通市场的市场价格进行买卖，在到期日前都可交易。

投资者以二级市场的价格买卖基金，会存在价格与基金净值不符的情况，当基金二级市场价格低于基金份额净值时，为折价交易，两者之间的差为折价率，当折价率较高时，常常被认为是购买封闭式基金的好时机，但实际上，有时折价率会继续攀升，在行情不好的时候出现价格和净值同步下降的情况。

2. 开放式基金的申购与赎回

一般来说，股票类和债券类的基金是股票和债券按比例配置，两类资产的价格变动分别在股票市场和债券市场，股票、债券价格变动会受到二级流通市场的影响而变动频繁，所以要计算股票型基金和债券型基金的净值需要时间。因此，这两类基金的申购和赎回采取"未知价"原则，按照金额先申购，再按照申请当日的基金份额净值计算份额，而赎回的时候按照份额赎回。而货币市场基金100%投资货币市场，价格确定容易，因此采取确定价进行金额申购、份额赎回。

封闭式基金发行结束后，不能按照基金净值买卖，投资者可以委托证券公司在证券交易所按照二级市场的市价买卖，直到到期日。而开放式基金的合同生效后，可以有一段短暂的封闭期，封闭期后，开放式基金的基金管理人在每个工作日开始办理申购和赎回业务。申购是投资者在开放式基金合同生效后，申请购买基金份额的行为，赎回是基金份额持有人出售所持的开放式基金的份额，由基金管理人购回。由于开放式基金具有市场选择性强、便于投资、流动性强、透明度高、对基金管理人的约束和监督机制健全等优势，开放式基金的规模超过了封闭式基金。

（三）基金份额的登记与资金的结算

在基金的认购、申购、赎回的过程中，会出现产权变更和资金流动的情况，因此需要对产权进行登记，确认基金份额的持有人信息，并根据认购、申购、赎回的金额或数量，以及相关费用进行相应的结算。因此，份额的登记和资金的结算是一个双向流动的关系，是让渡资金使用权而获得基金资产的所有权和收益的过程。

1. 基金的估值和费用

基金份额净值是开放式基金申购份额、赎回金额计算的基础，直接关系到投资者的利益。而基金份额净值的计算所涉及具体的估值方法，2018年中国证券投资基金业协会发布了《中国基金估值标准2018》。从估值体系来看，首先从底层开始，对每一类投资标的进行估值，要符合会计核算业务及税收指引，由于标的不同，适用的估值方法不同，比如《私募投资基金非上市股权投资估值指引》《固定收益品种SPPI测试方法示例》在内的估值方法指引可做参考。其次，在标的估值后，才能按照配置比例对各类基金进行估值，形成资产净值，不仅包括公募基金，还包括各类资管计划。再次，按照投资风格，涉及收益率标准、业绩比较基准、指数分类标准或ESG理念的植入来确定基金产品的风格。最后采用评价体系对各类基金进行横向比较，可以从基金的盈利能力、抗风险能力、业绩稳定性、选股择时能力、基金跟踪能力等，不同的评价方法与投资风格有很大关系（见图7-8）。

基金是一种直接投资方式，基金管理者受委托，提供专业化的管理，因而要收一定的管理费用，由投资者承担。费用分为两大类：一类是基金销售过程中发生的由基金投资者自己承担的费用，包括申购费、赎回费及基金转换费；另一类是基金管理过程中发生的费用，包括基金管理费、基金托管费、持有人大会费用等，这些费用是由基金资产承担的。

从收费的时间点，有前端收费和后端收费之分。前端收费是在认购基金份额时支付的认购费用；后端收费是在赎回基金份额时支付的认购费用，基金管理人后端收费方式的目的是鼓励投资者能够长期持有基金，并按照持有期限，设置不同的费率，持有期限越长，费率越低。

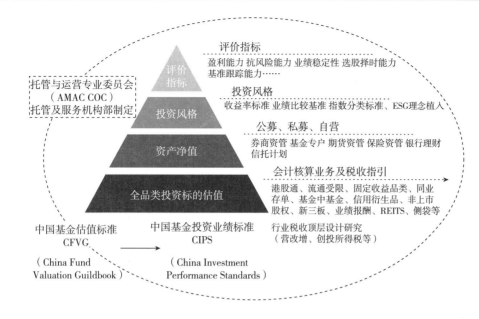

图 7-8 中国基金估值标准 2018

资料来源：中国证券投资基金业协会。

以认购费为例来区分前端收费和后端收费的区别。前端收费中，股票基金会根据认购的金额设置不同的费率，一般不高于 1.5%；债券基金收取不超过 1% 的认购费，或者在债券基金成立后收取销售服务费。后端收费中，按照持有期限设置费率。

$$净认购金额 = \frac{认购金额}{1+认购费率} \tag{7-1}$$

$$认购费用 = 认购金额 - 净认购金额 \tag{7-2}$$

$$认购份额 = \frac{净认购金额 + 认购利息}{基金份额面值} \tag{7-3}$$

2. 场内证券交易的结算

证券投资基金中，由于投资的是标准化的资产，交易规则要遵守具体金融市场的规模。比如在股票市场上，要开具证券账户和资金账户，用于结算。场内的证券交易结算包括证券交收和资金结算。

三、基金运作过程中的产品类别

从募集投资人的基金，到基金公司的专人管理，在管理期内基金经理根据市场状况，以最大化投资人利益为目的，设计投资策略并确定投资标的，然后实施投资方案，投向投资标的，等到投资期结束后，根据标的的收益和损失状况核算基金净值，扣除管理费用、税收等，将收益分配给基金持有人。因此，基金产品的创新无非是从如何组织、募集方式、投资渠道、投资标的、结算方式等进行创新，比如基金中基金（FOF）产品。下面介绍募集、交易和登记环节的产品类型。

1. 按照法律形式, 投资基金分为契约型、公司型和合伙型

早期的英国投资基金是非公司组织, 是由投资者和代理人之间, 通过信托契约的形式, 规定双方的权利和义务, 契约型投资基金是最早出现的投资基金形态。

契约型基金又称为信托投资基金, 是根据一定的信托契约原则, 由委托人、受托人和受益人三方订立信托投资契约而设立的基金, 根据契约规定来明确基金托管人、基金管理人和基金受益人的权利义务 (见图7-9)。

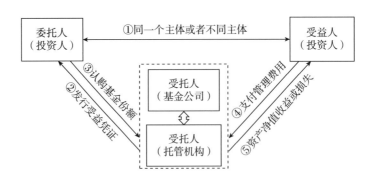

图7-9 契约型基金的运作流程

公司型投资基金的产生, 始于1879年英国《股份有限公司法》颁布以后, 投资基金由契约形态发展成为股份制有限公司组织。公司型投资基金是投资者认购基金股份, 组建基金投资公司, 设有董事会, 代表投资者的利益行使职权, 投资者是基金投资公司的股东, 享有股东权; 基金投资公司作为委托人, 委托专业的基金管理公司, 委托基金托管机构保管所投资的证券、支付收益分配、计算基金买卖价格等事务 (见图7-10)。

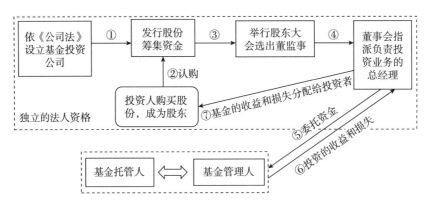

图7-10 公司型基金的运作流程

契约型基金和公司型基金在组织形式上的差别对投资者的影响主要反映在法律依据、法人资格、投资者的地位、融资渠道、基金的发行凭证、运营依据上 (见表7-7)。

表 7-7 契约型基金与公司型基金的区别

项目	契约型基金	公司型基金
法律依据	《信托法》《基金契约》来约束受托机构的权利与义务	《公司法》来约束投资基金公司中董事监事和股东的权利与义务
投资者的地位	投资人作为信托契约中规定的受益人,对基金如何运用所作的重要投资决策通常不具有发言权	投资人作为公司的股东,有权对公司的重大投资决策发表自己的意见
融资渠道	不具有法人资格,一般不能向银行贷款	具有法人资格,扩大公司规模时,可以通过向银行贷款的方式融资
基金的发行凭证	基金公司发行受益凭证筹集资金,基金公司与投资者之间是一种信托关系	基金公司发行受益凭证筹集资金,基金投资公司和基金公司之间是一种信托关系,而投资者持有基金投资公司的股份,是所有者,投资者委托基金投资公司进行投资,因此这里面既有信托关系,也有所有权关系
运营依据	依据基金契约设立、运作,契约期满,基金运营随即终止	除非依据《公司法》破产、清算,否则基金投资公司一般都具有永久性,运营具有股份公司特征

有限合伙型在私募股权投资基金中比较常见,详见第八章的相关内容。

2. 按照资金募集方式,投资基金可以分为公募基金和私募基金

公募基金是面向社会公众公开发售基金份额和宣传推广,基金的募集对象不是固定的,为了保障公众的利益,公开募集依据《证券投资基金法》,需要一定的流程:在证监会注册并履行信息公开义务,提交一系列的文件(《申请报告》《基金合同草案》《基金托管协议草案》《招募说明书草案》《法律意见书》),明确基金合同和基金招募说明书的内容,向特定对象募集资金累计超过 200 人,明确募集的流程和时间安排等。

我国公募基金起步于 1998 年。1998 年 3 月,经中国证监会批准,南方基金管理公司和国泰基金管理公司分别设立了两只封闭式基金——基金开元和基金金泰。表 7-8 中,2016 年之前,公募基金净值高于私募基金,但是 2016 年(含)以后,两者差距逐渐缩小。

表 7-8 2014~2020 年我国公募基金和私募投资基金　　　　单位:亿元

年份	公募基金净值	私募投资基金
2014	45353.61	14945.69
2015	83971.83	41561.45
2016	91593.05	82464.16
2017	115996.86	114992.53
2018	130346.50	127064.20
2019	147672.03	140829.62
2020	198914.91	169578.29

资料来源:笔者根据证券投资基金业协会公布的年报整理所得。

与公募基金相比，私募基金是面向特定的投资者，意味着认购基金的人数不超过200人，也不能通过公众传播媒体或者讲座、报告会等方式向不特定的对象进行宣传推介。私募基金分为私募证券投资基金、私募股权投资基金、创业投资基金、私募资产配置类基金和其他私募基金。从图7-11中可以发现，2020年我国的私募投资基金中占比最高的是私募股权投资基金，占比58.21%；其次是私募证券投资基金，占比为25.34%，这表明私募投资基金从居民多元化的投资需求出发，在实体经济创新、产业结构优化升级、社会财富管理等方面发挥了越来越积极的作用，正在成为资本形成的重要通道。

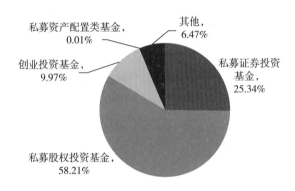

图7-11 2020年我国私募投资基金登记额的结构

资料来源：证券投资基金业协会。

由于私募基金的投资周期长且投资规模大，不少私募基金爆雷案件很容易走向非法吸收存款罪的误区，因而对投资者的抗风险能力要求更高，比如投资经验和投资金额等方面设置门槛。同时，私募基金的发行程序较为简单，实行登记备案制度。

【案例阅读】

深圳市南山区人民检察院调查，深圳市巨星龙创业投资基金管理合伙企业，先后发行多只私募基金产品，并通过与高端会所交换客户资源及"路演"等方式向不特定社会公众发布产品，承诺保本付息，非法吸收公众存款涉案总金额7.17亿元，投资总人数264名，未兑付总额约5.75亿元。

资料来源：澎湃网，https://m.thepaper.cn/baijiahao_ 13975686。

3. 按照公募基金份额的申购、赎回或交易的方式分为开放式基金和封闭式基金

封闭式基金是指基金份额在基金合同期限内固定不变，基金份额可以在依法设立的证券交易所交易，但基金份额持有人不能申请赎回的一种基金运作方式。开放式基金是指基金份额不固定，基金份额可以在基金合同约定时间和场所进行申购或者赎回的一种基金运作方式。

由于两种基金运作方式的不同，各有利弊。封闭式基金的管理相对容易，因为封闭期的资金规模是固定的，资产组合管理更加便捷，基金净值容易计算，可以进行长

期投资。但是，投资者具有风险厌恶的特征，希望能够通过申购、赎回的方式规避风险，因此开放式基金的灵活性的条款更加受到投资者的青睐。图 7-12 中，我国的封闭式基金和开放式基金的净值中，开放式基金的净值明显较高，且增长较快。但也要注意到，灵活的开放式基金对于基金管理者来说提出了更高的要求，要求其更加注重流动性管理。比如，基金资产中也要保留一定的现金和流动性资产，以备基金赎回的需要。同时，开放式基金的资金规模也容易打乱基金管理者的投资计划，可能存在为了降低赎回率而追求短期收益的行为。

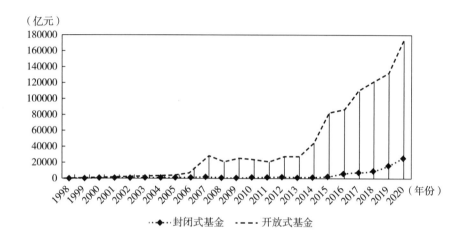

图 7-12　公募基金中的开放式基金和封闭式基金的净值

资料来源：证券投资基金业协会。

　　开放式基金灵活的方式，可以进行金融创新，比如基金定投、交易所开放式指数基金 ETF、上市开放式基金（Listed Open-Ended Fund，LOF）。

　　基金定投，也称定期定额投资基金、小额投资计划或者"懒人理财"，是开放基金的一种。这种基金的特点是每次投资的金额较小，比如几百到上千元不等，但是投资的频率较高，比如每月投一次，因此时间固定、金额固定。由于基金定投是分批进场的投资，保证了在金融市场资产价格变动的不同阶段都可以投入一定的资金，是在时间上的分散化投资，起到了平滑风险的作用，既是一个获得分散后的平均收益的过程，也是一种长期的投资方式。基金定投的特点受到了收入较低、渴望长期投资的年轻人的青睐，也是各大商业银行理财产品的一种，手续便捷。

　　交易型开放式指数基金（ETF）是一种被动投资策略，是指数基金的一种。指数基金的特点是跟踪一定的指数，目的是获得指数的平均收益率。各种各样的市场指数反映股票市场整体价格走势，比如上证 A 股市场指数、中证 500 指数、商品期货价格指数等，这些指数往往按照一定的规则，筛选出一个股票组合，指数就是反映这个股票组合中成份股的平均价格走势。比如，上证 A 股市场指数所包含的成份股是所有在上海证券交易所上市的公司。这种被动投资方法的优点是成本低，指数的成份股就是现成的股票组合，这样基金管理者就不需要计算每种类型资产的配置比例，直接采用指数计算中资产配置的比例即可，只需跟踪指数以实现跟踪误差最小。ETF 联接基金实际上是指数基金能够上市交易，而且是开放式基金的运作方式，因此全称为"交易型开放式证券投资基金（ETF）联接基金"。图 7-13 显示了 ETF 的交易模式，ETF 实行一级市场与二级市场并存的交易制度。

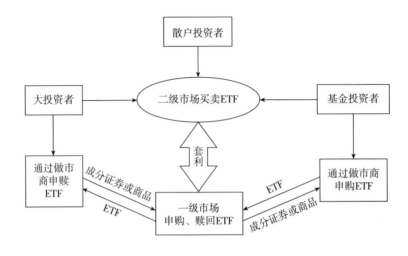

图 7-13　ETF 的交易模式

资料来源：中国证券投资基金业协会：《证券投资基金》，高等教育出版社 2017 年版。

上市开放式基金（LOF）的开发是为了继续大力发展证券投资基金，建立以市场为主导的品种创新机制。2004 年 8 月 24 日，南方积极配置基金是我国第一只上市开放式基金（LOF），也是第一只上市交易型开放式基金，第一只纯股票型基金，目的是解决开放式基金发行完全依赖银行体系的弊端，大幅降低基金销售成本，增强流动性和申购赎回的便利性。表 7-9 中对比了 LOF 基金与传统开放式基金、封闭式基金的异同，发现 LOF 的各方面条件都比较灵活，并且成本较低。因此，ETF 是基金的一个新品种，而 LOF 是基金一种新的交易渠道，极大地创新了基金的销售交易平台。

表 7-9　LOF 基金与传统开放式基金、封闭式基金的异同

名称	LOF	传统开放式基金	封闭式基金
发行方式	场内、场外	场外	场内
交易场所	场内、场外	场外	场内
基金规模	规模不限，有最低限制	规模不限，有最低限制	固定规模
基金存续期	不定期	不定期	有固定规模
交易价格	传统开放式基金与封闭式基金的结合	以 T-1 日收市后基金份额净值进行申购赎回	交易系统撮合成交

续表

名称	LOF	传统开放式基金	封闭式基金
单次交易费用	场内不超过 0.3%，场外比照传统开放式基金	一般申购费 1.5%，赎回费为 0.5%	0.25%
申购购回周期	场外赎回 T+2，跨系统赎回最快 T+4	申购 T+2，赎回 T+7	T+1
分红方式	场内：现金分红；场外：现金或红利再投资	现金或红利再投资	现金分红
净值披露	每日分四个时点公布基金净值	每个开放日公告基金净值	每周至少公告一次基金净值
其他	实行主交易商制度	—	—

图 7-14 中，LOF 基金的份额在 2007 年增幅较大，2007~2017 年持续小幅下跌，2017~2019 年大幅上升。ETF 基金的份额整体向上增长，2014 年之前，ETF 份额都低于 LOF，但是 2014 年以后，ETF 的份额超过了 LOF 的份额。从数量来看，LOF 基金发行的数量始终要高于 ETF 基金。

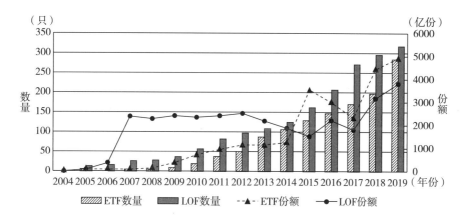

图 7-14　2004~2019 年我国 LOF 基金和 ETF 基金存量的数量和份额

资料来源：证券投资基金业协会。

4. 按照基金的资金来源不同，分为在岸基金、离岸基金和国际基金

在岸基金是指在本国募集资金并投资于本国证券市场的证券投资基金。也就是投资人、基金组织、基金管理人、基金托管人等都在本国境内，所以基金的监管适用于本国的法律。

离岸基金是一国或者地区的证券投资基金组织在其他国家或地区发售证券投资基金份额，并将募集的资金投资于本国、地区或者第三国的证券市场的证券投资基金，比如我国的"内地香港互认基金"。

国际基金是资金来源于国内，并投资于国外市场的投资基金，为国内投资者参与国际市场投资提供了渠道。比如我国的 QDII（合格境内机构投资者）基金是在一国境内设立，经过该国有关部门批准可以投资境外证券市场的股票、债券等的基金。

5. 按照投资对象的不同进行分类

金融资产的类别，按照是否有公开的二级流通市场，分为标准化资产和非标准化资产。标准化资产包括股票市场、债券市场、货币市场、衍生品市场上交易的各类金融资产；非标准化资产包括但不限于房地产、信贷资产、承兑汇票、各类受（收）益权、信用证、应收账款、带回购条款的股权性融资、信托贷款、委托债权、私募投资基金。因此，投资标准化资产是比较常见的基金品种，也称为证券投资基金，包括股票型基金、债券型基金、货币型基金、混合型基金、商品基金、基金中基金（FOF）、ETF 联接基金。

表 7-10 中，前四种基金的特点是在股票、债券、货币工具的配置上的比例不同，从中国证监会对基金分类的标准来看，股票型基金中 80% 以上的比例要配置股票，剩余的比例配置其他资产。货币型基金要 100% 配置货币市场工具，混合型基金则对股票、债券的配置比例没有限制，只是根据股票、债券的风险和收益的大小，实现组合风险最小下的配置比例，因此会有各种投资风格的产品，比如保本型基金、股债平衡型基金。商品基金既可以投资现货市场的商品，也可以投资商品期货合约。基金中基金（FOF）的投资对象不是具体的股票、债券和货币工具，而是设计好的基金产品，从而间接地配置相应的证券资产。ETF 和 LOF 基金在前面已经介绍，此处不再赘述。

表 7-10　我国各类型基金资产配置比例的法律要求

产品类型	投资标的配置要求
股票型基金	80% 以上的资产投资于股票
债券型基金	80% 以上的资产投资于债券
货币型基金	100% 投资于货币市场工具
混合型基金	投资股票和债券，比例不确定，以实现收益和风险的平衡，比如保本基金、股债平衡型基金等
商品基金	投资于商品现货或者期货合约
基金中基金（FOF）	投资于证券投资基金
交易型开放式证券投资基金联接基金（ETF）	跟踪指数表现，配置资产的比例与指数计算的比例相同

资料来源：证券投资基金业协会。

图 7-15 和图 7-16 分别显示了我国开放式基金中的股票型基金、债券型基金、混合型基金、货币型基金以及 QDII 数量占比和净值占比的结构趋势。由于每种基金中配置的资产的数量不同，股票配置越多的，基金的风险越高，收益也越高。也就是说，当股票市场行情不好时，股票型基金的数量则会减少。图 7-15 中，2011 年发行的 857 只开放型基金，其中 439 只是股票型基金，占比高达 51.23%，之后的 9 年呈现下降的趋势，最低是 2017 年为 18.14%，而混合型基金的发行数量则与股票型基金的比例变

动趋势相反。当然，货币型基金虽然发行的产品数量较少，但是每只产品募集的金额较大，从图 7-15 中可以看出，2017 年货币型基金的净值占开放式基金的比例已经达到了 61.29%。我国货币型基金占主导的特征与美国股票型基金占主导有较大差异。

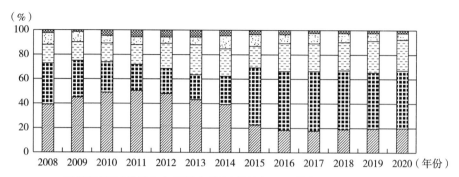

图 7-15　2008~2020 年我国开放式基金中各类产品数量占比的结构趋势

资料来源：证券投资基金业协会。

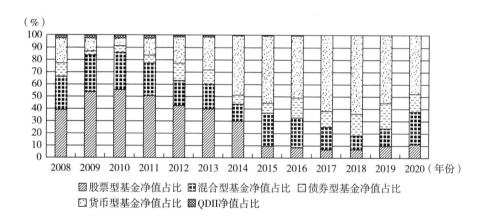

图 7-16　2008~2020 年我国开放式基金中各种类型产品净值占比的结构趋势

资料来源：证券投资基金业协会。

私募股权投资基金包括私募证券投资基金、私募股权投资基金、创业投资基金及其他。其中，私募证券投资基金投资的标的是标准化的证券，比如，股票、债券、货币工具等，但具体的配置比例由私募基金自行决定。在资金来源上，自 2013 年 6 月起，私募证券投资基金纳入《证券投资基金法》的监管范围，要求商业银行不能直接销售私募证券投资基金，银行理财资金、保险资金和养老金等不允许投资于私募证券投资基金，不允许委托私募证券投资基金管理机构进行投资管理。

私募股权投资基金和创业投资基金主要投资的是非上市公司的股权，非上市公司的股权是非标准化资产的一种，流动性较差，等待股权转让的时机。比如，商品基金投资于现货市场的商品，收益来自商品价格的涨跌；房地产基金投资于房地产公司的股权，收益来自房租和房地产升值，这两类投资标的也是非标资产。再比如，各类金融机构的资产管理业务中投资配置非标资产的情况也较多。由于非标资产的流动性较差，没有成熟的二级流通市场，对于收益的变现难度增大，风险也较大。因此，在监管上，对资管产品投向非标资产做出了限制。比如，2013 年原银监会发布的《关于规范商业银行理财业务投资运作有关问题的通知》，重点控制理财资金直接或间接投资"非标准化债权资产"的比例，规定在任何时点，投资于非标资产的余额以理财产品余额的 35%和银行上年总资产的 4%之间取最低的为上限。

6. 按照投资目标分类，分为增长型基金、收入型基金、平衡型基金

投资目标决定了投资方向（选什么资产）和投资策略，以目标的划分来设计不同产品，可以适应不同投资者的需求。

增长型基金是以追求资本增值为基本目标，很少考虑当期收入的基金，主要投资于具有良好增长潜力的公司，比如高科技行业的公司。由于投资期限较长，因而增长型基金的风险大、收益高，适合于风险承受能力较强的投资者。

收入型基金是指追求稳定的经营性收入为目标，主要以投资大盘蓝筹股、公司债、政府债券等具有稳定收益的证券。收入型基金的风险小、收益较低，适用于风险承受能力较弱的投资者。

平衡型基金是在资本增值和收入方面进行平衡，因此平衡型基金的收益和风险介于前两种基金之间，适合于兼顾两种目标的投资者。

7. 按照基金收益的分配方式的不同，分为一般的基金和分级基金

分级基金是一种创新型的基金，特点是一个基金，多份份额。一般的基金仅适用于某一特定风险偏好的投资者，而分级基金则将同一个基金资产划分为不同的份额，每个份额的预期风险和收益大小不同，可以吸引不同的投资者。

以我国具有代表性的"银华深圳 100 指数分级证券投资基金为例"，股票型分级基金一般分为母基金份额和 A 类、B 类两个子份额。母基金份额为普通股票指数基金份额，具有风险较高、收益较高的特点。A 类份额可以定期获得约定的收益，并在基础利率上有所上浮，类似于固定收益类产品，收益低、风险低。B 类份额则获得扣除完 A 类份额约定收益后剩余的部分，也就是风险高、收益高的特点。也就是说，通过三类结构化分级机制，使一只分级基金具有了风险收益特征不同的三类份额，可以满足三类投资者的需求。

附表　1985~2012 年我国首次发布的基金产品的名称

时间	首次发布的产品名称
1985 年 5 月	"新鸿基中华基金"，首只中国概念基金
1991 年 7 月	"一号珠信物托"，首只专项物业投资基金
1991 年 8 月	"珠信基金"，由珠海国际信托投资公司设立的第一只国内基金
1992 年 12 月 15 日	"淄博乡镇企业投资基金"，国内第一只较为规范的投资基金

续表

时间	首次发布的产品名称
1993 年 8 月 20 日	"淄博乡镇企业投资基金"在上交所上市，首只上市基金
1998 年 3 月 23 日	国泰基金公司的"基金金泰"、南方基金公司的"基金开元"，首批封闭式基金
1999 年 1 月 6 日	普惠证券投资基金正式成立
1999 年 8 月 16 日	香港外汇基金债券在香港联合交易所上市
2000 年 3 月 8 日	"兴科证券投资基金"，首家专门投资"适应新经济时代发展需要的上市公司"的基金
2002 年 7 月 25 日	"南方宝元债券型基金"，首只债券型开放式基金
2002 年 12 月 2 日	"天同 180 指数基金"，首只标准指数开放式基金
2003 年 4 月 28 日	"招商安泰系列基金"，首只由中外合资基金公司（招商基金公司）管理的基金
2004 年 8 月 24 日	"南方积极配置基金"，首只上市开放式基金，首只上市交易型开放式基金，首只纯股票型基金
2004 年 11 月 29 日	"上证 50ETF"，首只交易型开放式指数基金
2005 年 8 月 31 日	"工银瑞信核心价值股票型证券投资基金"，首只银行系基金
2006 年 6 月 15 日	"基金兴业"，首只到期转为开放式基金的封闭式基金
2007 年 8 月 1 日	"大成优选股票型证券投资基金"，首只创新型封闭式基金
2007 年 9 月 2 日	"南方全球精选配置基金"，首例公募 QDII 基金
2007 年 10 月 9 日	"嘉实海外中国股票基金"，首只主投港股的股票类 QDII 基金
2008 年 3 月 28 日	"兴业社会责任股票型基金"，兴业基金公司推出的首只社会责任投资基金
2008 年 9 月 9 日	"富国天丰强化收益债券基金"，首只封闭式债券型基金
2009 年 10 月 14 日	"国投瑞银和沪深 300 指数分级基金"，首只可配对转换的分级基金
2010 年 1 月 29 日	"中金深证 100ETF"在港交所上市，香港首只跟踪深圳 A 股的 ETF，唯一以中小盘成长性股票指数为跟踪目标的指数基金
2010 年 3 月 8 日	"国投瑞银沪深 300 金融地产指数基金（LOF）"，首只行业指数基金
2010 年 3 月 22 日	"国泰纳斯达克 100 指数基金"，首只海外指数基金
2010 年 3 月 25 日	"招商全球资源股票（QDII）基金"，首只能源类主题基金
2010 年 4 月 27 日	"国投瑞银瑞和 300 分级基金'配对转换'业务"，创新了基金市场的交易模式——开放式分级基金的份额配对转换业务
2010 年 7 月 1 日	"国投瑞银全球新兴市场基金"，首只在国内上市的 QDII 基金
2010 年 7 月 1 日	"鹏华上证民企 50ETF 及联接基金"，首只投资民企主题指数的 ETF 及联接基金
2010 年 7 月 15 日	"大成中证中国内地消费 ETF"，首只在境外发行的公募基金
2010 年 8 月 10 日	"汇添富医药保健股票型基金"，首只专注投资医药行业的公募基金
2010 年 8 月 19 日	"富国汇利分级债券基金"，首只分级债券基金
2010 年 9 月 1 日	"嘉实稳固收益债券基金"，首只以保障本金安全、追求绝对回报的"类保本债基"
2010 年 9 月 15 日	"富国全球债券基金"，首只投资于全球市场的债券型基金
2010 年 10 月 28 日	"嘉实中国企业指数 QDII"在深交所上市，首只指数型的 QDII 基金
2010 年 11 月 26 日	"国联安上证商品 ETF 基金"，首只跟踪大宗商品股票指数的基金
2010 年 12 月 10 日	"诺安全球黄金证券投资基金"，首只以黄金为主要投资对象的基金

时间	首次发布的产品名称
2010 年 12 月 17 日	"信诚金砖四国积极配置基金",首只主动配置型的"金砖四国"基金
2010 年 12 月 20 日	"银华抗通胀主题基金"在深交所上市,首只可投资 TIPS 基金
2011 年 10 月 24 日	"富国天丰",首只封闭式债券基金转为开放式上市交易基金(LOF)
2011 年 12 月 6 日	"励石一号",首只可以做对冲的阳光私募产品
2012 年 2 月 7 日	"汇添富逆向投资股票基金",首只采用逆向投资策略进行主动投资管理的基金
2012 年 7 月 5 日	"鹏华全球私募股权证券投资基金",首只全球上市私募股权基金
2012 年 11 月 12 日	"兴全商业模式优选基金",首只采取挖掘、筛选具有优秀商业模式的公司的基金
2012 年 11 月 19 日	"华夏海外收益债券基金",首只直接投资者于海外债券的基金
2012 年 12 月 12 日	"国泰纳斯达克 100ETF 基金",首只跨国 ETF 基金

资料来源:马庆泉、刘钊等:《中国基金业简史 1998~2013》,中国金融出版社 2014 年版。

【本章小结】

证券投资基金是一种直接融资方式,是投资者委托基金管理者进行专业化投资的一种信托投资方式,与个人理财需求不断增加、全球普及性趋势有关,推动了中国资产管理业务的发展,在金融体系中起到重要的作用。我国的基金业发展经历了探索、大发展、规范发展、探索创新和规范与过渡时期,已经形成了基本的运行模式:基金的参与主体包括基金投资人或基金份额持有人、基金管理人、基金托管人,基金的特点包括集合理财、专业管理、组合投资、分散风险、利益共享、风险共担、严格监管、信息透明、独立托管、保障安全;证券投资基金的发行与交易包括基金发行后的募集与认购、基金交易中申购与赎回、基金交易后的登记与结算,在这些流程中,根据不同的要件划分出不同的基金产品,这些基金产品的开发大大满足了投资者的需求。

【思考与练习】

1. 如何理解基金投资者和基金管理者之间的信托关系?思考投资基金风险的承担者?

2. 基金业在金融体系中发挥了什么作用?

3. 相比于股票、债券产品,投资者购买基金有什么优势?基金适合什么类型的投资者?

4. 证券投资基金的发行与交易中,规则如何设计,怎么考虑?

5. 投资者如何根据自己的风险偏好,选择合适的基金产品?这些产品的风险点在哪儿?

第八章　私募投资基金

【章首导言】

"你若能回顾得越深远，就有可能前瞻得越长远"。深度科学的革命性颠覆，改变了人们的生活方式，也重塑了一个国家的经济格局，乃至在世界的经济地位。技术创新的培育，离不开科学家精神的支撑，还离不开国家政策以及风险投资的支持。科学家、发明家、企业家、投资家，每个人在自己的专业领域上做着专业的事情，创建了一个个巨无霸、独角兽公司，推动了人类文明的进步。至少在现在，你能坐在电视机前面看到远在大西洋深海的动物活动的纪录片，能看到考古挖掘现场，世界的每个角落通过互联网被缩短了连接的距离，这在几十年前可能无法想象，这就是科技的力量，我们正处在科技红利爆发的时代，世界与我们近在咫尺。

【本章知识结构图】

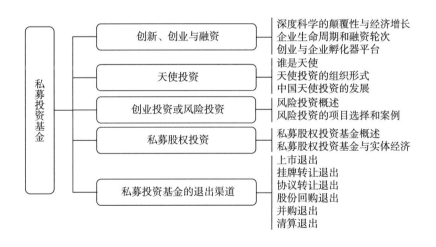

第一节　创新、创业与融资

一、深度科学的颠覆性与经济增长

深度科学或者硬科学，是通过假设和实验来研究宇宙万物的任何自然科学或物质科学，比如物理学或天文学、化学、生物学，而数学是科学家常用的构建科学理论的语言，是所有深度学科的基础。深度科学的本质是颠覆性或革命性，也就是培育新的研究和调查方法，催生发明和创新，推动新产品的开发和商业化，从而摧毁老旧的发明和创新。延续再创新、打破再创造、使科学幻想变为现实都是创新的路径，未来科学的帝国是思想的帝国。从深度科学的探索，再到工业革命，推动了经济发展，重构了世界经济格局。技术、资本、劳动力构成了一个国家经济增长的主要源泉。

工业革命及其经济活力，源于牛顿、哥白尼、开普勒等科学巨人在深度科学上的创新。1687 年，英国物理学家和数学家艾萨克·牛顿（Isaac Newton）发表了著名的科学论文《自然哲学的数学原理》（以下简称基本原理）（Philosophiae Naturalis Principia Mathematica）彻底改变了人们思考宇宙本质的方式，天文和物理实验科学的新时代诞生了。牛顿的《基本原理》提供了一种解释天体运动和地球上万物动向的新语言，将宇宙看成一个伟大的机器，寻求将强大的新数学和科学用于发明并在地球做事的新方法。这种创造性的思想直接或间接地激发了英国、美国和欧洲许多新型创新技术的发展，深度科学的发展历程如表 8-1 所示。

表 8-1　深度科学的发展历程

时间	开创者	创新的领域	时间	开创者	创新的领域
16 世纪	尼古拉·哥白尼	日心说	19 世纪	詹姆斯·克拉克·麦克斯韦	电磁的经典理论
17 世纪	约翰尼斯·开普勒	行星运动三大定律		路德维格·玻尔兹曼、詹姆斯·克拉克·麦克斯韦	统计物理学
	伽利略·伽利雷	望远镜			
	勒内·笛卡儿	因果原理	20 世纪	马克斯·普朗克等	量子力学
	艾萨克·牛顿	经典力学		阿尔伯特·爱因斯坦	相对论
18 世纪	皮埃尔-西蒙·拉普拉斯	天体力学、概率论		克劳德·香农	信息论
19 世纪	开尔文	热力学		爱德华·罗伦兹	混沌理论
	迈克尔·法拉第	电磁学和电化学		默里·盖尔曼等	复杂理论

资料来源：①Oestreicher C. A History of Chaos Theory［J］. Dialogues in Clinical Neuroscience，2007，9（3）：279-289；②Waldrop M M. Complexity：The Emerging Science at the Edge of Order and Chaos［M］. New York：Simon and Schuster，1992.

艾萨克·牛顿的经典力学、皮埃尔-西蒙·拉普拉斯的天体力学、开尔文的热力学的开拓和 17 世纪英国的海外殖民贸易发展，使英国拥有广阔的海外市场、廉价的原料和劳动力，但是落后的手工业无法满足海外市场的发展。第一次工业革命（18 世纪 60 年代至 19 世纪 40 年代）是在生产方式上的技术革命。机械化生产取代了手工业生产，以 1765 年纺织工人哈格里夫斯发明的"珍妮纺织机"为工业革命的开端。1785 年，瓦特研制的改良型的蒸汽机投入使用，推动了机器的普及和发展，使人类社会进入了"蒸汽时代"。技术的革新带来的必然是生产组织形式的变化，工厂成为工业化生产的最主要的组织形式。1807 年和 1814 年，以蒸汽为动力研制的汽船和火车分别试验成功，极大地推动了交通运输业的发展，使工厂的货物能够以更快的速度流通。1840 年，英国成为世界上第一个工业国家，18 世纪末，工业革命逐渐由英国传到西欧和北美，后来又扩展到其他地区。

迈克尔·法拉第的电磁学和电化学、詹姆斯·克拉克·麦克斯韦的电磁学理论引导了电力时代，并开拓了化学的新时代。第二次工业革命（19 世纪 70 年代至 20 世纪初）是电气时代。1866 年，德国人西门子研制了发电机，应用到了电灯、电话、电报、电影放映、汽车等领域，诞生了通用电气和美国电话电报公司 AT&T。内燃机的发明推动了石油开采和生产，为汽车、远洋轮船、飞机提供了动力。第二次工业革命促进了英国、德国、法国、美国、日本的发展，垄断组织在这些国家的经济生活中占据主导地位，主要的资本主义国家相继进入帝国主义阶段，殖民扩展和民族压迫，世界各国发展的不平衡加剧。

20 世纪 30 年代，包括阿尔伯特·爱因斯坦、马克斯·普朗克、尼尔斯·玻尔、沃纳·海森堡、埃尔温·薛定谔等在量子力学理论方面的研究，特别是爱因斯坦的广义相对论的提出是继牛顿之后的伟大的变革者，将牛顿经典力学以重力为基础转为量子力学以原子为基础对自然行为的洞察，并且促进了实验支持或者证伪假说的发展。第三次科技革命（20 世纪四五十年代开始）是信息时代。以原子能、电子计算机、空间技术和生物工程的发明和应用为主要标志，催生了一大批新型工业和第三产业。一是空间技术领域，如 1957 年人造地球卫星的发布，1961 年宇航员乘坐飞船进入太空，1981 年航天飞机试飞成功；二是原子能技术领域，如 1945 年原子弹试制成功，1952 年氢弹试制成功，1953 年核武器试制成功，1954 年建立世界上第一个原子能电站，1957 年第一艘核动力破冰船下水；三是电子计算机技术领域，如 1946 年出现第一代电子管计算机，1959 年出现第二代晶体管计算机，1970 年出现第三代集成电路计算机。第三次工业革命的时间与第二次世界大战，冷战时期的美苏争霸有重要的关系，苏联解体后，美国成为经济、科技、军事实力最强的国家。

21 世纪的前 20 年，处于第三次工业革命和第四次工业革命的过渡期。人工智能、大数据、云计算、区块链等技术已经有部分突破，还在持续创新中，第四次工业革命的智能时代还未到来，人类的生活将发生什么变化，还未可知，至少智能时代越来越多的机器人会代替人工，甚至是完全替代，人类劳动将获得极大的解放，无人超市、无人工厂、无人餐厅已经出现，但人们对人类生存产生的不利影响的担忧也会随之而来。

科技革命极大地促进了生产效率的提高，扩大了世界各地的联系，推动了经济的增长。每一次的工业革命对人们的生产和生活方式的改变都是彻底的，技术创新的背后既有科学家、发明家、企业家和投资家的深入合作，也有来自国家战略的支持。深度科学技术商业化的早期创业公司，通常缺乏关注和资金的支持，国家科研经费的支持是基础研究领域的主要经费来源。而深度科学转化为某项技术，再被商业化的过程中，风险资本的支持则起到加速商业化的作用。

二、企业生命周期和融资轮次

（一）企业生命周期与投资基金

一项技术从实验室、到技术转化落地、到企业化的运营投产、再到发展壮大、最终成为上市公司，每个环节都面临不同的风险，特别是早期的风险巨大，资金瓶颈可能成为影响创新实现的重要因素，在企业的不同生命周期中，投资基金发挥了重要的作用。

2016 年 9 月，国务院出台了《国务院关于促进创业投资持续健康发展的若干意见》，对新时期的创业投资发展指明了方向，对促进创业投资与"大众创业、万众创新"、科技成果转化、中小企业发展相结合具有重要意义。

2019 年 7 月，科创板正式开板交易，根据中国证券投资基金业协会（以下简称"协会"）公布的数据，截至 2019 年 12 月底登陆科创板的 70 家企业，共有 60 家在成长过程中获得私募基金支持，获投比例高达 85.7%；每家科创板上市企业平均获得 4.79 亿元资本支持，其中，获投资金最多的企业累计获得 35.19 亿元投资。

据统计，共有 417 家私募基金管理人、561 只产品（均已去重）投资了科创板上市企业，累计投资本金达到 287.44 亿元，在投本金 268.94 亿元。在这个过程中，私募基金体现出投资活跃、集中度高的特点，不少科创板上市企业获得多只私募基金青睐：获得 1 只基金投资的有 11 家，获得 2 至 5 只基金投资的有 20 家，获得 6 只以上基金投资的有 29 家，其中获投最多的企业得到 86 只基金支持。①

对于单个企业而言，天使投资、创投基金、私募股权基金各擅所长，在企业诞生和成长过程中，根据企业和产业发展周期各个时间节点的需要，提供风险匹配和期限匹配最优的资金，这构成了风险资本形成的完整链条；对于行业和整体经济而言，私募基金凭借专业化、市场化机制，遴选优质标的、撬动社会资本、支持国家薄弱产业，挖掘新的产业机会，推动高新技术企业、创新创业企业融资和成长。

私募基金作为促进资本形成的重要工具，将社会资金转化为金融资本，为实体企业提供资金支持和增值服务，是多层次资本市场体系的重要参与方；通过投资优秀科技型企业，推动科技与资本融合，促进创新资本形成。数据显示，截至 2019 年第三季度末，已备案私募基金累计投资于境内未上市未挂牌企业股权、新三板企业股权和再融资项目数量达 11.18 万个，为实体经济形成股权资本金 6.36 万亿元，仅 2019 年前三季度便新增 0.44 万亿元。私募基金的在投项目中，中小企业项目 5.98 万个，在投本金 2 万亿元；高新技术企业 3.10 万个，在投本金 1.27 万亿元；初创科技型企业 1.01 万

---

① 中国基金报：《私募基金力量与中国创新创业》，澎湃网，2020 年 3 月 3 日，https：//m.thepaper.cn/baiji-ahao_ 6293532。

个，在投本金 1519.27 亿元。①

在企业的发展过程中，有不同的发展阶段，不同发展阶段的企业在财务状况和融资方面有巨大的差异（见图 8-1）。

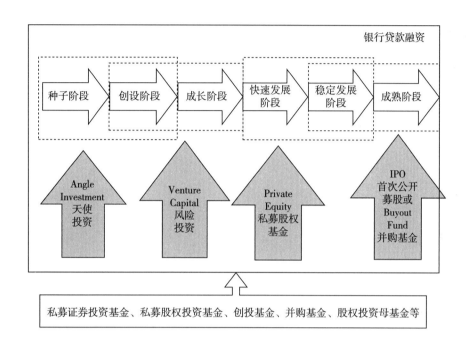

图 8-1　企业的不同生命周期阶段的投资基金的分布情况
资料来源：笔者根据证券投资基金业协会官网资料整理绘制。

种子阶段是创业的开始，可能只有一个想法和团队，但是没有具体产品的初始状态，没有注册公司，投资风险大。因此，天使投资人重点关注的是商业故事，特别是创业团队是否具备创业成功的资质，比如做事的韧劲、团队成员的构成和合作模式等。

创设阶段是公司注册后，开始将种子期试验成功的产品投入市场的阶段。该阶段需要大量的资金投入，此时企业的资产为正，但是利润和现金流都为负，公司是否成功度过初创期是创业成功的关键，往往大部分创新都夭折于前两个阶段。因此，初创期企业可以选择继续与天使投资合作，也可以选择资金更加雄厚的风险资本，帮助企业共同成长。当然，天使投资和风险资本在筛选项目时会更加注重公司的技术模式，也就是支撑某产品投入的技术价值在细分市场的领域有多高。

成长阶段是公司某个产品扩大生产的阶段，表明公司已经有可以盈利的项目了，但同时其他项目的研发也在进行中，需要大量的融资保证度过成长的起步阶段，此时公司的净利润可能为负，现金流也为负。风险投资比较关注具有巨大发展潜力的成长

① 中国基金报：《私募基金力量与中国创新创业》，澎湃网，2020 年 3 月 3 日，https：//m. thepaper. cn/baijiahao_ 6293532。

型、扩张型、重组型的创业公司，这类公司的特点是商业模式好、市场潜力大、投资回报高，需要长期投资。

快速发展阶段到稳定发展阶段是公司已经具备了多个营利项目，多个产品通过扩大再生产，利润显著提高的阶段。此时随着公司规模的扩大和盈利的提高，需要更多的资金用于拓展市场，打通销路，因而该阶段公司的利润为正，现金流可能为负。这一阶段的公司往往会受到私募股权投资的青睐，因为这类公司的规模和利润的大幅增加，是未来上市的重要条件，这样有助于私募股权投资基金在公司上市后能成功退出，并获得超额回报，重点关注的是公司的商业模式。当然，稳定发展的公司也会受到银行的青睐，虽然贷款比股权融资要更加简单，但是，该阶段的公司会考虑与私募股权投资基金合作特别与著名的私募投资基金合作，其原因是私募投资基金在上市、拓展海外市场、提高公司声誉方面有显著的优势。

成熟阶段是公司的产品已经被广泛认可，品牌定位清晰，销量和盈利能力保持稳定，资金充裕，现金流为正，对资金的需求减少，已经具备了上市的条件，可以进行上市融资，扩大股本规模，成为公众公司，也可以通过银行贷款进行融资的阶段。因而，该阶段都是各类私募基金退出的最佳时机。公司从小到大是一个漫长的过程，有些可能需要上百年才能成为成熟的公司，而成熟的公司往往是品牌模式不可能被快速替代的，但也要紧跟时代潮流，不断开发新的技术、产品或服务来维持公司的盈利，但研发相对费时，且风险较大，成熟公司可能倾向于并购某个科技公司，因而并购中所需要的资金，除了自有资金外，并购基金（Buyout Fund）也是一种选择。

从资金供给的角度，我国以间接融资渠道为主，而银行青睐于稳定发展和成熟发展的公司，这意味着对于大多数中小公司，特别是创业公司来说，获得银行贷款是很难的。这也为天使投资、风险投资和私募股权投资提供了发展空间，同时也承担了巨大的风险。天使投资主要关注种子期的项目，但也可能会继续追加投资到公司的初创期；风险投资从初创期企业开始，一直到成长期的前半段可能就退出了；而私募股权投资基金关注成长性好、未来能上市的企业。因此从风险的角度，天使投资的风险大于风险投资，风险投资的风险大于私募股权投资，私募股权投资的风险大于银行贷款融资。虽然风险较大，但是却在助推高科技创业企业的成长上发挥了重要的作用，科技强国离不开天使投资、风险投资和私募股权投资的发展，一旦公司成功，越早介入的投资，回报率越高，可能是成百上千倍的回报。

（二）私募投资基金与融资轮次

公司创业到发展壮大，甚至成熟，其融资金额由小到大，风险却是由大到小。行业不同、创始人不同，公司生命周期的时间不同，都会对投资人什么时候进入产生影响，因而融资金额、融资轮次也会千差万别（见图8-2和图8-3）。

从图8-2和图8-3中看出，腾讯和阿里巴巴集团从创立到上市的过程中融资的金额和次数不同。两家公司起步时间相近，阿里巴巴集团创业早期没有天使投资人投资，却走完了后面的6轮融资，最终上市。而腾讯的创业时间较短，五年多的时间就上市了，其间融资的次数也较少。主要原因是两类企业的商业模式不同，阿里巴巴集团在上市前已经遭遇了各种竞争对手的打压，而腾讯是上市以后遭遇到竞争对手的"围攻"，在竞争过后，两家公司都成长为了中国互联网的商业巨头。

　　天使投资关注于孵化器的项目，风险投资关注于早期创业阶段，私募股权投资关注于快上市的公司。由于各种类型的投资可能会有时间上的交叉，只要公司发展得好，越容易吸引后面大规模的投资基金，从而越容易满足公司发展的资金需求。图 8-4 中风险投资和私募股权投资会有交叉，天使投资和风险投资也会有交叉，因此界限并不是十分清晰。

　　初创企业的投资前景是不确定的，再好的项目都有可能面临来自各方面不确定因素的干扰，使公司发展不起来，走不远。为了降低风险，一方面，天使投资人、风险投资人及私募投资基金都会参与到公司的经营中。特别是天使投资人和风险投资人，往往与创业公司一起创业，并利用自己的融资圈子的人脉，邀请更多的投资人支持企业的发展。当公司面临危机后，投资人可能要进行重新评估其投资价值，重新与创业公司进行股权收益分割的谈判，或者与其他投资人一起帮助企业度过危机，目的是可以更好地进行股权退出。

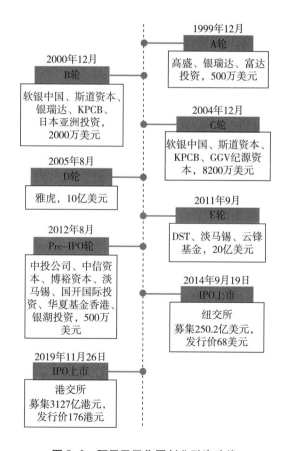

图 8-2　阿里巴巴集团创业融资路线

资料来源：投资界网站；《创投之巅：中国创投精彩案例》，人民邮电出版社 2019 年版。

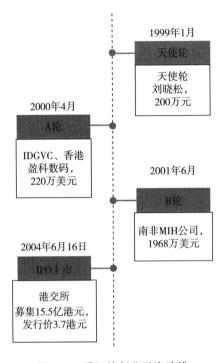

图 8-3　腾讯的创业融资路线

资料来源：投资界网站；《创投之巅：中国创投精彩案例》，人民邮电出版社 2019 年版。

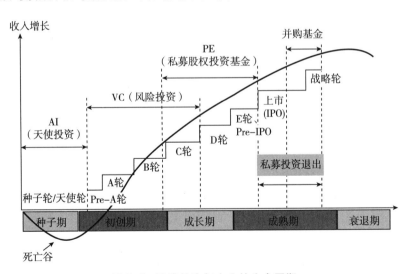

图 8-4　融资轮次与企业的生命周期

另一方面，从融资金额来看，越早融资的金额越小，风险越高，投资时间越长。天使投资的金额要小于风险投资，风险投资的投资金额要小于私募股权投资，并且投资不是一步到位，而是会根据创业企业的发展状况分几次投资，因此会有不同的融资轮次。天使投资、风险投资、私募股权投资的融资轮次可能会出现重叠，也可能不会连续投资，只有前景很好，有机会上市的公司才可能获得完整的融资轮次，大部分的创业公司可能在某个融资后就不再需要融资或者不能再获得融资了。融资轮次的设计是降低投资人风险的有效方法，也会对创业企业形成压力，尽早地实现公司盈利和商业模式的良性循环。

融资轮次的详细划分包括种子轮/天使轮、A 轮、B 轮、C 轮、D 轮、E 轮或 Pre-IPO、IPO、战略轮，当然根据公司的创业情况，不一定能到 D 轮、E 轮。

种子轮的融资来源可能是创业者自掏腰包，或者向亲朋好友筹资。搭建好团队，进行创业构思，比如好的创意、产品模型、技术分析报告等，这些材料可以为天使轮融资做准备。

天使轮的融资来自天使投资人，启动金一般是几十万元或者几百万元的规模用于种子期和初创期，同时需要有成熟的产品上线，有初步的商业规划或商业故事。比如，挑战杯项目进行创业时的融资，中关村大街的天使融资方式。

A 轮的融资来自风险投资机构，包含 Pre-A 轮、A 轮、A+轮，后面其他轮次也类似。Pre-A 轮融资是一个夹层轮，可有可无，是风险投资在 A 轮之前做的融资小试。通过这个阶段，融资人可以根据项目的成熟度决定要不要跟进，如果项目前期的实验数据已经有了一定的规模，只是还未占据市场，就可以进行 A 轮的融资。A 轮融资的风投选择的是初创期的企业，该企业已经具有了成熟的产品，完整而详细的商业模式或者盈利模式，同时在行业内有了一定的地位和口碑的项目，虽然目前可能处于亏损状况，但是项目的前景可观。风险投资比较偏好科技类的公司，因为产品明晰，细分市场也容易划分，并且产品的专利保护期较长，有助于企业提高盈利。A+轮是 A 轮追加的一部分投资，以提高 A 轮融资的资金总量，当然，是否进行 A+轮融资视具体情况而定。

从种子轮、天使轮、Pre-A 轮、A 轮投资的过程中，公司的盈利可能会一直为负，每一次的融资都有助于公司跨越"死亡谷"，从而走向发展的正轨。

B 轮融资也来自风险投资机构。通过 A 轮的投资，项目的商业模式或者盈利模式得到了验证，这种验证结果也有助于创业公司说服风险机构继续跟投，或者寻找新的风投机构加入，或者吸引私募投资机构加入，进行新一轮的融资，以推出新的业务，拓展新的领域，使公司走向成长期。

C 轮融资来自风投机构继续跟投，或者资金更加雄厚的私募股权投资基金。当公司发展到一定的规模时，沉没成本会很高，需要拓展销售渠道，继续其他相关项目的研发投资，以巩固一个非常成熟的商业模式或盈利模式，此时，公司也开始走出初创期，步入成长期。因此，盈利的快速增长和更大量资金的持续投入使投资的风险降低。

D 轮、E 轮或 Pre-IPO 的融资主要来自私募股权投资基金的跟投，有些企业的项目会投的轮次多一些，有些企业进入成长期以后其他的融资渠道能够打通，则不需要太多的融资。总体来看，这几轮的融资可能有两个目的：①进一步拓展业务，补全一些细分领域，比如持续投入研发力量，攻坚克难，或者直接并购细分领域的小公司，以打造垄断的商业模式，最终将企业由成长期推向成熟期；②拓展国际业务或者进行辅导上市，选择知名的私募股权投资基金，以提高公司声誉。

上市（IPO）融资是通过面向社会公众公开募集资金的方式融资，前期的投资大部分以股权投资为主，因而上市是最理想的退出渠道，原因是可以快速地转让股份，并获得丰厚的回报。当然，并不是所有的企业都选择上市，因而前期投资签订的协议中，或许会以上市作为投资的条件。

战略轮是企业已经上市或者进入了成熟期，融资渠道很多，且企业自己的资金也较充裕。为了巩固企业的市场地位和实力，除了增加研发投入外，还会采取收购的方式，收购的对象既可能是竞争对手，比如联想收购 IBM，也有可能是对业务有补充作用的。并购基金属于私募股权投资基金的一种。

表 8-2 展示了 2019 年中国创业企业巨额股权投融资交易。

表 8-2　2019 年中国创业企业巨额股权投融资交易

公司名称	轮次	融资金额	融资时间	投资方
哒哒英语	D 轮	2.55 亿美元	2019 年 1 月 16 日	涌铧投资、好未来、华平投资
掌门 1 对 1	E1 轮	3.5 亿美元	2019 年 1 月 23 日	CMC 资本、中金甲子、中投公司、Sofifina、海通国际、元生资本
准时达	A 轮	24 亿元	2019 年 1 月 29 日	中国人寿、IDG 资本、中金资本、中铁中基供应链集团、钛信资产、元禾原点
货拉拉	D 轮	3 亿美元	2019 年 2 月 21 日	高瓴资本、红杉资本中国、钟鼎资本、PV Capital、顺为资本、襄禾资本、MindWorks Ventures、零一创投
地平线机器人	B 轮	约 6 亿美元	2019 年 2 月 27 日	SK 中国、SK Hynix、泛海投资、民银资本、中信里昂旗下 CSOBOR 基金、海松资本、晨兴资本、高瓴资本、云晖资本、线性资本
车好多	D 轮	15 亿美元	2019 年 2 月 28 日	软银愿景基金
天际汽车	A 轮	超 20 亿元	2019 年 3 月 1 日	大型上市公司领投，政府产业引导基金，产业链上下游资本和专业投资机构跟投
威马汽车	C 轮	30 亿元	2019 年 3 月 8 日	百度集团、太行产业基金、线性资本
谊品生鲜	B 轮	20 亿元	2019 年 3 月 13 日	今日资本、腾讯、龙珠资本、钟鼎创投
达闼科技	B 轮	3 亿美元	2019 年 3 月 26 日	软银愿景基金
合众新能源汽车	B 轮	30 亿元	2019 年 4 月 22 日	政府产业基金领投，战略投资资本跟投
旷视科技	D 轮	7.5 亿美元	2019 年 5 月 8 日	中银集团投资有限公司（BOCGI）、阿布扎比投资局（ADIA）、麦格理集团、工银资管（全球）有限公司
马蜂窝	E 轮	2.5 亿美元	2019 年 5 月 23 日	美国泛大西洋资本集团（General Atlantic）、启明资本、元钛长青基金、联创旗下 NM Strategic Focus Fund、eGarden Ventures
秦淮数据	战略投资	5.7 亿美元	2019 年 5 月 28 日	贝恩资本
爱回收	战略投资	超 5 亿美元	2019 年 6 月 3 日	京东集团、晨兴资本、老虎基金、天图资本、启承资本、清新资本
理想汽车	C 轮	5.3 亿美元	2019 年 6 月 28 日	王兴、经纬创投、明势资本、蓝驰创投
滴滴出行	战略投资	6 亿美元	2019 年 7 月 25 日	丰田 TOYOTA

续表

公司名称	轮次	融资金额	融资时间	投资方
特斯联	C1 轮	20 亿元	2019 年 8 月 12 日	光大控股、京东、科大讯飞、万达投资
知乎	F 轮	4.34 亿美元	2019 年 8 月 12 日	百度、快手战投
城家公寓	A 轮	近 3 亿美元	2019 年 9 月 9 日	博裕资本、云锋基金、华住集团、雅诗阁、建银国际
途虎养车	战略投资	3 亿美元	2019 年 11 月 12 日	腾讯
小鹏汽车	C 轮	4 亿美元	2019 年 11 月 13 日	小米科技
腾龙数据	A 轮	260 亿元	2019 年 11 月 29 日	Morgan Stanley、南山资本、睿景开元、海通恒信租赁、华能景顺罗斯
快手	F 轮	30 亿美元	2019 年 12 月 3 日	腾讯、博裕资本、云锋基金、淡马锡、红杉资本中国
百布易卖	D 轮	3 亿美元	2019 年 12 月 16 日	DST Global、中金资本、源码资本、老虎环球基金、云启资本、成为资本、雄牛资本

资料来源：德勤联合鲸准发布的《走向深度价值挖掘　中国创投市场发展报告 2020》。

三、创业与企业孵化器平台

（一）企业孵化器的发展历程

如今，天使投资、风险投资、私募股权投资所投的项目既有创业公司主动找上门寻求融资的，也有投资人积极寻找优质的项目的。而通过更有效率、更加规范，且有政策支持的平台（俱乐部、孵化器、加速器），既可以寻找合伙的投资人，也可以寻找平台中的项目。比如，入驻孵化器的企业，对于天使投资人有一定的吸引力，在孵化器给入驻企业提供种子资金后，天使投资人通常是这些被投企业的下一轮的投资者。

到目前为止，孵化器的名字也多种多样。在美国，孵化器被称为技术孵化器（Technology Incubator）、企业创业中心（Enterprise Innovation Center）或者统称为企业孵化器（Business Incubator）等。在我国，孵化器被称为创业服务中心大学科技园、留学创业园、科技成果转化中心、孵化器有限责任公司等。从世界范围内看，企业孵化器发展大致分为四个阶段：

第一阶段是孵化器的初创期（20 世纪 50~70 年代）。孵化器的概念起源于美国，1959 年美国人约瑟夫·曼库索（Josehp L. Mancuso）在纽约建立了第一家企业孵化器——巴塔维亚（Batavia）工业中心，建立的初衷是整体出租经济不景气时破产的农机厂房。该工业中心将农机厂的厂房分割成小单元出租给小微企业，提供共享办公设施、企业管理咨询和融资顾问服务。巴塔维亚工业中心从刚开始不到 18 个月，就吸引了 24 家企业入驻。孵化器兼具物业、咨询、融资服务，在土地和办公设施上实现了协同效应，这样既可以招商，也可以帮助企业发展。欧洲的孵化器最早出现在 20 世纪 60 年代的英国，1972 年澳大利亚、1974 年亚洲分别出现了第一个企业孵化器。

第二阶段是孵化器的发展期（20 世纪 80 年代中期）。这一时期的孵化器开始在美国快速发展，并经过欧洲传向世界。1980 年，各国经济普遍不景气，美国越来越重视中小企业的发展，特别是创业企业在促进就业和经济增长方面的作用，孵化器中引入了更多的政策措施，比如美国于 1980 年、1984 年、1987 年孵化器的数量分别达到了 12 家、20 家、70 家。[①] 1982 年，斯堪的纳维亚和德国相继成立了孵化器。比如，欧洲的企业创新中心（Business Innovation Centres），为企业家提供培训和咨询，比如企业家的基本素质和管理技能的培训。除了国家层面的大力支持外，国际组织对全球孵化器的发展起到了积极的推动作用。比如 1980 年，联合国开发计划署、联合国工业发展组织及世界银行等国际组织从关注知识转移与创新企业发展促进就业、发扬企业家精神、弱势群体发展、环境保护及消除贫困等角度出发，积极在国际上推动企业孵化器发展。目前还发展了全国企业孵化器协会，研讨行业发展，吸引投资者进入。

第三阶段是综合孵化器向专业孵化器的演变（20 世纪 80 年代中期到 21 世纪初期）。专业孵化器具有明显的优势，针对特定行业需求而建设，配备相应的技术设施和服务人员，比如煤化工的中试基地，入驻的企业是化工类的企业；青岛的橡胶谷产业园，入驻的企业是与橡胶产业相关的上下游的企业。综合孵化器是对行业属性没有限制的，只要符合一定的园区入驻标准，都是可以入驻的。

这一阶段随着互联网经济的兴起，专业孵化器只服务于特定的创业企业，比如科技型企业与孵化器的结合更加的紧密。最早的科技型创业企业的孵化器是 1980 年成立的伦斯勒工业学院孵化器。1987 年 6 月，中国的东湖高新区诞生了国内第一家企业孵化器——武汉东湖新技术创业中心，它是科技部批准的非营利性组织。1988 年 8 月，经国务院批准，我国开始实施加速我国高新技术产业发展的"火炬计划"，建立了科技企业孵化器，为培育高新技术企业提供创业服务，标志着中国科技企业孵化器建设列入国家科技产业发展计划。1991 年，以色列建立了一家著名的科技企业孵化器 Meytav。该孵化器是由以色列工贸及劳工部的首席科学家 Kriyat Shmona 和地方政府共同出资建设的，2003 年私有化，2005 年被另一家上市的孵化器 Biomedix 收购。Meytav 在生物医药和医疗设备方面具有卓越的孵化投资能力，拥有一个生命科学领域的专业和从业经验的专家团队，培育出了知名公司 Protalix 生物医药公司。

第四阶段是虚拟孵化器的兴起（21 世纪以来）。实体的孵化器是有具体的房屋、配套的基础设施、中介服务机构等实体。而虚拟的孵化器是借助网络技术手段，以规模较小的实体设施为基础，通过网络为本地和远程入驻的企业提供咨询、中介服务等[②]。虚拟孵化器拓展了传统孵化器服务的空间和时间的局限性，也容易将一些无形资源（技术、资金、社会关系）联系起来，以规模较小的实体设施为基础，通过网络为本地和远程入驻的企业提供一些服务。

众创空间是为了实现创新与创业相结合、孵化与投资相结合、线上与线下相结合，为广大创新创业者提供良好的工作空间、社交空间、网络空间和资源共享空间的新型创业服务的平台，就有低成本、便利性、全要素和开放式的特点。众创空间在孵化创新企业上采取"专业孵化＋创业导师＋天使投资"的模式，按照孵化服务模式划分为：

① 马凤岭、王伟毅、杨晓非：《创业孵化管理》，人民邮电出版社 2019 年版。
② 刘晓英：《科技孵化器及虚拟科技孵化网络研究》，人民出版社 2009 年版。

投资促进型、培训辅导型、专业服务型、创客孵化型、媒体延伸型、产业链衍生型、院校平台型、综合生态型等。

美国的加速器诞生于新经济浪潮，拥有强大的风险投资支持和较短的孵化周期，从 2~3 年缩短为几个月的时间，比如美国著名的三个加速器：500 startups、TechStars 和 Y Combinator。加速器针对的是进入企业成长阶段的企业。除了提供商业支持和办公服务外，加速器关注于辅导，比如给创业企业介绍能够提供帮助的、有经验的企业家导师资源。一些加速器为企业提供启动资金，通常从几千美元到十万美元不等。加速器的另一个重要特色就是"开放日"（Demo Day），创业企业从加速器"毕业"并且向投资人推介自己的活动。许多投资人将"开放日"看作遇到好项目的一个投资机会，加速器本身也意味着一个小型天使交易会。

（二）孵化器的典型案例

近几十年来，孵化器对创业者提供有效的帮助，包括提供低租金的办公场地、办公服务、专业服务、咨询服务，与其他创业企业共同成长的氛围。孵化器很少为创业企业提供融资，主要通过租金和服务获得少量的股权。根据《中国火炬统计年鉴（2019）》的资料，截止到 2018 年孵化器数量达到了 4849 家，累计毕业的企业为 139396 个，在孵企业从业人员数 290.2 万人，在孵企业总收入 8343 亿元（见图 8-5）。

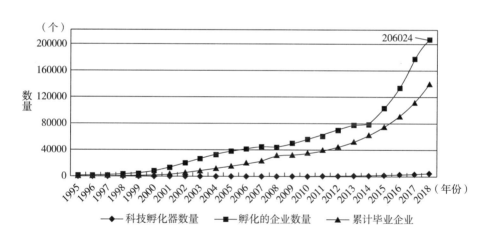

图 8-5　1995~2018 年我国科技孵化器的状况

资料来源：科学技术部火炬高技术产业开发中心：《2019 中国火炬统计年鉴》，中国统计出版社 2019 年版。

1. 北京中关村孵化器

中关村从 1980~2021 年的发展历程中，其发展是中国科技创新、创业的一个缩影。1980 年 10 月 23 日，在中科院物理所一间小小的平房仓库里，陈春先创办的"北京等离子体学会先进技术发展服务部"诞生，陈春先先生因此被誉为"中关村民营科技第一人"。在陈春先等第一批创业者的带领下，科技人员、留学海归人员都加入了创业的浪潮。比如，四通公司、信通公司、京海公司、科海公司等民营科技企业呈井喷式发展，初步形成了"中关村电子一条街"。1984 年，中国科学院计算技术研究所投资 20

万元，11 名科研人员创办了联想；1988 年，王文京扔掉了"金饭碗"，与苏启强投资 5 万元创立了用友软件；1994 年，中国获准加入互联网，并在同年 5 月完成联网工作。1998 年，清华留美博士张朝阳成立了搜狐网；1998 年，王志东创立的"四通利方"并购了国外最大的华人网站"华渊资讯"，并改名为新浪网；1998 年，刘强东到中关村销售光盘刻录机，于 2003 年创立了京东商城；1999 年，李彦宏去旧金山拉风投，创立了百度；2010 年 3 月，美团网上线；2012 年，从阿里巴巴集团辞职的程维在中关村 e 世界的仓库中上线了滴滴出行；2012 年，张一鸣离开九九房，创办了今日头条。这样的创业故事每天都在上演。截止到 2018 年，中关村拥有 321 家上市公司，70 只"独角兽"企业，占中国"独角兽"企业的半壁江山，比如联想、小米、今日头条、美团点评、旷视科技、寒武纪科技、商汤科技、腾云天下、集奥聚合、诺禾志源、科信美德等。

中关村是从 20 世纪 80 年代"中关村电子一条街"开始的，是最早的电子产品的零配件选购地和电脑组装市场，到 1988 年 5 月成为北京市新技术产业开发试验区，1999 年 8 月更名为"中关村科技园"，从 2007 年举办中关村论坛开始，2009 年 3 月的中关村国家自主创新示范区，直到 2014 年 2 月的中关村科技创新中心，逐步成为"中国的硅谷"。

中关村在科技创新上不断探索，比如 2011 年北京纳米能源与系统研究所、北京生物科学研究所、北京大数据研究所等的建立，这为促进海外顶尖人才团队的引进和原创成果快速涌现提供了机制和平台；此外，北京理工大学成为中关村首个获批中央高校股权激励的试点单位，进一步激励了技术人员。因此，日益开放的创新环境吸引了大量的金融服务机构。表 8-3 显示了北京中关村孵化器情况（部分），2009 年创新工场和 2011 年车库咖啡的建立是中关村的两个标志性事件，突破了"中关村大街"的地理概念，演变为科技创新的代名词，立足北京、辐射全国，技术合同成交额约占全国 1/3，近 80% 辐射到京外地区，形成了领军企业、高校院所、高端人才、创业孵化、创业投资、创新文化六大元素组成的创新创业生态系统，成为全球风险投资最活跃的地区之一。截止到 2018 年，中关村有 200 多家科技企业孵化器、1490 多家创投机构、500 多家协会联盟等社会组织，汇聚了 300 多家跨国公司地区总部或研发中心、1 万天使投资、2 万创业企业、1 万外籍从业人员，3 万多海归人才。中关村的孵化器模式可以分为早期全方位孵化模式、开放办公模式、创业媒体模式、技术平台孵化模式、产业孵化模式、高端人才孵化模式、导师辅导+学员互动模式（见表 8-3）。

表 8-3　北京中关村孵化器情况（部分）

孵化器模式	孵化器名称	孵化器的特点	机构性质
早期全方位孵化模式	创新工场	2009 年创立，专门为移动互联网创业者提供涉及办公、融资、技术、市场、人力、法律、培训等全方位服务，投资方向立足于移动互联网、电子商务、云计算和消费互联网	社会化投资
	联想之星	2008 年创立，早期投资于前沿科技、医疗健康、TMT 三大领域，积极布局智能机器、互联网改造传统产业、生物技术、医疗器械等前沿领域。深度孵化服务包括管理和运营"创业 CEO"培训班，提供共享资源	社会化投资

续表

孵化器模式	孵化器名称	孵化器的特点	机构性质
开放办公模式	车库咖啡	2011 年由 11 位天使投资人设立，是第一家以创业为主题的咖啡厅，先后成立了车库咖啡品牌管理、车库咖啡教育咨询、车库咖啡孵化器运营、车库咖啡产业咨询	社会化投资
	3W 咖啡	2011 年创立，是由一群热爱互联网、酷爱咖啡和红酒、致力于行业交流的人士通过微博发起，吸引了中国互联网行业的企业家、投资人、创业家组成的人脉圈子。其业务包含天使投资、俱乐部、会议组织、咖啡厅、企业公关	社会化投资
	厚德创新谷	2012 年由清华科技园与清华大学校友总会互联网与新媒体协会联合创立，依托清华大学、移动互联领域的技术实力和资源和清华科技园的孵化运营经验，专注于互动互联网、文化创业产业领域，为创业团队提供全方位的孵化服务	社会化投资
创业媒体模式	36氪	2010 年底由几个技术迷创办的科技博客，专注于互联网创业项目的孵化（氪空间）、互联网融资平台（氪加）、科技咨询平台（媒体），三条产品线，首创"不收费、不占股、全球资本、平台服务"的新型孵化器模式，为创业者提供项目展示、吸引融资的平台	社会化投资
	创业邦	2007 年由美国国际数据集团（IDG）和清科集团共同出资成立，是中国创业者的社区和自媒体平台，利用两家公司的影响力推出创业邦网站、《创业邦》杂志、创业沙龙和项目展示等活动，为成长中的中小企业提供帮助	社会化投资
技术平台孵化模式	汇龙森	2002 年汇龙森收购已经停滞 4 年的原德迈药业 1.6 万平方米的项目，进行改建，选取中小企业入驻，集中在 IT、生物制药、新材料、医疗器械、电子信息、高端制造、节能环保等领域，设立天使直投和投资基金	社会化投资
	博奥联创	2005 年 8 月运行，以光机电与先进制造行业为重点，设有研发、中试、经营办公、创业服务的场地	社会化投资
产业孵化模式	微软云加速器	2012 年 7 月，微软亚太研究集团设立，是微软 BizSpark 创新企业扶持计划的延伸，目的是鼓励更多的创业者使用微软云计算平台进行技术开发，实现创新，并提供创业资源、培训、导师扶持、融资等	平台型企业
	诺基亚体验创新中心	2012 年 9 月在北京成立，通过资源扶持、技术支持、培训服务、交流探讨等方式，为移动互联网领域的创业者提供全套的创业解决方案的平台，打造一个软件生态园	平台型企业
	石谷轻文化产业孵育基地	2011 年 7 月启动，由趣行天下公司负责运营，目的是建立一个服务于轻文化产业发展的示范平台。全产业链孵育模式，清晰的科技成果转化引导，深度的孵育服务体系建设	平台型企业
	云基地孵化器	2010 年由宽带资本创立，目的是打造中国云计算的生态系统，是引领云计算尖端技术产业链发展的高新技术集群，提供相关的服务	平台型企业
高端人才孵化模式	常青藤创业园	也称为北京市石景山区常青藤创业研究中心，是石景山区委、区政府指导建设的高端人才创业基地，提供创业服务	民办非营利机构

续表

孵化器模式	孵化器名称	孵化器的特点	机构性质
导师辅导+学员互动模式	亚杰商会	起源于美国硅谷，30多年来，已经成为美国最具影响力的亚裔科技商业协会之一，聚集了成功的企业家、投资银行家、管理咨询专家，目的是推动中国科技产业和创业企业的发展和进步，比如"摇篮计划"是推动中国青年创业家成长与进步的公益项目	协会组织

资料来源：马凤岭、王伟毅、杨晓非：《创业孵化管理》，人民邮电出版社2019年版。

从表8-4中，2006~2019年中关村十大行业中公司的数量可以看出软件和信息服务业行业的创业企业最多。目前，中关村在人工智能、基因组学、区块链、精准医学、新能源、大数据等前沿科技领域聚集了一大批的"独角兽"企业。科技推广和应用服务业的公司增长较快。

表8-4　2006~2019年中关村国家自主示范区十大行业的公司数量　　单位：个

年份	医药、生物制品制造业	土木工程建筑业	汽车制造业	计算机、通信和其他电子设备制造业	电子及通信设备制造业	仪器仪表及文化办公机械制造业	电信和其他信息传输服务业	电信、广播电视和卫星传输服务	互联网和相关服务	软件和信息技术服务业	商务服务业	研究和实验发展	专业技术服务业	科技推广和应用服务业
2006	324		768	341	1198	648	824			6964			1743	1103
2007	521		1149	456	3097	1068	1214			10907			3284	1818
2008	214		699	800	1084	622	926			6735			1100	2396
2009	198		705	771	983	614	835			6030			1038	2304
2010		49		287	530		668			5161	612	638	798	2117
2011		57		287	499		626			4602	609	587	795	1929
2012		47	62	479				237	360	4429	596	598	910	1915
2013		57	89	478				246	326	4377	592	593	1008	1805
2014		62	102	426						4429	726		965	2187
2015		83	113	419				215	320	4398	785	500	1033	2904
2016		100	119	409				216	356	4505	1095	498	1055	4923
2017		113	110	399				221	426	4921	1222	531	1118	6500
2018		136	103	403				241	761	6065	1084	816	1569	4494
2019		142	94	404				242	877	6716	1211	882	1650	5419

注：2006~2011年的计算机服务业和软件业合并为软件和信息技术服务业；2014年的房屋建筑业、批发业、零售业的公司个数分别为29个、1575个、633个，因为排版原因，这三个数据在表中未列出。

资料来源：中关村科技园区管理委员会官网。

2. 众创空间

2016 年，国务院出台的《国务院关于促进创业投资持续健康发展的若干意见》对新时期的创业投资发展指明了方向，对促进创业投资与"大众创业、万众创新"、科技成果转化、中小企业发展相结合具有重要意义。众创空间是虚拟孵化器的一种。在众创空间的不断发展中，按照众创空间孵化服务模式可划分为：投资促进型、培训辅导型、专业服务型、创客孵化型、媒体延伸型、产业链衍生型、院校平台型、综合生态型等（见表 8-5）。

表 8-5　中国众创空间的类型

类型	典型案例	特点
投资促进型	创新工场、车库咖啡	以资本为核心和纽带，集天使投资人、投资机构，主要为创业企业提供融资服务，并对接配套的资源，聚集更多的创业资本和创业资源，实施投后管理
培训辅导型	联想之星、亚杰商会、北大创业训练营	侧重于对创业者的创业教育和培训辅导，以提升创业者的综合能力，邀请知名的企业家、创投专家、行业专家作为创业导师，培训的目的是聚集创业者筛选项目，并在辅导后投资
专业服务型	上海杨浦云计算孵化器、诺基亚体验创新中心、微软云加速器	依托行业龙头企业建立，以服务移动互联网创业的企业为主，提供专业技术服务平台、行业社交网络及产业链资源的支持，协助优质创业项目与资本对接
创客孵化型	创客空间、柴火空间、点名时间	是在互联网技术、3D 制造工具、硬件开源的基础上发展而来的，以服务创客群体和满足个性化的需求为目标，将创客的奇思妙想和创意转化为现实的产品，提供互联网开源硬件平台、加工车间、开放实验室、供应链管理服务以及创意思想碰撞交流的空间
媒体延伸型	创业家、创业邦、36 氪	创办者是传统创业媒体和新媒体资源的所有者，具有较强的资源惠及能力。利用媒体宣传的优势为创业企业提供线上线下相结合的服务，包括宣传、信息、直投、众包等服务
产业链衍生型	海尔集团的海创汇、TCL 集团、潍柴集团	行业龙头企业将自身的科研与制造能力、管理与市场渠道等创新资源进行开放和共享，鼓励员工以创业者的身份开发新产品，吸引外部的创客开展核心领域外围的应用型技术的研发和产业化，完善产业链，构建创业创新生态群落
院校平台型	西安光机精密机械研究所、武汉光电工程技术研究院、上海工业自动化仪表研究院、北京航空航天大学虚拟现实与智能硬件的众创空间	科研院所和高校搭建的成果转化平台，目的是开放科研资源，调动科研人员转化科技成果的积极性，实现研究成果和创业企业的精准对接和高效转化
综合生态型	北京创业公社投资发展有限公司	以联合办公空间为平台，建立基于社群的商业社交平台和资源配置的平台，建立资本、人才、信息、技术、空间、文化的创新创业生态圈，汇聚各类资源，提供综合服务

资料来源：马凤岭、王伟毅、杨晓非：《创业孵化管理》，人民邮电出版社 2019 年版。

【案例阅读】

海尔集团"海创汇"

"海创汇"是 2014 年海尔在集体实施"颠覆自我、转型突破"战略中创建的众创空间，目的是在实施战略转型、机制颠覆和组织颠覆过程中实现企业转型。海尔以聚焦智慧家庭产业为重点，通过开放集团全球的创新资源、营销资源、产业资源、客户资源，为创客提供"创意—设计—制造—销售"的全产业要素服务，从孵化创客、孵化项目到孵化企业，建立"大众创业、万众创新"平台，搭建了五大平台，创新了五种模式。

五大平台服务创新创业。一是创业教育平台，1999 年创办的海尔大学，是海尔人的学习平台和创客加速器，创建海尔创客学院专门加速培养创客，开设创业公开课、创业训练营、创客联盟、创客大赛、创客模式输出；二是创客实验平台，开放集团的加工实验字眼，建立集研发设计、检验检测、技术优化、产品中试等一体化的开放式创客工厂，与 30 余家高校合作共建创客实验室，同时，依托互联网建立线上交互系统，帮助创客整合技术资源，优化设计；三是融资融商平台，创立创客基金和创业种子基金，建立线上线下的众筹、众包服务，提供融资服务；四是孵化加速平台，建立创业孵化园区，配套孵化服务和创业导师人才队伍，提供全流程、一站式的服务；五是资源对接平台，将创业资源和创业者对接到"海立方"的线上创业平台，聚集了创业用户 178 万，1000 多个创业项目，5787 名合伙人，吸引了 98 个孵化器、1331 家风投基金、108 个社群组织加入。

五种创新模式，开拓创业渠道。一是集团内部孵化模式，与海尔集团主业相关性强的创业项目，采取企业占大股+引入风投+员工跟投的方式设立公司，与海尔集团主业相关性弱的创业项目，采取企业占小股+引入风投+员工跟投的方式设立公司；二是脱离母体孵化模式，让创业团队完全脱离海尔集团，自筹资金，利用企业的资源自我发展，达标后企业承诺回购股份，比如 2014 年 10 月上市的有住网；三是众筹创业发展模式，合作伙伴参与众筹，既是股东，也是社区经营者，比如众筹 4 亿元，海尔配套 4 亿元与阿里巴巴集团共同投资创办的快递柜；四是轻资产小微创业模式，比如车小微项目，车主就是小微主，在平台上自主创业，海尔集团只提供订单、结算、信息化等服务系统；五是创新生态圈创业模式，海尔集团开放源代码，通过 4200 个已经注册的研发人员接入口，吸引全球在平台注册的 15 万合作伙伴围绕创新生态圈实现创业。

总体来看，海创汇充分发挥了海尔集团的现有资源，提供很多的优惠措施，在孵化的过程中，不仅为集团的创新发展注入了活力，还通过天使基金投资、HOPE 技术资讯服务等增值服务，助推创客的成长，将用户资源、研发资源、物流配送资源、供应链资源等进行综合运用。

资料来源：马凤岭、王伟毅、杨晓非：《创业孵化管理》，人民邮电出版社 2019 年版。

第二节　天使投资

一、谁是天使

谁是天使？近千年来，富裕的商人一直为创业者提供启动资金。天使投资起源于投资戏剧作品"百老汇天使"（Broadway Angels），1978年，新罕布什尔大学的Bill Wetzel教授首次提出了"天使投资"（Angel Investment）的概念，因而天使投资最初是个人投资。

天使投资人，很多人要么是曾经的企业家，要么是对创业精神有深入的了解，天使们不是单纯地依靠投资领域的知识来发挥作用，而是怀揣着无限的激情和梦想，正在跨越其他领域的边界，是具有广泛知识和冒险精神的人。天使投资人是经验丰富的商务人士、成功的企业家或者退休的企业高管，他们是创业企业的活跃资产，为其带来资金并投入个人时间，他们通常是公司的导师、顾问或董事，很少成为全职员工，也就是说，天使投资人是将人才、技术和资本等不同元素组合起来的人，帮助创业企业穿越"死亡之谷"。事实上，大部分的天使投资人，投资的原因都和巨大的回报无关，因为天使投资人已经拥有许多财富，他们经常寻求的回报可能是一种无形资产，比如一次回馈社会的机会，一种师徒关系，帮助一个亲朋好友等，因此，他们是天使[①]。

在图8-6中，创业公司从种子期到初创期过程中，从一项技术的研究、技术的转移，

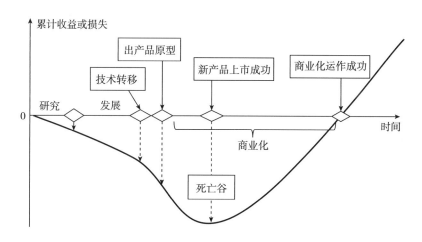

图8-6　"死亡谷"与企业生命周期

资料来源：约翰·梅、刘曼红：《天使投资创业与资本无国界》，中国发展出版社2015年版。

[①]　Osawa Y，Miyazaki K. "An empirical analysis of the valley of death"，*Asian Journal of Technology Innovation*，2006.

到产品原型的试验成功，再到新产品在市场上出售，直到商业化运作成功之后，公司才可能盈利。在这之前，公司要一直"烧钱"，产生很多的沉没成本，任何一个时点或者在推向市场的任何一个环节，都可能面临死亡。一个很残酷的事实是：创业者很多，但成功的很少，90%的公司熬不过"死亡谷"。美国《财富》杂志报道，中国中小企业的平均寿命仅为 2.5 年，集团企业的平均寿命仅为 7~8 年。从表 8-6 中可以看出，2011 家软件公司获得了种子轮融资后，2009~2012 年，最终走向成功的公司是凤毛麟角，比如，2009 年只有 1/3 的公司获得了 A 轮融资，能够跨过"死亡谷"的公司更少，这也说明，很多项目的天使投资都血本无归。

表 8-6　2009~2013 年美国完成种子轮融资的 2011 家软件开发公司的调查结果 单位：%

融资年份	种子轮	A 轮	B 轮	C 轮	D 轮	E 轮	F 轮
2009	100	32	21	12.3	5	2.7	1.4
2010	100	39.9	26	13.7	4.1	2.5	0.8
2011	100	31.8	14.6	6.3	1.6	0.5	0
2012	100	28.1	13.6	4.2	1.6	0.2	0.1
2013	100	31.7	17	7.4	2.4	1	0.3

资料来源：搜狐网，https://www.sohu.com/a/115543357_374981。

二、天使投资的发展

天使投资对于创业者而言极为重要。在全球很多国家，不少企业都是从获得天使投资起步，之后逐步成长为行业的佼佼者。比如谷歌、领英、亚马逊、脸书、星巴克、推特等在创业之初都通过天使投资人获得初始融资。一直以来，大部分的天使投资都独立投资，投资行为非常隐蔽，在许多情况下，它们的投资交易可能从来没有被公开披露过。

但是有几股力量的融合将天使投资人推到了公众面前：第一，20 世纪 90 年代的互联网繁荣让一部分成功的创业者有了资本，电子商务企业的模式在很多国家应用成功，创业的成功率提高，天使投资活跃。第二，2008 年次贷危机以后，为了活跃经济、促进就业，传统的融资渠道，比如风险投资、私募股权基金、投资银行不愿意投资高风险、早期的创业投资，天使投资被看作一种少有的创新模式，孵化器、加速器、校企战略联盟等平台的政策支持，为天使投资提供了服务的平台。第三，天使投资全球化开始有所行动，比如 1999 年欧洲商业天使联盟和 2001 年东南亚商业天使联盟的建立。第四，随着技术的变化，比如众筹平台的建立，以及创业文化的培育条件的成熟，天使投资人可以独立投资，也可以通过正式的组织联合投资。

（一）天使投资的组织形式

天使网络是一群富裕的投资人共同管理交易流程，然后单独投资，投资的规模与个人的兴趣和方式有关，很少有投资网络的全部投资人共同投资一个项目的情况。2000 年后，天使投资组织在全世界范围内兴起，投资人可以联合起来共同完成投资。

天使投资的组织形式有多种形式，但是没有哪种形式在市场上形成主导。

1. 天使投资协会或组织

20世纪90年代末，天使投资组织的协会开始形成，比如欧洲商业天使网络（EBAN）、美国天使投资协会（ACA），两个最具影响力的组织分别代表了200个以上的天使组织和超过万名的天使投资者。这些协会的最初目的是打造一个为天使领袖网络分享最佳实践方案、向公众提供天使投资信息等的平台，同时通过主办会议为行业新进入者提供实践和平台运营的学习机会，比如提供交易流程、投资条款清单、投后关系维护等方面的教育和培训。

1998年，为了营造德国的天使投资文化氛围，德国政府联合几家大型的金融机构、大学和一些天使投资人成立了德国天使投资网络组织（Business Angels Netzwerk Deutschland E. V., BAND）。该组织在构建德国的天使投资文化、促进投资和创新创业方面发挥了作用，主要是开展"德国天使投资日"（German Angel Day DBT）活动，组织两年一次的行业峰会，天使投资沙龙、研讨会、专家论坛、策划报道天使投资市场的新闻和趋势的线上刊物《BAND季刊》、《BAND天使投资指南》（Angels Guide：BAND）和《天使投资人指引》（Leitfaden für Angels/ The Guide for Angels）、举办德国年度天使投资人的"金鼻子奖"（Golden Nose）评选活动。此外，BAND还在税制改革方面起到了作用。

强大的天使投资组织对地方产生显著的影响，比如欧盟规定EBAN的成员国组织旨在促进欧盟的经济发展，解决欧盟范围内的天使投资问题。天使投资组织的联合交易催生了非正式的地区性组织，比如在美国的一些地区（如俄亥俄州、得克萨斯州、威斯康星州）的天使投资组织参加定期举办的电话会议，并且讨论联合投资的项目。

2. 在线的天使投资平台

互联网的迅速普及培育了诸多在线天使投资组织，比如2010年成立的AngelList（天使投资名录），开始向认证的投资人普及线上投资模式，组成天使投资人团体，该平台采取"领投—跟投"的模式和"网络连接"模式，截至2014年"天使投资名录"里面的投资人已经支持了243家创业公司，累计投资达到1.04亿美元。Gust平台注册会员为通过审核的独立天使和机构投资者，包括天使投资人。HealthiosXchange平台建立以来，投资人投资了40家生命科学公司，累计投资达到3.5亿美元；FundersClub平台，2014年以来，投资人投资了151家企业，投资总额达到4200万美元。德国大约有40个天使投资组织[①]；美国的天使团体比较活跃的有Keiretsu Forum、New Enterprise Associates。

通过在线的方式，创业者通过视频、PPT及任意形式的补充材料在线提供商业计划。接下来，投资人了解商业计划并与创业企业互动。对某个项目共同感兴趣的天使投资人们协作完成尽职调查和投资条款清单。

3. 天使投资网络的边车基金（Sidecar Fund）

天使投资网络主要是由各个组织成员一起筛选交易对象，并且各自做出自己的投资决策。设立一个天使基金跟随网络组织一起投资，对投资人和创业者有好处。网络

① 约翰·梅、刘曼红：《天使投资创业与资本无国界》，中国发展出版社2015年版。

成员被鼓励积极投资于基金。这些基金只投资网络组织投过的企业。

边车基金有诸多好处：①网络共同投资的方式能够募集大量的交易资金、接触大量的项目；②网络组织的成员投资于更多的企业，这样使基金成员比他们单独运营时能够快速聚集一个更多元化的投资组合；③能够帮助富裕的而没有时间的投资人。

（二）中国天使投资的发展

中国最早的天使投资起源于1986年开始实施的"863计划"和1988年开始实施的"火炬计划"，这两个都是由政府主导的天使投资计划，主要服务于科技创新企业，用于科技成果的转化，这是中国天使投资的特色之一。1999年，经国务院批准设立了科技型中小企业技术创新基金。随着中国掀起的新一轮创新创业热潮，天使投资在中国也迅猛发展。

2000年以后，随着互联网、信息技术等高科技领域的发展，一些在欧美地区学习和工作的海归回国创业，创建了很多知名的企业，比如百度、腾讯等公司，也激发了国内企业家的创业，比如阿里巴巴、京东、小米科技等。其中的一些创始人在创业成功后，开始尝试天使投资，利用个人的资金、行业经验、人脉资源帮助更多的年轻人创业，见表8-7中的总结。

表8-7　中国著名的天使投资人或机构的情况

著名的天使投资人

	投资人背景	成立时间	投资领域和风格	成功案例
龚虹嘉	德生公司、海康威视、握奇数据的创始人之一	2001年海康威视成立开始，作为投资人出资	专职投资人，天使投资人同时也是创业者，完全参与到企业的管理中	深交所中小板上市的海康威视、深交所创业板上市的富瀚微、联合光电
王刚	曾在阿里巴巴任职超过10年	2012年	2012~2015年投资70多家公司，丰富的平台和商务经验，参与创业公司的发展中	纽交所上市的滴滴出行
雷军	雷军是小米科技创始人之一	1992年创业与天使投资同时进行	非专职投资人，投资的特点是：注重大方向，投资熟人、看重人和团队、投完后参与管理和决策	上交所上市的金山软件；纽交所上市的猎豹移动、华米科技；纳斯达克上市的欢聚时代，世纪互联；被阿里巴巴收购的UC优视

著名的投资机构

	投资人背景	成立时间	投资领域和风格	成功案例
创新工场	李开复曾在微软、谷歌、苹果公司担任高管职务	2009年9月	天使+孵化器模式，不仅给资金支持，还提供配套服务，擅长投资上下游完整的产业链布局，比如人工智能的上中下游公司。涉及人工智能、消费升级、在线教育、文化娱乐、企业服务与升级、互联网金融等领域	港交所上市的旷视科技；行云、友盟、应用汇、微车、啪啪、布丁、知乎等明星级项目

著名的投资机构

	投资人背景	成立时间	投资领域和风格	成功案例
真格天使投资基金	徐小平、王强曾是新东方的创始人之一	2011 年徐小平、王强与红杉资本（中国）共同设立	专职投资人，2011~2019 年共投资了 130 多家创业公司，涉及电子商务、移动互联、教育培训、娱乐媒体等广泛领域。投资比较感性，投资与否的标准是创始人能否让自己激动和感动，不干涉企业发展	纽交所上市的聚美优品、兰亭集势、世纪佳缘等
红杉资本中国基金	沈南鹏曾在花旗银行、雷曼兄弟、德意志银行工作，携程网和如家的创始人之一	2005 年张帆、沈南鹏与 1972 年设立的美国红杉资本共同创立	专职投资人，投资了近 500 家公司，专注于科技/传媒、医疗健康、消费品/服务、工业科技四个方向	纳斯达克上市的携程网、如家连锁酒店、分众传媒；纽交所上市的易居中国等
汉鼎宇佑集团	王麒诚是汉鼎宇佑、海峡创新的创始人之一	2006 年	为了配合产业布局，投资了与原创公司管理的企业。挑选行业时看重大未来、大市场，比如医疗和养老产业；挑选合伙人时选择内心强大、行业经验丰富、有事业心、志同道合的人	深交所创业板上市的汉鼎宇佑、海峡创新；上交所主板上市的寿仙谷；纽交所上市的微贷网、腾讯音乐、徐诺药业；纳斯达克上市的极光推送
德迅投资	曾李青，曾是腾讯公司的创始人之一	2007 年	投资于自己熟悉的、细分的互联网行业；投资的对象是熟人，过半项目是联合创始人的身份，一起创业；奉行"一流团队、二流项目"的理念，只投团队组合（产品+技术+市场），只投最早的一轮，后面不会再跟投	纽交所上市的淘米网、新三板挂牌的了云畅游戏、呈天网络、芝兰玉树和安趣股份

注：以上天使投资人或机构是具有典型代表的，这些天使投资人可能也是风投机构，成功的案例仅限于天使轮投资的公司。

资料来源：笔者根据《我为什么投资你》《中国创投 100 人》等相关内容整理。

从表 8-7 中可以看出，几位著名的天使投资人大都有创业和工作背景，并且做得很成功。而从投资风格来看，各有不同，既有"天使+孵化器"模式的创新工场，个人投资共同参与创业的龚虹嘉、曾李青；进行产业布局投资的李开复、王麒诚；投资不拘一格的徐小平、王刚；还有背靠国际上知名的天使投资机构的红杉资本中国基金。

但是，天使投资的个人规模不大，主要集中在海归和富二代两个特殊的群体。北京中关村的天使投资领跑全国；江浙有很多"潜在"的投资人，商业氛围比较浓厚，注重在传统产业升级中的投资，服务于本地企业；上海地区的天使投资人比较分散，大部分偏好科技、媒体、通信等行业；珠三角的天使投资以深圳最为活跃，既干实业，也兼做天使投资人的占大多数；还有武汉、成都代表的中西部地区的本土投资人刚刚起步，更多的是政府产业引导基金的支持。由于天使投资的激励不足和退出渠道不畅是制约天使投资释放潜力的两个关键因素，天使投资的发展势头远不如风险投资和私募基金。

天使投资从个人投资模式演变为团体投资或机构投资。随着孵化器的建立，特别是北京中关村孵化器的实践，涌现出了众多的天使投资机构，比如2013年北京软件交易所首期的天使基金规模达到8000万。同时，孵化器本身可以提供天使投资服务，比如李开复的创新工厂。在中关村的创业大街上，每天就有1.6家企业被孵化，市场化创业融资服务每小时可创造价值206万元；在中关村核心区，万人均发明专利166.2件，达到了发达国家水平；中国80%天使投资人在中关村，创业投资案例和投资金额占全国1/3。① 2011年中关村率先在全国设立了天使投资引导基金。

真格基金与红杉资本（中国）合作成为战略合作伙伴关系；2008年，上海天使投资俱乐部的非营利组织成立；2013年，中国青年天使会成立，实行会员制，倡导"合投共赢开放"的理念，鼓励更多人参与天使投资事业。中国创业技术协会天使投资联盟，是世界天使投资联盟的中国区唯一成员，隶属中国科技部中国技术创业协会，受到科技部火炬中心的支持，该机构主要为投资人、创业家、专家学者、政策制定者、企业、中介机构、高校、园区等提供一个信息共享、资源互换、合作发展的多方位的交流平台。

近些年，很多地方政府十分重视创新创业，由财政部出资设立一些"种子基金""天使基金""创新基金"等，比如2013年武汉市政府天使投资基金总规模达到了3亿元，首期规模是1亿元；2012年，重庆市科委和团市委设立了首期资金规模为1亿元的"重庆市青年创新创业天使基金"；2012年，成都高新区设立8000万的天使基金和天使投资风险补助专项资金；② 2012年，江苏省设立天使投资引导资金作为弥补天使投资损失的风险补偿资金，主要提供给支持科技型小微企业的天使投资机构。

【案例阅读】

中国天使投资史上的最大回报——海康威视

海康威视全称"杭州海康威视数字技术股份有限公司"，是一家领先的安防产品及行业解决方案提供商，提供摄像机/智能球机、光端机、DVR/DVS/板卡、网络存储、视频综合平台、中心管理软件等安防产品，这些产品被应用到了金融、公安、电信、交通、司法、教育、电力、水利、军队等众多行业，并为这些行业的安保系统提供解决方案。在西门子、GE、Bosch等国际安防公司的竞争下，海康威视作为我国本土公司，成为北京奥运会安保系统中数字视频传输和录像部分最大的设备供应商之一。

海康威视从2001年11月30日成立，到2010年5月28日在深圳证券交易所中小板上市。从创业到IPO的十年发展历程中，海康威视是我国科技体制改革中，体制内创业成功并拥有自主创新的科技公司的典型，开辟了产学研结合的典范；同时，海康威视是国有控股的企业，只拿过一笔天使投资，是当年风险投资不看好，错失了几百亿的典型案例。

---

① 中国经济周刊：《新中关村现象：做创新驱动发展的示范引领者》，国务院新闻办公室网，2015年12月8日，http：//www.scio.gov.cn/ztk/dtzt/2015/33681/33686/33692/Document/1458379/1458379.htm。

② 资料来源于武汉市科技局、重庆市科技局、成都市科技局官网发布的新闻。

1985 年，全国范围内开展了科技体制改革，其改革的核心问题是解决好科技与经济的结合问题，因而以市场为导向，促进科研更快、更有效的服务于经济发展是根本目的。同时，为了应对国家对从事技术开发的科研机构逐步缩减经费，甚至停拨的压力，1990 年第四机械工业部的第 52 研究所实行"一所两制"策略，即在研究所下面创办科技公司，将科技成果进行市场化转化，部分科技成员在研究所停薪留职，被分到科技公司工作。

到 1998 年，第 52 研究所下的公司已经研发了空调上的控制器、板卡、芯片等多种市场化的技术，在有了几年的市场经验后，2001 年由陈宗年和胡扬忠牵头成立公司，将 1999 年开始研发的音视频监控系统的核心产品投入市场。在那个年代，体制内创业才是常态，相当于给了较为宽松的政策，让科技人员发挥作用搞活经济，但是在资金上较为短缺。海康威视创业之初的第一个困难就是怎样找到一笔启动资金。当时还没有"天使投资"的概念，只能依靠人脉资源进行融资，陈宗年找到了校友龚虹嘉。龚虹嘉在 1994 年扔掉铁饭碗去创业，2001 年，他的公司与亚信公司合并后的德康通信成功上市，且拥有一个中国驰名产品——德生收音机。

龚虹嘉既是天使投资人，也是创业者。2001 年 11 月 30 日，海康威视成立，注册资本 500 万元。其中，浙江海康信息技术股份有限公司出资 255 万元，持股 51%；天使投资人龚虹嘉出资 245 万元，持股 49%。而作为创始人的第 52 所的技术骨干 28 位创始人反而没有股权，因而二人单纯地认为谁出了钱，谁才持有股份。

创业之初，天使投资人龚虹嘉参与创业，并起到了重要作用，第一个是支持海康威视团队开发符合国际新标准——压缩比例更高的新数字解码标准 H. 264，而不是仅满足于已经开发出来的 MPEG-4 的安防技术产品。第二个是龚虹嘉创办富年科技的时候，招揽了解码技术天才王刚，并满足他不坐班、先给一笔钱、合同只签一年的条件，使 H. 264 编码技术得以研发出来，推动了海康威视推出自主知识产权的换代产品，同时也推动了安防行业从传统安防向数字安防的升级，到 2002 年，海康威视投放市场的第一年，就实现了销售 3240 万元。然而，随之而来的是盗版产品。2002 年 9 月，海康威视将 4 家侵权公司告上法庭，此案成为安防行业第一个知识产权纠纷案。面对盗版，在创业的前三年里，海康威视坚持自主研发，几乎以每季度推出一款新产品的速度投入到研发体系中。

搞研发就意味着"烧钱"，科研人员不懂股权，更别提融资了，龚虹嘉的压力巨大。但是在创业的前三年，世界范围内的互联网泡沫的余波未散，海外的风险投资机构受到了重创，而海康威视的安防涉及城市安全，不适合引入外资。而本土的风险创投虽然在 2001 年井喷，但是好景不长，2002 年的创业板没有如期开放，一年时间深圳的本土创投机构倒闭了近百家，同时，由国有股东创业的公司不受创投的欢迎。

融不到钱的龚虹嘉全身心地投入到了海康威视的日常管理，通过改革公司的发展策略、产品路线、市场定位、公司治理、股权激励等方面。特别是股权激励计划，如果未来公司经营状况良好，将按照原始投资成本向公司经营团队转让 15% 的股权。2003 年，凭借销售 H. 264 系列压缩板卡，销售额就达到了 1.6 亿元，占了 80% 的市场份额，2004 年以后，从安防设备产品商转向行业解决方案提供商，布局了金融、通信、交通、公安、司法、教育、电力、水利等多个行业。公司步入正轨后，2004~2007 年，龚虹嘉从创始人的位置上抽身，退居到了投资人的位置。2007 年 11 月，龚虹嘉履行了当初的承诺，将所持公司 15% 的股份，以 75 万元的价格，5% 的股份以 2520.28 万元的价格转让给海康威视员工持股的两家公司，使创始人团队有了股权，此后每 2~3 年，公司都会实施一次股权激励，到 2017 年，因为股权激励而受益的员工约达 5000 人。2010 年 5 月 28 日在深交所中小板上市，发行价为 68 元。

天使投资人龚虹嘉从海康威视上市后，数次减持股份，累计减持已经超过百亿元，成为中国天使投资历史上最大的一笔回报，获得了 2 万倍回报。

资料来源：投资界网站；《创投之巅：中国创投精彩案例》，人民邮电出版社 2019 年版。

这个案例中，有几个重要的启示：第一，海康威视创业成功的关键在于走技术创新之路，并且有独立的销售渠道，实现了产业上下游的整合；第二，创业团队和天使投资人的相互扶持，进行了股权激励的制度创新，14 年的创业时间，承担了巨大的风险和压力，也获得了巨额的回报。总之，海康威视创业的艰辛中，我们可以理解"天使"的内涵，龚虹嘉目前活跃于信息技术、半导体、互联网、生命科学、环境保护等诸多新科技领域的天使投资上，累计投资近 10 亿元，让"财富"从哪里来，到哪里去。

第三节　创业投资或风险投资

10 年前，想要把一家公司做到国内知名需要 15~20 年，风险投资的进入，将这一时间大大缩短；但对绝大多数创业者而言，想要创业成功，5~8 年每周 80 个小时以上的工作量都不可避免。当企业初创起步后，发展到一定阶段，比如已经有了相对成熟的产品，或者已经开始销售产品的时候，天使投资的 100 万元资金已经无法满足企业资金运转的需要了，因此风险投资则是他们的最佳选择。风险投资的投资额一般在 200 万~1000 万元，少数投资会达到几千万元。

一、风险投资概述

技术、资本、劳动是推动经济增长的源泉，科学的发现和创新是经济活力的关键因素。高科技企业的技术和产品研发面临很高的失败风险，但是一旦成功，则受到专利保护期的影响，获得高额的回报。

风险投资（Venture Capital）是指具备资金实力的投资者，对具有专门的技术，并且具备良好的市场发展前景，但是缺乏启动资金的创业家进行资助，以帮助完成其创业梦，并承担创业阶段投资失败的风险，投资者获取企业的部分股份，获得红利或者出售股权来获得投资回报。风险投资的特点是敢于冒险，投资的对象是"高风险、高科技、高成长潜力"的企业，将退出投资收回的资金继续投入类似的高风险企业，实现资金的增值。风险投资家一般会投资很多个项目，某些项目可能血本无归，某些项目可能获得超额回报，足以覆盖亏损的项目，因此采取分散化投资的方式，注重平均回报率。并且参与到企业的经营过程中，促使高新技术成果尽快商品化、产业化，以取得高资本收益的一种投资过程。从运作方式来看，实际上是风险投资家、技术专家、投资者之间利益共享、风险共担的一种投资方式。

【案例阅读】

哥伦布花了 7 年时间，四处奔走，向葡萄牙国王、西班牙女王、英国国王，以及无数其他欧洲王公贵族推销他的探险计划，但均无收获。直到 1492 年，西班牙女王伊莎贝拉经过多年考虑，决定投资哥伦布的探险计划。西班牙女王伊莎贝拉与哥伦布签订了《圣塔菲协议》：哥伦布准备去发现和占领海洋中的某些岛屿和陆地，国王封他为海军元帅，获得航海探险收益 10%，成为新发现领地的总督，剩余将归女王所有，而女王预付哥伦布探险所有的费用。哥伦布可以在占领地经营所获得的黄金、珠宝、香料，以及其他商品中取 1/10 归自己，并一概免税。他有权对一切开往那些占领地的船只取得 1/8 的股份，所有的爵位、职位和权力都可由他的继承人世袭。

16 世纪，荷兰、葡萄牙、西班牙和意大利政府资助了跨大西洋的航海和贸易，参与的就是某种形式的风险投资。第一次和第二次工业革命的过程中，投资人的支持也是参与了某种形式的风险投资，比如洛克菲勒、范德比尔、惠特尼等投资美国电话电报公司、东方航空公司等。而作为一个有组织、专业的、大规模的产业，风险投资在 20 世纪 30 年代的美国经济大萧条时期才被构想出来，直到 20 世纪下半叶才真正"诞生"。

（一）美国科技创新与风险投资

风险投资家及金融作家乔治·吉尔德（George Gilder）认为，美国的经济活力依赖于发明、投资、风险投资的分布、资本市场和创业者，风险投资支持的公司已经在美国 GDP 中占比超过 20%，在美国股票市值中几乎占据 2/3。

图 8-7 显示了美国真实的人均国内生产总值，20 世纪后半叶，美国风险投资的出现与国内生产总值的快速上升密切相关，这表明风险投资支持的研发带来了生活水平的提升，重塑了美国商业与经济的新格局。

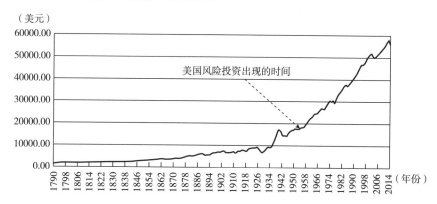

图 8-7　美国真实的人均国内生产总值 GDP

注：以 2009 年定值美元计算。

资料来源：MeasuringWorth.com.

从表 8-8 中可知，截至 2014 年，在 1974 年以后上市的美国公司中，风险投资支持的公司占到了 42% 的样本。

表 8-8　美国 1974 年后成立的上市公司中风险投资支持的公司统计（截至 2014 年）

	上市公司	风险投资支持的公司	占比（%）
公司数量（个）	1399	556	42
公司价值（亿美元）	72000	41360	58
公司市值（亿美元）	69380	43690	63
员工数量（人）	8121000	3083000	38
收入（亿美元）	32240	12220	38
净利润（亿美元）	2470	1510	61
研发投入（亿美元）	1350	1150	85
总税收（亿美元）	980	570	59

资料来源：Gornall W，Strebulaev I A．"The Economic Impact of Venture Capital：Evidence from Public Companies"，*Stanford University Graduate School of Business Research Paper*，2015.

1. 美国风险投资的起源

现代意义的风险投资从 20 世纪 30 年代的经济大萧条之后开始。1929~1933 年源于美国，后来波及整个资本主义世界的经济大萧条或经济危机出现的可能原因有：一是第一次世界大战之前英国是债权国，战后美国变成了债权国，国际经济的不平衡加剧。二是第二次工业革命极大地提高了工业生产力，对新厂房、新设备不断的投资。新机器的使用使大批工人下岗，产能过剩的同时分期付款消费的模式在工人和农民相对贫困的条件下无法持续。最终，1929 年，已经不需要扩充厂房和设备，消费品市场容纳不了增产的商品，生产资料生产部门和消费品生产部门的工人失业，导致了经济大萧条。

1932~1937 年，美国大萧条期间推行了一系列的税收法案，限制了小公司通过盈利积累资本的能力，也限制了富有的个人投资小公司的行为，因此限制了风险投资，导致了创新不足，资金流入保守的信托投资基金、保险公司、养老基金。在这种情况下，纽约大学金融学教授马库斯·纳德勒（Marcas Nadler）在 1938 年的投资银行家协会会议上发表评论，表明新兴产业无法获得所需的资本，会减缓经济的发展。19 世纪 30 年代，英格兰地区的工业经济学家开始讨论如何解决由于监管原因造成风险投资冷清的问题，并设立了新英格兰委员会。大约同一时间，普林斯顿大学的物理学家卡尔·泰勒·康普顿（Karl Taylor Compton）成为麻省理工学院的校长，在 1934 年提出了一个名为"产研结合"（Put Science to Work）的计划，目的是发展在科学创新中建立的新产业。1939 年，在新英格兰委员会的支持下成立了新产品委员会，研究如何将新产品应用到新英格兰地区的某些衰落的产业上。

新产品委员会聚集了一批思想非常开明的人，其中乔治·多里奥特（Georges Doriot）负责一个名为"发展程序和风险资本"的分委员会，认为需要对新成立的公司进行有组织的专业性技术分析和评估，来吸引资金，获得资金支持。

经济大萧条对世界经济产生了严重的影响，"二战"期间对美国创业精神的刺激是空前的。"二战"后，研究型大学和基金会在基础科学上的支出比"二战"前翻了一倍多，并且政府每年的研发预算中的 10%～15% 用于基础研究。

在这种形势下，麻省理工学院、新英格兰委员会的新产品委员会的支持下，于 1946 年 6 月 6 日成立了一家新的风险投资机构 ARD，由多里奥特担任董事会主席，最初管理的资本规模为 350 万美元，其中 180 万美元来自九个金融机构、两个保险公司和四所大学。当然，ARD 的风险投资需要考虑当时的金融监管结构，因为美国国会和 SEC 是不允许投资公司通过"投资金字塔"来扩大其控制权的，因此 ARD 不得不寻求《投资公司法案》下的多项豁免权。同时期，1946 年分别由惠特尼和洛克菲勒两大家族创办的两家风险投资公司——惠特尼公司和洛克菲勒兄弟公司成立。

表 8-9 列举了 ARD 投资的部分公司名单，其中不乏一些知名的上市公司。ARD 是一家上市的投资公司，它将投资人所有权准则、报酬、估值、被投资公司的员工所有权以及被投公司的专有财务信息放在了自己的财报中。ARD 在整个存续过程中，一直与美国证券交易委员会（SEC）斗争，最后 ARD 于 1972 年被出售给德事隆集团（Textron）。

表 8-9　ARD 投资的部分公司名单

所投的公司	经营的领域	所投的公司	经营的领域
Circo 公司	开发一种将汽化溶剂注入汽车变速器来融化汽车发动机的润滑油	斯奈德化学公司	为造纸和胶合板行业开发新树脂
高压工程公司（High Voltage Engineering Corporation）	开发一款 200 万伏特的发电机，其功率是现有 X 光机的 8 倍	Lonics 公司	研发一种新型的薄膜，该产品在淡化海水的成本更低
Tracerlab 公司	销售放射性同位素、制造辐射监测仪器	仙童摄影器材公司	生产照相机和电子设备
贝尔德公司（Baird Associates）	制造对金属和气体进行化学分析的仪器	泰瑞达公司（Teradyne）	该公司制造的工业级电子测试设备成了半导体行业发展的关键
Jet-Heet 公司	开发喷气式飞机的引擎技术的家用火炉	DEC 公司	产品—数字实验室和数字系统组件

资料来源：［美］道格拉斯·W. 贾米森、［美］斯蒂芬·R. 韦特.《科技创投启示录》，桂曙光、于进勇、李潇译，机械工业出版社 2018 年版。

ARD 公司虽然最终解体，但是对风险投资行业的发展是至关重要的，因为它证明了最具风险的投资可能是有价值的，并且最大的资本收益可能从最年轻的公司获取；也证明了大多数风险投资并非建立在一夜成功上，要建立在稳健、管理良好的公司稳步增长的基础上；证明了对深度科学技术的投资是有回报的，因为新技术专利权的保护使小公司更容易与大公司竞争。

虽然 ARD 的上市可能不适合风险投资，但 ARD 的经营理念被延续，风险投资得到了更好的发展，硅谷就是例证。短短 50 年，美国硅谷诞生了惠普、微软、英特尔、苹果、谷歌、脸书、优兔、雅虎、吉利德、领英、爱彼迎、优步、特斯拉、天空探索技术等上千家伟大的公司。吸引了全球 50% 的风险投资，培育了几十位诺贝尔奖得主，聚集 500 多万创客，走出百位亿富翁，比如马克·扎克伯格、史蒂夫·乔布斯、埃隆·马斯克、彼得·蒂尔、特拉维斯·卡拉尼克。

2. 美国风险投资的发展

1957 年，苏联成功发射了"斯普特尼克 1 号"人造卫星后，让美国政府开始意识到早期科技投资的重要性。1958 年，艾森豪威尔总统签署了创建美国国家航空航天局的法案，并大幅提高科研经费，同时签署了《小企业投资法案》，为创业者提供税收优惠和贷款补贴，激发了公众对风险投资的支持。

威廉·埃尔弗斯从 ARD 离职后，于 1965 年成立了格雷洛克资本管理公司（Creylock Capital），以私人合伙模式组建的公司可以解决 ARD 监管结构面临的众多问题。Creylock 公司邀请多个有限合伙人（GP）参与，出资方以创新企业为主，包括 IBM 的沃森家族、康宁玻璃厂的沃伦康宁、仙童半导体公司的谢尔曼·费尔柴尔德。

硅谷最早研究和生产以硅为基础的半导体芯片。附近有斯坦福大学和加州大学伯克利分校。20 世纪 60 年代，美国西海岸开始接管深度科学技术产业，因为加州理工学院在尖端科学技术领域不断上升的领导力和斯坦福大学教授弗雷德里克·特尔曼的领导地位。硅谷的兴起与特尔曼的大力推动有关，他鼓励自己的博士们留校任教，同时创办科技公司，将科研技术转化为现实的生产力，使斯坦福大学成为高科技企业的孵化器。比如，1939 年特尔曼鼓励自己的两个学生威廉·休利特和戴维·帕卡德在自家的后院车库成立了惠普公司。

1955 年，诺贝尔奖得主威廉·肖利克在硅谷的贝克曼仪器公司建立了肖克利半导体实验室，斯坦福大学的特尔曼帮其招募了优秀人才。1957 年，八个人从该实验室出走，组建了著名的仙童半导体公司，投资方是谢尔曼·费尔柴尔德。20 世纪 70 年代，美国硅谷地区成立了多家风险投资公司，投资了大量的高科技企业（见表 8-10）。亚瑟·洛克被称为美国风险投资之父，对半导体行业非常关注，说服了投资人谢尔曼·费尔柴尔德投资仙童半导体公司。我们看到仙童半导体公司是硅谷高科技产业发展起到了关键作用。因为仙童半导体公司培养了大量的技术人员和优秀的经理人，许多人离开仙童公司后，创办了高科技公司或者风险投资公司，比如 KPCB 和红杉资本的创始人，苹果和英特尔公司的创始人。而亚瑟·洛克也因为先后成立了两家风险投资公司——投资英特尔和苹果公司，名声大噪。

创新企业的成功一方面成就了风险投资公司或风险投资人，另一方面也让更多的创新企业加入风险投资行业，企业风险投资机构也比较普遍，比如英特尔公司、IBM、高通公司、威瑞森公司、诺华公司等。可以看出，硅谷的崛起，离不开斯坦福大学这一创新的源头，斯坦福大学孵化器将产学研做到了极致，链接了密集的科研机构，浓厚的创业氛围、包容的社会环境吸引了大批优秀人才来硅谷创业，也吸引了大量的风险投资。

表 8-10　美国硅谷地区的高科技公司和风险投资方

成立年份	风险投资机构	风险投资机构的合伙人	投资的公司
1965	格雷洛克资本管理公司（Greylock Capital）	威廉·埃尔弗斯（曾在 ARD 任职）、谢尔曼·费尔柴尔德（其父亲曾投资 IBM）、沃森家族（IBM）、沃伦·康宁（康宁玻璃厂）	仙童半导体公司
1972	KPCB	尤金·克莱纳（仙童公司）、汤姆·帕金斯（多里奥特的朋友）	天腾电脑公司、基因泰克公司、康柏公司、太阳微系统公司、莲花公司、网景、美国在线、亚马逊、Google
1972	红杉资本	唐纳德·瓦伦丁（仙童公司）	雅达利游戏公司、苹果公司（创始人马库拉曾在仙童公司任职）、思科、甲骨文、谷歌、Airbnb
1961	戴维斯洛克公司，1968 年解散	亚瑟·洛克（曾是海登斯通的投资银行家）、汤米·戴维斯	英特尔（罗伯特·诺伊斯、戈登·摩尔曾是仙童公司创始人）、科学数据系统公司（11 位计算机科学家创办，研究大型科学计算机）
1968	洛克	亚瑟·洛克（海登斯通的投资银行家）	苹果公司（创始人马库拉曾在仙童公司任职）
1969	梅菲尔德基金	汤米·戴维斯	雅达利游戏公司
1980	机构风险合伙机构	里德·丹尼斯	Altera、LSILogic 和西捷科技
1969	富达创业投资公司		雅达利游戏公司

　　资料来源：［美］道格拉斯·W. 贾米森、［美］斯蒂芬·R. 韦特. 《科技创投启示录》，桂曙光、于进勇、李潇译，机械工业出版社 2018 年版。

　　3. 美国风险投资多样性崩溃

　　大量创业公司的成功使风险资本获得了超额回报，大量资本流入风险投资使风险投资行业进一步机构化。但新基金的增加、流入的资金量太大大大超越了普通合伙人的管理幅度，管理难度也增加，与创业公司打交道的投资经理或基金管理人也可能并不是对这家公司的最终投资决策或未来融资有投票控制权的人。特别是 2000 年互联网泡沫破灭，导致 2001~2010 年是风险投资表现最差的十年之一。因此，风险投资行业很快做出了改变，为了能在三年内将资金投出，投资机构必须在此时间框架内寻找并投资迅速成长的公司，更快地实现回报，而互联网产业完美契合了不断发展的风险投资模式。

　　计算机科学具有理论和应用的两面性：理论方面，如计算理论、算法与数据结构、信息与编码、编程语言理论等都需要深度科学的知识；应用方面，如人工智能、计算机体系结构与工程、计算机安全与密码系统等也需要深度科学知识，但是软件工程、应用程序开发、计算机网络、计算机图形学及数据库系统可以迅速得到应用开发。

20 世纪 90 年代末到 21 世纪的前 20 年，风险投资业务出现了明显的转变，从支持深度科学的变革型技术，迁移到软件投资领域，尤其是科学研发项目获得美国风险投资家的关注和支持逐步减少，可能与科学相关研究的回报潜力下降有关。从表 8-11 中可知，2014 年风险投资硅谷遗产（计算机及外围设备、半导体、电子及仪器）的项目占比只有 4%，而 1985 年能占到 23%。投入深度科学的项目数量占比从 1985 年的 51% 下降到 2014 年的 25%，而软件及相关领域却从 1985 年的 28% 上升到 2014 年的 52%，其中软件为 41%。

表 8-11 1985 年、1995 年、2014 年美国风险投资所投的行业分布占比   单位：%

领域	总投资额占比			总投资项目占比		
	1985 年	1995 年	2014 年	1985 年	1995 年	2014 年
软件及相关领域	26	27	53	28	30	52
软件	22	15	41	24	23	41
媒体及娱乐	4	12	12	4	7	11
深度科学领域	56	44	25	51	41	25
生物技术	5	10	12	5	9	11
医疗设备	7	8	6	10	9	7
计算机及外围设备	16	4	3	12	5	1
半导体	9	3	2	6	3	2
电子及仪器	4	2	1	5	3	1
网络设备	8	5	1	6	4	1
通信	6	12	1	6	7	1
工业/能源	7	7	5	9	7	6

资料来源：［美］道格拉斯·W. 贾米森、［美］斯蒂芬·R. 韦特.《科技创投启示录》，桂曙光、于进勇、李潇译，机械工业出版社 2018 年版。

软件行业比较成功的公司有 Facebook、苹果、亚马孙、谷歌、Twitter、优步。风险投资越来越集中于软件行业，导致了风险投资多样性的崩塌，其症状是独角兽公司的崛起，有超过 100 家风险投资支持的公司估值超过 10 亿美元，而只有 10 家被认为是深度科学公司，占独角兽公司总量不到 10%。在风险投资历史上，除了 iPhone 公司，还没有任何其他私人公司在上市之前获得接近 10 亿美元的估值，即便是思科、英特尔、微软这样的公司，上市以后才会达到这个估值水平。美国西北大学的罗伯特·戈登认为，2020 年经济增长的下滑是因为科学进步被限制在娱乐、通信以及信息收集和处理，风险投资家支持的技术和创新的生产力可能已经减弱了。从图 8-8 中可知，2008 年美国金融危机虽然对风险投资打击较大，但是之后近十年新增项目数量呈快速增长的趋势，到 2018 年新增项目达到了 608 项，受新冠肺炎疫情影响，2020 年新增项目数量减半，为 339 项，但募集的资金规模仍创历史新高，为 740 亿美元。

图 8-8　2004～2020 年美国风险投资募集资金规模和新增项目数量

资料来源：［美］道格拉斯·W. 贾米森、［美］斯蒂芬·R. 韦特.《科技创投启示录》，桂曙光、于进勇、李潇译，机械工业出版社 2018 年版。

（二）中国风险投资的发展

风险投资是指向初创企业投资。在我国，创业投资基金或产业投资基金实际上就是风险投资。科技创新是一项国家战略，因此风险投资行业的发展围绕着两条线：一条线是国家投入大量的科研经费，然后通过高新技术区或者孵化园实现产研结合，为技术成果转化中的初创企业给予相应的政策和资金支持，比如政府出资设立的风险投资机构，通过减税或者补贴的方式直接扶持初创企业。另一条主线是民间投资，主要是创业成功的企业家转身进行天使投资、风险投资和私募股权投资；还有一部分风险投资机构与国家风险投资机构或者个人进行合资或合作设立，在资金和管理经验上实现双赢。

1985 年 3 月，中共中央作出的《关于科学技术体制改革的决定》首次指出"对于变化迅速、风险较大的高技术开发工作，可以设立创业投资给以支持"，随后 1985 年 9 月由国务院批准，原国家科委出资 10 亿元成立了中国新技术创业投资公司（以下简称"中创公司"），配合"火炬计划"的实施。中创公司是我国设立的第一家专营风险投资的股份制公司。中创公司于 1998 年 6 月被清算，原因是违规炒作房地产和期货。从成立到清算期间，中创公司发挥了重要的作用，业务涉及创业投资、信托、项目投资、证券业务、资产管理业务、企业融资等，并在 1991 年与渣打银行、亚洲开发银行等公司合资成立中国置业投资控股有限公司，在中国香港上市，是当时中国境内第一个在境外上市的创投基金。

1988 年 8 月，经国务院批准，开始实施加速我国高新技术产业发展的"火炬计划"，是促进高技术、新技术研究成果商品化，推动高技术、新技术产业形成和发展的部署和安排；1989 年 10 月，科技部火炬高技术产业开发中心正式成立，负责火炬计划的具体实施；2006 年 5 月，科技部对原科学技术部火炬高技术产业开发中心、科学技术部科技型中小企业技术创新基金管理中心、中国技术市场管理促进中心进行了合并重组，组建了科学技术部火炬高技术产业开发中心。

1992 年，国务院下发《国家中长期科学技术发展纲领》，要求开辟更多的创业投资渠道支持科技发展。随后，上海、浙江、江苏、广东、重庆等地方政府出资设立的创业投资机构兴起。由于科技创新风险较大，政府牵头设立的创业投资机构，在运作模式上需要探索出中国特色。1993 年 8 月，为了支持淄博作为全国农村经济改革试点示范区的乡镇企业改革，建立了淄博乡镇企业投资基金，是中国第一只公司型的创业投资基金，并在上交所上市。

1995 年，中共中央、国务院发布了《关于加速科学技术进步的决定》。风险基金的概念首次进入我国的法律体系，1996 年通过的《促进科技成果转化法》鼓励设立科技成果转化基金或风险基金。1998 年 1 月，原国家科委牵头原国家计委等七部委成立了"国家创业投资机制研究小组"。原国家计委在总结淄博基金运作经验的基础上，开始系统研究发展产业投资基金的有关问题，并向国务院提出开设创业板的建议，来推进创业投资制度的建设。1998 年，民建中央向全国政协会议提交了《关于加快发展我国风险投资事业的提案》，促进了社会各界对创业投资的关注和重视。1999 年，国务院办公厅发布了《关于建立风险投资机制的若干意见》，这是第一个有关创业投资发展的战略性、纲领性的文件。2000 年，由科技部主导在国家级高新技术开发区内设立了 6 家试点风险投资机构。

2003 年，原国家计委改组为国家发展改革委，2005 年 11 月，国家发展改革委等十部委联合颁布了《创业投资企业管理暂行办法》，规范了创业投资企业的设立与备案制度，投资运作，政策扶持和监管措施。2007 年，科技部和财政部联合发布《科技型中小企业创业投资引导基金管理暂行办法》，在技术创新基金中设立了科技型中小企业创业投资引导基金项目，主要采取风险补贴和投资保障两种支持方式。基金主要用于引导地方、创业投资机构及其他社会资金支持处于初创期的小型微型企业等。国家发改委和财政部将根据有关法律法规设立国家中小企业发展基金，基金的资金来源包括中央财政预算安排、基金收益、捐赠等。中央财政安排资金 150 亿元，分 5 年到位，2012年安排 30 亿元。国家鼓励社会向基金捐赠资金，对向基金捐赠资金的企事业单位、社会团体和个人等，企业在年度利润总额 12% 以内的部分，个人在申报个人所得税应纳税所得额 30% 以内的部分，准予在计算缴纳所得税税前扣除。除设立国家中小基金外，国家有关部门还将在完善财税政策、优化服务环境等多方面支持中小企业发展，比如政府采购。

火炬计划的具体实施：

第一，建立高新技术开发区，截至 2019 年全国共有 129 个，高新技术企业 218544 家。

第二，建立科技企业孵化器，截至 2019 年全国共有 5206 个，孵化的企业 21628

家，其中高新技术企业 15370 家。[1] 左志刚根据 CVsoure 数据库和公开资料搜集的近十年 3489 家风险投资公司中，孵化器参与风险投资机构达到了 166 家，占比 4.8%，其中，直接参股的有 69 家，占比 2.0%（见表 8-12），表明孵化器与风险投资机构之间有密切的合作关系，这从孵化器的服务功能中也不难理解，风险投资机构为孵化器中入驻的企业提供融资服务。

表 8-12　2005～2015 年中国的孵化器参与风险投资的情况（基于调查样本）

项目	全国				广东			
	机构数（家）	占比（%）	涉及投资事件（宗）	占比（%）	机构数（家）	占比（%）	涉及投资事件（宗）	占比（%）
活跃机构数	3489	100	7909	100	403	100	1171	100
孵化器参与的机构数	166	4.8	457	5.8	32	7.9	49	4.2
其中：直接股权关系	69	2.0	264	3.3	24	6.0	44	3.8
间接股权关系	97	2.8	197	2.5	8	2.0	5	0.4

注：直接股权关系是指投资机构由孵化器控股或参股，或者投资机构在孵化器中有股权；间接股权关系是指投资机构与某孵化器同属于第三方。

资料来源：左志刚：《促进风险资本与孵化器投资合作的机制和政策研究》，经济科学出版社 2018 年版。第 65 页；CVsoure 数据库。

第三，国务院先后批复的国家自主创新示范区，截至 2020 年共有 21 个：中关村、武汉东湖、上海张江、深圳、江苏苏南、湖南长株潭、天津、成都、西安、杭州、珠三角、郑洛新、山东半岛、沈大、合芜蚌、福厦泉、重庆、兰白、宁温、乌昌石、鄱阳湖国家自创区，涉及全国 56 个城市，62 个国家高新区，国家自创区内高新技术企业 81636 家，占全国高新区高新技术企业数的 29.7%。[2]

第四，2011 年 7 月，科技部启动实施了"创新型产业集群建设工程"，目的是促进传统产业转型升级和新兴产业培育发展，从而提升区域和产业的整体创新能力及国际竞争力，截至 2018 年，全国范围内遴选了 61 个创新型产业集群试点单位和 47 个创新型产业集群试点（培育）单位。[3]

第五，举办中国创新创业大赛和中国创新挑战赛。2011 年开始每年举办一次创新创业大赛，以新一代信息技术、生物、高端装备制造、新材料、新能源、新能源汽车、节能环保几大主题；指导委员会由创投行业著名人士、知名创业企业家、金融机构及

---

[1]　科学技术部火炬高技术产业开发中心：《2020 中国火炬统计年鉴》，中国统计出版社 2020 年版。

[2]　资料来源：科学技术部火炬高技术产业开发中心官网，http：//www.chinatorch.gov.cn/cxsfq/zzcx/list.shtml。

[3]　资料来源：科学技术部火炬高技术产业开发中心官网，http：//www.chinatorch.gov.cn/cyjq/gaikuang/2018 07/9ae71760c5d74ed09252077172a0d557.shtml。

行业专家组成，其中有天使投资人、风险投资机构和私募股权投资机构的合伙人加入指导委员会。中国创新挑战赛的目标是企业集中发布技术工艺中的需求，以揭榜挂帅解决企业需要，征集解决方案，激发创新潜力。

一条主线是风险投资行业中的社会资金的投入。本土的风险投资基金在 20 世纪 90 年代以前主要是国家推动。随着美国硅谷高科技的崛起和风险投资的大发展，全球性的第三次工业革命的浪潮也进入了我国，特别是一些留美人士，看到了信息技术和互联网的商机以及国家对高科技发展提供了宽松的环境，纷纷回国创业。从这一点也能看到，近 20 年比较成功的公司大部分是信息技术和互联网行业，比如百度、腾讯、搜狐、阿里巴巴、今日头条、滴滴出行等。2016 年风险投资布局的行业中，计算机运用最多，有 5294 个案例，远远超过其他行业（见图 8-9）。

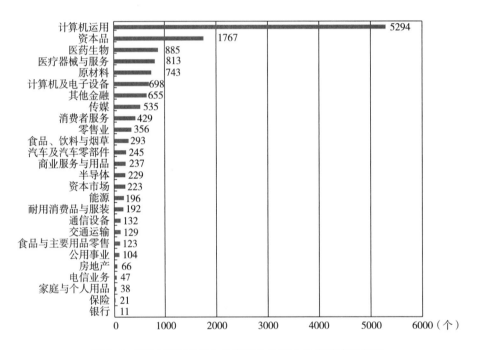

图 8-9　2016 年我国创业投资基金分行业投资的案例数量

资料来源：中国证券投资基金业协会：《中国证券投资基金业年报 2016》，中国财政经济出版社 2018 年版。

硅谷模式可以在全球复制，美国的风险投资逐步向其他国家扩张，尤其是飞速发展的发展中国家，容易产生巨无霸公司，风险投资成功的概率更高。1992 年，美国国际数据集团（IDG）投资成立了第一家外资风险投资公司——美国太平洋风险投资公司。

1995 年，我国政府通过了《设立境外中国产业投资基金管理办法》。1995 年，清华留美博士张朝阳将搜狐和风险投资带入中国，并于 1998 年正式成立搜狐网，开始了引领中国互联网发展的征程。腾讯的马化腾、百度的李彦宏、盛大的陈天桥、搜狐的张朝阳、阿里巴巴的马云在创业投资过程中都获得了国外风险投资机构的支持，并在海外上市，风险投资机构获得了巨额回报。随着中国 IT 行业和互联网的快速发展，特别是 2003 年《外商投资创业企业管理规定》的出台，其目的是鼓励外国公司、企业和其他经济组织或个人来华从事创业投资活动，建立和完善中国的创业投资制度。随后，大批的风险投资基金比如红杉资本、华平、凯雷、新桥、鼎辉、戈壁、德同等基金纷纷进来，也推动了本土股权投资机构的发展。

一些曾经接受过风险投资而创业成功的企业家，获得巨额收入后，转身加入了天使投资和风险投资行业，比如雷军、马化腾、李开复、柳传志、马云等，李开复的创新工场是以孵化器的形式进行投资。还有一些有欧美工作背景的创业成功者或商科学生，与国家大的风险投资机构合作，比如前面提到的美国风险投资机构中，梅菲尔德基金（Mayfield Fund）与金沙江创业投资基金（GSR）合作；2005 年风险投资机构 Accel Partners 与国际数据集团（International Data Group）合作；2007 年 KPCB 与华盈基金、赛富投资等合作，推出第一只海外基金——凯鹏华盈中国基金；2005 年 9 月，红杉资本与沈南鹏合作，共同成立了红杉资本中国基金。

从图 8-10 中可知，2019 年我国创业投资基金的投资人中，企业投入 5428.22 亿元，居民投入 1801.10 亿元，资管计划募集资金 2698.60 亿元，政府资金 921.35 亿元。可以看出，来自企业的资金占到了约 45%，居民约 15%，充分调动了社会资本投资的积极性。

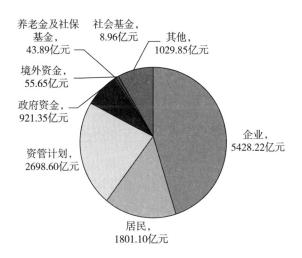

图 8-10 2019 年我国创业投资基金的投资人结构

资料来源：证券投资基金业协会。

【案例阅读】

红杉资本中国

红杉资本是一家投资公司，在 1972 年创立，位于美国硅谷，成立至今已有 50 年的时间。在这期间，红杉资本投资过的公司已超 500 家，其中有 200 家已经成功上市，曾先后投资了苹果、思科、甲骨文、谷歌、Airbnb 等著名科技公司。

红杉资本目前在美国、印度、中国都设有基金公司。2005 年 9 月，红杉资本与沈南鹏合作，共同成立了红杉资本中国基金，专注于科技/传媒、医疗健康、消费品/服务、工业科技四个方向。该投资公司在中国的投资范围也十分广泛，涉及了科技、汽车、药业、电子商务、网上商城等众多领域，举几个我们所熟悉的例子，比如阿里巴巴、今日头条、滴滴出行、蔚来汽车、中通快递等。红杉资本中国的管理基金规模已经接近 1000 亿元人民币，在中国投资了超过 500 家企业，其中有 50 家以上的企业成功完成 IPO。布局了京东、阿里巴巴、新浪、奇虎 360、美团点评、滴滴出行、今日头条、唯品会、华大基因、大疆创新、贝达药业、诺亚财富、中通快递、摩拜单车等公司。

从 2007~2013 年红杉资本中国所投公司进入下一轮的比例来看，2013 年投资的公司已经有 87.8% 走到了下一轮，2014 年为 63.42%，2015 年为 57.92%，2016 年为53.95%，2017 年所投资公司进入下一轮的比例就达到了 18.18%。近 5 年所投公司进入下一轮的平均值为 56.25%，即超过一半的项目都能走到下一轮。这也说明能够引入大的风险投资机构，对于创业企业的后续融资至关重要。

资料来源：36 氪网，https://www.36kr.com/p/1722198392833。

二、风险投资的项目选择和案例

从创业企业的生命周期来看，企业创业过程可以分为种子期、起步期、扩张期、成熟期、衰退期五个阶段。

中小微创业企业在发展和融资需求的特征：一是信息不对称比较严重；二是创业成功的不确定性较高；三是科技型中小微创业企业的资产结构中无形资产占比较高；四是中小微创业企业的融资需求呈现阶段性特征，早期发展阶段需要比例大、规模小的股权投资，中后期发展则可能以可转换优先股、可转换债券等准股权方式融资。

创业投资基金对解决中小微企业融资难问题做出了贡献：一是创业投资基金从项目来源、初步筛选、尽职调查、项目估值、投资条款的安排、投资后管理等多个环节，用多种机制尝试获取真实的信息；二是创业投资基金采取股权投资方式，通过创新的动态估值方法，以实现风险和期望收益的均衡匹配；三是创业投资基金通过丰富有效的投资后监督和增值服务，帮助被投资中小微企业更好地应对创业过程中的各种问题，提高创业成功的可能性；四是企业无须担保，根据中小微创业企业发展的特点进行分阶段的投资。

（一）风险投资的项目选择

风险投资选择什么样的企业，或者什么企业会受到风险投资的青睐？项目是企业资产的内容，企业是项目的拥有主体，是参与项目投资？还是参与企业投资？比如，公司有一个项目，一种方式是投资项目本身，另一种方式是投资企业，也就间接地拥有了项目。风险和收益是对等的，风险投资大部分投资的是穷人的风险项目，经营家更愿意投资项目，拿到项目来进行管理和运营，而资本家更愿意投资企业，不愿花时间管理，将经营家和资本家结合，即经营家是普通合伙人 GP，资本家就是有限合伙人 LP。

风险投资投入初创期的企业，天使投资会更早，项目选择是投资方能否获得回报的关键。比如柏尚投资曾经拒绝投资英特尔、苹果、eBay、康柏、谷歌；当年腾讯初创时，拜访了多少互联网巨头，想要被收购，但是都被一一拒绝，反而是一家南非的投资公司进行了巨额投资，获得了超额回报。私募股权投资基金的投资风格更为稳健，往往在风险投资之后才会介入，并且采取合投的方式，而风险投资相比天使投资所投的资金量更大，承担的风险更大，因此，风险投资家的眼光和抗风险能力会很大程度地影响选择什么样的项目，有的关注人、有的关注企业、有的关注项目本身。图 8-11 是风险投资的流程，也适用于私募股权投资，不同的项目在某一个流程环节所作的工作是不一样的。

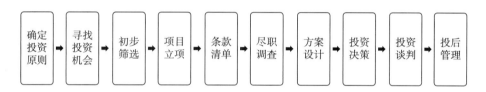

图 8-11 风险投资流程

1. 确定风险投资的原则

风险投资要符合《证券投资基金法》中对私募基金的具体要求。根据投资人的创业经验或者从业经验，确定投资的行业范围，投资创业企业生命周期的哪一个阶段，投资的地域和战略目标，投资的组织形式是跟投还是主投。

2. 寻找项目、筛选项目、项目立项

创业企业有一个好的创新项目，是风险投资初步筛选的对象。创新包括商业模式的创新、产品与服务的创新、流程的创新和技术的创新（见图 8-12）。美国风险投资的发展离不开硬科学技术的创新，风险投资支持的技术创新成果被进行商业化转化的过程。因此，在风险投资的原则下，四种创新模式中的任何组合，都有可能会创业成功，当然四者都兼顾的创新是少之又少。科技创新具有较好的市场进入壁垒、政策保护制度安排和专利保护器，投资这一类创新，收益高、风险也高。当然，好的技术必须有好的商业模式来运作，最终将产品和服务投放市场。随着公司规模的扩大，管理层级的增加，要逐步在流程上进行创新。

哈佛大学商学院的教授加里·皮萨诺（Gary P. Pisano）构建了风险投资的框架，目的是评估风险投资促进创新并激发经济活力。

图 8-13 中的框架将风险投资划分为四个象限：①颠覆式，需要一个新的商业模式，但是可以利用现有的技术能力，比如共享出行，改变了人们的出行方式；②结构式，既需要新的商业模式又需要新的技术能力，比如个性化医疗；③例程式，既利用现有的商业模式，也利用现有的技术能力，比如在皮克斯动画工作室；④激进式，利

用现有的商业模式，但需要新的技术，比如制药公司需要生物技术开发新的药物。例程式和激进式都是运用现有的商业模式，也就是在现有的公司下进行产品创新和技术创新，而这些公司往往是较为成熟的公司，或者有较为成熟的市场，并不是风险投资关注的对象。而颠覆式和结构式象限的创业公司，往往处于市场或行业培育的早期阶段，风险投资进入最有可能获得超额收益。当然，风险投资投入生物技术是一个成功的例子，主要归功于生物技术极大地提高了治疗干预的机制和效果。

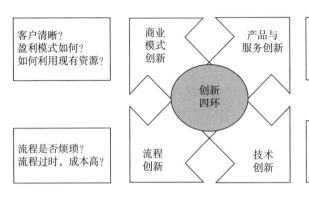

图 8-12　创新的类别

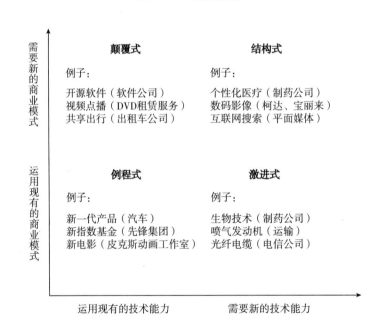

图 8-13　加里·皮萨诺定义的风险投资框架

资料来源：Pisano G P. "You Need an Innovation Strategy", *Harvard Business Review*, Vol. 6, 2015, pp. 44-54.

　　首先寻找项目，既可以吸引项目来找风险投资，也可以是风险投资寻找项目。寻找投资机会的渠道有很多，可以进行前瞻性挖掘，比如画出行业发展路线图、参加科技会议、阅读行业期刊、通过中介机构寻找项目，关注全球知名风险投资机构的动向，或者到相关的孵化器找合适的项目。

其次筛选项目，就是将具有投资机会和发展潜力的项目进行初步筛选。比如 Lerner 从 90 个风险资本家获得的 41 个项目的数据，归纳出企业吸引风险投资的五个因素：①市场吸引力，可以从产品的市场容量，客户的需求来分析公司能够达到什么规模；②产品差异化，从产品的独特性、专利、技术优势、利润率等方面考虑；③管理能力，企业家的营销、管理和融资的能力，以及企业家的背景和经验；④外部环境威胁下的抵御能力，从技术的生命周期、进入壁垒、产品生命周期的稳健性、下行风险的保护措施等；⑤退出方式，创新企业被并购或者上市的可能有多大。

最后投资人与目标企业达成初步合作意向后，即项目立项。

3. 条款清单、尽职调查、方案设计

项目立项后，要对具体项目进行深入的调查，目的是进行公司估值，为确定投资金额和持有的股权比例做准备，最终设计投资方案，拟定投资条款清单。

尽职调查是对本次投资有关的事项进行现场调查，资料分析的一系列活动，尽职调查包括商业尽职调查、法律尽职调查和财务尽职调查。

（1）商业尽职调查或战略尽职调查。

商业尽职调查是专业的管理及咨询团队分析研究目标公司的商业模式、商业前景和未来的发展趋势，要从行业、市场、客户、竞争者、企业等进行综合分析。当然，初创公司的商业模式可能还不够健全，如果项目确实好，这些不健全都会随着企业的运转而不断完善，同时也是风险投资参与企业管理的突破口，帮助初创企业完善商业模式。商业模式的分析可以采用图 8-14 的九大模块，将每个项目的具体内容填入，分析项目的哪个模块是优势，哪个模块是弱势。

重要伙伴 KP Key Partnership	关键业务 KA Key Activities	价值主张 VP Value Propositions	客户关系 CR Customer Relationships	客户细分 CS Customer Segments
	核心资源 KR Key Resources		渠道通路 CH Channels	
成本结构 CS Cost Structure			收入来源 RS Revenue Streams	

图 8-14 商业模式的九大模块

行业分析中要特别关注国家政策导向，政策扶持，税收减免与财政扶持，这些对初创企业比较重要。企业的分析主要是对管理层的创业能力、企业的战略、经营理念、采购、生产、销售的状况，以及同业竞争与关联交易。

（2）法律尽职调查。

法律尽职调查主要核查创业企业的注册信息和许可经营范围、公司章程、创始人的股权分配方案、股权的瑕疵、知识产权的瑕疵、融资与担保情况、潜在的诉讼或破产清算等。初创企业成立的早期要将技术成果进行商业化，因此要从商业化的角度对企业的合规性进行深入调查。如果是科技类的公司，知识产权、专利是未来发展的保障是调查的重点，还有公司设立时的出资状况和股权分配协议等都会关系到风险投资方的利益。

（3）财务尽职调查。

财务尽职调查的目的是对报表的真实性进行判断，分析历史的盈利、现金流、资产负债内部控制、经营管理的状况，为融资缺口的测试、公司估值和交易谈判做准备。初创公司可能没有历史记录可以借鉴，现有的现金流不存在或者为负数，没有可比公司做参考，什么时候进入成长期难以判断，因此会大大影响估值的准确性。

当然，这也是风险投资必须要承担的风险。风险投资基金投资人意识到他们在投资上的损失可能比他们赚的钱多很多，因此投资人不会一次性地把所有的钱都投出去，也不会将鸡蛋放在一个篮子里，只投一个项目，10 个项目有 1 个成功的，获得的收益可能足以弥补其他 9 个项目的损失，比如德丰杰公司投资百度。要想成功，风险投资机构必须培育许多颠覆性的想法，比如花 5～15 年的时间，只有一小部分人会在合适的时间找到合适的市场，并且勇敢地执行，最终成为改变某一细分市场的公司。

4. 投资决策与投资谈判

尽职调查后，最终确定投资的项目，设计投资方案，与被投资方进行谈判，签订最后的投资协议。投资谈判主要是对投资协议中的条款清单进行逐个敲定和协商。比如投资的方式、投资额度、持股比例、限制性条款等。

限制性条款主要是从保护投资者的角度来设计的。比如优先权条款、反稀释条款、特殊权利安排、对赌协议等。有很多的案例中，初创企业和被投资机构之间出现的矛盾往往都是投资协议执行过程中双方按照各自的利益执行而产生的。比如，优先权条款是创业公司在分红、清算等条件时，为了保护投资者的权益，要优先分红，优先清偿；反稀释条款是初创企业后续的融资中引入其他的投资方时，会面临股份被稀释的风险，因此反稀释条款是保护投资人的股份不被稀释而采取的措施；特殊权利安排，比如股权质押、退出机制、创始人股权锁定等；对赌协议是一种期权形式，是对未来不确定情况的一种约定，通过条款设计保护投资人的利益。

投资谈判的轮次不定，比如阿里巴巴集团在创业初期，孙正义主动与马云会面，最传奇的是经过马云 6 分钟的概念阐述，孙正义当即决定投资阿里巴巴集团，在没有实地考察的情况下决定投资 4000 万美元；第二次会面商谈后，孙正义投资 3000 万美元，占阿里巴巴集团股份的 30%；马云回到杭州后，经过冷静思考，立刻与软银进行重新谈判，最后投资 2000 万美元。

5. 投后管理

投资以后参与创业企业管理，比如帮助企业完善商业模式，聘用高管，管理培训和咨询协助后续融资等增值服务。初创企业的风险投资方类似于创始人，当然有些资本家只投，不参与管理，有些风险投资机构利用自己的管理经验和行业的影响力可以帮助企业成长。增值服务比如利用 PE 和 VC 的机构品牌，可以更好地发展和上市，增加谈判成本，提高退出的回报，降低投资风险。有远见的创业企业在选择 PE 或 VC 时，不仅会比较投资实力，还会衡量机构是否适合企业自身的发展，能够在专业领域对企业的发展提供指导性意见。

还要注意到，早期创业公司可能面临经营不下去的风险，风险投资方是要继续注资还是退出都是有可能的。比如 2005 年，阿里巴巴集团与国际 C2C 巨头 eBay 的抗争中，孙正义起到了重要作用，选择继续投资，支持阿里巴巴；而腾讯在创业早期，面临两次被卖掉的危机，IDG 和香港盈科数码在 A 轮 220 万美元的风险投资后，再没有注资，而是在腾讯面临两次危机的过程中，帮助其寻找愿意收购腾讯的公司和新的投资人，目的是尽早退出，降低损失。因此，风险投资的投后管理可能会与初创企业并肩而战，也有可能会中途退出断送创业企业。

（二）风险投资的案例

【案例阅读】

民营企业蒙牛的融资之路

1999 年 1 月，牛根生创立了"蒙牛乳业有限公司"，后更名为"内蒙古蒙古乳业股份有限公司"（以下简称"蒙牛"）。2002 年，作为一家没有任何背景的民营企业，蒙牛经受了初创期的种种考验和煎熬，企业经营初具规模。三年间，蒙牛的总资产从 1000 多万元增长到近 10 亿元，年销售额从 1999 年的 4365 万元增长到 2002 年的 20 多亿元，在全国乳制品企业排名中，从 119 位上升到第 4 位。

2001 年左右，中国液态奶市场的需求很大，人均液态奶消费量为 2.2 公斤，是日本的 1/18，韩国的 1/29。要抓住乳业发展的机会，在全国建立生产和销售网络，需要大量资金。从融资的角度，蒙牛的商业模式的重品牌、轻资产，银行贷款有限，A 股上市又需要好几年，等不起。蒙牛也尝试过民间融资，虽然有一家企业愿意投资，但是要持有 51% 的控股权；另一家准备要投资，但是被竞争对手给劝住了；还有一家上市公司有投资意向，但是因为一把手被调走而搁置了。2002 年初，在法国百富勤的辅导下，蒙牛准备在上市条件比较低的香港二板市场上市。

摩根士丹利和鼎晖两大私募投资公司劝蒙牛不要在香港二板市场上市，因为香港二板的流通性不好，机构投资者一般都不感兴趣，会影响企业的再融资。他们建议蒙牛引入私募投资者，资金到位、企业成长后直接在香港主板上市。自此，私募成为蒙牛融资的首选。

2002 年 6 月，摩根士丹利、鼎晖、英联 CIC 三家风险投资机构共投资 2597 万美元，折合人民币约 2.1 亿元，间接持有蒙牛 66.7% 的股权。操作的方式是：三家风险投资机构在开曼群岛注册了开曼公司，再设立开曼公司的全资子公司毛里求斯公司。蒙牛在英属维尔京群岛注册成立金牛公司。同时，蒙牛的投资人、业务联系人、雇员注册银牛公司。蒙牛旗下的金牛和银牛公司分别投资开曼公司 1134 美元和 2968 美元，以 1 美元/股，也就是 1134 股和 2968 股，再加上分别持有的 500 股旧股，合计 5120 股，记为 A 类股票。三家风险投资机构以 530 美元/股的价格投资毛里求斯公司 2.1 亿元，记为 B 类股票，也就是间接持有蒙牛 66.7%的股权。这样设计的原因是根据开曼群岛的公司法，公司的股份分为 A 类股和 B 类股，其中，A 类股一股十票投票权，B 类股一股一票投票权。蒙牛持有 A 类股，三个风险投资机构持有 B 类股，双方的投票权恰好是 51%和 49%，但收益权却是 9.4%和 90.6%。

这种投票权和收益权的不对等是风险投资机构设计的一个局。蒙牛要想以 51%的投票权获得 51%的收益（即通过可转换文据实现），必须完成"对赌协议"。对赌协议的内容是：2002 年 6 月到 2013 年 9 月要维持高增长，完不成则三家风险投资机构就会完全控制蒙牛，蒙牛团队会沦为打工者。对赌协议是一个期权，也是蒙牛的一次豪赌。到 2013 年 8 月，蒙牛已经提前完成了任务，根据蒙牛股份的财报，税收利润从 7786 万元增至 2.3 亿元，增长 194%，跻身中国乳业三甲，也变成了合资企业。私募不仅为蒙牛带来了高收益，还在对赌协议下掌握了控制权。

蒙牛的业绩也让三家风险投资机构愿意继续投资，但是牛根生坚持 32%的最高外资底线，因此三家风险投资机构以 3523 万美元（折合人民币 2.9 亿元）购买了 3.67 亿蒙牛上市公司可转债，约定未来转换价格为 0.74 港元/股，2014 年 12 月以后可转股 30%，2005 年 6 月可全部转股。这一次还是一个对赌协议，即蒙牛要在 2003~2006 年完成平均复合年增长不低于 50%，也就是 2006 年销售量要达到 120 亿元以上，如果达不到，公司管理层输给摩根士丹利大约 7830 万股的上市公司股份；如果达到目标，则对管理团队兑现同等的奖励（7830 万股）。对赌协议下，蒙牛开始狂奔，抛出了"蒙牛速度"，当然最后蒙牛完成了对赌协议。

2004 年 6 月 10 日，蒙牛在香港挂牌上市，公开发售 3.5 亿股，募集 13.74 亿港元，成为中国第一家境外上市的民企红筹股。上市后，三家风险投资机构开始陆续退出。IPO 时，三家机构套现 3.92 亿港元；2004 年 12 月，风险投资机构形式第一轮的可转股债券转换权套现 10.2 亿港元；2005 年 6 月 13 日，三家风险投资机构全部出售可转债，套现 16 亿港元，至此，三家风险投资机构全部退出。

三家风险投资 2002~2004 年共向蒙牛投入风险资金 6120 万美元，折合人民币 4.78 亿港元，通过蒙牛上市获得现金 29.74 亿港元，两年获利 5 倍多。当然，我们还要看到整个投资过程的设计和双方的发展状况。从风险投资机构的角度，通过在开曼群岛设立公司的操作，用 A 股和 B 股的方式设计的对赌协议，和蒙牛上市的对赌协议，目的都是加快蒙牛的发展，以实现更高价格的退出，也就是股份卖个好价钱。而对于蒙牛来说，面对国际风险投资机构的对赌协议，牛根生团队的经营策略和可转债的设计保住了控制权，同时利用私募基金的品牌帮助其上市，使上市过程更加顺利和成功，投资者也更加认可，实现了民营企业成长的奇迹。

资料来源：中国管理案例共享中心，沈俊、罗毅、徐蓉共同撰写的《风险投资：是天使还是魔鬼——蒙牛的融资之路》。

【案例阅读】

阿里巴巴与软银国际投资

阿里巴巴公司创业成功具有重要的意义，平台经济获得了巨大成功。1994 年，担任英语翻译的马云到美国出差，见识到了互联网。随后，马云先后创办了"中国黄页"和"对外经贸网站"，从做贸易网站到创立公司，再到拟定股份合同，蔡崇信起到了关键作用。

在创业之初的 1999~2000 年，阿里巴巴先后获得了高盛、富达投资、银瑞达共 500 万美元的 A 轮融资，以及软银中国等 2000 万美元的投资。2001 年底推出了"中国供应商"网络平台实现扭亏为盈，2003 年淘宝网上线，2004 年获得 8200 万融资，2005 年收购雅虎中国。此外，2003 年，国际 C2C 巨头美国 eBay 公司收购中国的"易趣"，组建"eBay 易趣"进入中国的 C2C 市场，与阿里巴巴竞争。

在长达四年的竞争中，淘宝网和 eBay 之间的"烧钱大战"不分胜负。2005 年 8 月，雅虎中国投资 10 亿元，淘宝商户继续免费使用三年，终于在 2006 年，eBay 退出中国市场，阿里巴巴获得了成功，并相继推出支付宝、阿里云，成为中国互联网三大公司之一。阿里巴巴于 2014 年和 2019 年分别在纽交所和港交所上市，募集金额分别为 218 亿美元和 3127 亿港元。

在整个创业过程中，孙正义给予了马云很大的支持，也收获了超额回报，2013 年马云宣布卸任阿里巴巴一职。

【案例阅读】

腾讯与南非 MIH 公司

腾讯公司的创始人：马化腾、张志东、曾李青、许晨晔、陈一丹，从创业之初模仿以色列人的 ICQ 做成的 OICQ 产品开始，一路走来，艰辛万分。为了卖掉公司，马化腾等人到处寻找愿意出钱的人，找了很多公司谈出售，但是出价未达到预期。

随后，腾讯找来了天使投资人刘晓松，出资 50 万元，占股 20%；2000 年 4 月，在腾讯没有清晰的商业模式时，两家风险投资 IDG 和香港盈科数码联合投资 220 万美元，各占 20% 的股份。2000 年底，由于腾讯快速盈利无望，烧钱太快，出现财务危机，风险投资机构不愿意追加投资，腾讯又开始想要卖掉公司。在这过程中，风险投资机构也加入拯救腾讯的行动中，纷纷联系买家，拜访了当时互联网的"大佬们"，搜狐、新浪、雅虎中国、金蝶、联想、中公网等都被一一拒绝。

转机来自一个总部设在南非的投资集团公司 MIH 在中国业务部的副总裁网大为，此人每到一个城市都会去网吧里看看年轻人在玩什么游戏，他惊奇地发现，所有网吧的桌面上都挂着 OICQ 程序，还有几家接受投资的公司总经理的名片上都印有 OICQ 号码，用户数量引起了该投资人的注意。最终，MIH 公司在 2001 年 6 月投资 1968 万美元，占股 32.8%，其中 IDG 转让 12.8% 的股份给 MIH，而香港盈科数码转让 20% 的股份给 MIH，两个风险投资在 2001 年时已经退出了大部分的股份。

当然，故事的结局是美好的，MIH 成为最大赢家，2004 年 6 月 16 日，腾讯在港交所上市，获得了超过 4300 倍的回报。上市之后的腾讯成为"公敌"，自 2005 年开始，经历起起伏伏，腾讯越来越成熟，成为中国互联网三巨头之一。

资料来源：投资界网站：《创投之巅中国创投精彩案例》，人民邮电出版社 2018 年版。

第四节　私募股权投资

一、私募股权投资基金概述

（一）全球私募股权投资基金的发展

股权投资起源于创业投资，1946 年成立的美国研究与发展公司（ARD），被公认为是全球第一家以公司形式运作的创业投资基金。1958 年，美国国会通过了《小企业投资法》，在联邦政府下设小企业管理局，小企业管理局制订了"小企业投资公司计划"，以低息贷款和融资担保的形式鼓励成立小企业投资公司，以增加对小企业的股权投资，使创业投资基金快速发展起来。

1973 年，美国创业投资协会成立，标志着创业投资在美国发展成为专门的行业。20 世纪 50~70 年代，创业投资基金主要投资于中小成长型企业。20 世纪 70 年代以后，创业投资基金开始将其领域拓展到大型成熟企业的并购投资。现代意义的私募股权投资公司是由前著名投资银行——贝尔斯登的三位合伙人于 1976 年成立的 KKR 投资公司，该公司专门从事并购业务。20 世纪 80 年代，美国的第四次并购浪潮催生了黑石（1985 年）、凯雷（1987 年）、德太投资（1992 年）等著名并购基金管理机构，极大促进了并购投资基金的发展。

1976 年，KKR 成立以后，随着并购基金数量的增多及所管理资产规模的扩大，2007 年数家并购基金管理机构脱离美国创业投资协会，发起设立了主要服务于并购基金管理机构的美国私人股权投资协议（PEC）。目前，全球规模化营运的私募股权投资公司已达数千家，其中 KKR 公司、凯雷投资集团、黑石集团和红杉资本等都是行业的佼佼者。在图 8-15 中，2003~2019 年全球私募股权投资基金的存量规模以 2008 年全球金融危机为分界点，2009 年的规模减少了一半，后面持续增加，截止到 2019 年为 894 万亿美元，已经超过了危机前的水平。2003~2019 年全球各种类型的私募股权投资基金中占比最高的是并购基金，2019 年占比达到 40%，还有一些特殊的基金，房地产基金、基础设施基金、自然资源基金等，占比也不低。

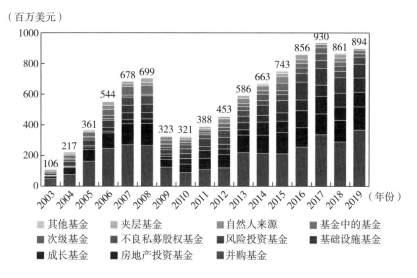

图 8-15 2003~2019 年全球私募股权投资基金的规模

资料来源："The Private Equity Market in 2020: Escape from the Abyss".

【延伸阅读】

KKR 的成长之路

1976 年,克拉维斯(Henry Kravis)和他的表兄罗伯茨(George Roberts)以及他的导师科尔博格(Jerome Kohlberg)共同创建了 KKR 公司,主营业务是收购、重整企业,尤其擅长管理层收购(MBO)。KKR 的投资方包括企业、公共养老金、金融机构、大学基金、保险公司等,在过去的 30 多年当中,KKR 累计完成了 146 项私募投资,交易总额超过了 2630 亿美元。

KKR 收购的原则:一是目标公司必须有好的现金流特征,即现金流必须稳定,至少是可预测的;二是目标公司必须在 3~5 年的时间里大幅度降低债务水平从而提高股权价值的潜力;三是目标公司有一位好的 CEO;四是收购建议必须被目标公司的董事会接受,以说服目标公司的经理一起入股,发挥治理公司的作用,然后在 5~7 年的时间里 KKR 做投资者,最后卖掉股份,实现资本增值。杠杆收购的融资模式大体为:股权资金 10%~20%,其他的 80%~90% 是债务资金来收购公司。当然,债务资本来自银行借款,必须保证借贷期限为 5 年以上。

1981 年,KKR 完成的 6 笔投资引来了媒体的报道,同年,美国也出现了近 100 起的杠杆交易,被人视为华尔街杠杆并购的领袖。当然,KKR 的其中一位离开了,原因是不赞成原来 KKR 的善意并购原则变为敌意并购,这引来了美国全社会的谴责,在整个 80 年代变得"臭名昭著"。

让 KKR 公司变得大名鼎鼎的是 20 世纪 80 年代末的"世纪大收购",KKR 以 250 亿美元收购 RJR 公司,创下了当时收购的世界纪录,收购结束的同年 10 月,美国出现了世界性的股灾，德崇破产，垃圾证券大王米尔肯等人被捕。两位华尔街日报记者的《门口的野蛮人》一书让公众对 KKR 的印象多是负面的。

表 8-13 列出了 KKR 的几个成功收购案例，都获得了巨额回报，当然 KKR 也有失败的时候。比如，在旗星公司收购案中，最终以旗星公司破产结束，KKR 损失了 3 亿美元。

表 8-13　KKR 部分成功的并购案例

目标公司	目标公司特点	目标公司可投资的关键因素	投资时间（年）	投资效果
A. J. Industries	摇摇欲坠的联合型大企业	1977 年 4 月，该公司的 CEO 雷蒙·欧可费非常执着，KKR 赋予他自主权，花两年时间重整了公司	2	KKR 赚下了足够的资金偿还债务
USNR	经营煤矿石，处于行业周期底部，股票跌破面值	1977 年股价低位，以 8.25 美元远高于股票交易价 5.6 美元收购，管理层拥有 20% 的股权	7	KKR 获得了 40% 的年收益率
R. J. Reynolds	香烟大王 RJR 与食品大王 NABISCO 合并后的雷诺—纳贝斯公司	1988 年，RJR 公司的董事长约翰逊以每股 75 美元（高于当日公司股价 53 美元）的价格收购了自己的公司，引来一些股东的不满。1989 年 2 月 9 日，KKR 以每股 109 美元，总金额 250 亿美元（总交易费用达到了 320 亿美元）的价格收购了 RJR 公司，创造了当时的世界纪录。其中，KKR 提供 20 亿美元、41 亿美元优先股、18 亿美元可转债，接收 48 亿美元 RJR 所欠债务，大通和花旗等银团提供 145 亿美元贷款，德崇和美林提供 50 亿美元过渡性贷款	10 个月	收购后的 10 个月，美国发生了股灾，德崇公司破产，垃圾证券大王米尔肯等人被捕，KKR 逃过一劫，但声誉大损，被写入《门口的野蛮人》
劲霸电池	食品加工巨头克拉福特的一个事业部，规模太小	1988 年，劲霸电池业务表现不错。克拉福特可能要将公司卖给柯达和吉利	12	投资 18 亿美元，1991 年 5 月劲霸上市，KKR 在 2000 年得到 23 亿美元的现金和 15 亿美元的股票
西夫纬连锁超市	食品连锁店	收购者可以从连锁店高额的人力资本和经营资本的投入中看到大幅削减成本的机会，而且连锁店也容易分割出售；1986 年达特集团要以每股 64 美元的价格购买西夫纬 6110 万股股票，这一收购不是善意的	13	KKR 以每股 69 美元的价格买下了全部公司，交易 41 亿美元。1990 年，西夫纬连锁超市重新上市。1999 年，KKR 出售了 50 亿美元的股票，仍然持有 20 亿美元的股票

续表

目标公司	目标公司特点	目标公司可投资的关键因素	投资时间（年）	投资效果
美国再保险集团	安泰公司的下属公司	1992 年，美国再保险市场不景气，安泰公司有将近 35 亿美元的不良贷款，急于出售资产，并同意为美国再保险公司的可能损失进行担保，除了已有的 21 亿美元的保险损失理赔准备金外，安泰还可以再增加 80%	4	以 14 亿美元收购美国再保险公司；1992 年美国再保险公司上市，到 1996 年 KKR 获得了 7 倍的投资收益

资料来源：陈溪、张志雄：《KKR 的故事》《科学与财富（价值）》，2005 年；潘启龙：《私募股权投资实务与案例》，经济科学出版社 2016 年版。

（二）我国私募股权投资基金的发展

中国的私募股权投资基金的探索与起步类似于风险投资，与国家需要开辟多种风险投资渠道来支持科技创新有关。实际上，1995 年以前中国并没有接触过真正的 PE，1995 年政府通过了《设立境外中国产业投资基金管理办法》[①]，目的是鼓励国外的风险投资来华投资，大批的风险投资基金，如红杉资本、华平、凯雷、新桥、鼎辉、戈壁、德同等纷纷涌入，也推动了我国本土股权投资机构的发展。截止到 2005 年末，中国境内的股权投资机构达到了 500 家。[②]

风险投资介入初创企业的早期，风险较大，而私募股权投资主要关注具有高成长潜力，并且未来 2~3 年能上市的公司，介入时间较晚，对孵化创新企业起到的作用有限，更多的是从逐利的角度出发，完成特殊目的的投资，比如并购基金。2004 年以前，私募股权投资主要是创业投资或风险投资，2004 年开始，私募股权投资与风险投资逐步分立，风险投资的规模日趋弱化，而狭义的私募股权投资基金（包括并购、成长、过桥资本）在规模上增幅较大，成为市场主流。全球最大的四家私募股权投资基金（百仕通、凯雷、KKR、TPG）开始在中国进行投资，比如，2004 年新桥收购深发展，2005 年凯雷收购太平洋保险和徐工科技（未成功），2006 年高盛收购双汇等标志性事件。

2003 年 3 月，十届全国人大一次会议审议通过国务院机构改革方案，决定将国家发展计划委员会改组为国家发展和改革委员会。2005 年 11 月，国家发展改革委等十部委联合发布了《创业投资企业管理暂行办法》，规范了创业投资企业的设立与备案制度，投资运作、政策扶持和监管措施。2006 年新修订的《中华人民共和国合伙企业法》中鼓励设立合伙型股权投资基金可以享受税收优惠。此外，2010 年通过的《外国企业或者个人在中国境内设立合伙企业管理办法》为外资设立合伙型股权投资基金提供了法律依据，为持续低迷的外资基金带来了转机。同时，这些政策也催生了企业、

---

① 该办法已于 2008 年废止。

② 资料来源：证券投资基金业协会。

民间资本纷纷涌入私募股权投资领域。比如，2006年12月30日，国务院特批的首只私募股权性质的投资基金——渤海产业投资基金在天津成立，该基金总规模为200亿元，首期募集60.8亿元，该基金的成立是中国本土私募股权投资基金发展的一个里程碑。在本土私募和外资的快速发展中，2009年10月23日，我国证券市场的创业板正式启动，为私募股权投资打通了重要的退出通道，对私募股权基金行业产生了深远的影响。随着投资的热情高涨，截至2010年底，中国市场中的投资机构激增到2500家。[①]

2010年之后，对于私募股权基金的监管更加规范和严格。2011年，国家发展改革委先后发布了《关于进一步规范试点地区股权投资企业发展和备案管理工作的通知》和《关于促进股权投资企业规范发展的通知》，由自愿备案变为强制备案，强化股权投资的监管。2014年8月，中国证监会发布《私募投资基金监督管理暂行办法》，对各类私募投资基金实行统一监管。2014年5月9日，国务院发布《关于进一步促进资本市场健康发展的若干意见》，明确提出培育私募市场，按照功能监管、适度监管的原则，完善股权投资基金、私募资产管理计划、私募集合理财产品、集合资金信托计划等各类私募投资产品的监管标准，依法严厉打击以私募之名的各类非法集资活动。2018年，证券投资基金业协会发布《私募投资基金非上市股权投资估值指引》。2020年，证监会发布《关于加强私募投资基金监管的若干规定》。

在"双创"政策和供给侧结构性改革的推动下，国内出现了大量优质的可投资项目，大批民营风险投资和私募股权投资机构涌现，行业竞争日益激烈。经过多年发展，私募基金行业在促进社会资本形成、提高直接融资比例、优化资本市场投资者结构、推动科技创新、服务实体经济发展等方面发挥了重要作用。截至2020年，已经登记的私募基金管理人2.46万个，已备案的私募基金9.68万只，管理规模15.97万亿元（见图8-16）。

图8-16　2014~2020年我国私募基金发展状况

资料来源：笔者根据中国证券投资基金业年报整理。

[①] 资料来源：证券投资基金业协会。

私募基金分为私募证券投资基金、私募股权投资基金、创业投资基金、私募资产配置类基金和其他私募基金。在图 8-17 中，2014~2020 年，私募股权投资基金发展速度最快，且占比最高，2020 年存量规模达到了 9.87 万亿元，占私募基金比例为58.21%。对支持实体经济起到了重要的作用。私募证券投资基金主要投资于证券市场，规模增速先上升再下降再上升，这与证券市场的发展有很大的关系。创业投资基金保持较低的规模，但是在缓慢上升。而私募资产配置类基金在 2020 年只有 9.77 亿元。

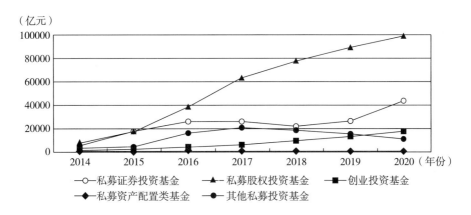

图 8-17 2014~2020 年中国私募投资基金的规模

资料来源：笔者根据中国证券投资基金业年报整理。

（三）私募股权投资基金的特点和分类

1. 私募股权投资的特点

私募股权投资基金有不同的组织形式，既决定了基金的不同运作特点，也决定了基金投资者对基金的权利和义务，影响着基金的决策程序和管理人积极性的发挥，以及投资人和管理人在风险和收益面前的不同权衡。私募股权投资基金运作的组织形式包括公司型、契约型、合伙型和其他（比如合作制）。在图 8-18 和图 8-19 中，对比2015 年和 2019 年我国私募股权投资基金的组织形式，采用合伙型的私募股权投资基金的数量最多，分别为 5011 只和 21038 只，占比分别约为 77% 和 74%。

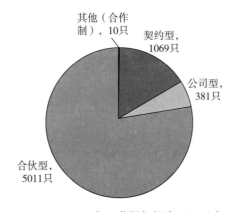

图 8-18 2015 年私募股权投资组织形式

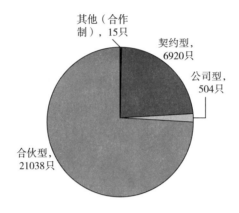

图 8-19   2019 年私募股权投资组织形式

私募股权投资会寻找高成长性的未上市公司，对其进行注资以获得一部分股份，以期未来 2~3 年公司上市后转让股权获利。公司快上市时的融资目的是获得充足的现金流以维持高增长，为达到上市要求做准备，这需要大量资金，但是私募股权投资机构的资金有限，需要更多的投资人参与，因此私募股权投资基金通常采用有限合伙制的组织形式（见图 8-20）。公司型和契约型参见第七章的结构图。

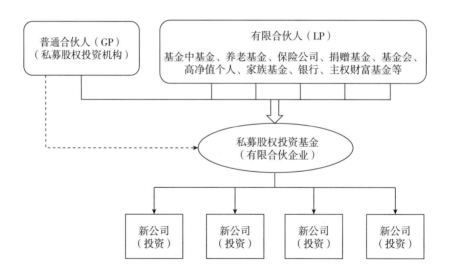

图 8-20   合伙型的私募股权投资基金的结构

在图 8-20 的结构中，由于私募股权投资机构，如私募基金、对冲基金、风险投资这些公司的内部人员是以合伙人方式成立的，共同拥有私募股权投资机构 100% 的股份。因而，私募股权投资机构整体的盈利、亏损和分红与合伙人有直接关系，这些机构被称为普通合伙人（General Partner，GP）。出资方，即有限合伙人（Limited Partner，LP），如养老基金、保险公司、银行、主权财富基金、高净值个人等需要对资金保值增值，但是投资管理能力有限，因此以投资金额为限，将资金委托给普通合伙人。因此，LP 类似于股东，是基金的出资方，GP 类似于私募股权基金的管理人，不仅要出小比例的资金，还要负责基金的具体运营管理，如帮助企业上市，参与企业经营等。为了控制有限合伙人的数量，对投资额度上下限有一定的要求，当然也不是绝对的，如果 LP 自身实力比较大，甚至可以在投资过程中给予帮助，数亿元的投资额度也是可能的。一般 LP 的资金会有一个锁定周期，比如一年至数年不等，根据所投公司的具体情况而定。

私募股权投资基金有以下四方面的特点：

资金筹集具有私募性和广泛性。主要通过非公开的方式向少数机构投资者（养老基金、保险公司、风险基金、杠杆并购基金、战略投资者等）或者富有的个人进行募集，基金的销售和赎回都是私下与投资者协商的。

投资对象是具有发展潜力的非上市公司，选择项目的唯一目标是否能带来高额的投资回报，并不一定只选择高科技企业。

权益性的投资意味着私募股权基金对被投资的企业享有一定的表决权，一些著名的私募股权投资基金有着丰富的行业经验和资源，在参与企业的管理中提供了策略、融资、上市和人才方面的咨询。

私募股权投资是中长期投资，一般一个项目可达到 3~5 年或者更长时间，其持有的股权流动性较差，股份的转让只能私下进行。

2. 私募股权投资的分类

私募股权投资分为：成长基金、并购基金、夹层基金、基金中基金（FOF）、上市公司定增基金、房地产基金、基础设施基金等。房地产基金、基础设施基金、上市公司定增基金所投资的标的是确定的。而成长基金、并购基金、夹层基金、FOF 则体现了投资的策略或者交易的结构。

成长基金：对成熟公司的非控制性股权投资，主要用于公司的扩张或重组，目的是收购融资或进入新的市场，成长基金不改变公司的控制权。

并购基金：通过收购的方式来控股成熟且稳定增长的企业，目的是进行内部重组或者根据行业整合的需要来提升市场的地位。比如，凯雷基金收购徐工集团，华平基金收购哈药集团。

夹层基金：对公司的次级债或优先股进行投资，不获取公司的投票权。通常这些证券会附带对普通股的认股权或转股权。

表 8-14 展示了 2014~2019 年我国各类私募股权投资基金的数量和规模状况。从数量来看，成长型基金的数量最多，2016 年各类基金的数量大幅增长，并购基金增长了179%，FOF 增长了 254%，基础设施基金增长了 143%，成长基金增长了 134%。同时，2016 年的规模也相应地大幅增加。

表 8-14　2014~2019 年各类型的私募股权投资基金的数量和规模

A　私募股权投资按照投资类型分类数量（只）

年份	并购基金	房地产基金	基础设施基金	夹层基金	FOF	成长基金	其他	上市公司定增基金	信息缺失
2014	81	456	85	74	90	1355	791		
2015	325	505	159	75	493	3479			
2016	908	731	387	71	1749	8142	1704	381	
2019	4874	1096	1239		15823			741	118

B　私募股权投资按照投资类型分类规模（亿元）

年份	并购基金	房地产基金	基础设施基金	夹层基金	FOF	成长基金	其他	上市公司定增基金	信息缺失
2014	759.00	2315.00	568.00	314.00	690.00	4874.00	3727.00		
2015	1681.10	2366.54	1649.06	466.26	1265.12	6827.26			
2016	4583.02	3141.00	4311.39	390.81	3460.87	14898.47	6356.97	460.22	
2019	17116.33	3891.75	12346.07		41381.88			1255.55	137.86

注：笔者根据《证券投资基金业年报》整理。其中，2019 年的分类较为粗略，2018 年只公布了私募股权基金和创业投资基金合计的，并购基金、基础设施基金、房地产基金、上市定增基金的数量和规模占比分别为 14%、17.3%、3.4%、12.9%、3.1%、3.8%、2.4%、1.4%。

（四）私募股权投资的运作流程

股权投资基金的运作流程是实现资本增值的全过程。基金管理者设立股权投资基金，募集投资者的资金后投资于企业，并以各种方式参与到被投资企业的管理中，经过企业的发展后，选择合适的时机退出，进入下一轮的股权投资。在图 8-21 中，一轮的股权投资过程主要分为四个阶段：募集、投资、管理和退出。

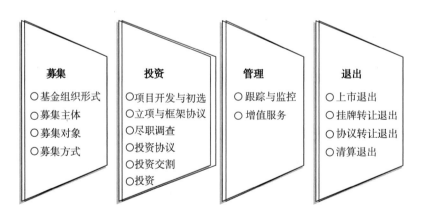

图 8-21　股权投资基金运作流程

募集阶段要明确基金的组织形式是契约型、公司型、合伙型还是合作型，募集的主体是谁、募集的对象是谁、以何种方式募集等，这些都是需要提前确定，并告知投资者的。

投资阶段是指资金募集结束后，基金管理者要确定被投资对象。由于私募股权投资是持有被投资企业的股权，因此要对项目进行初选，确定大致的目标范围后立项，并设计投资的框架协议，然后进行尽职调查。尽职调查是价值发现和风险发现的过程，包括以股权为脉络的历史沿革调查，以业务流程为主线的资产调查，以竞争力为核心的产品和市场调查，以真实性和流动性为主的银行债务和经营债务调查，以担保和诉讼为主的法律风险调查，以资产价值和盈利能力为衡量标准的双重价值评判，未来发展前景调查，资本市场喜好和 IPO 前景。根据调查结果确定具体的投资目标后拟定投资协议，与被投资企业就协议的条款进行协商，包括投资金额、估值、持股比例、核心条款（比如，反稀释条款、对赌协议、优先权条款、特殊机制安排）、退出方式等。双方达成投资协议后就可以进行投资的交割。

管理阶段是基金管理人对被投资的股权进行管理。由于私募股权投资基金的标的是非上市公司的股权，基金管理人要定期跟踪与监控被投企业的发展状况，必要时提供增值服务，比如辅导上市，参与经营管理等，目的是帮助企业能够尽早上市，投资人能够退出，实现收益。

退出阶段是基金投资人将股份转让的过程，包括上市退出、挂牌转让退出、协议转让退出、清算退出等。

（五）私募股权投资基金的监管

对私募基金的监管理念体现在功能监管、适度监管、分类监管、自律监管、底线监管等方面。功能监管方面，要明确各类私募基金的法律地位，赋予其必要的法律权利，通过统一功能监管可以更好地防范非法集资和利益冲突，保护投资者利益；在适度监管和分类监管方面，要严格执行合格投资者制度，规范私募基金合同必备条款和基金的托管，强化私募基金管理人的法律责任和受托责任，同时充分尊重当事人的意思自治和私募基金的人合信用、契约信用特点，保护行业自由发展空间；在自律监管和底线监管方面，通过行业自律规则和行业标准提升私募基金管理人和从业人员的规范运作水平，同时严守行业底线，坚持诚信守法、恪守职业的道德底线，坚持"私募"的基本原则，不得变相公募，严格投资者适当性管理，坚持面向合格投资者募集资金。

【案例阅读】

以市值管理之名行操纵市场之实
——上市公司与私募双双受罚

2013 年 3 月，A 公司实际控制人曲某与 D 资产管理公司实际控制人谢某在上海见面，曲某表示希望高价减持 A 公司的股票，谢某为其量身定制了一套方案：可以通过"市值管理"的方式来提高 A 公司的价值，进而拉升股价，以帮助曲某套现。为了实施这一"市值管理"总目标，谢某可谓是花样繁多。先是拟定发展战略对外宣布，发布利好信息，人为操纵信息披露的内容和时点，夸大研发能力，选择时点披露已有的重大利好消息；然后安排上市公司收购股东资产。双方还约定了"市值管理"股价的目标和利益的分配比例，并合谋设立资管产品参与交易。

在短短一个多月的时间，A公司的"市值管理"方案的实施在客观上误导了投资者，使股价大涨了近25%，曲某通过大宗交易减持A公司股票2200万股，非法获利5100余万元，D资产管理公司的谢某分得4858万元。曲某完成大宗减持目标之后的3日，A公司股价累计下跌了20%。谢某和曲某的行为违反了《证券法》第七十七条第一款的规定，构成了第二百零三条所述的操纵证券市场行为，受到证监会的处罚，没收D资产管理公司违法所得4858万元，并处以9716万元罚款，对谢某给予警告，并处以60万元罚款；没收曲某违法所得约304.1万元，并处以约304.1万元罚款。同时，终身禁止谢某进入证券市场。

本案中，上市公司实际控制人与私募机构内外勾结，是集"伪市值管理"和"信息操纵"两大手段进行讲故事、造热点、炒作股价的一起典型案例。

资料来源：上海证券交易所。

【案例阅读】

凯雷并购徐工案

徐工集团是中国最大的工程机械开发、制造和出口企业，徐工机械是其最核心的企业。徐州市的工程机械制造业在20世纪70年代已经形成了完备的专业化工程机械生产体系。1996年，徐工集团下的徐工股份挂牌上市，并于1999年更名为徐工科技。2022~2005年，徐工集团开始了长达3年的引资重组。

徐工集团在合作伙伴的选择上，耗时长达三年。2003年，摩根大通出任徐工集团的财务顾问后，将徐工机械复杂的资产关系进行审计、剥离和打包，最终将徐工集团的品牌价值提升到80.6亿元。2004年，摩根大通从估值、交易条款、业务发展、品牌发展等9个方面公布了徐工集团要合作谈判的对象有：卡特彼勒、美国国际投资集团、华平创业投资有限公司、摩根大通亚洲投资基金、凯雷亚洲投资公司和花旗亚太企业投资管理公司。当时，徐工集团改制需要解决三个问题：获得资金来解决员工安置等历史遗留问题；实现股权分散化和国际化；做大做强徐工品牌。因此，更需要资本的徐工集团经过三轮融资，最终在2005年10月25日，徐工集团、凯雷徐工、徐工机械三方签订了《股权买卖及股本认购协议》和《合资协议》，凯雷以3.75亿美元收购徐工机械85%的股份。

一方面，凯雷并购徐工案作为外资收购中国大型国企绝对控股权的标杆交易，在审批程序走到了更高层后，步伐突然慢下来了。根据中国《外商投资项目核准暂行管理办法》，属于《外商投资产业指导目录》分类中"鼓励类"的徐工集团，涉及引进外资总投资超过了1亿美元，需由国家发改委核准项目申请报告，同时作为外商投资项目，也需要商务部的批准。另一方面，2006 年，三一重工提出了四大理由：一是徐工集团从事中国拥有比较优势的产业，不能被外资收购；二是徐工集团从事的国家战略产业，不能被外资收购；三是为了中国消费者的利益，徐工集团不能被外资收购；四是转让价格太低，徐工集团不能被外资收购。

凯雷对徐工提出了外资收购管理的新课题，包括外资并购审查制度，对恶意收购行为、垄断行为的定义和界定，都需要明确的立法和规范。在监管和舆论的压力下，2006 年 10 月 25 日，在凯雷与徐工重新签订的《股权买卖及股本认购协议》中，凯雷对徐工机械的持股比例由 85% 降为 50%。2007 年 3 月 18 日，持股比例下降到 45%，最终以 2008 年 7 月 22 日，并购协议的有效期已过，结束了这场轰轰烈烈、社会广泛关注而又久拖未决的徐工并购案。

这个案例可谓一波三折，聚焦了国有企业改制的困境和外资并购国有资产，还有来自徐工集团的竞争对手三一重工的搅局。这场国际资本凯雷并购的过程可谓危机重重，还引发了一场席卷中国的大讨论，最终的结果甚至扭转了中国传统对待外资的态度。值得注意的是，2007 年中国股市一路走高，徐工科技的股价不断攀升，同时 2007 年徐工重型实现了销售收入 108 亿元，利润超过 10 亿元，相比 2006 年分别上涨了 71% 和 98%，徐工的业绩按照凯雷的收购价格，几乎一年就赚回一个徐工，这样的结局足够引发人们深思。

资料来源：潘启龙：《私募股权投资实务与案例》，经济科学出版社 2016 年版。

二、私募股权投资基金与实体经济

私募股权投资（Private Equity Investment）是一种独特的金融业务，与传统金融市场业务的不同之处在于其要求获得被投资企业一定比例的股权，并行使管理职能。在私募股权投资实践中，通过"资金筹集—股权投资—经营管理—公开上市或者股权增值交易"形成连续的过程，这一过程也是金融业资本增值的缩影，反映了金融对实体经济的助推作用。

（一）私募股权投资基金与中小企业融资

基于市场化激励约束机制，私募基金天然具有挖掘含有市场潜力项目的驱动力。私募基金能前瞻性、战略性地布局全球前沿科技创新领域，促进技术、知识产权和人力资本转化为现实生产力，促进创新成果产业化、市场化和规模化；同时，助推中小微企业创新创业，在推动创新创业、培育经济发展新业态方面发挥着指引性作用。私募股权投资基金全面参与企业的初创管理、成长壮大、资源整合、并购重组，成为多层次资本市场建设的重要组成部分，为大众创业、万众创新和实体经济转型和创新发展提供了强有力的资金支持。由于股权投资和创业领域涉及多个领域，对于经济、金融、法律、理工专业背景要求较高。

图 8-22 展示了 2019 年我国私募股权投资的去向。可以看出，私募股权投资主要对境内未上市、未挂牌的公司进行股权投资，金额达到 433550 亿元，占比 47.5%，新三板投资也支持中小企业。

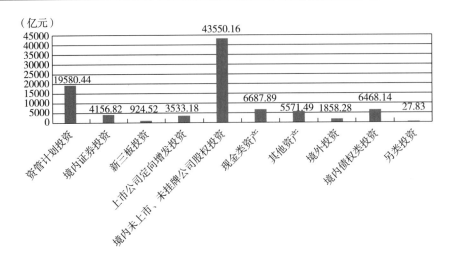

图 8-22　2019 年我国私募股权投资基金的投向

资料来源：证券投资基金业协会。

2019 年 6 月 13 日建立的上交所科创板服务于战略性新兴产业，实行注册制。科创板的推出为风险投资和私募股权提供了退出渠道，也为其提出了挑战。因为投资科技不仅要求投资人要懂科技，还要求投资人能判断科技创业企业的商业价值和科技的含金量。

从科创板申请上市的公司来看，私募股权投资基金布局的较多。截至 2019 年 5 月底，在科创板股票发行上市审核系统提交上市申请的 113 家科技创新企业中，得到私募股权投资的企业数量达到 92 家，占比达 81.4%（有 3 家企业私募股权基金已完全退出）。在图 8-23 中，有私募股权基金投资的 92 家科技创新企业行业分布广泛，最为集中的行业为计算机运用，共有 20 家，占比 21.7%；其次为资本品，共 19 家，占比 20.7%；计算机及电子设备、半导体、电信业务及通信设备行业共 20 家，合计占比 21.7%。

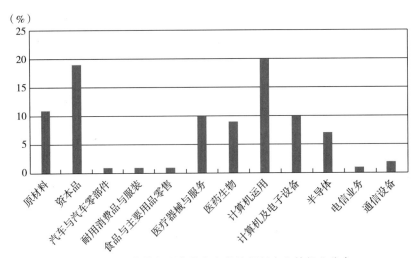

图 8-23　私募基金所申请上市科技创新企业的行业分布

资料来源：中国证券投资基金业协会。

图 8-24 中，523 家私募基金管理人共向 89 家科技创新企业投入 346 亿元本金，平均每家科技创新企业获得 3.9 亿元投资。从投资本金金额看，小于 1000 万元（含）最集中，共 134 家，占比 25.6%；投资本金在 3000 万元（含）以下的管理人数量占比达 55.3%，合计投资本金 39.8 亿元，占比 11.5%；投资本金大于 1 亿元的管理人数量占比为 14.7%，合计投资本金 213.1 亿元，占比 61.6%。

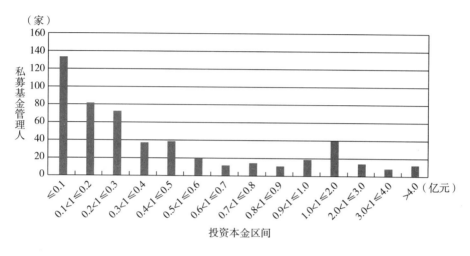

图 8-24　私募基金管理人投资本金的分布

资料来源：中国证券投资基金业协会。

　　从成立年限看，截至 2019 年 5 月底，投资科技创新企业的私募基金管理人平均展业为 2099 天（约 5.8 年）。管理人成立年限主要集中在 3 年（含）至 6 年，共 276 家，占比 52.8%；其次为成立年限在 6 年（含）至 9 年，共 102 家管理人，占比 19.5%。另外，有 12 家管理人成立超过 18 年，占比 2.3%（见图 8-25）。

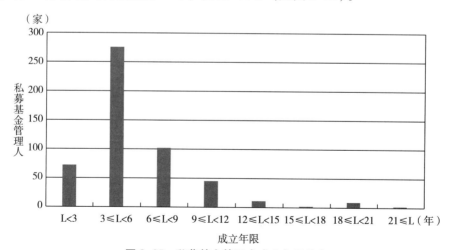

图 8-25　私募基金管理人成立年限分布

资料来源：中国证券投资基金业协会。

元禾控股对旗下多个项目的投资时间也较长，以某科创板上市公司为例，由于判断该公司符合国家战略、掌握核心技术、有一流创始团队、创新能力突出，有望在国家工业4.0的升级过程中迅速发展，元禾控股在2011年便成为其首家机构投资者，之后在2015~2018年通过自身及旗下平台连续7次参与后续融资，为该公司成长持续注入资本力量。

毅达资本对于优秀的企业会坚守，而且会持续加码后轮投资，比如其投资的某家首批科创板上市企业，在2014年、2015年两次获毅达资本投资。毅达资本的投资逻辑是寻找"四有"青年项目：一是高成长行业中有潜力的黑马，二是有能力构筑核心技术门槛，三是有实力实现进口替代，四是有不达不休的企业家精神。

国投创合一直在支持创新产业发展，聚焦高新技术领域投资。目前，国投创合累计投资2300多个项目，95%以上是战略性新兴产业企业和民营企业，80%以上是初创期、早中期创新企业。近十余年来，国投创合的投资重点转向新一代信息技术、生物医药、新能源、新材料、高端装备、节能环保和新能源汽车等，与科创板支持方向基本一致。

（二）私募股权投资基金与脱贫攻坚

2016年9月，证监会发布的《中国证监会关于发挥资本市场作用服务国家脱贫攻坚战略的意见》中明确指出，鼓励上市公司、证券公司等市场主体设立或参与市场化运作的贫困地区产业投资基金和扶贫公益基金。中国证券投资基金业协会在私募基金登记备案中对各类市场主体参股设立扶贫私募管理人、扶贫类私募基金提供"绿色通道"支持。

截至2019年12月，在中国证券投资基金业协会备案的扶贫方向的私募产品73只、规模超过1571亿元，为贫困地区的经济发展注入源源不断的资本活水。同时，中国证券投资基金业协会主动做好扶贫方向资产证券化（ABS）产品备案工作，推动金融扶贫创新，在ABS备案系统中专门嵌入扶贫模块，支持扶贫类ABS产品快速备案，加强对扶贫类ABS产品的合规监督。截至2019年12月底，在中国证券投资基金业协会备案扶贫ABS产品共31只、发行规模合计169.08亿元，为贫困地区的基础建设和民生工程提供了有力的金融支持。

2019年，中国证券投资基金业协会就私募基金行业践行社会责任发出问卷调查。图8-26中，2018年105家私募投资基金共投入精准扶贫资金4.58亿元，扶贫投入在

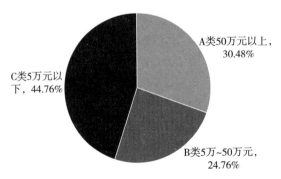

图8-26 私募股权投资精准扶贫资金投入

资料来源：中国证券投资基金业协会就私募基金行业践行社会责任发出的问卷调查。

50 万元及以上的机构共 32 家，占 30.48%，其中，29 家机构年度精准扶贫投入超 100 万元。图 8-27 中，从精准扶贫的项目来看，44.02% 通过投资产业进行扶贫，32.43% 通过投资教育进行扶贫，其余的是通过支持健康、基础设施建设、生态保护、消费、旅游、电商等项目进行扶贫。

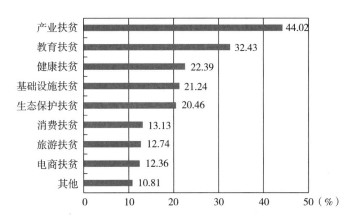

图 8-27　私募股权投资精准扶贫项目类型

资料来源：中国证券投资基金业协会就私募基金行业践行社会责任发出问卷调查。

第五节　私募投资基金的退出渠道

投资的目的是获得回报，退出时机和退出渠道是需要讨论的问题。各类私募投资基金主要以股权投资为主，退出的渠道无非是考虑以何种方式转让股权，实现投资回报或者确认损失。当然，不同转让渠道的条件是不同的，在企业生命周期的哪个阶段退出也是不确定的。退出时间越早，风险越低，上市退出的方式比其他渠道的收益更高，选择退出时机也更灵活。

图 8-28 中，2014~2019 年私募股权投资基金和创业投资基金的退出渠道包括：企业回购、债权转让、协议转让、境内 IPO、境内上市（除了 IPO）上市、境外上市、整体收购、"新三板"挂牌、清算、融资人还款、被投企业分红。整体来看，2014~2019 年，退出的次数依次在增加。

其中，无论是境内 IPO、境内上市（除了 IPO）还是境外上市，投资方引入了社会公众，二级流通市场活跃，退出最容易，但是上市门槛较高。2014~2019 年，通过上市或者 IPO 退出的私募股权投资和创业投资基金数量占总数量的比例分别为 27.83%、19.76%、7.76%、6.43%、6.31%、5.98%，逐年在下降，而通过"新三板"挂牌退出的数量在逐年增加，这也是要建立多层次资本市场的原因，目的是为股权投资的退出提供更多的渠道。

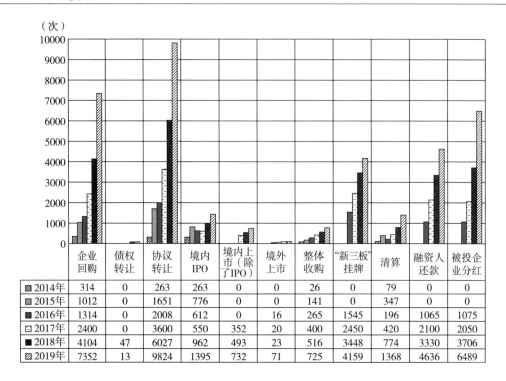

（次）	企业回购	债权转让	协议转让	境内IPO	境内上市（除了IPO）	境外上市	整体收购	"新三板"挂牌	清算	融资人还款	被投企业分红
☒ 2014年	314	0	263	263	0	0	26	0	79	0	0
▦ 2015年	1012	0	1651	776	0	0	141	0	347	0	0
■ 2016年	1314	0	2008	612	0	16	265	1545	196	1065	1075
□ 2017年	2400	0	3600	550	352	20	400	2450	420	2100	2050
■ 2018年	4104	47	6027	962	493	23	516	3448	774	3330	3706
▨ 2019年	7352	13	9824	1395	732	71	725	4159	1368	4636	6489

图 8-28　2014~2019 年我国私募股权投资和创业投资基金退出次数

资料来源：笔者根据中国证券投资基金业年报的数据整理。

整体收购、协议转让、债权转让都是引入了新的投资人或债权持有人，原来的投资人就可以退出了，从图 8-24 中的数据来看，每年通过协议转让的方式退出的案例最多。

企业回购、清算、融资人还款、被投企业分红都是在没有其他投资人接手的情况下，创业企业偿还债务或者以公司现有资产作为偿还手段，弥补投资方，特别是清算退出，企业破产，投资人可能血本无归。

一、上市退出

我国的资本市场虽然起步较晚，但是发展速度较快，已经建立了多层次的资本市场，创业企业可以从任何一个渠道融资，私募股权投资机构可以通过这些渠道转让股份，实现收益（见图 8-29）。

创业公司的上市既可以是首次公开发行 IPO，也可以通过参与上市公司重大资产重组或者借壳上市。创业公司上市后，私募投资基金所持有的股份就是上市公司的股份了，可以通过公开市场转让实现退出。显然这种退出方式更加容易，但也是难度最大的，因为上市的门槛往往较高。

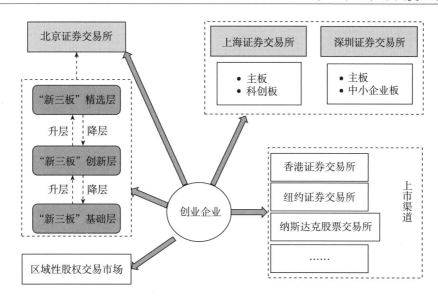

图 8-29 创业企业上市转让的通道

直接上市的不同渠道在上市门槛和上市对象上各不相同，创业公司要根据公司的发展阶段选择合适的上市渠道。比如，1991 年 12 月我国建立上交所和深交所主板；2004 年 5 月建立深交所中小企业板；2021 年 2 月，深交所主板与中小板合并，主板市场实行核准制，且上市门槛最高。2009 年 10 月建立深交所创业板服务于高科技企业，门槛高于"新三板"；2019 年 6 月 13 日建立上交所科创板服务于战略性新兴产业，实行注册制。2021 年 9 月成立的北京证券交易所与"新三板"直接打通，为私募投资基金退出提供了更容易的渠道，因为"新三板"服务于创新型、创业型、成长型中小企业，是初创企业够得着的最低门槛。

当然，创业公司还可以在境外的证券交易所上市，比如香港证券交易所、纽约证券交易所等。中国新浪、携程网、分众传媒、百度、土豆网在美国的纳斯达克市场上市，腾讯、阿里巴巴在中国的香港交易所上市；新东方、当当网在美国的纽约证券交易所上市。

对于私募投资基金来说，通过上市退出是最完美的结局，因为投资人所持有的股份往往较多，大宗交易在股票交易市场上容易转让，并且会获得超额回报。然而，理想很丰满，现实很骨感，创业公司走向上市是少数的，私募股权投资更喜欢投资快要上市的公司，因为退出风险小。对于天使投资和风险投资来说，赌的往往是概率，因为越早持有公司股份，投入的资金量越小，且持股比例也不低，所投的十个项目中，只要一个能够成功，就可以获得千百倍的回报，足以弥补其他项目的损失，软银与阿里巴巴，德丰杰与百度就是典型的案例。

上市的退出对投融资两方都有利，但是门槛太高。截止到 2018 年末，中国企业数量达 2109 万家，能够挂牌这些市场的公司是万分之一，更多的股份公司急需转让平台，大部分的私募投资基金通过其他方式退出，如企业回购、协议转让（见图 8-28）。

二、挂牌转让退出

挂牌转让退出是我国在建立多层次资本市场的探索中逐步发展起来的一种方式。对于非上市的公司来说，股权是公司的一项资产，转让股份的前提是找到新的买家。挂牌转让退出主要在场外市场进行，比如全国中小企业股份转让系统（"新三板"）、区域性股权交易市场、交易柜台市场，实际上就是通过拍卖方式寻找新的买家，投资人可以转让部分股份或者全部股份。

1986 年 9 月，中国工商银行上海信托投资公司静安证券部开设股票交易柜台，公开挂牌代理买卖股票；2001 年，设立了证券公司的代办股份转让系统；2002 年 8 月 29 日起，退市公司纳入代办股份转让试点范围；2006 年 1 月，中关村科技园区的非上市公司的股份转让试点；2013 年 1 月 16 日，全国中小企业股份转让系统揭牌运营，即"新三板"定位为创新型、创业型、成长型中小企业的发展服务。"新三板"按照公司质量从低到高，分为基础层、创新层和精选层，符合不同条件的挂牌公司分别纳入不同市场层级进行管理，并且公司所在的层级可以通过升级和降级形成动态调整。2021 年 9 月 3 日建立了北京证券交易所，目的是为了深化"新三板"的改革，为"新三板"精选层的转板审核提供出口，从而复制科创板的经验，做活中小企业的股票交易市场。

由于挂牌公司质量参差不齐，并且信息不透明，估值的难度较大，投资者的投资风险较高，因此出现部分市场的成交量有限，特别是区域性的股权交易市场，因为市场参与者不多，经常出现流拍的现象。因此，出现了一些拍卖网站，网站中将股权作为一种资产，与房屋、汽车、债权等资产挂在拍卖网站上。比如，阿里拍卖、京东拍卖、公拍网、中拍平台、诉讼资产网、工商银行融 e 购等。

三、协议转让退出

协议转让不同于股票上市或者挂牌后的协议转让，特指未上市企业股权的非公开协议转让。协议转让包括内部转让和外部转让，内部转让是指现有股东之间相互转让股权，外部转让是指现有股东向股东以外的人转让股份。

四、股份回购退出

股份回购是指公司按照一定的程序购回发行或流通在外的本公司股。创业公司通过股份回购方式兑现私募股权投资方的收益，可能是主动的，也可能是被动的。股权回购分为三类：控股股东回购、管理层回购和员工收购。

【案例阅读】

俏江南与鼎晖投资之间的对赌协议

2002 年，拥有 10 年餐饮经验和资金积累的张兰在北京国贸开办了第一家俏江南餐厅，连续 8 年盈利后，2007 年其销售额达到了 10 亿元左右。2008 年，全球金融危机爆发，资本为规避周期性行业的波动，开始大规模的投资餐饮业。由于俏江南具备规模优势，定位高端客户，还是奥运会的供应商，得到了资本的青睐。2008 年，急需资金扩张的张兰与鼎晖投资达成协议，以 2 亿元价格换取俏江南 10.526% 的股权，双方签订"对赌协议"。协议要求：俏江南要在 2012 年底前上市，如果 2012 年底前俏江南上市失败，并且不是鼎晖投资方面的原因，则鼎晖投资有权以 20% 年回报率的股份回购方式退出俏江南。

为了实现融资的俏江南开始高调追求曝光度，比如张兰四处接受采访，汪小菲与大 S 的婚恋成为新闻热点。另外，俏江南加速扩张，2 年内增加 20 家新店，到 2010 年末全国拥有超过了 50 家店。2011 年 3 月，俏江南向证监会提交上市申请，但没能获得积极回应，2012 年春节俏江南被证监会列入"IPO 申请终止审查名单"，A 股上市之路中止后，张兰被迫转战港股。2012 年 9 月，张兰甚至移民加勒比岛国圣基茨，试图逃避监管实现境外上市。

2012 年 12 月，相关政策的出台对奢侈品、高端酒店等高端消费市场产生了巨大的震动。2013 年初，俏江南的经营状况陷入泥潭，多家门店开始亏损，香港上市的愿望没有达成。尽管鼎晖投资将最后的期限延期了半年，但陷入经营困难的俏江南无法拿出资金高价回购股份，张兰被迫出售手中的股票来补偿鼎晖的损失。2014 年 4 月，欧洲私募基金 CVC 以 3 亿美元的价格收购俏江南 82.7% 的股权，张兰失去了俏江南的控制权，卖出股份补偿了鼎晖投资近 4 亿元。

这个案例中，风险投资商和被投资企业之间的矛盾公开暴露在公众面前引发我们对整个事件的思考：民营企业的融资渠道有哪些？张兰和鼎晖投资产生矛盾的根本原因是什么？俏江南 A 股上市失败的原因是什么？如何看待对赌协议？

资料来源：程航：《一张"脸谱"，让俏江南与张兰纠葛不断》，《中国连锁》2017 年第 2 期。

五、并购退出

并购退出是指存在并购方对创业公司进行注资，私募股权基金投资人可以退出或者部分退出股份。创业公司创业艰难，在发展过程中遇到困难无法解决的时候，可能会考虑卖掉公司，也就是找并购方。比如，红杉资本在中国投资的案例中还有相当比例的公司被收购而退出，如赶集网、大众点评网、海豚浏览器、乐蜂网、蚂蚁短租、嘟嘟美甲、嘉和一品等。此外，曾李青所投资的第七大道被卖给搜狐畅游，悦然心动也与上市公司达成收购协议。

六、清算退出

清算是指企业结束经营活动、处置资产并进行分配的行为。清算退出是指股权投资基金通过被投资企业清算而实现退出，主要是投资项目失败后的一种退出方式。

清算退出主要有两种方式：解散清算和破产清算。解散清算是公司因为经营期满，或者经营方面的其他原因致使公司不宜或者不能继续经营时，自愿或者被迫宣告解散而进行的清算。破产清算是公司不能清偿到期债务，并且资产不足以清偿全部债务或者明显缺乏清偿能力时，公司被法院宣告破产，并由法院组织对公司进行的清算。通过破产清算方式退出的公司，股东收回全部投资的可能性极小，有时甚至会损失全部投资。

【本章小结】

本章以技术创新和企业生命周期为主线，将私募投资基金与企业生命周期相结合，并介绍孵化器平台，以围绕孵化器中的科技创新进行的融资为典型案例；介绍了中外天使投资和风险投资的发展状况，通过案例区分两类投资的项目选择；重点对私募股权投资基金的特点、分类、运作流程和监管进行深入介绍，并探讨私募股权投资服务中小企业融资和支持脱贫攻坚的案例；从上市、挂牌转让、协议转让、并购、清算等方式阐述私募投资基金的退出渠道，并结合我国的多层次资本市场，说明打通天使投资、风险投资、私募股权投资的上市退出通道对于发展私募投资基金至关重要。

【思考与练习】

1. 美国风险投资如何支持深度科技创新？有何启示？
2. 天使投资的投资方式如何？科技孵化与天使投资的反哺关系是怎么样的？
3. 风险投资如何进行项目选择？关注企业的哪些方面？
4. 私募股权投资基金的运作流程和特点是什么？如何选择合适的项目？
5. 私募投资基金通过不同的渠道退出，风险点在哪儿？

第五篇 衍生工具篇

第九章 衍生金融工具基础知识

【章首导言】

股票、债券的投资基金这一类金融工具一般称为基础金融工具或基本金融工具，与这些基本金融工具相对应的还有一类金融工具，即衍生金融工具。本章主要介绍衍生金融工具的基础知识，主要内容包括什么是衍生金融工具，衍生金融工具的类型以及市场发展。衍生金融工具的市场功能、作用，以及衍生金融市场的参与者等，是第十章衍生金融工具及其风险管理的预备知识。

【本章知识结构图】

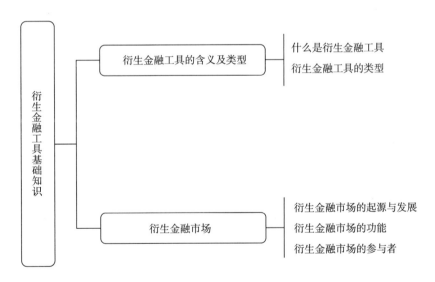

金融衍生品（Financial Derivatives）又称"金融衍生工具""金融衍生产品"，是20世纪70年代到80年代金融创新的核心。金融创新的目的之一是规避风险，由于金融市场的种种变动，使金融机构、企业和个人时刻生活在价格变动的风险之中。传统性金融产品难以规避风险，尤其是系统性风险，为迎合这一强大的市场需求，作为新兴风险管理手段的金融衍生品便应运而生。金融衍生品是从传统金融产品中衍生而来的新型金融产品，对于它的定义，国内外的学者给予了不同的描述。

第一节 衍生金融工具的含义及类型

一、什么是衍生金融工具

股票、债券和投资基金等金融工具的价值依赖于其自身，而不由其他金融工具或资产的价值决定，这类金融工具我们一般称为基本金融工具或基础金融工具。还有一类金融工具的价值依赖于其他资产价值，这就是衍生金融工具。所以，金融工具从这个角度可以分为基础类金融工具和衍生类金融工具或衍生金融工具。金融衍生工具是指价值依赖于其他更基本标的资产的各类合约的总称。根据巴塞尔银行监管委员会的定义，金融衍生工具是"一种合约，该合约的价值取决于一项或多项标的资产或指数的价值"。金融衍生工具是在现时对金融基础工具未来可能产生的结果进行交易。其交易在现时发生而结果要到未来某一约定的时刻才能产生。所以，衍生金融工具是典型的交易与交割相分离的交易，即交易是即期达成的，但商品交割资金的清算要到未来约定的时间才进行。衍生工具交易的对象并不是基础工具或金融商品本身，而是对这些基础工具或商品在未来各种条件下处置的权利和义务。简单地说，金融衍生产品是从传统的金融产品中衍生出来的新型的金融产品。

二、衍生金融工具的类型

（一）按基础资产的种类划分

衍生金融工具的价值取决于基础资产的价值。一般情况下，基础资产主要有两类：一类是商品类资产，如农产品、有色金融、化工产品等，以这些普通商品为基础资产的衍生金融工具被称为商品衍生工具；另一类是以金融类资产或金融资产的价格等为基础资产，如股票、债券、股票价格指数等，这一类衍生工具被称为金融类衍生工具或金融衍生工具。因此，金融工具从这个角度可以分为基础类金融工具和衍生类金融工具，而衍生类金融工具又可以分为商品类衍生金融和金融衍生工具。如此细分后，衍生品的基础资产就可以分成利率类、权益类、货币类、商品类和信用类。

（二）按照合约类型划分

衍生金融工具乃至所有金融工具，从广义上讲都是一种合约，所以从合约的角度，衍生金融工具可以分为远期、期货、期权和互换四大类。

1. 期货合约

期货合约（Futures Contracts）是指协议双方同意在约定的将来某个日期按约定的条件买入或卖出一定标准数量的某种资产的标准化协议。合约中规定的价格就是期货价格（Futures Price）。买入期货或持有期货多头头寸（Long Position）的交易者承诺在期货交割日买入资产，而卖出期货或持有期货空头头寸（Short Position）的交易者则承诺在期货交割日卖出资产。

2. 远期合约

远期合约（Forward Contracts）是指双方约定在未来的某一确定时间，按确定的价格买卖一定数量的某种资产的合约。

3. 期权合约

期权合约（Option）是交易双方之间签订的协议，该协议给予期权持有人（Option Holder）在未来特定的时间（到期日）或该特定时间之前，以确定的价格（执行价），按事先规定的数量，买进或卖出标的资产的权利。期权不同于其他衍生工具的特别之处在于期权是权利的交易，即买入或卖出权利的交易，而不直接是资产的交易。基于买入权利的期权合约是看涨期权（Call Options）。看涨期权赋予购买者在到期日或在到期日之前以特定的价格（即行权价格）购买某种资产的权利。基于卖出权利交易的期权合约是看跌期权（Put Options）。看跌期权赋予持有者在到期日或到期日之前以特定的价格出售某种资产的权利。

当市场价格高于执行价格时，看涨期权的持有者会以执行价格买入资产，获得的收益等于市场价格与执行价格之差。当市场价格低于执行价格时，看涨期权的持有者不会行使权利，因为这时在市场上收入资产价格更低。若期权合约到期时仍未行使，则该期权终止并不再拥有价值。当标的资产价格下降时，看跌期权持有人会行使期权，以执行价格卖出资产。当标的资产价格上涨时看跌期权的持有人会弃权，这时该期权终止。所以当资产价格上升时，看涨期权的收益增加；当资产价格下降时，看跌期权的收益增加。

4. 互换

互换（Swap）是一种两个交易对手以一方金融工具的现金流交换另一方金融工具现金流的衍生工具。国际清算银行（BIS）对互换的定义是双方在一定时间内交换一系列现金流的合约。

上述四种衍生品是主要的金融衍生品种类，通过市场交易者对这四种基本品种的组合处理，目前国际上已经有上千种金融衍生品，主要的期权品种有股票期权、场外货币期权、货币期货期权、股票指数期货期权、利率上限和下限期权、中期政府债券期货期权、欧洲美元期权、互换期权等；主要的期货品种有货币期货、抵押债券期货、国库券期货、股票指数期货、中期政府债券期货、银行存款单期货、欧洲美元期货等；主要的互换品种有货币互换、商品互换、股票指数互换、证券组合互换等。

第二节　衍生金融市场

一、衍生金融市场的起源与发展

（一）衍生金融市场的起源

在商品和金融产品基础上衍生出远期、期货、期权、互换等衍生产品，在现货市场基础上衍化出衍生品市场，这既是近代以来全球市场体系演进发展的实践轨迹，也是社会化乃至经济金融全球化条件下，商品和金融产品的价格形成机制和价格波动管理机制发展完善的必然结果。

17世纪，在荷兰阿姆斯特丹、日本大阪等地，开始出现具有衍生品萌芽性质的商品交易场所。18世纪，在英国伦敦、法国巴黎逐步发展出较为成熟的远期交易市场。1848年，一批粮食商人在美国芝加哥发起成立第一家具有现代意义的期货交易所—芝加哥期货交易所。从此，各类衍生品交易所开始在全球遍地开花，据了解，目前较为活跃的约有80家。1874年，芝加哥产品交易所正式成立，主要交易黄油、鸡蛋等农产品期货。

1972年，芝加哥交易所成立了国际货币市场（International Monetary Market，IMM），专门交易外汇期货合约，适应风险管理的需要。1975年10月，芝加哥交易所看准时机推出了第一个利率期货合约——国民住房抵押贷款协会抵押贷款合约（GNMA Mortgage Contract）。1982年2月16日，堪萨斯城期交所（Kansas City BOT）开始交易第一个股指期货合约——价值线股指（Value Line）期货。

现代期权合约最早出现在荷兰。19世纪中期，美国开始了以订单驱动方式进行的场外股票期权交易。现代期权市场的起源一般被认为是1973年芝加哥期货交易所在经过了四年的研究和计划之后成立的芝加哥期权交易所（CBOE）。此后，期权合约在广泛标的资产以及很多国家都得到快速发展。特别值得一提的是，起步很晚的韩国、印度、中国台湾等的期权市场近年来迅猛发展，其中，韩国股票指数期权和中国台湾股指期权已经跻身世界最活跃期权合约前列。

互换合约的历史较短。世界上第一份规范的互换合约是1981年8月由所罗门兄弟公司为IBM公司和世界银行安排的一次货币互换。早期的互换市场成交量较少，但对于中介机构来说，互换交易业务收益很高。到了20世纪80年代后期，互换市场开始出现由投资银行或商业银行担任的专业互换经纪商，对交易进行撮合，互换市场规模急剧放大。

通过各类投资者公开、集中、连续交易竞价，在交易所市场形成了公开、透明、具有广泛代表性和权威性的衍生品价格，从而为各类基础产品的交易定价和供需调节提供价格标杆，为产业企业、金融机构对冲价格波动风险提供平台和工具。

衍生品市场与相关现货市场一起，构成现代市场体系的重要组成部分，为各类商品和金融资产提供定价基准与风险管理平台。而国际成熟交易所的衍生品价格不仅深刻影响其国内市场，更成为国际经贸往来的定价基准，并在全球供应链中发挥着举足轻重的作用。我国衍生品市场的生存与发展，同国内经济建设波澜壮阔的探索实践紧密联系在一起。

（二）我国金融衍生市场的发展

一方面，我国金融衍生品市场的产生是市场经济体制改革不断深化的必然结果。农村经济体制改革、城市经济体制改革、价格改革、流通体制改革等一系列配套改革措施的实施产生了现有制度外潜在收益，为了获取这些潜在收益，一些团体逐渐把眼光聚焦到金融衍生品市场上来。另一方面，中国金融衍生品市场的产生也是金融衍生品市场制度变迁的产物。

如果将早期中国期货市场的形成及发展包括在内，那么早在清朝中后期中国就出现了金融衍生品市场的萌芽及初级形态，民国时期还出现过由政府正式批准设立的证券交易所。例如，1919年6月，北洋政府农商部批准设立上海证券物品交易所。不过那时的衍生品市场仅是一种市场的萌芽，不能算是现代意义上的衍生品市场。中华人民共和国成立后，由于国内外形势和主客观因素的影响，市场经济的因素被当作资本主义的固有成分严厉禁绝。1952年，各地证券期货市场全部被关停。在中国，真正意义上的金融衍生品市场的建设大体经历了如下四个阶段：

1. 理论研究阶段（1990年之前）

改革开放之后，束缚市场经济发展的思想樊篱逐步打开，商品市场化进程激流奔涌，为衍生品市场发育提供了思想基础和实践基础。1984年，中共中央发出的《关于1984年农村工作的通知》中提出，大中城市在继续办好农贸市场的同时，要有计划地建立农副产品批发市场，有条件的地方要建立沟通市场信息、组织期货交易的农副产品贸易中心。1988年，国务院在《政府工作报告》中提出，加快商品体制改革，积极发展各类批发贸易市场，探索期货交易，期货交易试点正式列入议事日程。1990年，国务院批准设立中国郑州粮食批发市场，并以现货交易起步，逐渐引入期货交易机制，标志着我国衍生品市场的诞生。此后，全国各地迅速涌现出四五十家期货交易所。

2. 建立和发展阶段（1990~1993年）

1990年10月，郑州粮食批发市场成立，以现货为主，首次引入期货交易机制。1991年3月，郑州粮食批发市场签订了第一份小麦的远期合同，由此拉开了新中国期货交易的帷幕。随后，我国又相继建立了苏州物资交易所、深圳有色金属交易所、上海金属交易所。1993年5月28日，郑州粮食批发市场改名为郑州商品交易所。至此，中国逐步进入正规化期货交易阶段，期货市场初具雏形。

在先期创办交易所的轰动效应刺激下，1992~1993年，中国期货交易所发展速度非常惊人。截至1993年底，商品交易所达40多家，各地批准成立的期货经纪公司超过300家。由于没有明确的行政主管部门，期货市场的配套法律法规严重滞后，期货市场出现了盲目发展的势头。期货市场的发展偏离了制度设计的初衷，预期收益无法取得，带来了许多不容忽视的负面影响，如期货交易所数量过多，交易品种重复；部分交易所和期货经纪公司运作不够规范；盲目开展境外期货交易，地下交易层出不穷，期货市场虚假繁荣，引发了一些经济纠纷和社会问题。

3. 清理整顿、制度调整阶段（1994~1999年）

为解决期货市场出现的严重混乱问题，我国开始对期货市场进行清理整顿。1993年11月，国务院下发《关于坚决制止期货市场盲目发展的通知》。该通知分两个阶段，第一阶段：交易所从50余家减为15家，经纪公司从上千家减为330家。第二阶段：交易所从14家（1996年关1家）减为3家：上海期货交易所、大连商品交易所、郑州商品交易所，经纪公司从330家减为目前的180余家，交易品种保留12个。1999年，国务院颁布了《期货交易管理暂行条例》，与之相配套的规范期货交易所、期货经纪公司及其高管人员的四个管理办法陆续颁布实施，通过规范交易行为、健全制度结构、控制市场风险，使中国期货市场正式纳入法制轨道。

4. 恢复性发展阶段（2000 年至今）

经过治理整顿之后，期货市场的资金和客户大量流失，市场规模骤减，流动性减弱，期货市场的功能无法正常发挥，制度创新的预期收益没有因制度结构的不断健全而顺利实现。所以，制度调整期结束后期货市场的发展自然就过渡到吸引投资者参与、推出适当的交易品种、增加市场规模、发挥市场功能的恢复性发展阶段。

2001 年，朱镕基总理在九届人大会议上明确提出，要重点培育和发展要素市场，稳步发展期货市场，正式拉开了期货市场规范发展的序幕。2004 年 1 月 31 日，国务院印发了《国务院关于推进资本市场改革开放和稳定发展的若干意见》，提出我国要"稳步发展期货市场"，"在严格控制风险的前提下，逐步推出为大宗商品生产者和消费者提供发现价格和套期保值功能的商品期货品种"。2004 年，期货市场扩容工作取得突破性进展，棉花（资讯，行情）、燃料油（资讯，行情）、玉米（资讯，行情）、黄大豆（资讯，行情）2 号等品种先后上市交易。2006 年初，期货品种又增加了豆油（资讯，行情），白糖（资讯，行情）两大品种，使期货品种达到 14 个。经过几年的恢复性发展，期货市场制度不断完善，交易量不断增加，已经逐渐走上了规范化的发展道路。

目前我国期货市场有郑州商品交易所、上海期货交易所和大连商品交易所三家期货交易所，连同几乎同期发展起来的上海证券交易所、深圳证券交易所，以及 2006 年成立的中国金融期货交易所和 2012 年成立的全国中小企业股份转让系统公司，共同构成目前全国性证券期货市场总体格局。

【延伸阅读】

发展壮大：跻身国际衍生品舞台

衍生产品承载着衍生品市场的合约规则、业务管理、市场运行和功能发挥，是衍生品市场建设的重点和核心，是衍生品市场联系现货市场的血脉和纽带。

经过 30 年发展，2019 年上半年，我国衍生品市场日均成交量 1469 万手，日均成交金额 1.09 万亿元，期末持仓量 1787.9 万手。根据美国期货业协会（FIA）统计，2019 年上半年，上海期货交易所、大连商品交易所、郑州商品交易所和中国金融期货交易所在全球衍生品交易所成交量排名中分列第 10、11、12 和 28 位，我国已连续多年保持全球最大的商品衍生品市场地位。

从全球第一个标准化商品期货——玉米期货 1865 年在芝加哥期货交易所上市以来，全球衍生产品逐步扩展至各类大宗商品以及汇率、股票、利率等金融资产领域。自 1992 年我国第一个标准化衍生产品——特级铝期货推出以来，中国期货品种也经历了一个由乱到治、由借鉴到适应中国经济发展进行创新的过程。我国期货市场探索初期，由于缺少统一管理，各类期货品种纷纷上市。经过两次清理整顿，我国期货品种减少至 12 个，基本只保留了几个国际上成熟的品种，交易较为活跃的只有大豆和铜。

随着市场不断发展，依托中国强劲的经济发展动力和强大的资源禀赋基础，我国衍生品市场走出了一条独特的品种发展之路。化工、煤炭、铁矿石、鸡蛋等中国特色品种逐步登上国际衍生品舞台。比如，国际市场没有化工品期货的成功先例，但中国期货交易所自 2006 年起，推出精对苯二甲酸、线型低密度聚乙烯等化工品期货并获得成功。目前，在化工领域，中国期货交易所推出了 9 个品种，拥有全球最大的化工品期货板块。

经过 30 多年探索创新，截至 2019 年上半年，我国衍生产品总数已达 70 个，覆盖领域包括粮、棉、油、糖、果、木、蛋、有色、化工、黑色、能源、贵金属以及股票、利率等国民经济大多数领域。从衍生工具来看，除了商品期货、金融期货，还有金融期权、商品期权，工具类别逐步健全。从交易规模看，一些品种已位居全球前列，如豆粕、菜籽粕、苹果位列全球农产品衍生品前三；螺纹钢、铁矿石位列全球金属衍生品前二。

在我国境内第 70 个衍生品——苯乙烯期货上市之际，时任大商所党委书记、理事长李正强表示，每一个衍生产品都涉及相关产业链成千上万家企业，直接或间接地联系着每一个生产者、贸易者、流通者、加工者和消费者。70 个衍生产品的诞生，不仅填补了我国衍生品市场发展的空白，也是计划经济体制向市场经济体制的过渡，是中国特色社会主义市场经济体系自我完善的见证。

持续创新：扎根实体经济探索新机遇

服务实体经济是衍生品市场生存发展的根基和价值所在，是我国衍生品市场 30 年不断发展的一条基本经验。

截至 2019 年 6 月末，我国衍生品市场有效客户 139.5 万户，其中，单位客户 4.1 万户、境外客户 199 户。2019 年上半年，单位客户在我国工业品、农业品、金融期货交易中的持仓占比分别为 52.31%、52.85% 和 57.59%。国内至少 90% 以上的大型油脂油料企业、85% 以上的棕榈油进口企业以及 1100 家化工企业、1200 家煤焦钢企业等深度参与和利用衍生品市场。

大连商品交易所原党委书记、理事长李正强表示，包括产业企业在内的单位客户通过直接参与衍生品市场，一方面加强了自身风险管理，另一方面增强了产业企业和专业机构在衍生品价格形成中的影响力，提高交易价格的代表性，使得衍生品市场运行更好地反映实体经济真实的供求关系，有效避免脱离实体经济空转。

相关统计数据显示，2019 年上半年我国期货品种期现价格相关性达 87.99%，工业品、农业品、金融期货品种的套期保值效率分别为 77.77%、87.46% 和 99.59%。从以上核心指标看，我国衍生品市场的价格发现和风险管理功能日益得以发挥，服务实体经济能力逐步增强。

除此之外，我国衍生品市场在外延和宏观层面的影响正不断放大。2015 年，国家发展改革委价格司与上海期货交易所、郑州商品交易所、大连商品交易所在北京签署合作备忘录，标志着我国衍生品价格信号被纳入国家宏观调控政策体系。与此同时，越来越多的产业企业在现货贸易中采用"期货价格+升贴水"的基差定价模式，以更具前瞻性、更加灵敏地反映市场变化和趋势，实现贸易定价方式的深刻变革。截至 2019 年上半年，我国至少 70% 的豆粕和棕榈油、40% 的豆油等现货贸易采用期货价格作为定价基准。此外，通过"保险+期货"等新的业务模式，我国衍生品市场正在更大范围、更深层次带动和促进实体经济发展。"保险+期货"已连续四年被写入中央一号文件。

要形成合理权威的价格，在更大范围和更深程度上有效配置资源，在本质上要求衍生品市场是一个开放的市场。作为我国金融市场中最后一个对外开放的领域，2018 年以来我国原油、铁矿石、PTA、20 号胶期货先后作为特定品种引入境外交易者。这是我国衍生品市场首次为全球市场提供以人民币计价的大宗商品期货价格。大连商品交易所原党委书记、理事长李正强表示，通过为国内外各类参与者提供公平竞价交易平台，在提升境外交易者参与程度、增强我国衍生品市场国际代表性的同时，也在逐步提高我国衍生品市场的国际影响力，并为推动完善全球经济治理、促进全球产业链均衡协调发展做出努力。

纵观我国衍生品市场 30 年发展历程，从零起步到 70 个品种，在学习借鉴国际经验的基础上，走出了一条与西方成熟市场完全不同的"中国道路"。站在新时代新起点，面对世界百年未有之大变局，全球经济发展的不稳定性不确定性和中国经济高质量发展对我国衍生品市场发展提供了新机遇、提出了新要求。

资料来源：《中国证券报》。

二、衍生金融市场的功能

衍生工具市场几乎从一开始就受到批评。批评者认为衍生工具的杠杆过高，风险过大，而且它们天生就与市场操纵联系在一起。19 世纪下半叶到 20 世纪 30 年代的美国期货市场上，以及我国 20 世纪 90 年代的期货市场上，操纵事件频繁发生。早期的期货市场发展史实际上就是市场操纵史。

尽管衍生工具给人们留下诸多负面影响，但现代衍生工具市场在全世界快速发展，这种发展趋势至今也没有停步的迹象。因为衍生工具有两项重要的经济功能：对冲风险和价格发现。

1. 对冲风险

衍生金融市场的重要经济功能之一是为市场套期保值交易者或对冲者提供风险管理的手段。对冲或套期保值是一种为抵消由相关投资所引起的潜在收益或损失而持有的投资头寸。以期市场对冲为例，假如投资者持有黄金现货 10000 克，现在的市场价格为 300 元/克，计划在 3 个月以后出售，为防止 3 个月后黄金现货市场价格下跌可能带来的损失，该投资者可以在期货市场上出售 10 份黄金期货合约，3 个月后到期的黄金期货合约价格为 300 元/克，如果 3 个月后黄金现货市场价格下跌为 280 元/克，期货市场价格也将下跌，3 个月后黄金期货的价格也为 280 元/克，则现货市场价格下跌带来的 20 元/克的损失将由期货市场价格下跌 20 元所带来的收益对冲。

2. 价格发现

衍生金融工具的另一个重要功能是价格发现，即提供未来价格信息的能力。一般情况下，我们并不具备未来市场价格的相关信息，也不清楚其他市场参与者对未来市场价格的看法如何。衍生金融市场特别是期货市场是在有组织的交易所进行的，各交易有明确的交易规则，市场交易者根据交易规则对交易对象未来价格进行预测和判断，然后据此进行交易，市场则将所有交易者的判断整合起来，形成价格信息传递给交易者。由于市场上期货和期权合约都有特定的到期日，因此就会形成一系列未来资产的价格，这就是期货的价格发现功能。

三、衍生金融市场的参与者

衍生金融市场的参与者，除一般证券市场上的参与主体如监管部门和市场中介以外，衍生工具市场的主要参与者，按照参与市场的动机看，主要有套期保值者或对冲交易者（Hedgers）、投机者（Speculators）和套利者（Arbitrageurs）。

对冲交易者或套期保值交易者是在市场上利用衍生金融工具从事对冲交易或套期保值交易。套期保值是指以回避现货价格风险为目的的期货交易策略。生产经营者或商品储运商在现货市场上买入或卖出一定数量现货的同时，为防止现货资格变化带来的不确定性，在期货市场上卖出或买入相同品种、数量相当但交易方向相反的期货合约，以一个市场的盈利来对冲另一个市场的损失，从而规避价格变动的风险。

投机者则是利用衍生市场价格的波动，低买高卖赚取差价的交易者。投机在衍生市场上是不可或缺的，其主要作用是承担价格风险、向市场提供流动性以及有利于形成合理的价格水平。

衍生金融市场的第三类主要参与者是套利者。套利是指以获取同类资产在不同市场或同一市场不同时间上价格差为目的的交易。如某一资产在一个市场中的价格与另一个市场中该资产的衍生工具如期货的理论价格不同，则可以利用该价格差买入相对价格较低的资产的同时卖出价格相对较高的资产以实现套利收益。套利交易一般具有三个特点：无须初始投资、不存在交易风险和交易利润为正。

【本章小结】

本章主要讨论了衍生金融工具的基本概念以及特征和基本的衍生金融工具的类型，总结了衍生金融市场的基本发展历程，介绍了衍生金融市场的参与者以及衍生金融市场的基本功能。本章主要介绍了衍生金融工具的一些基础知识，目的是认识衍生金融工具与其他基本金融工具的不同。

【思考与练习】

1. 什么是衍生金融工具？为什么说其具有杠杆性？
2. 如何理解衍生金融工具的功能对冲和价格发现功能？
3. 简述期货和远期的区别。
4. 列举一些在日常生活中带有衍生工具特性的事例。

第十章　衍生金融工具的市场交易与风险

【章首导言】

本章主要介绍期货、远期、期权和互换四种常见的衍生金融工具的基本原理、交易机制和主要特征。远期和期货交易是一种即期交易，是将来进行标的资产交割和资金清算的衍生金融工具。期货交易是在远期交易的基础上对标的产品、交易规则、交割标准等进行标准化并引进一系列交易制度来控制风险以及提供杠杆交易的一种衍生品，是标准化的远期合约。期权交易是一种选择权交易，其赋予购买者在一个规定时间买入或卖出标的资产的权利。本章在介绍与期权相关的概念，如执行价格、标的资产以及期权费的基础上，依据不同的特征对期权进行了不同的分类，并重点介绍了常见的期权头寸，分析了期权的收益，介绍了我国期权市场的发展及主要的交易品种。互换是出现较晚的一种衍生产品，互换合约是交易双方基于不同的计算方法交换一系列现金流量的合约。本章主要介绍了互换的基本原理、互换的功能等。

【本章知识结构图】

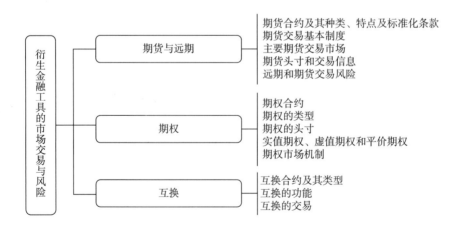

第一节 期货与远期

一、期货合约及其种类

期货合约是由交易所设计，规定双方在约定的将来某个日期按特定条件买入或卖出一定标准数量和质量的实物资产或金融工具，并经国家监管机构审批后可以上市交易的标准化协议。

期货合约是基于某种标的资产的未来确定价格的标准化合约，合约中规定的价格就是期货价格。期货合约根据标的资产的不同主要分为以下两类：

一是商品期货，以普通商品为标的资产的合约。这类期货合约一般包括农产品期货、金属期货、能源期货等。二是金融期货，以金融资产或金融资产的价格为标的资产的期货合约。这类合约主要包括外汇期货、利率期货、股指期货和单一股票期货等期货合约。其中，单一股票期货是目前世界上交易量最大、最流行的期货合约。

二、期货合约的特点

概括地说，期货合约具有以下特点：

（1）在交易所进行。所有的期货合约均在有组织的交易所进行，没有场外交易。

（2）标准化合约。期货合约是由交易所设计的标准化合约，规定了标的资产的品种、数量、质量、等级、交割日期和地点以及交割方式等。

（3）保证金制度。期货交易实行保证金制度，交易者只需要按照交易金额的一定比例缴纳少量保证金作为履约的保证即可参与期货交易，并根据市场价格变动情况提取或追加保证金。因此，期货交易具有杠杆效应。

（4）中央结算制度。期货交易的清算由专门的清算机构或清算所来进行，每日进行结算，也被称为每日结算制度。结算机构根据每日结算价格对所有客户的持仓进行结算，盈利划入保证金账户，亏损则从保证金账户中划出。

三、期货合约的标准化条款

（1）合约名称。合约的名称需要注明标的资产名称和交易所名称，如上海期货交易所黄金期货合约的名称为"上海期货交易所黄金期货合约"。

（2）交易代码。为了便于交易，每类期货合约都会有一个交易代码，如黄金期货合约代码为"AU"，电解铝期货合约代码为"AL"。

（3）交易数量和单位。期货合约是标准化合约，每一个品种都规定具体的交易数量和单位，如郑州商品交易所棉花期货合约交易数量是5吨/手，上海期货交易所黄金期货合约是1000克/手。合约中规定的交易数量和单位无论是什么期限的合约都如此。

（4）质量和等级条款。商品期货合约都规定了统一的、标准化的商品质量和等级条款，这些质量和等级标准一般是国际上认可的质量标准。

（5）交割地点条款。为了保证商品期货的交割效率，规定了商品交割的地点，并用附件的形式明确交割地点的具体位置。

（6）交割期。期货合约的交割期可以分为两个时间：一是合约的交割月份，即在哪些月份可以进行交割，这相当于合约的期限，如3月、6月、9月和12月等；二是合约的交割日期，即在交割月份具体进行交割的日期。如"最后交易日后的连续5个交易日"等。

（7）最小变动价位。最小变动价位是交易所规定的买卖双方报价时的最小变动幅度，每次报价时的变动幅度必须是最小变动价位的整数倍。

（8）每日价格波动最大限制或涨跌停板制度。交易所对每份合约都规定了每日价格最大波动幅度，也被称为涨跌停板制度。该合约的交易价格不能高于或低于上一交易日结算价的一个百分比。

（9）最后交易日。期货合约的到期日或停止交易的最后日期，在这一日期之后，期货合约停止交易，进入交割阶段。

（10）保证金。期货合约中规定的保证金一般被称为最低交易保证金，是合约价值的一个百分比，如郑州商品交易所棉花期货合约的最低交易保证为合约价值的5%。

（11）交割方式条款。交割方式是指期货合约到期时以何种方式履行合约义务，一般商品期货以"实物交割"方式进行，金融期货以"现金交割"方式进行。

除以上条款外，各交易所还根据各自的交易品种规定了一些其他条款，如交易手续费条款、交易时间条款等（见表10-1和表10-2）。

表10-1 郑州商品交易所棉花期货合约

（2022年7月29日郑州商品交易所第七届理事会第二十五次会议审议通过，2022年8月31日〔2022〕74号公告发布，自2022年12月1日开始施行）

交易品种	棉花
交易单位	5吨/手（公定重量）
报价单位	元（人民币）/吨
最小变动价位	5元/吨
每日价格波动限制	上一交易日结算价±4%及《郑州商品交易所期货交易风险控制管理办法》相关规定
最低交易保证金	合约价值的5%
合约交割月份	1、3、5、7、9、11月
交易时间	每周一至周五（北京时间 法定节假日除外） 上午9：00~11：30，下午1：30~3：00及交易所规定的其他交易时间
最后交易日	合约交割月份的第10个交易日
最后交割日	合约交割月份的第13个交易日

交割品级	基准交割品：符合 GB1103.1-2012《棉花 第 1 部分：锯齿加工细绒棉》规定的 3128B 级，且长度整齐度为 U3 档，断裂比强度为 S3 档，轧工质量为 P2 档的国产棉花。替代品详见交易所棉花期货业务细则。替代品升贴水由交易所另行制定并公告
交割地点	交易所指定棉花交割仓库
交割方式	实物交割
交易代码	CF
上市交易所	郑州商品交易所

资料来源：郑州商品交易所。

表 10-2 5 年期国债期货合约表

合约标的	面值为 100 万元人民币、票面利率为 3% 的名义中期国债	每日价格最大波动限制	上一交易日结算价的 ±1.2%
可交割国债	发行期限不高于 7 年、合约到期月份首日剩余期限为 4~5.25 年的记账式附息国债	最低交易保证金	合约价值的 1%
报价方式	百元净价报价	最后交易日	合约到期月份的第二个星期五
最小变动价位	0.005 元	最后交割日	最后交易日后的第三个交易日
合约月份	最近的三个季月（3 月、6 月、9 月、12 月中的最近三个月循环）	交割方式	实物交割
交易时间	09：30~11：30，13：00~15：15	交易代码	TF
最后交易日交易时间	09：30~11：30	上市交易所	中国金融期货交易所

资料来源：中国金融期货交易所。

四、期货交易基本制度

（一）保证金制度

在期货交易中，交易者必须按其所买卖期货合约价值的一定比例（5%~10%）缴纳资金，作为其履行期货合约的财力担保。保证金具有杠杆效应，可以用少量资金进行更大规模的交易。另外，由于保证金节约了投入成本，期货交易的投资回报率也相应地被放大了。

（二）每日无负债结算制度

该制度又称"逐日盯市"，即每日交易结束后，交易所按当日结算价结算所有合约的盈亏、交易保证金及手续费、税金等费用，对应收应付的款项同时划转，相应增加或减少会员的结算准备金。

（三）涨跌停板制度

涨跌停板制度又称每日价格最大波动限制，即期货合约在一个交易日中的交易价格波动不得高于或者低于规定的涨跌幅度（以上一交易日的结算价为基准），超过该涨跌幅度的报价将被视为无效，不能成交。

（四）强行平仓制度

强行平仓制度是交易所的主要风险管理制度之一，交易所对违规者的有关持仓实行平仓的一种强制措施。当投资者的结算准备金小于零，并且未能在规定时间内补足的、持仓量超出其限仓规定的，以及因违规受到交易所强行平仓处罚的都会被交易所强行平仓。

（五）实物（现金）交割制度

当期货合约到期时，交易双方将期货合约所载商品的所有权按规定进行转移，或以现金的形式履行合约义务，了结未平仓合约。一般商品期货实行实物交割，金融期货则实行现金交割。

（六）大户报告制度

当会员或客户某品种持仓合约的投机头寸达到交易所对其规定的头寸持仓限量的一定比例（如80%以上）时，会员或客户应向交易所报告其资金情况、头寸情况等。

（七）持仓限额制度

为了防范操纵市场价格的行为和防止期货市场风险过度集中于少数投资者，期货交易所对会员及客户的持仓数量进行限制。持仓限额既包括单一品种的持仓限额，也包括总持仓量的限额。

五、主要期货交易市场

世界期货交易市场以美国芝加哥期货交易所（Chicago Board of Trade，BOT）的成立为开端，时至今日，在经济全球化的影响下，交易所之间出现了多次合并和重组。如今最有影响力的期货交易市场包括北美市场、欧洲市场、亚太市场和中国市场、中南美及非洲市场。

（一）北美市场

北美市场以芝加哥和纽约为主。CBOT由82位谷物交易商于1848年成立，最初是以远期合约的形式进行，1865年推出了标准化合约，并实行了保证金制度。CBOT一直是衍生市场创新的领导者，交易所的期货合约经过多年的发展演变现包括非保存性农产品和非农产品，如黄金和白银。CBOT的第一种金融期货合约于1975年10月推出，该合约为基于美国政府全国抵押协会抵押担保证券的期货合约。随着第一种金融期货合约的推出，期货交易逐渐被引进到多种不同的金融工具。CBOT的另一个金融创新是于1982年推出的期货期权。

芝加哥商业交易所（Chicago Mercantile Exchange，CME）的前身为农产品交易所，于1874年成立，以黄油、鸡蛋、家禽及其他不易储存的农产品为主。1972年，CME成立了国际货币市场（International Monetary Market，IMM），专门交易外汇期货合约，并推出了第一份外汇期货合约欧洲美元期货合约。为了应对来自欧洲和亚太地区衍生品交易所的竞争，2006年10月17日，芝加哥商业交易所（CME）和芝加哥期货交易所

（CBOT）宣布已经就合并事宜达成最终协议，两家交易所合并成全球最大的衍生品交易所——CME 集团，并于 2007 年 7 月正式合并。2008 年，CME 集团进一步将纽约商业交易所（New York Mercantile Exchange，NYMEX）兼并，成为目前世界上最大的衍生品交易市场。

（二）欧洲市场

欧洲地区的期货交易市场以欧洲期货交易所（EUREX）为主，主要交易德国国债和欧元区股指期货，是目前世界上最大的期货和期权等衍生品交易市场之一，总部位于德国的法兰克福。Eurex 于 1998 年由德国的德意志交易所集团（Deutsche Börse AG）和瑞士 SIX 交易所联合成立，是世界上第一个全部实现电子化交易的期货交易所。2012 年，Eurex 成为德意志交易所集团的独资公司。

泛欧交易所（Euronext）是由荷兰阿姆斯特丹、法国巴黎、比利时布鲁塞尔三家证券交易所根据荷兰法律，于 2000 年 9 月通过合并方式设立的证券交易所。自 2002 年起，Euronext 进一步扩大，先是兼并了伦敦国际金融期货与期权交易所（LIFFE），后又与葡萄牙证交所（BVLP）合并，成为欧洲领先的证券与期货产品兼备、集交易与清算于一身的跨国证券交易机构，在期货市场主要交易欧元区短期利率期货和股指期货等。

另外还有两家伦敦的商品交易所：伦敦金属交易所（LME）主要交易基础金属；洲际交易所（ICE）主要交易布伦特原油等能源产品。

（三）亚太市场

1999 年 2 月，韩国期货交易所（KOFEX）在釜山成立，当年就推出了美元期货及期权、CD 利率期货、国债期货、黄金期货。韩国期货交易所是一个综合性金融市场。韩国期货交易所的交易品种包括股票、债券（国债、企业债、可转换债券等）、股指期货、股指期权、单个股票期权、各种基金及投资信托、外汇期货、利率期货和黄金期货等。2005 年 1 月，韩国合并原韩国证券交易所（KSE）、韩国期货交易所（KOFEX）及韩国创业板市场（KOSDAQ），正式更名为韩国证券期货交易所（KRX）。

新加坡商品交易所（Singapore Commodity Exchange Limited，SICOM），也就是以前的新加坡树胶总会土产交易所（Rubber Association of Singapore，RAS），该交易所提供多元化国际贸易商品及衍生品：期货和贵金属期权合约、基本金属、农业大宗商品、能源、货币和商品指数，是东南亚地区最大的天然胶期货交易场所。新加坡国际金融交易所（Singapore International Monetary Exchange Ltd.，SIMEX）成立于 1984 年，是亚洲第一家金融期货交易所。SIMEX 是一家国际性的交易所，SIMEX 的交易品种涉及期货和期权合约、利率、货币、股指、能源和黄金等交易。

印度在第二次世界大战前就已经上市了多个期货品种，包括胡椒粉、姜、马铃薯、食糖和粗糖。印度独立后建立了计划委员会，采取经济发展部门与地区间的均衡发展模式，并在基础设施和工业维持垄断结构。2003 年是印度商品期货市场发展史上最重要的一年，2003 年 4 月 1 日，印度议会通过立法允许期货交易，解除对所有商品期货交易的禁令，到 2003 年底，印度大宗商品交易所（MCX）、全国商品和衍生品交易所（NCDEX）及全国大宗商品交易所（NMCE）成为全国性交易所，印度的商品期货开始走向快速发展。

澳大利亚期货交易原来主要集中于悉尼期货交易所。悉尼期货交易所是全球第十大和亚太第二大金融期货期权交易所（成交量），产品体系涵盖利率、股票、外汇、商品和能源期货，通过全球通信系统实现 24 小时交易。2006 年 7 月 5 日，悉尼期货交易所（SFE）接受澳洲证券交易所（ASX）发出的收购要约，交易总金额达 22.8 亿澳元（约 17 亿美元）。合并后的澳大利亚证券交易所不仅是澳大利亚国内最大的一家证券、商品、利率和期货交易所，也是亚太地区最大的证券交易平台，成为亚太地区首席金融交易所，是全球第 9 大上市交易所。合并后的澳大利亚证券交易所价值达到 53 亿澳元（约 37.5 亿美元），为澳市场市值第 50 大上市公司。

（四）中国市场

中国的期货市场可以分为两部分：一个是中国内地；另一个是中国香港、中国澳门和中国台湾。

中国内地目前有上海期货交易所、大连商品交易所和郑州商品交易所三家商品交易所和中国金融期货交易所一家金融期货交易所。上海期货交易所主要以交易金属、能源、橡胶等期货以及部分期权为主，大连商品交易所以大豆、玉米等期货为主，郑州商品交易所以交易小麦、棉花、白糖等粮食期货为主。中国金融期货交易所的金融期货品种主要以股指期货和国债期货为主。中国香港的期货市场主要以香港交易所集团下的恒生指数期货、H 股指数期货为主。中国台湾的期货市场主要包括在台湾期货交易所上市的股指期货与期权。

（五）中南美及非洲市场

中南美期货市场主要是墨西哥衍生品交易所和巴西期货交易所。墨西哥衍生品交易所主要交易利率、汇率期货。巴西期货交易所主要交易各类金融和商品期货。非洲期货市场主要是南非的证券交易所下属的期货市场，用来上市当地金融期货品种。

六、期货头寸和交易信息

在期货交易中，通常会用到一些交易术语。期货合约要求在指定的时期或到期日在指定的地点按商品约定的价格交割商品。这个约定的价格就是期货价格，也是交易者在期货合约中唯一可以协商的内容。

在期货交易中买入期货合约而持有的头寸被称为多头寸（Long Position），卖出期货合约而持有的头寸被称为空头寸（Short Position）。客户新持有一个头寸，就叫开新仓。结合买入和卖出的交易和开新仓，则买入开新仓被称为"多开"，卖出开新仓被称为"空开"。期货交易有一个特点就是买入或卖出的合约不一定必须到期交割，而是可以在到期之前进行相反的交易来履行合约义务，即原来买入的多头合约可以卖出同品种、同期限的合约，这一行为被称为"平仓"。

期货市场上常用的交易信息如下（见表 10-3）：

表10-3 中国金融期货交易所沪深300股指期货和中证500股指期货交易信息

合约代码	今开盘	最高价	最低价	成交量	成交金额	持仓量	持仓变化	今收盘	今结算	前结算	涨跌1	涨跌2
IF2109	4855.0	4879.0	4830.2	73853	10752602.070	128436	-15294	4854.2	4854.0	4855.0	-0.8	-1.0
IF2110	4842.0	4859.8	4812.0	4145	601061.112	7370	1179	4835.6	4832.8	4835.0	0.6	-2.2
IF2112	4792.0	4816.0	4769.2	14777	2123703.348	53377	-876	4791.8	4790.6	4789.6	2.2	1.0
IF2203	4767.2	4783.2	4736.0	2688	383713.908	14827	239	4758.0	4756.8	4757.4	0.6	-0.6
小计				95463	13861080.438	204010	-14752					
IC2109	7095.2	7229.0	7095.2	67904	9751176.068	134165	-9535	7218.8	7213.6	7113.0	105.8	100.6
IC2110	7050.0	7164.0	7043.6	5680	809239.604	9077	2078	7153.4	7149.8	7055.6	97.8	94.2
IC2112	6922.0	7025.0	6911.2	17928	2504002.632	83915	-362	7018.0	7012.6	6922.4	95.6	90.2
IC2203	6754.8	6850.6	6742.2	7598	1034768.368	47757	422	6843.2	6837.2	6751.2	92.0	86.0
小计				99110	14099186.672	274914	-7397					

资料来源：中国金融期货交易所。

交易价格：是期货合约的交割标准品在期货交割仓库交货的含增值税价格。

开盘价：指某一期货合约当日开市前5分钟内经集合竞价产生的成交价。集合竞价未产生成交价的，以集合竞价后第一笔成交价为开盘价。

收盘价：某一合约当日最后一笔成交价。

结算价：指某一期货合约当日成交价格按照成交量的加权平均价。当日无成交价格的，以上一交易日的结算价作为当日结算价。

最高价和最低价：某一期货合约当日最高和最低的成交价。

持仓量：期货交易者所持有的该合约未平仓的双边合约数量。

持仓限额：期货交易所规定的不同交易者不同期货品种持仓量的最高限额。

【业界实例】

光大证券乌龙指事件

2013年8月16日13：00，光大证券股份有限公司（以下简称"公司"）因重大事项紧急停牌，随后发布提示性公告，披露了公司策略投资部门自营业务在使用其独立的套利系统时出现问题的事项。经公司核查，现将相关情况公告如下：

一、事件过程

2013年8月16日，公司策略投资部按计划开展ETF套利交易，部门核定的交易员当日现货交易额度为8000万元，并在交易开始前由审核人员进行了8000万元的额度设定。9：41，交易员分析判断180ETF出现套利机会，及时通过套利策略订单生成系统发出第一组买入180ETF成份股的订单（即177笔委托，委托金额合计不超过200万元）。10：13，交易员发出第二组买入部分180ETF成份股的订单（即102笔委托，委托金额合计不超过150万元）。11：02，交易员发出第三组买入180ETF成份股的订单（即177笔委托，委托金额合计不超过200万元）。11：07，交易员通过系统监控模块发现成交金额异常，同时，接到上海证券交易所的问询电话，迅速批量撤单，并终止套利策略订单生成系统的运行，同时启动核查流程并报告部门领导。为了对冲股票持仓风险，开始卖出股指期货IF1309空头合约。截至11：30收盘，股票成交金额约为72.7亿元，累计用于对冲而卖出的股指期货IF1309空头合约共253张。

事件发生后，公司相关管理人员召开紧急会议。由于当天增加了72.7亿元股票持仓，为最大限度减少风险暴露和可能的损失，公司需要降低持仓量，但当天买入的股票只能在T+1日实现卖出。可行的做法是尽量将已买入的ETF成份股申购成ETF卖出，以实现当天减仓，也可以通过卖出股指期货来对冲新增持仓的风险。为此做了如下处置安排：

对于上午发生的事件所形成的过大风险敞口，尽量申购成ETF直接卖出；对于因ETF市场流动性不足而不能通过申购ETF卖出的持仓部分，逐步使用股指期货卖出合约做全额对冲。下午开盘后，策略投资部开始通过将已买入的股票申购成50ETF以及

180ETF在二级市场上卖出。同时，逐步卖出股指期货IF1309、IF1312空头合约，以对冲上午买入股票的风险。据统计，下午交易时段，策略投资部总共卖出50ETF、180ETF金额约18.9亿元，累计用于对冲而卖出的股指期货合约共计6877张，其中IF1309、IF1312空头合约分别为6727张和150张，加上上午卖出的253张IF1309空头合约，全天用于对冲而新增的股指期货空头合约总计为7130张。

二、事件原因

经初步核查，本次事件产生的原因主要是策略投资部使用的套利策略系统出现了问题，该系统包含订单生成系统和订单执行系统两个部分。核查中发现，订单执行系统针对高频交易在市价委托时，对可用资金额度未能进行有效校验控制，而订单生成系统存在的缺陷，会导致特定情况下生成预期外的订单。由于订单生成系统存在的缺陷，导致在11时05分08秒之后的2秒内瞬间生成26082笔预期外的市价委托订单。由于订单执行系统存在的缺陷，上述预期外的巨量市价委托订单被直接发送至交易所。

三、紧急停牌及信息披露

中午休市期间，上交所要求公司查明事件原因并及时公告，经公司申请、上交所同意，13：00，公司股票实施了紧急停牌。随即，公司启动了临时公告披露流程，由于事发突然、事关重大，涉及的业务及系统较为复杂，为确保信息披露内容的准确性，公司要求相关部门紧急自查，在对该事件发生的原因进行了初步认定，并确认了出现问题的套利系统独立于公司其他业务系统、风险不会通过信息系统进行传递以影响公司客户交易之后，14点左右，公司通过上交所信息披露电子化系统递交了编号为临2013-032号提示性公告，向投资者披露了相关情况。

四、直接影响

按照8月16日的收盘价，上述交易的当日盯市损失约为1.94亿元，其对公司造成的最终损失以及对公司财务状况的影响程度还可能随着市场情况发生变化。本次事件导致8月16日公司"权益类证券及证券衍生品/净资本"指标超过了100%的监管红线，公司可能因此事件面临监管部门的警示或处罚，从而可能影响公司业务拓展和经营业绩，本次事件亦给公司品牌声誉及市场形象带来负面影响。目前，公司其他各项经营活动保持正常。公司已通过自有资金、变现部分证券类资产等措施，保证交易正常清算交收。

五、改进措施

公司已启动针对包括全资子公司在内的所有交易系统全面排查的工作，重点排查包括量化交易在内的新业务IT系统，重点关注资金校验、指令校验等前端风险控制节点，对于存在风险隐患的系统，责成相关部门及时整改。在此基础上，公司将全面检讨交易系统管理现状，严格完善并落实系统管理的制度和规范，切实消除系统操作风险隐患。

六、风险提示

上海证券交易所和上海证监局正在对相关事项进行全面调查，此次事件可能对公司经营及业绩造成一定影响。因本次事件对投资者可能产生的损失，公司将依法履行应尽的职责和义务。此次事件引发了当天股市的波动，市场反响较大，我们深感不安，心情十分沉重，在此，公司向广大投资者表示最诚恳的道歉。公司将以此为戒、深刻反省、积极整改，不辜负广大投资者对光大证券的关注与期待。

资料来源：光大证券公告。

七、远期和期货交易风险

远期和期货交易与其他的衍生品交易一样，都是杠杆交易，即客户的投资金额并不是全部交易金额，而只是将交易金额的一定百分比作为保证金。例如，上海期货交易所黄金期货合约的最低交易保证金为4%，一手黄金期货合约1000g，如果黄金期货AU2112合约的价格为350元/克，则交易金额为350000元，保证金为14000元，如果一交易者买入一份该期货合约，则该期货合约的价格如下降1%，则该交易者损失3500元，收益率为-25%，为价格变化的25倍。这就是期货交易的杠杆效应所带来的对收益风险的放大效应。

【案例阅读】

远离外盘期货

近年来，投资外盘期货的投资者越来越多，但很多无辜的投资者成了非法国际期货交易平台手中的"韭菜"。

国内一些机构在推广所谓"外盘期货"代理业务时，宣称可以为境内投资者参与境外期货交易提供渠道，代理中国香港、纽约、伦敦等市场的原油、黄金、股指、外汇等期货投资，有的还提供"专家"指导、"一对一教学"、期货配资等服务。投资者只需提供身份证件、开户并缴纳相关费用后，便可通过这些机构的特定交易软件进行"外盘期货"交易。

当前，外盘期货之所以成为不法分子坑骗投资者的手段，一是利用大多数的国内投资者无法开外盘户，便产生外盘期货很神秘的心理；二是外盘期货缺乏监管。而事实是，根本不存在进行外盘期货交易更容易挣钱的情况。

1994年以后，境内期货市场停止外盘业务，一直到今天，国内有关部门没有批准任何一家境内机构在境内开展外盘期货代理业务。

根据国家规定，未经批准的任何单位和个人不得经营期货业务，境内单位或个人不得违反规定从事境外期货交易。境内投资者通过上述机构的交易软件或移动客户端参与境外期货交易，一旦发生纠纷，自身权益将无法得到有效保护。

我国境内投资者想要进行外盘期货交易，主要有境外金融机构和境内期货公司香港分支机构这两个渠道，投资者可以通过正规的持牌机构开户进行交易。

资料来源：《期货日报》。

第二节 期权

一、期权合约

在金融领域，期权（Option）是一种选择权的交易。期权合约赋予期权的持有者在一定的时间内按照合约规定的价格（执行价格）买入或卖出标的资产的权利而没有义务。执行价格的设定主要参考标的资产现货市场的价格，在合约到期时，期权买方执行合约，买入或卖出资产，而期权卖方则履行相应的义务，卖出或买入资产。

二、期权的类型

（一）看涨期权和看跌期权

根据买方对市场行情的判断，期权可以分为看涨期权和看跌期权。看涨期权（Call Option），或买权，是一种赋予期权持有者（Option Holder）在未来某个时点，按照合约规定的价格，购买一定数量标的资产的权利的合约。看跌期权（Put Option），又称卖权，赋予期权持有者在未来某个时点，按照合约规定的价格，卖出一定数量标的资产的权利，但不是义务。

（二）欧式期权与美式期权

根据期权的行权时限，可以将期权分为欧式期权、美式期权和百慕大期权等。欧式期权是指规定期权所有者在期权的有效期最后一天方可履行合约的期权。美式期权是在期权有效期内都有权执行其权利的期权。百慕大期权（Bermuda option）是一种可以在到期日前规定的一系列时间行权的期权。百慕大期权的行权时间是介于欧式期权和美工期权之间的。

（三）场内期权与场外期权

根据交易场所的不同，期权可以分为场内期权和场外期权。在交易所上市交易的期权称为场内期权。交易所既有专门的期权交易所如芝加哥期权交易所，也有证券交易所。金融机构和大公司双方或多方直接进行期权交易的市场称为场外期权市场。

三、期权的头寸

期权的持有者称为多头（long Position），期权的卖出者称为空头（Short Position）。结合期权买方对市场行情的判断，期权有四种基本头寸（见图10-1）：看涨期权多头（买入看涨）、看涨期权空头（卖出看涨）、看跌期权多头（买入看跌）、看跌期权空头（卖出看跌）。

（一）看涨期权多头

看涨期权多头即买入看涨期权，多方有权利按执行价格买入标的资产，如果市场条件不利，也可以放弃权利而不买入资产。看涨期权多头的收益与利润分布如图10-2

所示。横轴表示标的资产的市场价格 S_T，纵轴表示收益或损失。期权的执行价格为 X，期权费为 c。如果 $S_T<X$，交易者可以在市场上以更便宜的价格购买资产，因此多方会弃权，弃权后收益为 0，利润为-c。如果 $S_T>X$，看涨期权多方行使权利，以 X 买入资产，买入后的收益为 S_T-X，利润为收益扣除期权费，即收益曲线整体向上移动 c。使得交易者的收益扣除期权费后，即利润为零的市场价格为盈亏平衡点。只要市场价格一直上升，则看涨期权多头的盈利理论上可以无限多。

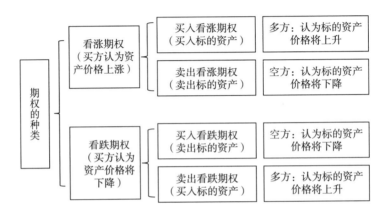

图 10-1　期权的基本头寸

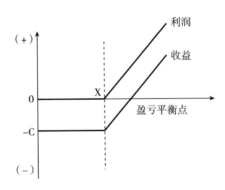

图 10-2　看涨期权多头的收益与利润

看涨期权多方的收益为：

收益：$c_T=\max(0,\ S_T-X)$

如果将买方支付的期权费也考虑在内，则：

利润：$\pi=\max(0,\ S_T-X)-c_0$

（二）看涨期权空头

看涨期权空头或卖出看涨期权者的收益与利润分布如图 10-3 所示。期权作为"零和博弈"的交易，多方的盈利即为空方的损失，因此空方的收益和利润只需要在多方收益和利润的结果前加一个负号。作为多头的对应方，空头只有义务而没有权利，当

$S_T<X$ 时，多方弃权，空方收益为 C；当 $S_T<X$ 时，多方行使权利，买入资产，空方卖出资产，空方的收益为 $X-S_T$。在市场价格持续上升中，多方的盈利可能无限大，而空方的损失相应无限大。

看涨期权空头是看涨期权多方的对应方，其收益与利润刚好与多头相反，因此只需要在前面多头收益和利润的公式前加上负号即可。

看涨期权空头的收益为：

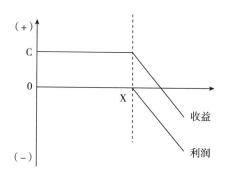

图 10-3　看涨期权空头的收益与利润

收益：$-c_T=-\max(0,\ S_T-X)$

如果将买方支付的期权费也考虑在内，则：

利润：$\pi=-\max(0,\ S_T-X)+c_0$

（三）看跌期权多头

看跌期权多头即买入看跌期权，意味着看跌期权的买方拥有一项卖权，可以以执行价格 X 卖出价值 S_T 的标的资产。如果到期标的资产的价格 S_T 高于执行价格 X，行权意味着以 X 的价格卖出在市场上价值为 S_T 的资产，所以多方不会行权，收益为 0。如果到期时标的资产的价格低于执行价格，多方行使权利，收益为 $X-S_T$（见图 10-4）。

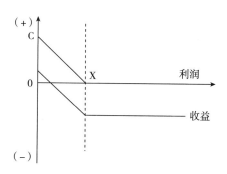

图 10-4　看跌期权多头的收益与利润

看跌期权多方的收益为：

收益 $p_T=\max(0,\ X-S_T)$

如果将买方支付的期权费也考虑在内，则：

利润：$\pi = \max(0, X-S_T) - p_0$

（四）看跌期权空头

看跌期权空头即卖出看跌期权，是看跌期权多头的对应方，当市场价格下跌，多头执行合约卖出资产时，空方以价格 X 买入资产，市场价格 $S_T < X$，此时，多方盈利，则空方亏损，其收益为 $S_T - X$。如果市场价格 S_T 高于执行价格 X 则多方弃权，空方的收益为 0（见图 10-5）。

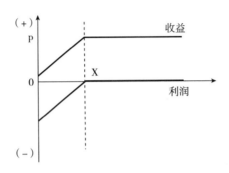

图 10-5　看跌期权空头的收益与利润

看跌期权空方的收益为：

$p_T = -\max(0, X-S_T)$

如果将买方支付的期权费也考虑在内，则：

利润：$\pi = -\max(0, X-S_T) + p_0$

作为选择权交易的期权，由于交易双方的权利义务不对称，而导致其风险收益不对等，是其显著的特征。多方拥有权利，除支付期权费外再无其他义务，所以其在行使权利时盈利可能无限大，而在弃权时其损失也只有期权费。空方由于出售权利而只有义务没有权利，其损失可能无限大而收益有限。

四、实值期权、虚值期权和平价期权

实值期权。对于看涨期权，如果标的资产的市场价格高于执行价格；对于看跌期权，如果标的资产的市场价格低于执行价格，则期权为实值期权。此时多方行使权利可以获得收益。

虚值期权。对于看涨期权，如果标的资产的市场价格低于执行价格；对于看跌期权，如果标的资产的市场价格高于执行价格，则期权为虚值期权。

平价期权。当期权的执行价格与标的资产的市场价格相等时，被称为平价期权。

五、期权市场机制

（一）交易场所

传统上，期权的交易是在场外进行的，直到 1973 年芝加哥期权交易所成立，期权交易才开始在场内进行。期权的场内交易除专门的期权交易所外，还有其他证券交易所、期货交易所和商品交易所等。期权场外交易并未因场内交易的存在而消失，目前场外交易仍然是期权交易的重要交易形式。

在我国，没有专门的期权交易所，期权交易主要分散在其他交易所中，依托交易所上市的基础资产品种开展期权交易。上海证券交易所和深圳证券交易所主要交易股票期权，中国金融期货交易所、上海期货交易所、郑州商品交易所和大连商品交易所主要交易各自上市品种的期货期权。上海证券交易所、深圳证券交易所和中国金融期货交易所的期权交易实行做市商制度，期权做市商对挂牌交易的期权合约提供双边持续报价、双边回应报价等服务，并享有交易费用减免、激励等权利。其他交易所的期权交易也可以实行做市商交易。

（二）期权合约

期权合约是交易所统一制定的、规定买方有权在将来某一时间以特定价格买入或者卖出约定标的物（包括期货合约）的标准化合约。期权合约主要条款包括合约名称、合约标的物、合约类型、交易单位、报价单位、最小变动价位、涨跌停板幅度、合约月份、交易时间、最后交易日、到期日、行权方式、行权价格、交易代码、上市机构等。

（三）期权的保证金与结算

保证金是为了确保交易者能够履行自己的契约。在期权交易中，由于期权买方的最大损失是自己在交易时支付的期权费，而且在市场对自己不利时还可以弃权。因此，期权交易中一般只要求卖方缴纳保证金，作为将来一旦履约时的保证。交易所清算机构对期权交易进行每日结算，实行每日无负债制度，即时清算交易双方的债权债务。如卖方账户中的保证金余额不足，则交易所会向其发出保证金追加通知书以补充保证金至规定水平。如不能满足追加保证金的要求，则交易所会将其持有的头寸强行平仓。

在金融交易如股票交易中，对于资产的购买方式不一定是现金形式，可以以保证金的形式购买。在期权交易中，买方在买入期权时，也可以以保证金的形式购买，这种做法叫"保证金购买"。当购买期限小于一定时间时，如9个月，则必须付清全部购买费用，对于期限超过一定时间的期权，借入资金也不能超过一定的比例。

（四）期权的到期与行权

期权合约都有一个固定的到期日，欧式期权只能在到期时行权，美式期权则在到期前的任何交易日都可以行权。行权是买方行使期权合约规定的权利，按合约规定买入或卖出标的资产。对于期权卖方，要根据买方的要求，卖出或买入资产来履行合约义务。当然，与其他金融资产的交易一样，期权交易双方都可以在到期前通过相反的交易来平仓以履行合约。

【案例阅读】

活用铜、天然橡胶期权工具　实体企业面对疫情有惊无险

新冠肺炎疫情发生以来，大宗商品市场价格波动加剧了实体企业生产经营的难度，

这使得企业对风险管理的需求更加凸显。期货及衍生品作为有效的风险管理工具，其作用与优势在疫情防控期间得到了实体企业的认可。场内期权相比期货更具灵活性，同时"性价比"更高，因此也获得了实体企业的青睐。

据了解，特变电工山东鲁能泰山电缆有限公司（以下简称"鲁缆"）根据自身经营情况，参与期货市场，利用铜期权转移和抛售风险，达到锁定企业成本和利润的目的，确保疫情防控期间价格变动对生产的影响降到最低。

据介绍，鲁缆始建于1950年，前身为山东电缆厂，是特变电工股份有限公司输变电产业的核心骨干企业，产品客户在国内以两网五大发电为主，在国际上以国外电力公司为主。当前输变电产业竞争越发激烈，受国家大型基建项目及市场竞争影响，大额订单存在履约周期长、订单毛利低、受原材料波动影响大等问题。

据了解，鲁缆2020年初获取一批用铜量100吨的订单，该订单将在2020年下半年执行，报价铜基价较订单签订时上期所沪铜指数收盘价低2000元/吨以上。

鲁缆相关负责人介绍，春节前公司预计，受疫情的影响，节后铜价可能有较大波动，若节后铜价上涨，已签订的产品订单采购成本会增加，这将减少收益，甚至产生大额亏损。为了保证收益稳定，控制亏损程度，公司在节前通过卖出铜看跌期权来对冲敞口。"这样做有两方面的好处：一方面，如果期权到期时买方不行权，预留敞口数量依旧维持在安全敞口范围内，我们可以用收取的权利金来弥补真实采购时的铜价与签订订单时铜价的价差，减少亏损；另一方面，如果期权到期时买方行权，就相当于锁定了采购价格，封闭敞口。"他说。

除了直接利用场内期权品种锁定生产经营风险，也有实体企业通过"期权+期货"综合套期保值方案规避库存风险。合盛天然橡胶（上海）有限公司（以下简称"合盛"）主营天然橡胶的加工与销售，2017年4月公司成立至今，天然橡胶销售数量逾17万吨。由于现货经营规模庞大，包括加工厂在内的现货敞口库存始终维持在高位。为应对巨大敞口库存面临的价格波动风险，合盛采用上海期货交易所推出的天然橡胶期权和期货工具来进行风险管理。

合盛相关负责人告诉期货日报记者，2019年底，经过市场研判，公司预计未来一年内胶价重心将整体上移，因此建立了2000吨现货敞口库存。虽然从基本面上看胶价整体走势向好，但从技术面看仍然存在短期大幅下挫的可能性。为此，合盛采用了"期权+期货"的综合套期保值方案，以期货作为常规保值方法，以期权作为尾部风险管理工具。

据介绍，在这个方案中，合盛通过低成本、不占保证金的虚值期权一次性构造出"灾难保险"。一旦发生极端风险，相比期货，期权具有更高的性价比，能发挥出更好的保值作用。合盛于2019年底实施了该项策略。针对现货库存，公司卖出RU2005合约200手作为常规保值，同时买入200手虚值看跌期权。

该负责人坦言，正是由于合盛提前按照风险管理的既定原则建立了"期权+期货"的综合套保头寸，才成功规避了因突发疫情导致的胶价重挫对现货敞口库存的不利影响，取得了良好的保值效果。

资料来源：《期货日报》。

第三节 互换

互换合约的诞生可以追溯到 1981 年 IBM 和世界银行签署的一笔货币互换协议,世界银行的借款是美元,而 IBM 的借款是德国马克和瑞士法郎。世界银行(直接以德国马克和瑞士法郎借款是受到限制的)同意支付 IBM 借款的利息,而 IBM 同意支付世界银行借款的利息,实现了债务币种的转换。

一、互换合约及其类型

互换是一种两个交易对手以一方金融工具的现金流交换另一方金融工具现金流的衍生工具。国际清算银行对于互换合约的定义是双方在一定时间内交换一系列现金流的合约。在合约中双方会约定现金流的交易时间及现金流数量的计算方法。互换合约对现金流的计算通常涉及利率、汇率及其他金融市场变量在将来的值。

在市场上,互换合约有多种类型,区分这些类型主要是以计算现金流的金融变量来进行的,如利率和汇率。因此,互换合约主要为利率互换和货币互换。

利率互换是指交易双方同意在将来一段时间内交换一系列指定本金上的相同货币的现金流量,其中一方的现金流量以固定利率计算,另一方的现金流量以浮动利率计算。

货币互换是另一种较为流行的互换,也被称为固定利息对固定利息货币互换(Fixed-to-Fixed Currency Swap),是指将一种货币下的固定利息和本金与另一种货币下的固定利息和本金进行交换。货币互换合约要求指明在两种不同货币下的本金数量。互换中通常包括开始时和结束时两种货币下本金的交换。基于不同货币和不同利率的互换类型总结如表 10-4 所示。

表 10-4 互换的种类

利率类型 ＼ 货币种类	在相同货币之间	在不同货币之间
固定利率对固定利率	—	货币互换
固定利率对浮动利率	利率互换	货币利率互换
浮动利率对浮动利率	基准利率互换	卡特尔互换

例如,在 2018 年 6 月 5 日开始、期限 3 年的利率互换交易,互换的一方是中国银行,另一方是腾讯公司,假定腾讯公司同意向中国银行支付 3% 的利率,而中国银行则向腾讯公司支付 Shibor,支付频率为每年一次,互换的名义本金为人民币 1 亿元。这一互换如图 10-6 所示。

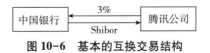

图 10-6 基本的互换交易结构

二、互换的功能

1. 利用互换转变负债的性质

对于腾讯公司而言，利用互换可以将浮动利率负债转换为固定利率负债，具体如图 10-7 所示。

图 10-7　利用互换转变负债的性质

假设腾讯公司原有的债务为 1 亿元本金，利率为 Shibor+0.2% 的浮动利率债务，经过与中国银行互换后，有三笔现金流：

支付给外部借款人的利率为 Shibor+0.2% 的利息；

支付给中国银行的 3% 的利率；

收到中国银行支付的 Shibor。

所以，腾讯公司实际的债务成本为 Shibor-（Shibor+0.2%）-3%=-3.2%，变成了 3.2% 的固定利率债务。

2. 利用互换转变资产的性质

仍然沿用前面的例子，考虑腾讯公司最初持有一个固定利率的资产，如十年期长期债券的情形，这一债券支付给腾讯公司 Shibor+0.2% 的浮动利率，经与中国银行签订互换协议会将其浮动利率债务转变为固定利率债务。

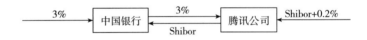

图 10-8　利用互换转变资产的性质

当腾讯公司签订互换协议后，会有以下三笔现金流量：

收入 Shibor+0.2% 的浮动利率；

收入 3% 的固定利率；

支付 Shibor 的浮动利率利息。

以上三笔现金流量最终的结果是（Shibor+0.2%）+3%-Shibor=3.2%。因此对于腾讯公司而言，通过向中国银行支付 Shibor 同时收到 3% 固定利率的互换协议最终将自己 Shibor+0.2% 的浮动利率资产转变为 3.2% 的固定利率资产。

三、互换的交易

互换的交易一般是通过交易商进行的。互换交易商在市场上向交易双方报出买入和卖出的价格，撮合交易双方成交并从交易中获取手续费。一个完整的、有互换交易商参与的互换如图 10-9 所示。

图 10-9　通过交易商进行的互换交易

【业界实例】

我国的利率互换交易

我国人民币的利率互换通常是固定利率与浮动利率或者浮动利率与浮动利率的交换。人民币利率互换浮动端利率包括最优贷款利率（LPR）、人民银行定期存贷款利率（1 年期）、Shibor 利率（隔夜、3 个月品种）、银行间 7 天回购定盘利率（FR007）四大类。人民币利率互换交易名义本金的最小金额不低于 50 万元，最小递增单位为 10 万元，交易期限至少为 3 个月，最长不超过十年，各银行可根据客户实际情况对上述要求进行调整。

我国人民币利率互换发展主要有四个阶段。2006 年，中国人民银行发布开展人民币利率互换交易试点的通知，首笔人民币互换业务发生。2008 年，中国人民银行发布开展人民币利率互换业务的通知，参与机构拓展到所有银行间债券市场参与者。2014 年，人民币利率互换集中清算业务在银行间市场清算所股份有限公司推出，标志着我国场外金融衍生品集中清算机制开始运行。2017 年，中国人民银行调整 Shibor 定盘利率发布时间，增加了 FDR 利率互换产品，增加 5 年以上利率互换品种，我国人民币利率互换交易规模已达 12 万亿元。

我国的利率互换在银行间市场以场外交易的形式进行，早期的参与主体主要为中资银行、外资银行、证券公司和部分保险公司，自 2016 年开始各类资管产品开始进入利率互换市场，市场参与主体迅速扩容。近年来，中国债券市场对外开放进程明显提速，中国国债被全球三大主要债券指数悉数纳入，越来越多的境外主体和产品投资我国债券市场，利率互换衍生品作为利率风险对冲的重要工具也从中受益，参与主体得到进一步拓展。

2019 年，中国人民银行发布改革完善 LPR 形成机制措施，明确要求各银行在新发放贷款中参考 LPR 进行定价。2020 年，中国人民银行推动银行存量信贷资产定价基准向 LPR 转换，提升货币政策传导效率。为配合 LPR 形成机制改革，中国外汇交易中心于 2019 年推出了挂钩 1 年和 5 年 LPR 的利率互换合约，并于 2020 年正式上线挂钩 1 年和 5 年 LPR 的利率期权业务。LPR 利率衍生产品的推出为银行管理贷款利率风险提供有力工具，使银行间市场与企业客盘有效协同，助力金融机构服务实体企业。

资料来源：笔者根据相关资料整理。

【本章小结】

本章主要论述了远期、期货、期权和互换四种衍生金融工具以及这些金融工具交易产生的风险。远期和期货属于同一类衍生金融工具，只是期货是标准化金融工具而远期是非标准化工具。本章主要讨论了期货的基本交易制度、期货市场交易头寸以及期货合约的核心条款，并对期货和远期交易的风险进行了讨论。针对期权主要讨论了期权的类型、期权的头寸和期权市场的交易机制。互换合约是一种交换现金流的合约，其基础的类型主要是货币互换和利率互换，利用互换可以对交易双方的资产或负债进行管理。

【思考与练习】

1. 简述远期合约的含义和特征。
2. 简述期货合约的核心条款。
3. 试画出期权的四种基本头寸的盈亏图。
4. 简述期权多空双方的盈利亏损和风险。
5. 简述期货市场的保证金制度是如何运行的。
6. 简述如何利用互换来转变资产的负债性质。

第六篇　组合管理篇

第十一章　资产组合理论

【章首导言】

投资与消费相伴而生。投资是未来的消费，消费是今天的投资。投资是跨时间、跨空间的过程，是对未来消费的美好憧憬。然而，在投融资的不确定下，遇到的很大问题是风险，来自一个项目的风险、企业的风险甚至财务的风险。当一个项目存在巨大风险时，收益也是不确定的。也就是说，风险和收益共存共生，并且表现出对等性，想要获得收益，就要承担风险，不想冒风险，则要割让收益。那么，我们该如何进行投资抉择？

【本章知识结构图】

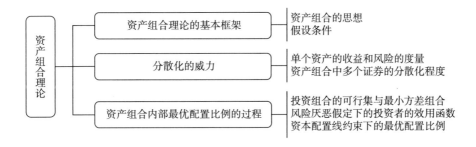

我们需要一种抽象思维。比如，马克思的《资本论》中，对商品的抽象值得我们借鉴。无论是什么样的商品，粉笔、板擦、汽车……，这些商品虽然形态不同，但是都有其共同属性——价值和使用价值。使用价值很好理解，从商品的功能上来说，商品之所以成为商品，是因为有用，有用才会被交易。而价值就比较抽象了，马克思用劳动价值作为衡量价值的尺度，即价值是凝结在商品中无差异的劳动。劳动价值作为其商品价值的核心部分，有了共同衡量的标准。

金融资产不同于商品，是一种虚拟的资产，也就是说，金融资产是一种权利凭证。无论是哪种金融资产，股票、债券、货币工具，虽然每种资产背后的发行者千差万别，最终都可以抽象为风险和收益的特征。也就是说，每种金融资产只不过是风险和收益二维空间中的一个点。因此，跨时间、跨空间的最优配置决策，无非就是在二维空间里找到适合投资者自己的点（风险和收益的组合点）而已。

1952 年，25 岁的哈里·马科维茨（Harry Markowitz）在《金融杂志》上发表了一篇名为《投资组合的选择》的文章，彻底改变了传统金融学仅用描述性语言来表达金融学思想的方法，首次运用数学模型分析了不确定条件下选择投资组合的内在机理，主张"收益—风险"权衡以及分散化的投资理念。这一分析为现代金融经济学的形成奠定了理论基础，被誉为"华尔街的第一次革命"。1990年，马科维茨获得诺贝尔经济学奖。

继马科维茨之后，1963年威廉·夏普（William Sharpe）发表了一篇名为《投资组合分析的简化模型》的文章，继续秉承了马科维茨的思想，简化了协方差矩阵，提高了投资组合理论的指导作用和实际应用价值。威廉·夏普、约翰·林特耐（John Lintner）和简·莫辛（John Mossin）分别于1964年、1965年和1966年提出了资本资产定价模型（CAPM），既提供了权衡收益—风险的可操作的框架，还为投资组合分析、基金绩效评价等提供重要的理论支撑。

第一节　资产组合理论的基本框架

一、资产组合的思想

马科维茨在1959年出版的《资产组合选择：投资的有效分散化》的专著中，表明"这本专著是讨论如何分析包含大量证券品种的资产组合的方法和技术，自始至终，所讨论的是'资产组合选择'而不是'证券选择'，因为好的资产组合不仅是一长串好的股票和好的债券的列表，而是一个平衡的整体"。

现在的金融市场总体来说分为四类市场：货币市场、债券市场、股票市场、衍生品市场。从资产的风险来看，货币市场是中央银行货币政策执行的主要场所，货币市场中的金融工具，如国库券、大额存单、银行承兑汇票、央行票据等无风险资产，呈现出期限短、交易量大、流通快、收益低，风险小的特点；债券市场是以国债、公司债为主的固定收益类金融资产，特点是期限固定、收益固定、风险可控；股票市场是优先股和普通股交易的场所，股票的期限不定，收益和风险相比债券市场也较高；衍生品市场的特点是高杠杆，只需支付基础资产价值的一定比例就可以持有该资产，如果基础资产的价值走向符合预期，则收益是翻倍的，如果不符合预期，损失也是成倍的，风险大于股票。由此可见，从货币市场到衍生品市场，各市场的金融工具的期限不断增加、流通速度不断降低、收益不断增加，风险也随之增加（见图11-1）。

这种风险和收益对等的市场划分，奠定了定价的规则和资产配置的思路。从定价规则来看，风险较大、期限较长的资产，收益率必然较高，如果出现"倒挂"的情况，一定是经济出现问题的前兆。以收益率曲线为例，当短期资产的收益率高于长期资产时，投资者的理性选择是卖出长期资产，全部买入短期资产，因为短期资产收益率高、风险低。

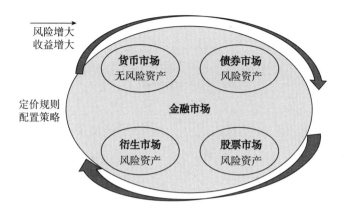

图 11-1 各个市场中金融资产的收益和风险的对等关系

图 11-2 中，马科维茨的资产组合选择是自上而下的资产配置过程，总的资产组合 C 是风险资产组合 P 与无风险资产 F 的再组合，各自配置的比例为 y 和 1-y；风险资产组合 P 是股票组合 S 和债券组合 D 的再组合，配置的比例分别为 w_E 和 w_D；股票组合 S 中包含 n 个股票，债券组合 D 中包含 n 个债券，每个资产配置的比例为 1/n。

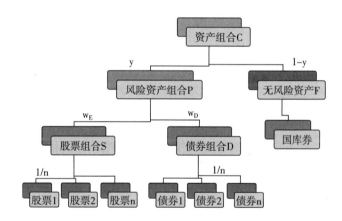

图 11-2 马科维茨资产组合理论的框架

那么，不同的投资者该如何建立适合自己的资产组合呢？各个组合配置的比例该如何确定呢？这些都是马科维茨理论要解决的核心问题。比如，在图 11-3 中，每个投资者都可以设计自己的风险资产的组合。

二、假设条件

假设 1：证券市场是有效的。

假设 2：所有的投资者都是风险厌恶的。

假设 3：投资者对收益是不满足的。

假设 4：所有投资决策都是依据投资的预期收益率和预期标准差做出的。

假设 5：每种证券之间的相关系数是已知的。

假设6：证券投资是无限可分的。

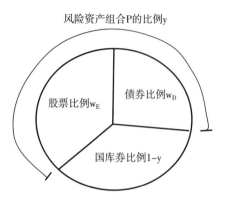

图 11-3 资产组合 C 的比例构成

第二节 分散化的威力

一、单个资产的收益和风险的度量

投资收益是投资者从购买证券后，直到出售证券期间获得的资本增值收益或损失、股利收入、利息收入的总和。

资本增值收益或损失是证券价格变动带来的，当价格上涨时卖出，为资本增值的收益，当价格下跌时卖出，为资本增值的损失。资本增值的多少取决于资本市场上投资者对该证券的预期，当大部分投资者对公司未来的前景乐观，则价格上涨的可能性更大。

股利收入包括股息收入和分红收入。股息（Dividend）是指股份公司在提取了资本公积金、资本公益金以后的税后利润中，按照固定的利息率向股东派发收益；分红收入是普通股股东享受的不固定收益，是超过了股息部分的收益，随公司每年可分配的盈余多少而上下浮动。投资者每年能获得多少股利收入，取决于上市公司的经营情况，也就是说公司的税收利润是股息收入的唯一来源。利息收入是固定收益类证券获得的收益，主要是债券。

投资的持有期收益率是投资收益总和与购买证券投入资金的比率。

$$\text{持有期收益率：HPR} = \frac{每股卖出价格 - 每股买入价格 + 现金股利}{每股买入价格}$$

$$= \frac{每股卖出价格 - 每股买入价格}{每股买入价格} + \frac{现金股利}{期末收盘价格}$$

$$= 资本利得收益率 + 股息收益率$$

（一）采用历史数据计算的单个资产的收益和风险

历史数据是上市公司过去成交的价格所计算的收益率，每个交易日都有开盘价、收盘价、最高价、最低价。收益率可以是每日、每周、每月、每年的收益率（见表11-1）。

表 11-1　采用历史数据计算的平均收益率及风险

年份	年收盘价（元/股）	现金股利（元/股）	价格变动（元/股）	持有期收益率（%）	r_t	方差（%）
2001	38.55					
2002	25.46	0.60	-13.09	-32.40	r_1	46.90
2003	25.40	0.20	-0.06	0.55	r_2	12.63
2004	36.64	0.30	11.24	45.43	r_3	0.87
2005	45.62	0.50	8.98	25.87	r_4	1.04
2006	87.83	0.30	42.21	93.18	r_5	32.60
2007	230.00	1.29	142.17	163.34	r_6	161.93
2008	108.70	0.84	-121.3	-52.38	r_7	78.25
2009	169.82	1.16	61.12	57.29	r_8	4.50
2010	183.92	1.19	14.1	9.00	r_9	7.34
2011	193.30	2.30	9.38	6.35	r_{10}	8.84
2012	209.02	4.00	15.72	10.20	r_{11}	6.70
2013	128.38	6.42	-80.64	-35.51	r_{12}	51.26
2014	189.62	4.37	61.24	51.11	r_{13}	2.26
2015	218.19	4.37	28.57	17.37	r_{14}	3.50
2016	334.15	6.17	115.96	55.97	r_{15}	3.96
2017	697.49	6.79	363.34	110.77	r_{16}	55.77
2018	590.01	11.00	-107.48	-13.83	r_{17}	24.92
2019	1183.00	14.54	592.99	102.97	r_{18}	44.73
2020	1998.00	17.03	815	70.33	r_{19}	11.73
2020（算术平均值）				36.09		
2020（几何平均值）				24.85		
风险-方差						29.46
风险-标准差						54.28

注：收盘价和股利数据来自国泰安数据库。

假设某个证券在 2001 年 8 月上市，上市发行价为 31.39 元/股，每年的年底收盘价如下：

持有期收益率：$HPR = \dfrac{期末收盘价格 - 期初收盘价格 + 现金股利}{期末收盘价格}$

$$= \frac{25.46 - 38.55 + 0.6}{38.55} = -32.40\%$$

算术平均收益率：$E(r) = \dfrac{\sum_{n=1}^{t} r_n}{t} = \dfrac{r_1 + r_2 + \cdots + r_t}{t} = \dfrac{-32.4\% + 0.55\% + \cdots + 70.33\%}{19}$

$\qquad\qquad\qquad = 36.09\%$

几何平均收益率：$E(r) = \sqrt[t]{(1+r_1) \times (1+r_2) \times \cdots \times (1+r_t)} - 1$

$\qquad\qquad\qquad = \sqrt[19]{(1 - 32.4\%) \times (1 + 0.55\%) \times \cdots \times (1 + 70.33\%)} - 1$

$\qquad\qquad\qquad = 24.85\%$

方差：$\sigma^2 = \dfrac{\sum_{n=1}^{t} \left[r_n - E(r) \right]^2}{t}$

$\qquad\quad = \dfrac{(-32.4\% - 36.09\%)^2 + (0.55\% - 36.09\%)^2 + \cdots + (70.33\% - 36.09\%)^2}{19}$

$\qquad\quad = 29.46\%$

标准差：$\sigma = \sqrt{\sigma^2} = \sqrt{29.46\%} = 54.28\%$

采用历史数据计算的平均值和方差，实际上是从 2001 年开始持有，每年卖出，再买入的过程，计算的是年平均收益率。从计算过程来看，几何平均收益率相比算术平均收益率更为稳妥，因为几何平均收益率采取的是复利方式计算，符合股利再投资的过程。而算术平均收益率容易受到极端值的影响，比如 2007 年该证券的持有期收益率达到了 163.34%，使得算术平均收益率 36.09% 要高于几何平均收益率 24.85%。

从风险来看，高收益意味着高风险，收益率的标准差达到了 54.28%，表明各年持有期收益率的差异较大。

（二）采用预期数据计算的单个资产的收益和风险

历史是过去的现实，现实是未来的历史。采用历史数据计算的收益率只能作为当前收益率的参考，而不能决定未来的收益率走向。当投资者持有该证券时，会对该证券未来的价格走势进行预期，形成预期的收益率，如表 11-2 所示，假设某投资者以 2020 年底的收盘价 1998 元每股买入该证券。2021 年新冠肺炎疫情仍然肆虐，整个市场状况前景黯淡，市场参与者中的 60% 对该证券的价格走势预期差，10% 预期很差，25% 预期好，只有 5% 预期很好。

表 11-2　不同情境分析下的期望收益和风险

市场状况（s）	概率 p（s）	2021 年末价格（元/股）	现金股利（元/股）	持有期收益率（%）	r（s）	方差（%）
s=1，很好	0.05	2058	12	3.60	r（1）	1.14
s=2，好	0.25	2008	6	0.80	r（2）	0.01
s=3，差	0.60	1802	2	-9.71	r（3）	0.94
s=4，很差	0.10	1672	0	-16.32	r（4）	2.66

续表

市场状况（s）	概率 p（s）	2021 年末价格（元/股）	现金股利（元/股）	持有期收益率（%）	r（s）	方差（%）
2020 年（期望收益率）				−7.08		
2020 年（风险—方差）						0.89

期望收益率：$E(r) = \sum\limits_{s=1}^{4} p(s) \times r(s)$

$\qquad\qquad = 0.05 \times 3.6\% + 0.25 \times 0.8\% + 0.6 \times (-9.71\%) + 0.1 \times$

$\qquad\qquad (-16.32\%)$

$\qquad\qquad = -7.08\%$

方差：$\sigma^2 = \sum\limits_{s=1}^{4} p(s) \times [r(s) - E(r)]^2$

$\qquad\qquad = 0.05 \times 1.14\% + 0.25 \times 0.01\% + 0.6 \times 0.94\% + 0.1 \times 2.26\% = 0.89\%$

从结果能够看出，根据市场预期计算出的收益率和历史数据计算出的收益率差别很大，当大部分投资者对市场不太乐观的时候，以 1998 元/股购买的证券将面临价格下跌，收益为负的风险。历史数据计算的差异性是从 2001 年开始持有的年平均收益率，反映了该股票长期以来的平均业绩表现，而采用市场预期计算的收益率则是短期预测的结果。因此，投资者在计算收益和风险时，要具体分析，采用适当的计算方法。

二、资产组合中多个证券的分散化过程

投资者持有证券后，未来获得收益的多少是不确定的，至少受到两个因素的影响：一个是经济状况，比如商业周期、通货膨胀、利率等因素，另一个是公司的不确定，比如公司重大人员变动、并购、创新失败等因素。例如，资产组合中有两只股票：英科医疗、南方航空。疫情下，一次性防护手套的龙头企业英科医疗迎来了 2~3 倍的需求增加，而南方航空则受到疫情影响业绩下滑。因此，组合中的两个资产相互弥补，稳定了组合的收益，分散了风险。

假设资产组合中有 n 个资产，则组合的收益和风险的计算如表 11-3 所示。

表 11-3　n 个资产组合后的收益和风险

资产 i	配置比例	期望收益	风险
证券 1	w_1	$E(r_1)$	σ_1
证券 2	w_2	$E(r_2)$	σ_2
…	…	…	…
证券 n−1	w_{n-1}	$E(r_{n-1})$	σ_{n-1}
证券 n	w_n	$E(r_n)$	σ_n
n 个资产组合 p	$\sum\limits_{i=1}^{n} w_i = 1$	$E(r_p) = \sum\limits_{i=1}^{n} w_i E(r_i)$	$\sigma p^2 = \sum\limits_{i=1}^{n} w_i^2 \sigma_i^2 + \sum\limits_{j=1, i \neq j}^{n} \sum\limits_{i=1}^{n} w_i w_j \rho_{ij} \sigma_i \sigma_j$

从表 11-3 中可以看出，组合 P 的期望收益是每种资产收益率的加权平均值，而组合的风险分为两个部分，一部分为非系统性风险，是每个资产各自的风险的总和 $\sum_{i=1}^{n} w_i^2 \sigma_i^2$；另一部分为系统性风险，是两个证券之间的相关性大小所带来的风险 $\sum_{j=1, i \neq j}^{n} \sum_{i=1}^{n} w_i w_j \rho_{ij} \sigma_i \sigma_j$。由于资产组合理论关注的是组合的选择，而不是证券的选择，假设 n 个证券配置的比例相同，都为 $1/n$，则组合的总风险进一步表示为：

$$\sigma p^2 = \sum_{i=1}^{n} \frac{1}{n} \frac{1}{n} \sigma_i^2 + \sum_{j=1, i \neq j}^{n} \sum_{i=1}^{n} \frac{1}{n} \frac{1}{n} \rho_{ij} \sigma_i \sigma_j$$

$$= \frac{1}{n} \left(\frac{1}{n} \sum_{i=1}^{n} \sigma_i^2 \right) + \frac{n-1}{n} \left[\frac{1}{n-1} \sum_{j=1, i \neq j}^{n} \left(\frac{1}{n} \sum_{i=1}^{n} \rho_{ij} \sigma_i \sigma_j \right) \right] = \frac{1}{n} \overline{\sigma}^2 + \frac{n-1}{n} \overline{\rho_{ij}} \overline{\sigma}^2$$

当 n 趋于无穷时，$\sigma p^2 = \overline{\rho_{ij}} \overline{\sigma}^2$

这个公式表明，随着组合内资产数量的增加，总风险在不断下降，非系统风险 $\frac{1}{n} \overline{\sigma}^2$ 被逐步消除掉，而各证券之间相关性决定的系统性风险永远不会被消除掉，即便组合内的资产数量足够多，甚至达到无穷时，组合的风险依然有 $\overline{\rho_{ij}} \overline{\sigma}^2$。这是马科维茨组合理论中主张分散化投资来降低总风险的直接体现，也就是"不要把鸡蛋放在一个篮子里"。

之前已经有论文研究了一个分散化的组合中需要多少股票[①]。图 11-4 中，横轴为组合中股票的数量，从 1 个、2 个，到 1000 个，纵轴计算的是每个组合下的风险大小。从数据的趋势来看，随着组合中股票的数量增加，组合的风险先是快速下降，然后趋于水平。快速下降部分表明分散的效果明显，从组合中 18 个股票数量之后，基本上维持在 19% 的组合标准差上。表明，无论数量如何增加，组合中总有无法被分散掉的风险，也就是系统性风险。

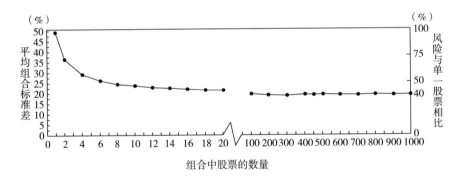

图 11-4　组合的分散化

① Staman M. "How many stocks make a diversesified portfolio", *Journal of Financial and Quantitative Analysis*, Vol. 22, 1987, pp. 353-363.

第三节 资产组合内部最优配置比例的过程

一、投资组合的可行集与最小方差组合

考虑两个风险资产构成一个组合 P，组合中股票 S 的期望收益率为 13%，标准差为 20；债券 D 的期望收益率为 8%，标准差为 12。

从表 11-4 中可以看出，当单个资产的收益和风险已知后，决定组合 P 的期望收益和风险的因素是各个资产配置的比例 w_D、w_E，以及两个资产的相关系数 ρ。表中，假设债券和股票的配置比例为 $[0, 1]$，相关系数 ρ 的取值范围为 $[-1, 1]$，选取几个特殊的值：-1、0、0.3、1。表 11-5 中计算了这些具体取值下的组合 P 的期望收益和风险（标准差）。

表 11-4 两个资产组合的期望收益和风险的度量

风险资产	配置比例	期望收益	风险		
				债券 D	股票 S
债券 D	w_D	$E(r_D)=8\%$	$\sigma_D=12\%$	$w_D^2\sigma_D^2$	$w_D w_E \rho\sigma_D\sigma_E$
股票 S	w_E	$E(r_E)=13\%$	$\sigma_E=20\%$	$w_D w_E \rho\sigma_D\sigma_E$	$w_E^2\sigma_E^2$
组合 P	$w_D+w_S=1$	$E(r_P)=w_D E(r_D)+w_E E(r_E)$	$\sigma_P^2=w_D^2\sigma_D^2+w_E^2\sigma_E^2+2w_D w_E \rho\sigma_D\sigma_E$		

表 11-5 不同配置比例下两类资产的期望收益和风险

债券权重 w_D	股票权重 w_E	组合 P 的期望收益 $E(r_P)$（%）	组合 P 的风险 σ_P（%）			
			$\rho=-1$	$\rho=0$	$\rho=0.3$	$\rho=1$
1.0	0.0	8.00	12.00	12.00	12.00	12.00
0.9	0.1	8.50	8.80	10.98	11.56	12.80
0.8	0.2	9.00	5.60	10.40	11.45	13.60
0.7	0.3	9.50	2.40	10.32	11.70	14.40
0.6	0.4	10.00	0.80	10.76	12.26	15.20
0.5	0.5	10.50	4.00	11.66	13.11	16.00
0.4	0.6	11.00	7.20	12.92	14.20	16.80
0.3	0.7	11.50	10.40	14.46	15.47	17.60
0.2	0.8	12.00	13.60	16.18	16.88	18.40
0.1	0.9	12.50	16.80	18.04	18.40	19.20
0.0	1.0	13.00	20.00	20.00	20.00	20.00

将表 11-5 中的期望收益和风险绘图，横轴是期望收益，纵轴是风险，如图 11-5 所示。

从图 11-5 中可以看出，组合 P 的期望收益和风险的关系中，ρ=-1 和 ρ=1 是两条线，构成了组合收益和风险的边界，相关系数 ρ 可以取任何值，构成组合收益和风险的点都在这个区域内。

将 ρ 不取特殊值时，一般情况下的曲线如图 11-6 所示，所不同的是，ρ 的值越小，则曲线越弯曲，该曲线为 ρ 取某个值，资产配置比例取遍所有值后组合的最小方差边界。收益相同时，最小方差边界上组合的方差都小于单个资产的方差。阴影部分为投资的可行集（Feasible Set），代表市场上可投资产所形成的所有组合。

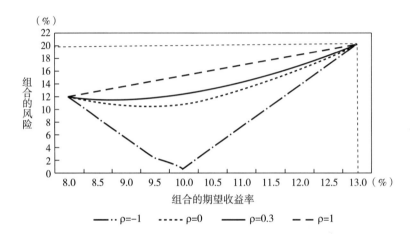

图 11-5　不同配置比例下组合的期望收益和风险的关系

最小方差边界是一条曲线，以最小方差组合点为起点，向上和向下分为两个弧线。对于理性的投资者来说，上半段收益和风险的搭配明显要优于下半段，因此定义最小方差组合点出发，最小方差边界上半段的曲线称为有效边界（Efficient Frontier）。

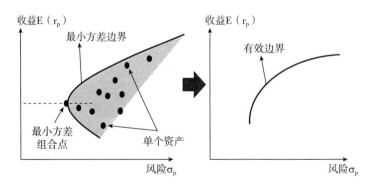

图 11-6　投资可行集和有效边界

二、风险厌恶假定下的投资者的效用函数

风险既可能是收益，也可能是损失。假设投资有 n 种结果（w_1，w_2，…，w_n），每种结果的概率为（p_1，p_2，…，p_n），满足以下条件则称为公平赌局或者零和博弈：$\sum_{i=1}^{n} p_i w_i = 0$。

如图 11-7 所示，A 和 B 两个人下注，各自下注 10 万元，各自赢的概率是 1/2，结果是参与者 A 输了，支付给参与者 B 5 万元，则 A 剩余 5 万元，而 B 拥有 15 万元。

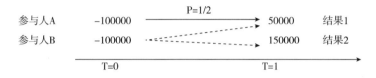

图 11-7 公平赌局的例子

则该公平赌局的预期收益为：

$$\frac{1}{2} \times (50000 - 100000) + \frac{1}{2} (150000 - 100000) = 0$$

对于一个理性的投资者来说，一般不会参与这样的赌局，即零和博弈。因此，定义个体对于风险的态度有三种类型：

（1）风险中性者对风险采取两可的态度，接受和不接受公平赌局无所谓。

（2）风险偏好者是热衷于冒险的人，会在等待不确定性的结果中获得刺激而兴奋不已。

（3）风险厌恶者认为不确定性是一种折磨，从而尽力回避风险，即不参加公平赌局。

马科维茨假设所有投资者都是风险厌恶的。我们可以从心理上理解风险厌恶。同样是 100 块钱，损失 100 块钱的痛苦感受要强于获得 100 块钱的喜悦程度。人们总是害怕损失，规避不确定性。

图 11-8 中，对于风险中性投资者来说，财富或者结果增加和减少相同的比例，对于他的效用是一样的。因此效用函数是一条直线。而对于风险厌恶投资者来说，从 10 万元的财富增加 5 万元时，效用增加从 11.51 到 11.92，而财富减少 5 万元时，效用减少 11.51 到 10.82，很明显财富减少时，幸福感降低得更多，表明厌恶风险。换一种思路，要想让风险厌恶者和风险中性者感受到同样的效用水平，需要给予风险厌恶者更多的风险补偿才能实现。

因此，投资者在金融资产选择过程中，除了关注金融资产本身的收益和风险之外，还要关注投资者个人的风险偏好状况。将这三个因素放在收益和风险的二维图中，则得到投资者的无差异曲线（见图 11-9）。对于投资者来说，同一个无差异曲线上的各个点的投资者的效用相同，承担高风险则获得高收益，承担低风险则获得低收益。同

时，曲线向右上方弯曲，因为随着投资者承担风险的增加，风险厌恶投资者要求更高的报酬补偿风险。

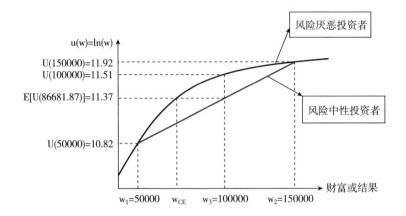

图 11-8　风险厌恶投资者和风险中性投资者的效用函数

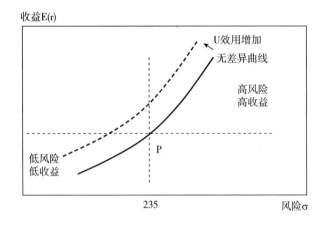

图 11-9　投资者的无差异曲线

三、资本配置线约束下的最优配置比例

资本配置线（CAL）是每个资产的风险和收益构成的一个组合，每个投资者都有不同的预期和偏好，因此每个投资者都有不同的资本配置线。也就是从风险和收益的框架中，从收益的纵轴画出无数条发散的线，而最优的线是和无差异曲线相切的点 C，以及和有效边界相切的点 P，如图 11-10 所示。

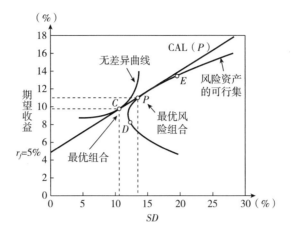

图 11-10　组合的最优配置点

【本章小结】

本章介绍了最早的资产组合理论，也是奠定了金融投资思想的理论。从金融市场的划分，到自上而下的配置过程，再到组合分散化的思想，体现了证券投资在风险管理上的思想。投资者是厌恶风险的，要根据投资者的风险厌恶程度，在权衡收益和风险的过程中选择风险资产和无风险资产的配置比例，实现效用最大化。

【思考与练习】

1. 资产组合理论如何看待风险与收益的关系？

2. 鸡蛋为什么不能放在一个篮子里？

3. 投资者如何根据自己的风险偏好，选择合适的配置方案？

第十二章　有效市场与行为金融

【章首导言】

有效市场说是现代金融理论的基础，其核心是市场价格反映可用信息的程度。如果市场价格没有充分反映可获得信息，那么投资者通过分析和处理信息就可能获得超额收益。因此，投资者对市场有效性十分感兴趣。但市场上出现的一些异象使有效市场无法对其进行合理解释，这时，行为金融从投资者行为和心理偏差的角度对这些市场异象进行解释，对有效市场假说提出了有力的挑战。本书意在详细说明了有效市场假说的基本概念、有效市场的类型及其对投资组合管理的意义的基础上，介绍了行为金融中投资者的信息和行为偏差，以及对有效市场的挑战。

【本章知识结构图】

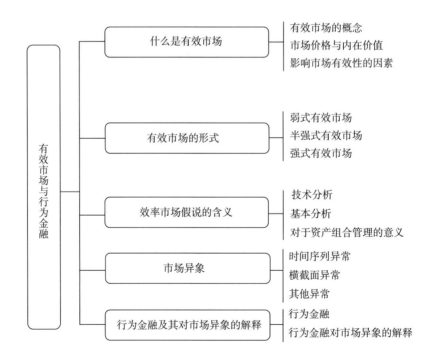

第一节　什么是有效市场

有效市场是关于价格对信息的反映程度的一个描述，或者是价格包含信息程度的一个描述。如果证券市场的价格没有包含信息，那么市场参与者通过收集和处理信息将会获得超额收益。

【延伸阅读】

一个问题：马路上是否有100元钱可捡？

一个学生和他的金融学教授一起在校园里散步，同时发现了地上的100元钱，当学生弯腰去捡这100元钱时，教授轻轻地摇摇头，脸上露出失望的表情，耐心地对学生说："别费心了，如果100元钱真的在那里，别人早就捡走了。"这个故事反映了有效市场假说的逻辑，"没有免费的午餐"。不要以为你已经发现了股票价格变动的规则或盈利的简单手段，如果有如此简单的赚钱方法，别人早就发现了。因此，看路边有没有钱是没有意义的，特别是在这一动作还有成本的情况下，因为如果有，早就被人捡走了。

但是现实生活中确实有人捡到了100元钱，这又如何解释呢？这是因为如果每个人都这么想时，就没有人低头去看路边，那么在马路边可能还有没被人捡起来的100元钱。只要低头看的人都会有机会捡起100元钱，这就必然是捡钱人的额外收益，而且低头看的成本很低。因此，若现在确实有100元钱躺在路边，人们就应该低头看一看。但是如果每个人都意识到了这一点，他们都会低头看并捡起那些100元钱，那么我们应回到最初的第一阶段，即认为地上不会有100元钱可捡，因此看路边就没有任何意义。这就是格罗斯曼——斯蒂格利茨悖论。

在一个市场上，不仅是投资者会关心价格对信息的包含程度，政府和市场监管者也同样关心一个市场上价格对信息的反映程度——是否价格准确地反映了所有可得信息。在一个市场经济国家，市场价格决定了哪些公司可以获得资本，如果这些价格不能有效地包含所有反映公司未来前景的信息，那么在市场上就有可能产生资金错配。相反，如果价格包含了与公司前景有关的信息，那么市场就有助于将稀缺资源配置到最有价值的用途，这也有利于促进经济增长。

一、有效市场的概念

一个有效市场或信息有效市场是指在这个市场上价格迅速且理性地对新信息做出反应。因此，有效市场就是一个资产价格能反映所有过去和现在信息的市场。也就是说，一个有效市场上资产价格包含了所有目前可以获得的信息，而且价格对这种信息的不存在过度反应或反应不足，这也就意味着利用收集和处理信息来获取收益将不可能实现。所以，投资者和证券分析师十分关心市场的效率程度，因为市场的效率水平会影响其交易机会的存在。在一个有效市场上，持续的、超额的、经过风险调整的收益是不存在的。在有效市场上，并不追求获得超额收益的、消极的投资策略（买入并持有一个分散化的投资组合）由于其低成本优势可能会优于一个积极的投资策略。与此相反，在一个非有效市场上，相对于消极投资策略，由于市场价格并没有完全准确地反映新信息可能存在的投资机会，积极投资策略会通过收集和分析这些信息从而获取超额收益。在一个非有效的市场上，积极投资策略以风险调整收益衡量的绩效可能要好于消极策略。

一个有效市场是一个资产价格对新信息做出迅速反应的市场，但是什么才是"迅速"呢？市场交易是一种将信息包含在价格中的机制，因此利用市场的非有效性执行交易所需要的时间为判断价格调整速度提供了一个标准。所以，资产价格包含新信息的时间至少与交易者执行资产交易所需要的最短时间一样长。在特定的市场上，如外汇市场和发达的股票交易市场，与特定类型信息相关的市场效率的研究所运用的时间框架只有一分钟甚至更短。如果这一时间能够允许市场交易者在承担很少风险的情况下获得收益，则市场是无效的。如果任何一个投资者都无法利用新信息在承担很少风险的情况下获取收益，则市场就是有效的。

对于什么是有效市场，美国经济学家尤金·法玛（Eugene Fama）认为，价格能够充分反映可获得信息的市场是有效的。或者更通俗地讲，如果一个资本市场在确定证券价格时充分、正确地反映了所有的相关信息，这个资本市场就是有效的。《漫步华尔街》的作者伯顿·马尔基尔（Burton Malkiel）则将其正式表述为：正式地说，该市场被称为相对于某个信息集是有效的……如果将该信息披露给所有参与者时证券价格不受影响的话。更进一步说，相对于某个信息集有效……意味着根据（该信息集）进行交易不可能赚取经济利润。也就是有效市场是每一种证券的价格都等于其投资价值的市场，即证券的内在价值总是等于其市场价格。

在给定 t 时期全部可获得的信息 Φ_t 的情况下，证券 j 的预期价格等于该证券当期价格与 1 加上在给定全部可获得的有效信息条件下证券 j 的收益率的和的乘积。如果市场是有效的，则投资者利用已知的信息 Φ_t 不可能获得超额收益。因此，市场有效是相对于某一个信息集有效，这一过程可以表示如下：

$$E(P_{j,t+1}|\Phi_t) = [1+E(r_{j,t+1}|\Phi_t)]P_{j,t}$$

还有一点非常重要的是，在有效市场上，预期价格应该只对投资者没有完全预期到的信息做出反应，也就是价格只对"未预期的"或"意外的"信息做出反应。未预期到的信息在市场上公布后，投资者对新信息加工后对自身的预期进行调整然后利用市场交易来影响资产价格。对新信息进行加工后的投资者如果预期市场价格不能补偿其承担的风险，则会在市场上卖出持有的证券，而与之判断相反的投资者则会买入证券。

二、市场价格与内在价值

市场价格是资产能够现在被买卖的价格，而内在价值或基础价值则是投资者在对资产的基本性质和所有信息充分理解的基础上预期的资产的价值。例如，对于一个债券，这些信息和特性包括债券的利率、本金的价值、利息和本金支付的时间、债券的发行主体的违约风险以及债券市场本身的流动性等。除此之外，市场上的其他变量也会影响投资者对债券内在价值的判断，如利率的期限结构、通货膨胀水平以及其他对投资估计债券未来现金流量产生影响的市场变量等。

对于一个有效市场，或者如果一个投资者相信市场是有效的，则投资者会认为市场价格完全准确地反映了资产的内在价值，即一个有效的市场就是一个资产市场价格等于内在价值的市场，任何积极的投资策略都不可能在这个市场中获利。在有效市场上，市场价格与内在价值之间的差异会为积极投资提供可以获利的机会。如果市场价格低于内在价值，则投资者会买入价格低于预期内在价值的资产，反之则会卖出价格高于内在价值的资产，最终通过市场交易活动使资产市场价值与内在价值相等。

如果投资者相信市场是非有效的，那么投资者会努力开发一个估计资产内在价值的方法，对资产的内在价值进行估计。但是对于投资者和证券分析师而言，估计证券的内在价值是一个具有挑战性的工作，目前已有股息贴现模型等大量的理念和模型用来对证券的内在价值进行估计。然而对于所有这些模型来说，都需要对证券未来现金流量的规模、时间、风险进行某种形式的判断，这增加了证券内在价值估计的困难性和复杂性。而对于证券的市场价值而言，则主要体现在对证券的买入与卖出上，即通过对该证券供给和需求的影响来影响证券的市场价格。

三、影响市场有效性的因素

对于一个有效市场，市场价格的调整应该能够迅速地反映新公布的信息，也就是说，在有效市场上，价格充分反映了所有可获得信息。但是现实中的金融市场并不是只有有效市场和非有效市场这两种极端情形，而是在这两者之间表现出各种不同的有效程度。用较为正式的术语来表述，有效市场应该被认为是处理有效与非有效市场之间的一个"连续统"（Continuum）。与缺乏有效性的市场相比，在高度有效的市场上价格对新信息的反应更迅速也更准确。这种不同程度的有效性在世界范围内、在不同的市场上是不同的，这主要是影响市场有效性的因素不同造成的。影响市场有效性的因素主要有以下四点：

（一）市场参与者的数量

有利于市场有效性程度的关键因素之一是市场参与者的数量。影响市场有效性的市场参与者主要是投资者和证券分析师。在全球主要资本市场上，大量的投资者每天密切跟踪证券市场价格变化，以期望发现被错误定价的证券，一旦发现证券被错误定价，投资者会利用该盈利机会通过买入或卖出该证券来获取收益，此时盈利机会消失，证券错误定价被迅速消除，市场有效性提高。除了证券市场上的投资者外，在市场上跟踪或分析证券或资产的分析师的数量也与市场的有效性正相关，市场上分析师的数量越多，市场的有效性越高。一些发展中国家的证券市场因为限制外国投资者进入该市场而导致该市场的有效性降低。但是，市场参与者的数量和由此导致的交易活跃性，以及市场有效性会随着时间的推移而发生变化。

（二）财务信息披露的效率和信息的可得性

信息的可得性以及财务信息披露的效率会影响市场的有效性。例如，在纽约证券交易所、伦敦证券交易所以及其他全球主要资本市场上存在大量的财务新闻媒体和交易公司，对市场上公开交易的公司进行实践跟踪和分析报道，使市场参与者很容易获得上市公司的财务信息和其他相关信息，这提高了投资者对新信息做出反应的速度，有利于市场有效性的提高。

同样，由于信息可得性的不同，市场有效性程度在不同的市场上也会存在显著不同。如很多证券主要通过交易商进行交易或在场外交易市场交易，如债券、货币市场工具以及远期、互换和相当数量的期权合约等。由交易商提供的信息主要服务于做市商的这些市场，由于信息可获得性的不同，其市场的有效性在不同产品市场和不同日期会有很大的不同。

几乎在所有的证券市场上，市场监管者都会将"公平、公正、公开"作为其监管的重要原则。公平是指在市场上公平对待每一位投资者，每一位投资者可以公平且无差别地获得估价证券所必需的信息。公开则是指证券市场所有应该披露的信息对所有投资者都是可获得和公开的。促进市场公正的监管规则有利于提高市场效率。

（三）交易限制

套利是一系列能够产生无风险利润的交易。套利者是那些能够利用证券定价偏差进行交易从而获得收益的交易者。套利活动有利于消除市场定价的偏差从而提高市场效率。比如，一个资产在两个不同的市场上以不同的价格进行交易，这就违背了"一价定律"，即相同的资产在不同的市场应该以相同的价格进行交易。在这种情况下，套利者可以在价格较低的市场买入该资产，然后在价格较高的市场卖出该资产，资产的买入成本与卖出价格之间的差异就是套利者的收益。这种套利活动的存在，有利于消除资产定价的偏差并提高市场效率。显然如果对这种套利交易施加限制则会妨碍市场效率的提高。

另一个对市场交易的限制是禁止卖空。卖空（Short Selling）是指交易者从经纪商借入自己并不拥有的证券卖出，并在将来从市场上买入并归还该证券的交易。卖空交易可以让投资者卖出定价过高的证券，同时买入那些他们认为定价过低的证券，从而消除资产定价的偏差并提高市场效率。如果对卖空交易进行限制，则限制了通过卖空交易迅速消除市场定价的偏差的可能，进而影响市场效率。

（四）交易成本与信息获取成本

从广义上讲，交易成本是指在一项交易中除价格以外所花费的所有费用，包括时间成本。信息成本也是一种广义的交易成本。在市场上，交易者识别和利用市场的非有效性的成本会影响对市场有效性的解释。在证券市场上，主要有交易成本和信息获取成本。

交易成本。在实践中，利用市场的非有效性进行交易会产生除价格以外的交易成本，因此有效性应该被理解为在交易成本范围内的有效性，即只要利用市场非有效性进行交易所获得的收益超过交易成本的情况下，投资者都会从事交易消除市场定价偏差，否则套利行为不会发生，这时存在的定价偏差而导致的市场非有效性就是由于过高的交易成本的存在形成的。

信息获取成本。本质上，信息获取成本也是一类交易成本，这一成本与信息的加工、处理和分析有关。新信息包含在投资者基于他们的信息分析从事的交易资产的价格中。在市场中，基于信息分析和加工从事交易的投资者在市场有效性中扮演着重要角色。投资者获取信息的成本越高，价格对新信息的反应速度越慢，市场效率程度越低。

第二节　有效市场的形式

1970 年，尤金·法玛（Eugene Fama）对有效市场进行了定义，有效市场是指证券价格反映了所有可获得信息的市场。在这个分析框架中，法玛根据可获得信息的不同将市场有效程度分为弱式有效市场、半强式有效市场和强式有效市场三种类型。

如果发现投资者可以以信息为基础持续获得超额收益，则是市场非有效性的证据。一般认为超额收益是超过了投资者应该承担的风险而获得的收益，超额收益等于证券的实际收益减去预期收益。

表 12-1　市场有效性的三种类型

有效市场的形式	市场价格的反应		
	过去市场数据	公开信息	私人信息
弱式有效市场	√		
半强式有效市场	√	√	
强式有效市场	√	√	√

一、弱式有效市场

弱式有效市场假说（Weak-form Efficient Market Hypothesis）指当前证券价格已经充分反映了全部能从市场交易数据中获得的信息（历史信息），包括过去的价格、成交量、未平仓合约等。如果市场是弱式有效市场，则过去的信息已经反映在证券价格中了，投资者不能利用过去的数据预测证券价格或证券价格变动的模式。因此，弱式效率市场意味着根据历史交易资料进行交易是无法获取经济利润（超额利润）的。

对于弱式有效市场假说的检验，主要是研究市场价格是否存在变动规律或模式。一种常用的检验弱式有效市场假说的方法是研究证券收益是否存在序列相关，如果证券收益存在序列相关，则意味着证券价格的变动存在一定的模式或有规律可循。

另一种检验弱式有效市场的方法是检验是否存在特定的交易规则可以利用过去的

数据获得超额收益。如果存在交易规则可以在考虑交易成本和进行风险调整后仍然可以获得超额收益，这就是市场违反弱有效性的证据。这实际上等于宣判技术分析无法击败市场。技术分析主要是试图利用市场过去的交易数据，找出证券价格变化的规律或模式来指导投资者的投资决策。许多技术分析师认为股票价格的变化受一些基础的影响，比如人的心理因素，因此技术分析师试图通过分析投资者过去的行为预测投资者的行动，然后在此基础上进行交易。但是，技术分析师通常也认为对交易规则的统计抽样检验得出的结论并不一定完全可靠。因此，这些方法不能应用到更为复杂的交易策略中，并且这些研究也不能排除技术分析师的主观判断。由于可能存在无数种技术分析方法或交易策略导致拒绝市场弱式有效是十分困难的。但是，仍然有一些经验性的结论具有实践指导意义，如研究发现在发达国家的资本市场利用去过的数据构建策略进行交易不能持续地获得超额收益，但是在一些发展中国家的资本市场上，仍然存在利用市场过去交易数据可以持续获得超额收益的证据。

二、半强式有效市场

半强式有效市场假说（Semi-strong-form Efficient Market Hypothesis）认为，价格反映了所有公开可获得的信息，也就是价格反映公开信息的市场是半强式有效市场。这些公开信息不仅包括公司的财务报表数据（如收益、股利、公司投资以及管理层变动等）以及金融市场数据（如收盘价、交易量等），还包括行业发展数据和宏观经济数据等。半强式有效市场针对公开信息集有效，这个信息集包括了过去的市场交易数据。如果一个市场是半强式有效的，则该市场必定是弱式有效的，也就是半强式有效市场包括了弱式有效市场。

在半强式有效市场中，分析公开信息以期望获取超额收益是不可能的。如根据公司的股息政策对公司股票价格进行分析来判断公司的股份被高估或被低估也是无用的，因为这些公开信息一经宣布，就立即反映在股票价格的变化中了，任何人利用该信息都不可能获得超额收益。在一个半强式有效市场中，公开信息立即就被反映到价格变化中，任何投资者都不可能利用该信息获得超过其他投资者的优势。

对于半强式有效市场的检验，主要是检验投资者对公开信息的反应，一个常用的方法被称为"事件研究"（Event Study）。比如，研究者想确定投资者对公司股利宣告信息的反应，就会确定一个股利宣告日，然后在股利宣告日前后若干天确定为一个"窗口期"，根据确定的"窗口期"在股利宣告日前后分别计算样本公司股票的超额收益。超额收益为股票的实际收益减去预期收益，预期收益的计算依据不同的模型，如资本定价模型、市场指数模型等。在分别计算了样本公司的超额收益后，运用统计研究方法确定公司股利宣告事件是否存在超额收益。如果存在超额收益，则是市场非半强式有效的证据。如果市场不是半强有效的，那么意味着投资者可以通过分析上市公司的公开财务数据、行业发展数据以及宏观经济数据获得超额收益。

到目前为止，研究者已经对许多不同公司的特定信息事件进行了研究，不仅包括股票分割、股利变化、公司并购等，还包括更广范围的事件，如监管政策的变化、税率的变化以及货币政策的变化等。大多数研究结果表明，发达国家的资本市场与半强式有效市场相一致，同时也有一些证据表明，发展中国家的市场还不是半强式有效的。

三、强式有效市场

强式有效市场（Strong-Form Efficient market hypothesis）是指证券价格完全反映了所有可获得信息，包括公开信息和私人信息或内幕信息。如果一个市场是强式有效的，那么也一定是弱式有效和半强式有效的。根据强式有效市场的定义，在强式有效市场上，内部人利用掌握的内幕信息也不可能获得超额收益。也就是说，市场会对内幕信息知情人的交易行为迅速做出反应。投资者通过观察模仿特定证券的内幕信息知情人的交易行为，就可以消除市场的非有效性，使套利机会消失。

对于强式有效市场的检验，主要是研究投资者是否利用非公开信息或内幕信息进行交易从而获得了超额收益。从目前研究的结果看，绝大多数结论认为现在无论是发达国家还是发展中国家的资本市场均未达到强式有效的程度。从实践的角度看，现在世界各国依然将内幕交易列为证券监管的重要内容之一，任何一个国家都没有对内幕交易行为的法律处罚，即是市场未达到强式有效的很好的例证。

第三节　效率市场假说的含义

效率市场假说从弱到强分为三个层次，在这三个层次中，证券价格对信息集的反应不同，表现为不同的市场效率。从终极的意义看，如果市场有效，依据相应的信息集进行交易不可能获得超额收益，那么，到底应该如何理解效率市场所说的含义呢？

一、技术分析

技术分析是指投资者试图利用证券价格和交易量信息，寻找证券价格变化的模式或规律，以期利用这种模式获利，但这既有成本，同时也无法产生超额利润，特别是在发达资本市场上更是如此。这是否就意味着技术分析完全无用或完全不应该存在呢？我们考虑这样一种情形，股票价格存在某一模式，人数众多的投资者通过对股票交易量和价格的分析，找出了这一模式，而且最初找到这一模式的部分投资者也可能因此而获利。但很快其他投资者也发现了这一模式，这时证券价格受到影响，这一模式消失，盈利机会不存在了。也就是说，投资者发现和利用证券价格模式的行为，支持市场维持弱式有效性。那么是不是可以说技术分析不能获得超额利润？不一定，在最初是存在利用市场非弱式有效获取利润的可能性的。一旦这些机会都不存在了，市场达到弱式有效时，获利机会都会消失。也就是说，技术分析不能持续获得超额利润，但对于达到并维持市场弱式有效，技术分析则是必要的。

二、基本分析

基本分析是指投资者利用各种公开信息对公司股票价值进行分析，确定公司股票的内在价值。这些公开信息既包括公司的盈利和销售数据，也包括行业和整个宏观经济的数据，如经济增长率、通货膨胀率以及利率等。同时，对公司的风险进行估计，运用股票估值模式确定股票的内在价值，然后判断公司的股票价值相对于市场价格是被高估还是低估了，从而找出价格被低估的证券。

半强式有效市场认为利用这些公开可以获得的信息进行投资不可能获得超额收益。那么市场上为什么还存在那么多证券分析师专门从事证券分析？基本分析的意义何在呢？在一个运行良好的市场上，通过对公开可获得信息的分析和利用，有助于市场参与者理解价值的信息含义。换句话说，基本分析通过扩散、消化与价值相关的信息，有利于半强式有效市场的形成。当然，基本分析也存在成本，但是如果分析师能够利用信息创造一个相对优势，就可以利用这种优势获取的收益完全弥补信息成本。

三、对于资产组合管理的意义

根据有效市场假说的含义，如果一个市场是弱式有效或半强式有效的，那么无论是利用历史数据还是公开数据进行分析以获取超额收益都是不可能的，这也就意味着任何积极的投资策略都是无效的，因为无论是个人投资者还是基金管理人等专业投资者都无法战胜市场。因此最好的投资策略是消极投资策略，即买入持有一个市场组合的投资策略可以获得与市场相同的收益。实证研究也发现经过风险调整后，股票基金的绩效平均来看并没有超过市场的平均收益，特别是在考虑了基金的费用之后表现比市场更低。这里也同样存在一个问题，基金经理的作用到底是什么？这可以从两方面来理解：一是在一些不发达的资本市场上，市场还未达到半强式有效。二是即使是在半强式有效的市场上，基金经理也是必需的，但基金经理并不是要战胜市场，而是建立和管理一个分散化的投资组合，以满足不同投资者对风险、收益的不同偏好，以及税收等因素，来实现一个确定的投资目标。

第四节　市场异象

尽管有大量的支持市场有效性的证据，但是众多研究者也同样发现了市场非有效性的证据或者市场异象。我们把这类发现的与有效市场假说不相符的现象称为市场异象（Anomalies）。

对于任何支持市场失效的证据来说，都必须在一个相当长的时期内始终不变，并且即使改变了研究样本也应该不变，否则这就可能与样本期的选择有关所导致的。许多研究结论看似是支持市场无效性的证据，但极有可能是数据挖掘的结果。在一般的经济学研究中，先是根据经济学原理提出原假设，然后根据研究目的选择样本和数据进行实证研究，最终确定是否接受原假设。数据挖掘采用与此完全相反的研究方法，通常是检验数据来提出原假设，而不是先提出原假设，并且该过程使用不同的方式分析数据，甚至利用不同的实证方法，直到找到方法来支持想要得到的结果。正如一位经济学家所说的，只要对数据严刑拷打，它总会告诉你点什么，这里的有利结果或想要的结果就是市场异象。这样研究者就可以利用数据找到一个在过去获得超额收益的交易策略，或者说市场异象，但这一策略在将来还可以产生超额利润吗？那就不一定了。表 12-2 列出了几种见的市场异象。

表 12-2　常见的市场异象

	时间序列	横截面	其他
日历效应	一月效应	规模效应	封闭式基金折价
	周内效应	价值效应	意外盈利
	周末效应	账面价值-市场价值比效应（B/M）	首次公开发行（IPO）
	月初效应	市盈率效应	股票分拆
	假日效应	价值线之谜	—
	日内效应	—	—
动量效应		—	—
过度反应		—	—

一、时间序列异常

时间序列异常主要可以分为两类：一是日历异常；二是过度反应和动量效应。

（一）日历异常

日历异常也称为日历效应。20 世纪 80 年代开始，陆续有研究者报告说 1 月的股票市场收益显著高于年内其他月份的收益。这种效应被称为一月效应或年初效应，甚至被称为小公司一月效应，因为在小盘股的收益中最常观察到。一月效应是反对有效市场的最直接的证据，因为 1 月的超额收益与任何新信息或消息无关。对于这一效应，研究者提出了许多不同的解释，如税收考虑、粉饰业绩等，但并没有解释全部。最近关于股票和债券收益的证据表明，"一月效应"并非是持久稳固的，一旦对风险做出适当调整，"一月效应"将无法提供异常收益，因此它并不是定价异常。

对于中国股市日历效应的检验，出现了一系列的相关研究，得出的结论是从长期来看中国股市一月份效应明显存在，而滚动样本法所使用的短期数据样本检验出的结果却并不显著，说明股市一月份效应与样本的选择有较大关系。中国股市存在显著为负的"十二月效应"，但该现象近年来正逐步消失。由此可见，我国对于"一月效应"的存在与否仍然有待研究。

除了"一月效应"外，研究者们还发现了其他的日历效应，包括"周内效应"和"周末效应"。表 12-2 总结了这些效应。然而随着时间的推移，这些效应都已经消失了。至于消失的原因，一种观点认为是该种效应已经被套利者的套利活动所利用从而消除了该异常。另一种观点认为越来越多的复杂的统计检验方法在发现定价异常方面失败了。

·251·

表 12-3　日历效应

异常	现象
月初效应	月末交易日和下月初前 3 个交易日的收益率往往会更高
周内效应	星期一的平均收益率是负的，并且低于其他 4 天正的平均收益率
周末效应	周末的收益率比工作日的更低
假日效应	市场休假前有股票收益率比其他时候更高

（二）动量效应与过度反应

动量效应是指收益率存在短期的正自相关。即一个近期表现不错的股票在将来短期时间内仍然会表现不错的可能性高，反之亦然。动量效应的存在意味着投资者可以利用短期收益的这种相关性构造一些有利可图的交易策略（否定弱式有效市场假说），并且可能意味着投资者存在对新信息的反应不足（否定半强式有效市场假说）。沃纳·德邦特（Werner DeBondt）和理查德·泰勒（Richard Thaler）是最早识别出这种异常的研究者之二。他们认为投资者对意料之外的公共信息反应过度，因此对于发布好（坏）消息的公司，股份表现的过高（低），于是应付出现投资者对股份的过度反应效应。为了利用该效应，他们建议投资者采用买入"赢家组合、卖出输家"组合的策略。他们以先前 3~5 年期间的总收益来定义赢家和输家，发现在接下来的时期，输家组合的表现比市场好，而赢家组合表现比市场差，即出现了所谓的"趋势逆转"效应。趋势逆转效应或均值回复效应是指一只表现好的股票在长期会倾向于表现弱于市场。因此，动量效应是短期股票收益的表现，在长期则会出现趋势逆转，这其中的原因有可能是投资者的新信息的反应过度造成的。

研究者认为，动量效应的存在可能是理性的，而不是对市场有效性的否定。因为股东现金流的预期增长可能会受到冲击，这些股票可能产生理性和短暂的自相关。换句话说，股票的收益有某种程度的动量效应并不一定意味着不合理，而可能是反映了增长率变动后价格的调整。

二、横截面异常

在研究者中最常出现的横截面异常主要是规模效应和价值效应。

（一）规模效应

规模效应是指在风险调整的基础上小盘股通常表现比大盘股更好。有研究发现，在排除风险因素的情况下，大公司的股票收益高于小公司的股票收益。这之后就有许多研究证明了小公司效应，然而这种效应在之后的研究中并不明显，这说明规模效应可能已经消失了。

（二）价值效应

很多研究都表明，价值型股票的收益往往比增长型股票的收益更高，这种效应通常被称为价值效应（Value effect）。价值型股票通常是指平均市盈率（P/E）较低或市值与账面价值比（M/B）较低的股票。如果这种效应持续存在，价值效应就是反对半强式有效市场假说的证据，因为所有用于公司分类的数据都是公开可获得的。

三、其他异常

（一）封闭式基金折价

封闭式基金的市场交易价格是以其资金资产净值加上一定的费用构成的，所以从理论上看，其市场上的价格不会低于封闭式基金资产净值。但是在国内外资本市场上广泛存在着封闭式基金的价格低于其基金资产净值的情形，这种现象被称为封闭式基金折价。封闭式基金折价最早是由普拉特（Pratt）首次正式提出的。

封闭式基金折价是一个谜，因为理论上，一个投资者可以通过购买基金的所有份额然后清算该基金从而获利，但实际上这种情况并没有发生。封闭式基金价格低于其资产净值的这一现象也被称为"封闭式基金折价之谜"。对于封闭式基金折价现象从传统角度提出的解释，主要有净值偏差假说、代理成本假说（管理费用或对管理费用的预期）以及纳税时机假说和市场分割假说等。

（二）IPO折价

IPO是指公司第一次公开发行股票。IPO折价一般根据上市首日收盘价与发行价格之间的差额或初始收益率不反映。公开发行股票是由投资银行根据市场原则定价并在市场上销售。如果一只股票的发行定价合理，那么在发行上市首日交易时，其发行价格就会与市场交易价格接近。但在实际资本市场中却大量存在着股票上市首日收盘价显著高于其发行价格的情形，即发行折价，这一现象被称为IPO折价，或IPO折价之谜。研究表明，在1990~1998年之间，美国上市公司IPO的折价总额为270亿美元，这一金额是这些公司年利润80亿美元的3倍多。其他大量的实证研究也证实了IPO折价的存在。对于IPO折价，委托—代理模型、成功者诅咒模型从信息不对称角度进行了分析。另外还有信号模型、投资银行声誉模型以及市场氛围模型等，但到目前为止，并没有形成一个统一的理论模型能够完全解释IPO折价问题。

第五节　行为金融及其对市场异象的解释

有效市场假说有两个重要的含义：一是证券价格能够充分反映所有可获得信息；二是积极的投资策略很难战胜消极策略。这两个含义最终都指向一个结论，即证券的价格问题等于其内在价值。但在实践中，证券的内在价值很难确定，而要检验证券的价格是否与内在价值相等也非常困难。

行为金融作为一个新兴的学派，认为即使证券价格是错误的，投资者也很难利用这一点来获利。因此没有发现明显成功的交易策略或交易者并不能说明市场就是有效的。[①]

———————————

① 滋维·博迪、亚力克斯·凯恩、艾伦·马库斯：《投资学》，机械工业出版社2017年版，原书第10版，第209页。

一、行为金融

行为金融认为传统金融理论忽视了现实中人决策的过程，以及个体之间的差异性。越来越多的经济学家认为资本市场的异象是由市场参与者的非理性行为导致的。投资者的非理性行为可以分为两部分，一是投资者通常不能正确处理与决策相关的信息，从而不能正确推断未来证券收益率的概率分布；二是即使给定未来收益率的概率分布，由于心理偏差的存在，投资者也会做出前后矛盾的决策。

（一）信息处理心理偏差

1. 可得性偏差（Availablility Bias）

信息可得性偏差是指人们在判断某一事件发生的概率时，人们往往会根据自己的记忆进行判断，而不是根据先验概率进行判断。根据记忆的信息进行判断的机制，很容易使人们分所那些容易被记起或更容易获得的信息进行判断而忽略的事件发生的先验概率。而那些具有明显特征的事件则更容易被记起，因此这些事件发生的概率就被夸大了。

2. 过度自信（Overconfidence）

另一种可以用来解释资本市场异象的心理偏差是过度自信。过度自信是指人们往往过高估计自己对信念和预测的准确性，从而高估自己的能力。一个著名的调查显示，瑞典有将近90%的司机认为自己的驾驶技术超过了平均水平，但这实际上是不可能的。学者发现，这种过度自信的非理性行为或许可以解释为什么积极管理的投资组合比消极的投资管理更为普遍。过度自信是一个广泛存在的现象，例如过度自信的CEO更可能在公司并购中支付过高的价格；男性交易者相对于女性交易者更可能表现出过度自信，从而交易更活跃也更频繁。

3. 代表性偏差（Representativeness Bias）

代表性偏差是指人们通常在进行判断时不考虑样本规模，理所当然在认为小样本与大样本一样能够代表总体，因而基于小样本快速推断的一种模式，并据此推断未来的趋势。投资者评估回报的可能性更多地依赖于其与当前状态的紧密程度。

（二）行为偏差

1. 损失厌恶（Loss Aversion）

损失厌恶是指人们面对同样数量的收益和损失时，认为损失更加令他们难以忍受。同量的损失带来的负效用为同量收益的正效用的2.5倍。损失厌恶反映了人们对损失和获得的敏感程度的不对称，面对损失的痛苦感要大大超过面对获得的快乐感。换言之，人们面对收益时往往规避风险；面对风险时，往往寻求冒险。

2. 心理账户（Mental Accounting）

心理账户在资本市场的表现是投资者在进行投资决策时会将投资分成不同的部分。例如，投资者会对一个账户进行高风险投资，但在子女教育账户的投资中却表现得非常保守。从有效市场的角度看，投资者应该理性地将所有投资账户在一个统一的框架内进行决策，而不应该将其分为几个不同的部分而表现出不同的决策。

3. 后悔厌恶（Regret Aversion）

心理学家发现，当人们不依赖惯例进行决策并出现不利结果时会表现得更加后悔。这一现象被称为后悔厌恶。这一心理过程的机制是后悔会带来情感上的痛苦，因此大脑会极力避免带来痛苦的决策。例如，相对于购买一家知名公司的股票而言，如果购买了一家不知名公司的股票遭受了损失会带给投资者更强烈的后悔感和更大的痛苦。

4. 锚定效应（Anchoring Effect）

锚定效应是指人们在进行决策时，会根据一个预先可获得的数值的基础来进行，并在此基础上进行调整。也就是说，人们在做出判断时会受第一印象或第一信息即初始锚的支配，以初始锚为参照点进行调整，但由于调整不充分而使得最后判断偏向该锚的一种判断偏差现象。例如，投资者在进行投资决策时可能会受到以前买卖该股票时的价格的影响从而在该价格的基础上对现在股票价格的高低进行判断，导致出现偏差。

二、行为金融对市场异象的解释

行为金融学是目前对有效市场提出的最强有力的挑战。行为金融通过对投资者心理和行为偏差的解释，运用于对市场异象的解释，得出了比传统金融学更加符合实际的结论，也对基于投资者理性的市场有效提出了有力挑战。但目前市场异象和行为金融学的解释是否可行依然存在广泛争议，一方面，如果投资者理性是有效市场的必要条件，那么投资者人性的弱点意味着市场不可能是有效的；另一方面，如果市场有效只要求投资者在风险调整的基础上不可能总是打败市场，那么表明市场是有效的。因此，行为金融学对市场异象的解释和形成的对有效市场的挑战仍然需要更多的理论和实证证据来支持。

【本章小结】

本章介绍了有效市场假说的基本含义类型和影响市场有效性的因素。有效市场是市场价格对可获得信息的反映程度，根据对不对的信息集的反映不同，市场的有效程度不同。市场价格能够充分反映历史信息的市场是弱有效市场，能够充分反映公开信息的市场是半强有效市场，如果充分反映了所有可获得信息则是强有效市场。但有效市场假说在解释市场出现的异常现象时出现了解释能力不足等问题。本章详细解释了市场异象的基础，介绍了行为金融的基本理论和投资者的心理和行为偏差，并对市场异象进行了相应的解释。

【思考与练习】

1. 如果市场是有效的，那么你如何解释巴菲特在很长一段时期获得了高额的回报？

2. 解释"内部交易人员获得了超额交易利润"是与哪一种有效市场相符合？

3. 根据有效市场假说，下列哪些陈述是正确的？

    a. 未来事件能够被精确预测

b. 价格能够反映所有可获得的信息

　　c. 证券价格由于不可辨别的原因而变化

4. 某股票在分配大额现金股利后股票价格不涨反降，这是否违反了有效市场假说? 请解释。

5. 观察到某股票的收益率在每年的 1 月份显著高于其他月份，这违反了哪一种有效市场?

6. 试解释如何利用投资者的行为偏差促使技术交易规则的成功?

7. 举例解释本章中提到的投资者信息处理偏差。

8. 举例解释本章中提到的投资者心理偏差。

第七篇　投资分析篇

第十三章　证券投资的宏观与行业分析

【章首导言】

股票投资的第一步是"看大势、选个股"，其中的"看大势"指的就是宏观分析。本章将从四个方面介绍宏观因素对证券价格的影响。同时，不同行业的证券在市场中的表现也有所不同，有些甚至存在较大的差距。应该从哪些角度来审视不同行业的证券，也是本章将要介绍的内容。

【本章知识结构图】

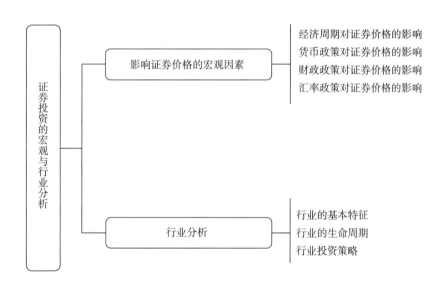

第一节　影响证券价格的宏观因素

一、经济周期对证券价格的影响

理论研究和经济发展的实践表明，在多种因素的影响下，宏观经济运行总是呈现出周期性变化。这种周期性变化一般经历四个阶段：萧条、复苏、繁荣、衰退。从国内生产总值的下降开始算起，直到其下降至最低点为萧条阶段，然后经过不断回升的复苏阶段，达到欣欣向荣的繁荣阶段，繁荣之中又孕育着衰退的再次来临。如此循环往复，周而复始，每四个阶段构成一个经济周期。这种周期性变化表现在许多宏观经济统计数据的周期性波动上，如国内生产总值、消费总量、投资总量、工业生产指数、失业率等。由于国内生产总值是最常见的综合衡量宏观经济的指标，因此宏观经济的周期性变化通常用 GDP 的数据变化来表示。

宏观经济循环周期的存在不可避免地影响着证券市场，使证券市场出现系统性波动。第一阶段宏观经济萧条阶段，经济下滑至低谷，公司盈利情况不佳，证券价格低位徘徊。这一阶段，投资者预期未来经济状况低迷，公司业绩不佳，多数会离场或采取观望态度，对公司证券的需求减少，股市下跌。

只有富有远见且判断经济形势即将好转的投资者，才会默默在低位买入证券，但他们对股市的影响依然有限。

第二阶段，经济走出萧条、步入复苏，公司的经营状况好转、业绩攀升。此时，由于富有远见的投资者不断增多，使证券价格回升至一定水平，初步形成底部反转趋势。随着投资者对经济复苏的认同感不断增强，购买证券的需求提升，证券价格不断走高，完成对底部反转趋势的确认。

第三阶段，随着经济生活日渐活跃，繁荣阶段就会来临。经济形势好转，公司的经营业绩也不断上升，证券市场的上升趋势得到了多数投资者的认同，投资者的投资热情高涨，推动证券市场价格大幅上扬，并屡创新高，投资者的投资回报不断增加，整个经济和证券市场均呈现一派欣欣向荣的景象。但是，此时的证券价格虽然仍在不断上扬，但多空双方的力量却逐渐发生了变化，证券价值逐渐被高估，价格的上升已成强弩之末，蕴藏巨大危机。

第四阶段，由于繁荣时期的过度扩张，社会总供给逐渐超过总需求，或出现结构性的不适应，经济增长开始减速，存货增加，周转变慢，引发货币政策干预，致使资本成本或利率大幅上升，使公司营运成本提高，业绩出现停滞甚至下降。随着繁荣之后的衰退来临，更多投资者基于对衰退来临的共识，加入抛出证券的行列，从而使整个证券市场呈现向下的趋势，形成一个完整的盛衰周期。

虽然证券市场价格的变动周期与经济周期大体一致，但在时间上并不与经济周期同步。证券市场完成中长期底部、形成上升趋势、完成中长期顶部、形成向下趋势，在时间上比经济周期的四个阶段都有提前。从证券实践来看，证券市场涨跌约比经济周期提前三个月至半年。因此，一般认为证券市场买卖的是对于单一证券或经济形势的预期，证券市场走势对宏观经济运行具有预警作用，即通常所说的"证券市场是经济的晴雨表"。

了解和判断宏观经济周期，需要一系列指标来辅助，在现有指标体系中，较为常用的有如下七个指标：

（1）国内生产总值。国内生产总值（GDP）指一定时期内（一般按年统计）在一国领土范围内所产生的以市场价格表示的产品和劳务的总价值。国内生产总值是最常见的宏观经济衡量指标，宏观经济的周期性变化通常用 GDP 的数据变化来表示。国内生产总值和经济增长率的变化对证券投资有着至关重要的影响，证券市场一般与经济增长变化方向相同，这一点与经济周期对证券市场的影响相得益彰。

（2）通货膨胀率。通货膨胀率是用某种价格指数衡量的一般价格水平持续上涨的比率。较高的通货膨胀率，标志着物价上涨较快，它会导致收入和财富的再分配，使不同商品的相对价格信息产生扭曲，导致资源在不同行业的再次分配。适度偏低的通货膨胀率对证券投资有一定的益处，此时人们更愿意通过证券投资获得资金的保值和增值，弥补通货膨胀所带来的损失。较高的通货膨胀率常被视为经济生活的头号杀手，常在经济过热或即将转入衰退前出现。此时任何资本市场的投资都难以保值，人们倾向于将资金撤出证券市场，寻求实物投资来对抗通货膨胀。

（3）失业率。失业率指劳动力有效供给量中没有就业和正在寻找工作的人所占的百分比，又称名义失业率。失业率的高低往往与经济发展的兴衰反向变动。经济繁荣时期，失业率下降，证券市场繁荣发展。经济萧条时，失业率上升，证券市场往往萎靡不振。

（4）利息率。利息率指在一定贷款期限内所支付的利息与所贷资金额的比率，反映企业资金成本的高低，体现货币市场供求关系的变化。在经济发展的不同阶段，市场利率不同的表现。经济繁荣时期，市场对资金的需求旺盛，利率偏高，衰退时期则相反。利息率升降从三个方面影响证券价格，利息率提高时，投资者投资于证券的相对收益下降，便会将投资转向储蓄，证券价格因供求关系的改变而下降。利息率提高还会使企业的财务成本增加，利润下降，证券价格会因经营业绩下滑而下降。利息率提高导致证券的内在价值会因贴现率上升而下降。

（5）汇率。汇率是外汇市场中，一国货币与他国货币相互交换的比率，可以把汇率看作以本国货币表示的外国货币的价格。汇率从多方面影响证券的价格，当外币汇率下降时，意味着本币币值上升，外贸企业会因成本上升、售价相对下降而减少出口，从而影响企业利润，促使出口企业股票下跌。当本币价格上升时，促使外资流入，金融类企业可能因为资本流入而股票价格上升。汇率变化对不同行业、不同部门会有不同的影响，对一国证券市场的总体影响取决于该国的产业结构、货币开放程度、汇率形成机制等因素。一般而言，一国的经济开放程度越高，证券市场的国际化程度越高，证券市场受汇率的影响也越大。

（6）财政收支。财政收支包括财政收入和财政支出两个方面。财政收入是国家为了保证政府职能的实现，通过税收等渠道获得公共资金收入；财政支出是为使政府执行职能而使用的财政资金。财政收支基本平衡，或略有节余、赤字，则不会对证券投资有直接的影响。如果财政收支出现大量赤字，政府需要增发国债来弥补亏空，促使社会资金减少，资金流出证券市场，导致证券价格下跌。或者通过加大货币发行量来弥补赤字，从而增加了货币供给量，引起通货膨胀，导致证券市场的价格虚高，甚至引发恶性通货膨胀或经济危机，使证券市场的价格出现大幅下跌。较为温和的财政赤字，也要区分投资性财政赤字和消费性财政赤字。"二战"以来，各国政府多奉行政府干预经济的"凯恩斯主义"经济政策，在经济衰退或萧条时期，以政府支出的形式对经济实施逆周期调整，从而导致财政赤字。这种赤字如果用于投资性支出（例如：完善基础设施），未来会促进经济发展，为全社会带来收益，并在未来增加政府收入，这样的财政赤字是有利于证券市场健康发展的。消费性财政赤字则不同，是直接用于居民消费的支出，未来较难产生收益，会对证券市场产生破坏性作用。

（7）国际收支。国际收支是一国居民在一定时期内与非居民在政治、经济、文化以及其他往来中所产生的全部交易的系统记录。国际收支中包括经常项目和资本项目，经常项目主要反映贸易和劳务往来状况，资本项目反映该国同国外的资本往来情况。国际收支的平衡状况会对证券投资产生独特影响。长期、大量的国际收支逆差，会侵蚀一国的货币体系，造成该国证券市场不稳定。一国国际收支出现巨大顺差，会导致本国货币供应量被迫增加，本币流动性过剩，国际游资涌入国内，导致股市需求变大，供给相对不足，证券价格普遍上涨。短期而言，国际收支的巨大顺差对股市是利好消息，但长期来看，对股市健康发展并非完全有利，容易导致股价虚高和输入性通货膨胀。

二、货币政策对证券价格的影响

货币政策对证券市场的影响是直接的、迅速的。中央银行主要通过调整利息率、法定存款准备金率、再贴现政策和公开市场操作来调整货币供应量。货币政策分为紧缩和扩张两种。为了防止经济衰退、刺激经济发展而实行扩张性货币政策时，中央银行会通过降低利息率、法定存款准备金率、中央银行再贴现率或在公开市场上买入国债的方式来增加货币供应量，拉动社会有效需求的扩张，促进经济复苏。当经济持续高涨、通货膨胀压力较大时，中央银行会采用适当紧缩的货币政策，通过提高利息率、法定存款准备金率、中央银行再贴现率或在公开市场上卖出国债以减少货币供应量，紧缩信用，以实现社会总需求和总供给大体保持平衡。

中央银行通过调整利息率来控制社会资金成本，利息率上升引发企业经营成本上升，利润下降，促使证券价格下跌；利息率通过影响证券投资的机会成本而影响证券价格，利息率上升，资金从证券市场流向银行储蓄，证券市场资金减少、需求减弱，导致证券价格下跌；利息率通过影响证券的内在价值而影响其价格，利息率上升，未来收益或现金流入的折现值出现下降，影响证券的内在价值，价格也会相应下降。

中央银行通过调整法定存款准备金率来控制货币供应量，当货币供应量增加时，证券市场的资金增多，对证券的需求增加，通货膨胀促使人们出于保值的目的而购买证券，从而推动证券价格上涨。反之，当减少货币供应量时，证券市场的资金减少，价格的回落又使人们对购买证券保值的期望降低，证券市场价格回落。

中央银行通过调整再贴现率影响市场利率，从而影响证券投资的机会成本和公司业绩，进而影响证券市场价格。再贴现率提高时，证券投资的机会成本提高，上市公司的营运成本也会提高，导致业绩下降，证券市场价格下跌。反之，当再贴现率降低时，证券投资的机会成本降低，上市公司的营运成本下降、业绩好转，促使证券市场价格上涨。再贴现率调整与利息率调整的作用机理很相近，但调整再贴现率能够更加迅速地影响货币供给量，从而迅速对证券市场造成影响。

中央银行在公开市场上买入国债时会抛出货币，增加货币供应量，对证券的有效需求增加，促使证券价格上涨。反之，中央银行在公开市场上卖出国债时，回笼货币、减少货币供应量会引发证券价格下跌。公开市场操作对货币供给量的影响直接而迅速，对证券市场的影响也很直接，但其作用时间也很短暂，属于对证券价格起短期作用的货币市场手段。

随着我国社会主义市场经济的不断发展，中国人民银行作为我国的中央银行，货币政策工具不断推陈出新，包括：常备借贷便利、中期借贷便利，对商业银行的信贷规模控制，差别化的存款准备金率、基准利率等。

其中，常备借贷便利（Standing Lending Facility，SLF），是全球大多数中央银行都会设立的货币政策工具，其主要作用是提高货币调控效果，有效防范银行体系流动性风险，增强对货币市场利率的调控效力。2013 年初，中国人民银行借鉴国际经验创设了常备借贷便利，对象主要是政策性银行和全国性商业银行，期限为 1~3 个月，以抵押方式发放，合格抵押品包括高信用评级的债券类资产及优质信贷资产等，利率水平根据货币政策调控、引导市场利率的需要等综合确定，主要功能是满足金融机构期限较长的大额流动性需求。

中期借贷便利（Medium-Lerm Lending Facility，MLF）是中国人民银行 2014 年 9 月创设的一项针对中期基础货币的货币政策工具，对象为符合宏观审慎管理要求的商业银行、政策性银行，一般通过招标方式开展。资金以抵押方式发放，金融机构提供国债、央行票据、政策性金融债、高等级信用债等优质债券作为合格质押品，由中国人民银行提供资金，以调节金融机构中期融资成本的方式支持相关机构提供低成本贷款，目的在于间接降低社会融资成本。

常备借贷便利、中期借贷便利等货币政策工具，对精准调控货币供应量起着重要作用，它们的发行规模、发行时间、合格抵押品品种等都体现着国家宏观调控的精细化，能够迅速影响资本市场的证券走势，甚至可以直达具体行业和时间段。

三、财政政策对证券价格的影响

财政政策对股市价格变动的影响是持久的、缓慢的。财政政策通过调节财政收入和财政支出，来影响宏观经济活动水平，从而达成经济政策目标。财政政策的主要手段有三个：一是改变政府购买水平；二是改变政府转移支付水平；三是改变税率。财政政策分为扩张、紧缩两种。政府实行扩张性财政政策，主要在经济增长持续放缓和失业增加时期。主要措施是提高政府购买水平、提高转移支付水平、降低税率，以增加社会总需求，解决衰退与失业问题。当经济增长强劲、价格水平持续上涨时，政府会实行紧缩性财政政策。主要措施是降低政府购买水平、降低转移支付水平、提高税率，以减少社会总需求，抑制通货膨胀。由于财政政策是以实体经济为媒介，通过控制财政收入和支出，以及企业的投入与产出来影响总需求，因此其政策作用传导过程较长，时滞也较长。效果也不像货币政策那样迅速，但效果持续的时间相对较长。财政政策的调整有利于解决一些较为深层次的问题。

国家通过实施财政政策对证券市场产生影响，主要通过政府支出、转移支付、税收政策三个途径。

（1）政府支出。政府支出是社会总需求的一个重要组成部分，扩大政府支出，提高政府购买公共产品、公共服务的水平，增加政府在道路、桥梁、港口等公共服务领域的投资，可以直接增加对相关产业（如水泥、钢铁、机械）的产品需求，这些产业的发展又形成对上下游其他产业的需求，以乘数的方式促进经济发展。根据利益传导机制，公司的利润会增加，居民收入水平也得到提高，从而可促使证券价格上涨。降低政府支出水平的效应与此相反。

（2）转移支付。改变政府转移支付水平主要从结构上改变社会购买力状况，从而影响总需求。提高政府转移支付水平，如增加社会福利费用、增加为维持农产品价格而对农民拨款等，会使相应人员受益，提高其收入水平，间接促进公司利润的增长，有助于证券价格的上扬。反之，降低政府转移支付水平，将使证券价格下跌。另外，调整中央政府对地方政府的转移支付水平，将使中央政府与地方政府之间、地方政府相互之间原有的财政平衡得以重构，受益的上市公司股票将出现上涨，不仅从整体上，而且从结构上影响证券市场。

（3）税收政策。税收政策也是财政政策对股市发挥影响的重要方面，主要包括改变税率和征管方式的调整。公司税的调整将在其他条件不变的情况下，直接影响公司的净利润，并进一步影响公司扩大生产规模的能力和积极性，从而影响公司未来成长的潜力。公司税的调整对其决策的影响不言而喻。个人所得税将直接影响居民的实际可支配收入，从而将影响证券市场的供求关系，促使证券价格发生改变。证券交易税则直接影响证券交易的成本，从而鼓励或抑制证券交易。通常情况下，税率的提高将抑制证券价格的上涨，税率的下降或减免将有助于证券价格的上扬。税收征管方式的调整（例如：营业税改增值税），可能引起不同主体实际税收负担的变化，对特定产业或区域上市公司的证券价格产生影响。

四、汇率政策对证券价格的影响

开放的经济环境下，汇率的变动和汇率政策的调整对经济的影响十分明显。汇率的高低不仅会影响资本的国际流动，还会影响本国的进出口贸易，汇率政策的调整则会从结构上影响证券市场价格。

如果采用直接标价法（即以一定单位的外国货币为标准，折合若干单位的本国货币）来表示汇率，那么汇率影响证券市场主要通过以下两条途径：

（1）汇率上升，本币贬值，本国产品的国际竞争力增强，出口型企业因此受益，此类公司的证券价格就会上扬；相反，进口型企业将因成本增加而受损，此类公司的证券价格将因此下跌。汇率下跌的情形与之相反。

（2）汇率上升，本币贬值，将导致资本流出本国，本国证券市场有效需求减少，证券价格下跌；反之，汇率下跌，则资本流入本国，本国的证券市场将因需求旺盛而价格上涨。

汇率变动对一国证券市场的综合影响，取决于该国的主体产业结构。以制造业出口为主且资本跨境流动较多管制的国家，一般会受益于本币贬值；金融业开放程度较高的国家，在本币贬值的情况下，更容易出现资本外流，从而导致证券市场价格下跌。

为消除汇率变动对本国经济的消极影响，该国中央政府会对汇率变动进行干预，这种干预政策也会对本国的证券市场产生影响。当汇率上升时，为保持汇率稳定，政府可能动用外汇储备抛出外汇，购进本币，从而减少本币的供应量，使证券价格下跌；也可能抛出外汇，同时回购国债，促使国债市场价格上扬。

第二节　行业分析

一、行业的基本特征

行业是一个企业群体，这个企业群体的成员提供相同类型、可相互替代的商品，是从事国民经济中相同性质的生产或其他经济社会活动的经营单位、个体组织构成的体系。由于其有形产品或无形产品在很大程度上可以相互替代，从而使企业处于一种彼此紧密联系的状态，并且由于产品可替代性的差异而与其他企业群体相区别，如汽车业、银行业和房地产业等。行业与产业有一定差别，构成产业一般具有三个特点：规模性、职业化、社会功能性。行业和产业的主要区别体现在，行业没有规模上的约定。

行业分析在整个基本分析中起着承上启下的作用。投资者进行宏观形势及其变动影响因素分析后，需要进一步考察不同行业的状况，把握各类行业的现状及发展前景，为进一步确定具体投资的公司提供决策依据，为科学决策打下良好基础。

（一）行业分类

我国证券市场的行业划分主要有三种方式：上证指数分类法、深证指数分类法、中国证监会分类法。

上证指数分类法。上海证券市场为编制沪市成分指数，将全部上市公司分为五类，即工业、商业、地产业、公用事业和综合类，并分别计算和公布各类股价指数。

深证指数分类法。深圳证券市场将在深市上市的公司分成六类，即工业、商业、金融业、地产业、公用事业和综合类，同时计算和公布各类股价指数。

中国证监会分类法。1999 年 4 月，中国证监会在总结沪深交易所分类经验的基础上，以国家统计局制订的《国民经济行业分类与代码》（GB/T4754—94）为主要依据，广泛征求各方意见后出台了《中国上市公司分类指引（试行）》，并于 2001 年 4 月和 2012 年 10 月分别进行了两次修订，形成了目前中国上市公司行业分类所使用的分类标准，将我国上市公司分为 19 个大类别，90 个小类别作为投资型行业分类标准，已经基本满足了投资者对行业信息细分的需求。

"板块"是另外一个给股票分类的方法，板块概念的外延大于行业，行业板块只是股票诸多板块中的一个分支。股票板块是将在股票市场上有某些特定相关要素、某一共同特征的公司划分为一类，以其要素或特征命名该板块，用以帮助投资者更高效地观察、对比、分析各类型上市公司的业务布局、经营状况、财务状况、市场行情等信息。板块是投资者做出投资决策的重要依据，各类证券信息提供商也根据投资者的需求编制了诸多板块指数，以南京证券鑫易通软件（通达信版）为例，该软件将板块分为五大类，分别是：行业板块、概念板块、风格板块、地区板块、统计指数，采用通达信行业分类、通达信细分行业分类、申万二级行业分类三种分类方式，编制有 300~400 个板块指数，还提供有自行定义板块的功能，如图 13-1 所示。

图 13-1 行业板块指数示例

注：板块指数以 880 开头，右侧为板块指数所包含的成份股。

（二）行业市场结构分析

行业市场结构是指竞争程度不同的企业所处的市场状态不同。不同竞争程度的行业，企业之间的竞争具有不同特性，同样的竞争手段在不同市场结构中产生的效果不同，整个行业对经济波动的反应不同，企业竞争与博弈取得的效果也有较大差异，导致行业间的利润水平不同，利润的稳定程度不同。投资者应根据自身的投资目的、风险偏好、资金特点等因素，参考不同行业的竞争程度、证券价格特点，合理选择投资的目标行业。根据不同市场结构的特点，通常按行业中的公司数量、产品差异程度、价格形成机制、市场信息透明程度等因素划分为四大类行业：完全竞争、不完全竞争、寡头垄断、垄断。不同行业竞争程度的上市公司，其股价走势有不同的特点，值得认真分析。

（1）完全竞争行业。完全竞争行业中存在着大量生产同种或相似度极高产品的公司，由于生产者众多，单一生产者的规模有限，单个公司都难以对产品的价格产生影响。因此，公司利润主要取决于产品的供给和需求。生产者进入该行业的门槛也不高，市场供需关系变化直接影响生产者的数量，生产者数量变化也会迅速影响市场价格和生产者利润。生活中符合这些要求的行业，一般是初级产品生产行业。农产品就是比较典型的例子，当大量农民生产同种农产品时，单个农民不能对市场价格产生影响，同时购买这一产品的公司也是众多的，且无法控制价格。当这一农产品长势良好时，供应充足，种植者能向市场提供更多产品，在需求没有增加的情况下，增加的产品供给将导致供大于求，引起产品价格下降。证券市场上并不存在完全竞争的企业，但其行业特点却可以体现在某些进入门槛较低、竞争较为自由的行业，例如，百货业。百货业的竞争形式较为类似完全竞争行业，市场准入的要求较低、竞争较为激烈、服务相对单一，致使公司利润变化频繁，但变化的幅度不大，适合闲余时间较多、风险偏好较低的投资者。

（2）不完全竞争行业。不完全竞争也称垄断竞争，不完全竞争行业最显著的特点就是行业内部的产品虽然属于同一类型，但也存在差别，一是产品实际品质的差别，二是产品个人偏好的差别。产品的购买者可能并不是首先考虑价格，更不是只考虑价格。制成品市场一般属于不完全竞争行业，如白酒生产行业。白酒生产厂家很多，每个厂家都有自己的品牌，虽然不同厂家的白酒存在品质上的差异，但不同的白酒都有自己忠实的消费者，这些消费者有时还呈现出相当程度的地域性，数家白酒企业在一定地域的竞争形势一旦稳定，新的白酒企业就很难再进入该市场。这样，虽然白酒企业的竞争仍然存在，但很难达成垄断竞争的格局，各家企业均存在超越社会平均利润的额外利润。由于新公司进入行业的成本较高，行业内竞争相对缓和，此类公司的证券价格与完全竞争行业相比，多呈现较低的浮动频率和较高的波动价格。适合业余时间较少、风险偏好稍高的投资者。

（3）寡头垄断行业。寡头垄断行业是指在某一行业内存在着为数不多的生产者和销售者，寡头垄断行业的特点在于其为数不多的生产销售公司可以通过协议来控制销售价格，如钢铁、汽车、芯片、软件等行业。形成寡头垄断行业的另一个条件是，它们多半都是资本密集型、知识密集型行业，有着较为复杂的工艺技术和较高的知识（或专利）含量，使新厂商的进入变得十分困难，使其寡头独占得以维持。钢铁行业，就是传统意义上的寡头垄断行业。由于钢铁业产品的相似性强，所以每个厂家对其他厂家的定价政策都很敏感，往往是一家公司领头，其他公司都按照它的价格来定价，这些公司的竞争已不简单局限于价格领域，而是延伸到非价格的其他方面，如提供相关服务的便利性等。

（4）垄断行业。垄断是指单独一家公司销售一种没有替代品的产品。垄断行业主要是向城市供水、供电、供气的地方公共事业公司，以及其他由于历史、地理、产业等方面原因必须垄断经营的公司。一般情况下，水、电、气等产品的成本很高，如果同一地区不授予某家公司专卖权，则有可能在同一城市形成若干重复的供应网络和系统，造成不必要的固定成本重复投入。这种情况下，政府授权专卖便是合情合理的行为。但是，公用事业公司也不能随心所欲地规定价格，提升产品价格必须经过审慎研究，并获得政府的许可。政府对服务产品的价格管制，可能造成垄断行业中个别企业由于技术落后、产品替代、成本上升等原因，出现利润下降，甚至亏损。

【案例阅读】

股票的行业特点分析

为减少地理区位对上市公司的影响，此例选择同一省份的两家上市公司做比较，并提供相同时段的上证综合指数作为参考。

银川新华百货商业集团股份有限公司（证券简称：新华百货），主营业务：零售及批发业务。该公司属于"一般商贸零售"行业，行业市场结构类似"完全竞争行业"。市场准入要求不高，同类企业相对较多，企业服务相对单一。致使行业获利较好时，行业外企业能迅速进入，从而导致整个行业的平均利润迅速下降，反之亦然。其股价行情呈现"变化频率高、变化幅度小"的特点。

宁夏东方钽业股份有限公司（证券简称：东方钽业），主营业务：稀有金属钽铌铍的冶炼加工科研、开发、生产、销售和进出口。该公司属于"有色金属"行业中的"小金属"行业，行业市场结构类似"垄断竞争行业"。进入该行业的技术门槛和资金要求都较高，同类企业相对较少，企业拥有一定的垄断利润。行业获利较好时，外部企业也较难进入该行业。相对于新华百货，其股价行情呈现"变化频率较低、变动幅度较大"的特点。

（三）行业与经济周期

在经济周期性波动中，各行各业都会受到影响，其生产和利润都会因此而有所变化，但是影响的程度是不一样的。根据宏观经济运行的周期波动对不同行业的影响程度，可以大体分为三类：成长型行业、周期型行业、稳定型行业。虽与经济周期波动有一定的相关性，但规模在总体上不断扩张的行业，称为成长型行业；只是与经济周期密切相关的行业，称为周期型行业；与经济周期波动关系不大的行业，称为稳定型行业。三类行业的证券行情特点也有一定差异，不同偏好的投资者，可以根据各自的需求选择不同类型的股票。

（1）成长型行业。成长型行业的收入增长速度远高于经济周期的振幅，其表现出来的行业发展状态与经济活动总水平的周期及振幅关系不大。由于成长型行业主要以技术进步、新产品、更优质的服务为增长点，在市场竞争中处于阶段性优势之中，从而使其呈现持续增长状态。因此高增长行业容易受到投资者的持续追捧，成为投资者套期保值、投机获利的重要工具。然而，随着时代的发展进步，高成长行业所从事的具体产业活动也在不断变化，提前预测哪些行业能成为未来时期的主要增长行业，对于普通投资者来说是有一定困难的。

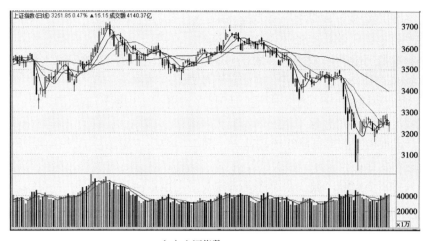

（a）上证指数

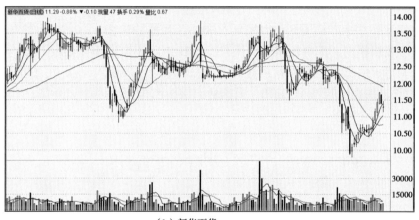

（b）新华百货

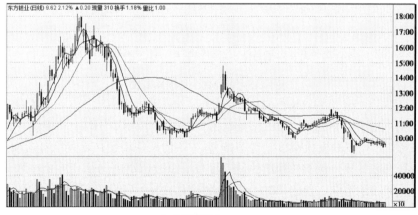

（c）东方钽业

图 13-2　行业市场结构对股价走势的影响

资料来源：南京证券鑫易通综合交易平台。

（2）周期型行业。周期型行业的运动状态直接与经济周期相关，当经济处于上升时期，这些行业会紧随其扩张；当经济衰退时，这些行业也相应跌落。产生这种现象的原因是，这些行业普遍依赖于需求的收入弹性，当经济上升时，对这些行业相关产品的购买被延迟到经济改善之后。例如耐用消费品、奢侈品、娱乐等行业。

（3）稳定型行业。稳定型行业是指那些在经济波动中起伏不大的行业，这些行业的起伏运动与经济活动总水平的周期及其振幅无关，因此也被称为防御型行业。社会对这些行业产品或服务的需求始终比较稳定，基本不受经济周期波动的影响，行业处于稳定状态。这些行业适合保守的收入型投资者，以期获得稳定的收益，这种投资在经济衰退时，收入并不会大幅降低，在经济高涨时，收入也不会随之高涨。企业稳定的收入和证券稳定的价格，使得这些证券难以获得价差收益，市场投机者对其兴趣相对较小，最终使这些行业的证券成为较好的防御型投资对象。例如：公共事业、食品等行业。

二、行业的生命周期

事物的发展总是要经历开始、发展、成熟、衰退的过程，一个行业的历史表现也是如此。在发展早期，其增长速度很快；步入壮年期后发展速度渐渐放慢；成熟期持续一段时间后，便出现了停滞和衰退的迹象，形成了所谓的行业生命周期。行业生命周期一般划分为四个阶段：初创期、成长期、成熟期和衰退期（见图13-3）。

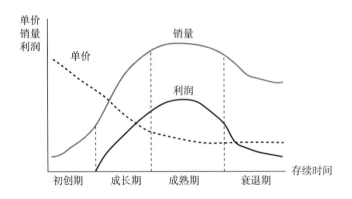

图13-3　行业的生命周期曲线

（1）初创期。初创期是指新行业刚刚诞生或初建不久，只有少数创业公司投资于这一新兴行业。市场规模狭小，制约了产业销售收入的增长；市场认同度低，封杀了产品价格的上涨空间。由于初创期的创设投资，以及较高的产品研究、技术开发投入，导致行业业绩往往不佳。初创期的企业面临较大的技术风险和市场风险，企业信用不足又使其缺乏良好的资本支持，容易因财务困难而引发破产倒闭的危险。因此，这类企业更适合风险投资者而非普通投资人。

（2）成长。成长期是行业发展的黄金时期。在成长期，虽然有大量的生产者进入该行业，行业产品的供给能力大幅增加，激烈的竞争也使产品价格不断下跌，但行业的发展已得到普遍的认同，市场急剧扩张，销售收入以更快的速度增长，技术的成熟化、产品的多元化和标准化使成本大幅降低，有较强营销能力和资金实力的企业逐渐主导市场，产业集中度有所提高。因此，处于此阶段的行业不仅业绩优良，而且成长迅速，这种状况会持续数年或数十年，这一阶段的行业内部有较多的投资机会。但是，行业内部的发展并非均衡，这种状况的持续将导致随着市场竞争的不断发展和产品产量的不断增加，市场的需求日趋饱和，生产厂商不能单纯依靠扩大生产量，提高市场占有率来增加收入，而必须依靠追加生产、提高生产技术、降低成本以及研制和开发新产品来争取竞争优势、战胜竞争对手、维持企业生存。这种情况下，资本、技术实力雄厚，且管理与营销水平较高的大公司处于竞争的有利地位。而规模较小，管理与营销水平不高的中小公司则相对不利，容易被兼并甚至倒闭。因此，成长期的主要风险是管理风险和市场风险，技术风险则大幅降低。

在成长期，市场的主导企业往往规模较大，生产经营管理的实力较强，它们的资本结构稳定，有能力定期支付股利或扩大经营。虽然行业竞争仍然激烈，但此时的行业增长具有可预测性，较少受不确定性因素的影响，行业的整体波动也较小。此时，投资者蒙受经营失败而导致投资损失的可能性大为降低，他们分享行业增长带来收益的可能性大大提高。处于行业成长阶段的企业，是投资的良好标的。

（3）成熟期。行业的成熟期是一个相对较长的时期，在这一时期里，市场规模仍然会持续成长，但增速已减缓甚至出现负增长，产品价格已趋稳定，生产厂商降低成本的空间也十分有限，因而行业的利润进入一个稳定期。这一时期，少数在前期竞争中生存下来的生产商垄断了整个行业的市场，行业垄断局面已经形成。每个生产商都占有一定比例的市场份额，彼此势均力敌，市场份额比例较少发生变化。生产商之间的竞争手段逐渐从价格竞争转向非价格手段，如提高质量、改善性能和加强售后维修服务等，生产商的技术风险和市场风险基本消除。由于一定程度的垄断，行业利润达到了较高的水平。市场已被原有生产商按比例分割，市场比例比较稳定，产品的价格比较低，新的生产商往往因创立投资无法很快收回或产品销路不畅发生资金周转困难，引起倒闭或转产。在行业成熟期，行业增长速度将达到一个均衡的水平，可能出现整个行业的增长停滞，甚至产出下滑，使行业发展很难保持与国民生产总水平同步增长。当经济下行、国民生产总值减少时，行业可能因有效需求锐减而蒙受损失。由此可见，成熟行业的风险集中于企业管理方面，管理不善或决策失误是企业破产倒闭的主要诱因。

（4）衰退期。衰退期出现在较长的成熟期之后，此时期的行业即使还存在，也只能维持正常的社会平均利润水平，对其业绩是不能寄予厚望的。竞争方面，由于出现大量新产品或服务替代旧有产品与服务，原行业的市场需求开始逐渐减少，产品的销售量开始下降，某些厂商开始向其他更有前途的行业转移。生产商的减少致使衰退行业内部的竞争压力有所缓解，但来自其他行业的竞争压力却逐步加大，毕竟这是一个资本净流出的行业。至此，整个行业进入了生命周期的最后时期，在衰退期，生产商的数目逐步减少，市场逐渐萎缩，利润率停滞或不断下降，企业无法维持正常利润，或现有投资收回后，整个行业便逐渐解体了。由此可见，衰退行业的主要风险是生存风险（见表 13-1）。

表 13-1　行业生命周期各阶段收益和风险状况

	初创期	成长期	成熟期	衰退期
厂商数量	较少	逐步增加	逐渐减少	很少
销售量	较少	迅速增加	逐渐稳定	逐步下降
利润水平	亏损	迅速增长	逐步稳定	减少甚至亏损
风险状况	较高	逐渐稳定	较少	利润风险较高
主要风险	技术风险 市场风险	市场风险 管理风险	管理风险	生存风险

　　行业生命周期各时期的更替使行业业绩出现阶段性变化，在不同行业间呈现此消彼长的波浪式演进，在一些行业高速成长的同时，另一些行业则日趋没落，各行业的相对业绩和地位也不断发生着变化。这促使处于不同生命周期的行业在证券市场上出现分化，使各类证券的表现有了较大的差异，这些行业的起伏与共存形成了行业结构的变化，而行业生命周期正是行业结构形成和演进的原因之一。由于行业生命周期各阶段的风险和收益状况不同，各行业所处的生命周期阶段也不同，从而为广大投资者提供了根据自身风险承受能力选择投资对象的有力工具和有益参考。

三、行业投资策略

　　行业投资策略的制定，应在充分研究各行业特点、分析所处行业生命周期阶段、了解国家产业政策、紧盯行业指数等投资参考工具的前提下，参照投资者自身资金状况、利益需求、风险承受能力等因素做出决策。决策过程中可以着重关注以下四个方面的问题。

　　（1）历史业绩。

　　历史业绩既是行业过去一段时间内经营状况的综合体现，也是行业企业对市场环境、宏观政策的反应。考察行业的历史业绩，较为重要的是主营业务收入、行业利润率、现金流量水平等指标，因为它们是确定其证券的市场价值和股利状况的重要因素。同时，行业形成的历史长短也需要认真考察，一家身处前景不佳行业的公司，在宏观经济紧缩、微观竞争加剧时，可能面临破产倒闭的风险。对行业的考察还要注意其成本结构，固定成本在总成本中所占比例较高的行业，所需要的保本点销售量（额）较高，抵御新兴行业冲击的能力较弱。行业的历史业绩虽然不能百分百持续，但其分析结果对确定行业前景、策划投资决策依然十分重要。

　　（2）技术进步。

　　"科学技术是第一生产力"，技术进步对行业发展有着巨大影响。例如，智能手机的出现极大地削弱了人们对固定电话、个人电脑的需求，微信的出现逐渐取代了电话短信的服务。投资者必须考察一个行业的产品及其供应链的状况，分析其被更加优良的产品或更新的消费需求所取代的可能性。毕竟，投资于一个即将被取代的行业是一种错误的选择。

当今社会正处于科学技术日新月异的时代，不仅新兴科技不断涌现，而且理论科学向实用技术的转化过程也非常迅速。追求技术进步已成为行业发展的内生动力，各行各业都在努力推陈出新。因此，新兴行业能够很快地超越和替代旧行业，或严重地威胁原有行业的生存。充分了解各行业技术发展的现状和趋势，对投资者来说是至关重要的。

（3）政府政策。

第一是政府对行业的干预政策。首先，政府可以通过制定"发展规划"来指导社会资源在各行业的分配，从而起到干预经济发展的作用。我国制定的《中华人民共和国国民经济和社会发展第十四个五年规划和2035年远景目标纲要》既是政府给出的产业发展方向，也是未来一段时间社会投资的重点。此类规划的实施对证券市场的影响意义深远，值得证券投资者关注。其次，政府可以通过不同手段促进或限制行业的发展。政府可以通过补贴、税收优惠、限制性关税、有针对性的附加法规来保护某些行业，这些措施有利于降低该行业的成本，并刺激和扩大其投资规模。政府也可以通过一些措施提高某些行业的运行成本，加重其各项负担，限制该行业的发展。投资者应对被限制的行业保持警惕。

第二是政府直接影响的行业范围。政府的管理措施可以影响行业的经营范围、增长速度、价格政策、利润率等。政府直接实施管理的行业基本都是直接服务于公共利益或与公共利益密切联系的行业，主要有公用事业（例如：电力、供水、煤气、排污、邮电通信等）、运输部门（例如：公路、铁路、航空、运输等）、金融部门（例如：商业银行、保险公司、证券交易商等）。

另外，政府为实现经济健康发展的目标会实施的各种宏观经济调控政策，对宏观经济运行进行的干预和调整，调节资源在各部门和行业的配置，这些调节政策几乎可以间接影响到所有行业。

（4）社会习惯的改变。

社会习惯会主动或被动地发生改变，从而影响生产与消费，进而影响行业投资。首先，随着人们生活水平和受教育水平的提高，消费心理、消费习惯、文明程度和社会责任感会逐渐改变，从而引起对某些商品的需求变化并进一步影响行业的兴衰。例如，人们解决温饱问题后，会更加注重生活质量，环保的、天然的食品更受人们青睐，对健康的需求使健身器材销量上升。其次，随着人类活动对地球环境的影响越来越大，人们必须放弃一些高污染、高耗能的生活方式，某些有益环境的消费品受到青睐，社会消费习惯逐渐被改变甚至重塑，与之相关的投资也需要做必要的调整。

【本章小结】

本章从经济周期对证券价格的影响入手，首先阐述了经济周期与证券价格的关系，介绍了证券价格在经济周期各阶段的变化特点。其次从宏观调控的角度，分别介绍了货币政策、财政政策对证券价格的影响。最后介绍了汇率政策对证券价格的影响。

在行业分析部分，首先，介绍了行业的分类、板块的划分，以行业市场结构分类为例，介绍不同行业证券价格变动的不同特点，以及不同行业证券价格与经济周期之间的关系。其次，从行业生命周期的角度，分析行业不同发展阶段的特点。最后，建议投资者从历史业绩、技术进步、政府政策、社会习惯的改变等四个方面考虑，制定自己的行业投资策略。

【思考与练习】

1. 经济周期与证券价格的关系？经济周期怎样影响证券价格？
2. 宏观调控中，货币政策、财政政策对证券价格的影响是什么？
3. 一国汇率政策如何影响其证券价格？
4. 行业、板块的分类方式有什么不同？
5. 不同行业证券价格变动的特点为什么有所不同？
6. 什么是行业生命周期？行业生命周期对证券价格的影响是什么？

第十四章　公司分析

【章首导言】

　　投资者选定投资的行业后，还需要筛选出可供投资的公司。在具体公司的选择上，应该考虑哪些因素，是本章介绍的主要内容。本章将从了解公司基本情况入手，分析公司区位优势、竞争优势、经营管理能力，并着重通过对公司财务的分析，帮助投资者深入了解行业内各公司，从诸多公司中筛选出合适的投资对象。

【本章知识结构图】

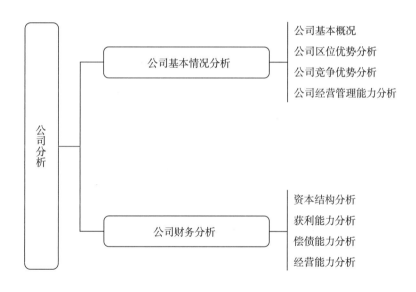

第一节　公司基本情况分析

　　公司分析是证券投资决策的最后一步，之前的宏观经济分析、行业分析都是为公司分析进行的准备。现实的投资活动中，投资者显然不能仅通过宏观经济运行和行业分析就在所选择的行业中随意挑选公司进行投资。因为，宏观经济条件良好时，即使处于扩张或稳定增长阶段的行业，也不是每个公司都能均衡分享收益的。对投资者来说，更重要的是在宏观和行业分析的基础上，选择合适的公司作为具体的投资对象。由于每个行业都包含着众多公司，每个公司千差万别、各有特色，企业基本结构、产品市场占有率、技术水平、区位优势、竞争能力、发展战略、经营管理能力等都是衡量公司优劣的重要因素。投资者需要进行详细分析，以便筛出最适合投资的公司，获得最佳投资收益。

一、公司基本概况

投资者在决定投资某家公司之前，需要系统地收集、整理、分析相关公司的资料。通过对拟投资对象的基本情况、产品及市场占有率、技术水平、资本规模与效率、项目储备等进行分析，充分了解企业各方面情况才能确定公司股票的合理价值，通过对比市场价格与价值之间的差异，进行有效的投资决策。

（一）公司基本情况

公司基本情况分析主要是分析公司的业务经营范围、主要产品、服务及业务，以确定公司所属产业。首先，分析消费者如何使用其产品和服务，分析公司产品的生命周期和公司的客户类型及其发展潜力。其次，分析公司的生产和各生产要素的供给状况，生产的组织情况，主要生产方式的技术水平。因为，同一产业链上的不同行业，发展状况各不相同。同一行业内的企业，由于产品、服务、生产技术上的差异，其利润率也可能存在显著差距。在此情况下，确定公司所处的产业对公司基本情况分析至关重要。

另外，公司的股权结构也值得关注，因为大股东对公司各项事务的决策有较大影响力。高层治理与组织结构同样重要，因为公司决策需要执行层面上的有力保障才能顺利实施，达到预期效果并实现预期目标。

（二）市场占有率

公司产品或服务的市场占有率是利润的基本保证，也是公司竞争力的体现。市场占有率长期较高且呈现增长趋势的公司大多处于行业竞争中的前列，其利润水平会高于行业平均。从长期趋势看，不断挖掘现有市场潜力、不断进军新兴市场是扩大市场份额、提高市场占有率的主要手段。企业是否具有这样的开拓进取精神与能力也十分重要。

（三）技术水平

企业技术水平主要体现在技术人才、技术装备、研发实力方面。企业拥有较多的高级工程师、专业技术人员等人才，通过他们所掌握的技术，企业可以生产出更多质优价廉、适销对路的产品，企业就会有更强的竞争能力。企业的技术装备可分为硬件和软件两部分。技术硬件部分，如生产设备、检测设备以及成套加工设备，其自动化程度和生产效率决定了企业的生产成本。技术软件部分，如生产工艺、工业产权、专利技术，是生产活动的必要保障，决定着产品的质量与产出。企业研发实力主要体现在研发人员数量、质量，研发机构的研究能力，研发经费的投入等方面。投资者还需要了解企业拥有多大的生产能力，能达到何等生产规模，企业扩大再生产的能力如何，以及能给企业创造多少经济效益等信息。

（四）资本与规模

规模效应在各行各业普遍存在。资本密集型行业，如钢铁、汽车、半导体芯片等的收益往往由资本的集中程度来决定，即所谓规模效益。"高投入、高产出"是这些行业的基本特征之一。考察企业发展前景时，那些处于资本密集型行业，但又无法形成规模效益的公司不应作为长期投资考虑的对象，即使其证券价格在短期内表现良好。

（五）项目储备

项目储备及新产品开发的能力在科学技术发展日新月异的今天尤为重要。在各行业激烈竞争的今天，项目储备是产品更新换代的前提，对新产品开发的投入是储备项目的前提。新产品并不都能成为受消费者欢迎的商品，只有加强技术改造、保持开发能力的企业才能有源源不断的项目储备，才能长久地立于不败之地。

二、公司区位优势分析

经济区位是指地理范畴上的经济增长点及其辐射范围。企业发展需要人才、技术、设备，也需要上下游产业链的配合，公司的投资价值与区位经济的发展密切相关。进行区位分析应该注意以下三个方面的问题：

（1）区位自然条件及基础条件。自然条件和基础条件包括矿产资源、能源、基础设施以及人才等，这些是公司发展必需的基本条件，不同地域所提供的区位优势大不相同，例如：我国西部地区矿产资源、能源优势明显，东部地区交通、通信等基础设施有优势。自然条件及基础条件为不同行业的上市公司提供了不同的资源禀赋，影响着它们的发展和壮大。

（2）区位经济特色。经济特色是指区位内外经济的联系和互补性，及其在发展活力与潜力上的比较优势。现代化生产呈现"生产专业化分工、企业集群化存在"的特点，这不仅有利于产业分工，促进大规模生产，还有利于提升产业链水平，有利于物流、信息流的畅通，有利于区域发展动力的汇集。因此，不同的区域会形成各自不同的产业优势，如珠三角地区的电子产业。与区位优势产业相关的公司，有比其他区位同类公司更强的竞争力。

（3）区位政府相关政策。不同区位的地方政府，通常会根据地区发展特点制定区域经济发展规划，并据此制定相应的配套政策，用以支持地方经济的发展。政府往往会确定区位内优先发展和扶植的产业，并给予相应的优惠政策，因此相关产业内的公司将得到较好的发展。随着我国经济的不断发展，涌现出一批跨越传统区位概念的区域经济带，如粤港澳大湾区、长江经济带、环渤海经济区。其中的政策优势将惠及更多的相关企业和上市公司。

三、公司竞争优势分析

上市公司选择了适合自身特点的经济区位，并不意味着能自动赢得竞争优势。为了形成竞争优势，公司还需认真研究自己的竞争对手，制定适当的竞争策略并予以坚决执行。证券投资人还需要关注公司的资源优势、核心竞争力等因素。

（一）公司的竞争对手

研判公司的竞争对手，首先要分析其在行业中的竞争地位。了解公司所属行业的特点、公司的基本概况后，需要对公司的行业竞争地位进行分析。在大多数行业中，无论其行业平均获利能力如何，总有一批企业比其他企业更具竞争力、获利能力更强，在行业竞争中的地位更高。行业竞争地位分析可以采用 SWOT 方法来进行。SWOT 主要列举了公司相对于竞争对手的优势和劣势、公司外部环境给企业竞争带来的影响因素等，分析公司在行业竞争中的地位。

其次通过一系列研究来深入了解竞争对手，一般从以下方面着手：竞争对手的目标和战略、经营状况、财务状况、技术经济实力、管理能力等。其中，管理能力包括领导者和管理者的背景、高层主管人员的素质和能力、管理阶层的素质和能力、管理方式和竞争方式等。

（二）公司的竞争策略

适当的竞争策略是确保和提升公司竞争优势的重要手段。在制定竞争策略时，公司要考虑自身的资源和能力是否足以支撑该策略、该策略面临的主要风险与不确定因素是什么、其他公司模仿这一竞争策略的难易程度、公司竞争优势的可持续性、公司各项活动能否与该策略相配合等问题。

通常情况下，公司可采取的竞争策略可分为成本领先策略、差异化策略、聚焦策略三种。成本领先策略是通过有效途径使公司总体成本低于竞争对手的成本，以获得同行业平均水平以上的利润。差异化策略是使企业产品或服务与竞争对手形成明显区别，拥有与众不同的特点，从而确保自身竞争优势。低成本与差异化策略都是要在全产业范围内实现其目标。聚焦策略是公司主攻某一特定群体、系列产品的某个细化分支、某个区域性市场或某一专业的制造领域。该策略的核心是公司要以更高的效率、更好的效果为特定的对象服务，从而超越更大范围内的竞争对手。例如，北京证券交易所上市的"专精特新"企业。

（三）公司的资源优势

公司用于参与竞争的资源分为三类：有形资源、无形资源和组织能力。有形资源多呈现在公司的资产负债表中，如机器设备、原材料、房屋建筑物等。无形资源是公司过往经营所积累的经验、知识等不易以实体形式呈现的资产，包括各项专利、公司品牌、商标、商誉、专有技术等。组织能力是公司在管理和调度有形、无形资源时所体现出的组织协调能力，是资产、人员与组织投入产出过程的综合体现。公司的资源优势由那些能让公司比竞争对手更好地为顾客创造价值的资源构成，这些资源应具备稀缺性、持久性和不可替代性的特点。

其中，稀缺性指资源处于稀少或供应短缺状态。稀缺资源的可得程度不同，促使企业间的竞争形势发生改变，拥有资源稀缺性优势的一方在竞争中的优势明显。例如，矿产开采权、不动产位置、专利等。资源的持久性，是指资源能在较长时期内维持其价值不变。公司的获利能力不仅取决于其竞争优势的大小，还与其维持竞争优势的时间长短息息相关。企业的有形资源通常较易模仿或通过市场交易获得，而无形资源则较难模仿或抄袭。不可替代性是指一种资源的独特性是否能被另一种资源所取代，如稀土资源、氦气的生产。

（四）公司的核心竞争力

核心竞争力是一个公司能够长期获得竞争优势的能力，使公司所特有的、经得起时间考验的、具有扩展性的能力，是公司能凭借最终产品被客户认可，并且不易为竞争者模仿的能力。公司核心竞争力首先体现在产品和服务的异质性上，这些产品和服务不仅与公司的技术诀窍、特殊技能相关，同时也反映了公司在企业管理、市场营销以及企业文化上的独特性。例如，苹果手机的外观与功能设计、传音科技在非洲的产品设计等。其次，公司核心竞争力应能为客户创造更多价值，能为客户带来长期的、关键的利益，能在创造价值、降低成本等方面超越竞争对手，能为公司创造超越同行的利润。再次，扩展性也是公司核心竞争力的重要方面。扩展性可以使公司拥有进入潜在市场的能力，是公司发展新兴业务的引擎和催化剂，如京东方在液晶面板上的竞争优势。最后，核心竞争力是公司在特定经营环境中长期积累的知识、技能、价值观念、技术体系、管理风格、行为特点的有机结合，综合反映公司竞争特点、竞争能力、竞争优势，是公司长期发展的动力与核心，也是投资者进行长期投资所必须考虑的重要内容。

四、公司经营管理能力分析

公司经营管理能力既是公司的重要软实力，也是公司发挥产品和市场优势、技术优势、区位优势的组织保障和制度保障，可以从以下三个方面着手进行公司经营管理能力分析。

（一）管理层素质

管理层的素质是公司素质的核心要素，对公司的经营管理、高质量发展有着非常重要的意义，对公司管理人员的素质分析可以从以下四个方面进行：

（1）管理层的年龄结构。由不同年龄组合成"老中青相结合"的管理队伍，可以在知识、经验、学识等方面相互弥补、相辅相成，从而形成优良的管理层素质。

（2）管理层的知识结构。公司董事会及高级管理人员的知识领域应当"高、新、专"相结合。投资者可以通过查阅《上市公告书》、公司人事变动报道、年度报告等，对公司领导集体的学历、经历等有大致的了解。

（3）管理层的市场敏感性。市场经济条件下，市场主体对环境的变化需要非常敏感。无论是商品市场还是资本市场，公司领导层都需要对其保持敏感，随时准备应对市场突发事件，保护公司的利益。

（4）最高主管的素质。最高主管是公司兴衰的决定性因素之一，其素质可能各有千秋，但必须具备责任感和执行力。责任感是最高主管的基本职业素养，在公司面临风险时，最高主管应勇于承担。在经营管理出现失误时，最高主管应勇于承认错误、承担责任。执行力是最高主管的另一个重要素质，只有坚决将计划、设想付诸实施，公司才能从中获益。投资者购买股票既是在购买公司的未来，也是在考验公司管理层的决策素质。

（二）公司经营效率

公司作为一个有机整体，从原材料采购、生产加工、产品销售到售后服务，都需要一些职能部门来完成。采购部门必须按时、按量采购原材料或零部件；生产部门组织生产；销售部门把公司生产的产品推销出去，并及时收集客户反馈，帮助生产部门改进产品；决策部门综合各方面的信息，以最快的速度得出相关结论，做出调整经营的决策。这些就是公司的日常经营活动。能够高效反馈市场信息、迅速做出相应调整的公司，始终是投资者应予关注的公司。

（三）内部调控机制的效率

公司内部应当建立严格的管理制度，共同遵守办事程序和行为准则，高效地协调和规范公司员工的行为，促进企业内部管理的提效增速。投资者可根据公司的经营目标，考察公司内部各项规章制度的订立情况，看规章制度是否切实可行，以及员工是否严格遵守；公司内部是否职责清晰、分工明确；业务是否熟悉，操作是否熟练；是否善于处理复杂问题，是否能适应多变的环境等。从而对公司内部调控机制的工作状态做出评价，以此窥见公司管理水平的高低和管理机制的完善程度。一个管理科学且能对销售市场、行业趋势、经营环境变化做出迅速而准确反应的上市公司值得投资者青睐。

第二节　公司财务分析

公司财务分析的目的是从财务数据的角度，了解企业的财务状况、经营成果，评估上市公司的运行状况、投资价值。在实践工作中，比率分析方法的应用最为广泛。比率分析通过对财务比率进行分析来评价公司的资本结构、获利能力、偿债能力和经营能力。资本结构反映企业股权结构、股东权益状况；获利能力反映企业获取利润的能力；偿债能力反映企业偿还到期债务的能力；经营能力反映企业资金的利用效率。企业的这几个方面是互相关联、相互影响的。因此，财务分析需要考察各项财务比率，综合运用多种分析方法。财务比率分析可以单独或综合运用三种分析方法。首先是纵向比较法，也称时间序列法，是将公司连续几年的财务比率进行比较，用来观察公司的持续经营状况，判断公司执行既定发展计划的效率。其次是横向比较法，是将公司财务指标与行业内的类似企业进行比较，判断公司经营的相对效果，以及公司在行业内的地位。最后是定值比较法，多用于收益率的比较，用来判断公司经营的成果是否超过某一固定比率，如净资产收益率是否超过同期银行存款利率等。

财务比率可以消除公司规模对比较结果的影响，通过比较行业内外不同公司的资本状况、收益能力、风险水平，从而帮助投资者做出理智的决策。财务比率还可以用于评价某项投资在各年之间的收益变化，成为企业项目管理的辅助工具，对于以少数大型项目为主业的企业有特殊意义，如船舶业、大型基建行业。

一、资本结构分析

（一）资产负债率

资产负债率是负债总额占资产总额的百分比，反映公司总负债在总资产中的比重，即债权人所提供的资本占全部资产的比例。资产负债率也可以衡量企业在清算时对债权人利益的保护程度。其计算公式如下：

$$资产负债率 = \frac{负债总额}{资产总额} \times 100\% \tag{14-1}$$

式（14-1）中的负债总额，包括长期负债和短期负债。因为企业总是长期占用着短期负债，这些短期负债可以视同长期性资本来源的一部分。例如，应付账款的某些明细科目可能是短期的，但企业总是长期地保持一个相对稳定的应付账款余额，这部分应付账款可以视为企业长期性资本来源的一部分。式（14-1）中的资产总额是扣除累计折旧后的净额，受到行业经营特点、企业融资渠道等因素的影响，不同行业的资产负债率通常有较大的差异。同一行业内的不同企业，由于其证券市场直接融资难度以及银行信用额度的不同也会有一定的差异。

由于财务杠杆效应（指由于债务的存在而导致普通股每股利润变动大于息税前利润变动的杠杆效应）的存在，从不同主体的角度来看，资产负债率通常有着不同的含义。

从股东的角度看。股东关心的重点是总资本利润率是否超过借入款项的利率。由于股东提供的资本金与企业通过举债筹措的资金在经营活动中都起着企业营运资金的作用，在总资本收益率超过借款筹资支付的利息率时，股东所得到的利润会增加。反之，如果总资本收益率低于借款利息率，则对股东不利。因为借入资金的部分利息需要用股东所得利润来弥补。因此，对于股东而言，在总资本利润率高于借款利息率时，负债比例越大越好。而且，在有限责任公司的体制下，公司过度举债经营的损失风险是由股东与债权人共同分担的。

从债权人的角度看。债权人最关心的是给企业贷款的安全性，能否按期收回本金和利息是债权人关注的重点。如果企业资产负债率过高，则企业运营资本总额中股东提供的资本相对较少，企业的风险主要由债权人承担，这对债权人是不利的。因此，债权人希望债务比例越低越好，企业偿债能力有保证，贷款就不会有太大的风险。

从经营者的角度看。如果举债过多，超出债权人心理承受程度，企业将面临借贷困难，企业运营也将受到影响，从而影响经营者的业绩，进而影响其收入。如果企业负债比例很小，说明企业对前途缺乏信心，利用债权人资本进行经营活动的能力较差，经营决策较为保守，不利于股权投资人对其的评价。

从财务管理的角度看，企业应当全面考虑股权资本与债权资本的配比，在制订运营资金计划时参考企业资产负债率，充分估计可能增加的风险，在股权与债权之间权衡利弊，做出正确决策。

（二）股东权益比率

股东权益比率是股东权益总额与资产总额的比率，计算公式如下：

$$股东权益比率 = \frac{股东权益总额}{资产总额} \times 100\% \qquad (14-2)$$

式（14-2）中的股东权益总额即资产负债表中的所有者权益总额。该指标反映股东提供的资本在总资产中的比重，以及企业基本财务结构是否稳定。较高的股东权益比率是低风险、低报酬的财务结构，较低的股东权益比率是高风险、高报酬的财务结构。对于企业经营而言，股东权益比率越大越好。

股东出资不同于企业负债，没有到期还本付息的压力，企业可以持续使用这笔资金。另外，股东权益比率高的企业，由于股东出资比重高，也不容易陷入债务危机。但从股东角度来看，在经济繁荣时期，多借债可以充分发挥财务杠杆作用，获取更多利润；在经济萎缩时期，较高的股东权益比率可以减少利息负担和财务风险；在通货膨胀加剧时期，企业多借债可以把损失和风险转嫁给债权人。

（三）长期负债比率

长期负债比率是长期负债与资产总额的比率，是反映企业债务状况的一个指标，计算公式如下：

$$长期负债比率 = \frac{长期负债总额}{资产总额} \times 100\% \qquad (14-3)$$

长期负债比率要从长期负债的属性着手。由于不需要在短期内偿还，长期负债比流动负债更稳定。公司不会面临很大的流动性不足风险，短期内偿债压力不大。公司可以把长期负债筹集的资金用于增加固定资产，扩大经营规模。但是，长期负债毕竟有固定的偿还期和利息支出，其稳定性不如股东权益。长期负债比率过高，意味着股东权益比率偏低，公司资本结构的风险较大、稳定性较差。在经济衰退时期，长期负债会给公司带来额外的风险。

二、获利能力分析

获利能力是公司利益相关者关注的核心，也是影响公司股价涨跌的关键因素之一。只有长期盈利，公司才能做到持续经营。因此，获利能力也是投资者重点关心的问题。

（一）销售毛利率

销售毛利率是毛利占销售收入的百分比，也称为毛利率。其中，毛利是销售收入与销售成本之差，计算公式如下：

$$销售毛利率 = \frac{销售收入 - 销售成本}{销售收入} \times 100\% \qquad (14-4)$$

销售毛利率表示每一元销售收入扣除销售产品或商品成本后，有多少钱可以用于各项期间费用和形成盈利。毛利率是企业销售净利率的最初基础，没有足够大的毛利率便无法获利。

（二）销售净利率

销售净利率是指净利润占销售收入的百分比，计算公式为：

$$销售净利率 = \frac{净利润}{销售收入} \times 100\% \qquad (14-5)$$

在我国会计制度中，净利润是指税后利润。销售净利率反映每一元销售收入带来的净利润，表示销售收入的收益水平。从式（14-5）中可以看出，净利润与销售净利率成正比，销售收入额与销售净利率成反比。企业净利润是销售毛利减去各项费用、税收后的利润。销售净利率保持不变意味着企业在增加销售收入的同时，必须严格控制各项费用才能获得相应的利润。因此，销售净利率是企业经营管理水平的体现。销售净利率较高的企业，抵御市场波动风险的能力较强。另外，还可以将销售利润率分解为销售毛利率、销售税金率、销售成本率、销售期间费用率等，做进一步分析。

（三）资产收益率

资产收益率是企业净利润与平均资产总额的比率，计算公式为：

$$资产收益率 = \frac{净利润}{平均资产总额} \times 100\% \qquad (14-6)$$

资产收益率有时也被称为总资产收益率，反映企业在一定资产占用水平下的盈利能力，体现出企业资产利用的综合效果。该指标值越高，企业利用资产获利的效率越高，说明企业在增加收入、节约资金等方面取得了良好的效果，反之亦然。影响资产收益率水平的因素主要有：产品产量、产品价格、单位成本、销售数量、资金占用量等。为综合研究资产收益率指标，可将该项指标与本企业历史指标、本行业平均水平、行业内先进企业进行比较，分析形成差异的原因，从而挖掘企业潜力、加速资金周转、提高利润水平。

（四）股东权益收益率

股东权益收益率是净利润与平均股东权益的比值，又称净资产收益率，计算公式为：

$$股东权益收益率 = \frac{净利润}{平均股东权益} \times 100\% \qquad (14-7)$$

股东权益收益率也被称为权益报酬率（ROE），该指标反映股东权益的获利水平，指标值越高，说明股权投资带来的收益越高。实践中，仍然需要考虑财务杠杆的作用及其带来的风险，不能盲目追求过高的股东权益收益率。

（五）主营业务利润率

主营业务利润率是主营业务利润与主营业务收入的百分比，计算公式为：

$$主营业务利润率 = \frac{主营业务利润}{主营业务收入} \times 100\% \qquad (14-8)$$

主营业务利润率反映公司的主营业务获利能力。企业的管理能力和管理经验都是有限的，只有当公司聚焦主营业务，在主营业务利润率较高的情况下，才能在竞争中长期占据优势地位。

三、偿债能力分析

（一）流动比率

流动比率是流动资产除以流动负债的比值，计算公式为：

$$流动比率 = \frac{流动资产}{流动负债} \times 100\%$$ （14-9）

流动比率是反映企业短期偿债能力的重要指标。一般认为，保障企业债务偿付能力的是企业的流动资产，包括：现金、存货、应收账款等。企业能否偿还短期债务，要看有多少债务，以及有多少可变现偿债的资产。流动资产越多，短期债务越少，则偿债能力越强。

长久以来，虽然人们对流动比率的合理范围并未达成一致，但普遍认为生产企业最低的流动比率应该在200%左右。因为，流动资产中变现能力最差的存货金额约占流动资产总额的一半，剩下的流动性较强的流动资产至少要等于流动负债，企业的短期偿债能力才能有保证。

实践中，人们通常将本企业流动比率与以往的流动比率、行业内其他企业的流动比率、同行业平均流动比率进行比较，用以判断该比率的高低。这种比较通常并不能说明流动比率为什么这么高或低，要找出过高或过低的原因还必须分析流动资产与流动负债所包括的内容以及经营上的因素。一般的共识是，营业周期、流动资产中的应收账款数额和存货周转速度是影响流动比率的主要因素。

（二）速动比率

流动比率虽然可以用来评价流动资产的变现能力，但人们（特别是短期债权人）还是十分关心企业营运资金（流动资产-流动负债=营运资金）的真实偿债能力，希望获得比流动比率更能反映企业资产变现能力的指标，这个指标就是速动比率。速动比率是从流动资产中扣除存货部分，再除以流动负债的比值，计算公式为：

$$速动比率 = \frac{流动资产-存货}{流动负债} \times 100\%$$ （14-10）

在考察企业偿债能力时，将流动比率算式中的流动资产改为流动资产减去存货的主要原因是存货在流动资产中的变现能力最差。企业发生债务危机时，如果需要通过变卖存货来获得现金，可能会遇到存货折价出售的情况，企业将因此蒙受损失。另外，会计核算中，存货估价可能存在成本与当前市价相差悬殊的问题。某些情况下，部分存货可能已损失报废，但还没作处理；部分存货已抵押给某些债权人，但仍然在会计账簿上记录。诸如此类的情况，把存货从流动资产总额中减除计算出的速动比率能够更好地反映企业短期偿债能力。

通常认为，正常的速动比率为100%，低于100%的速动比率被认为是短期偿债能力偏低。但这并非统一的标准，因为不同行业的速动比率有很大差别。如果是采用大量现金销售的商业场所，应收账款很少，速动比率低于100%的也是正常的。相反，一些应收账款较多的企业，速动比率可能大于100%。

通过速动比率考察企业偿债能力时，还需要注意应收账款的情况。因为，账面上的应收账款不一定都能顺利收回变现成现金；实际坏账可能比计提的准备金要多；季节性的变化可能使企业的应收账款数额不能反映平均水平等。应收账款的质量不高，可能使流动比率、速动比率等指标不能合理反映企业偿还短期负债的能力。

（三）应收账款周转率

应收账款和存货一样，在流动资产中有着举足轻重的地位。及时收回应收账款不仅可以增强企业的短期偿债能力，也反映出企业在营销策略和应收账款管理方面的效能。评价应收账款周转速度的指标是应收账款周转率，以及年度内应收账款转为现金的平均次数，可以说明应收账款流动的效率。用时间表示的周转速度是应收账款周转天数，也称应收账款回收期或平均收现期，表示企业从销售活动中取得应收账款到收回款项所需要的时间，计算公式为：

$$应收账款周转率 = \frac{销售收入（净额）}{平均应收账款} \times 100\% \qquad (14-11)$$

其中，平均应收账款=（期初应收账款+期末应收账款）/2。

式（14-11）中的销售收入（净额）来自利润表，是扣除折扣后的销售净额。平均应收账款是资产负债表中"期初应收账款余额"与"期末应收账款余额"的算术平均数。

$$平均收现期 = \frac{365 \text{ 天}}{应收账款周转率} \qquad (14-12)$$

平均收现期是一个会计核算期间（一般是一年或365天），是指企业应收账收回所需要的平均时间（天数）。一般来说，应收账款周转率越高，平均收现期越短，表明企业应收账款的收回速度越快。否则，企业的营运资金会过多地滞留在应收账款上，影响正常的资金周转。

投资者可以将计算出的平均收现期与行业内其他类似企业、企业前期、行业平均水平相比，判断该指标的高低。影响平均收现期计算的主要因素有：大量现金结算的销售活动、大量使用分期付款结算方式、季节性销售和经营活动、年末销售大幅度增加或下降等。这些因素都会对平均收现期的计算结果产生较大的影响，投资者需根据企业的行业特点加以正确判断。

（四）利息保障倍数

利息保障倍数是指企业经营业务收益与利息、费用的比率，用以衡量偿付借款利息的能力，也叫利息支付倍数，计算公式如下：

$$利息保障倍数 = \frac{息税前利润（EBIT）}{利息总额} \qquad (14-13)$$

公式中的"息税前利润"是指利润表中未扣除利息费用和所得税之前的利润。它可以用"利润总额加利息费用"来计算。"利息费用"是指本期发生的全部应付利息，不仅包括财务费用中的利息费用，还包括应计入固定资产成本的资本化利息。因为资本化利息虽然不在当期的利润表中扣除，但仍然需要在以后的会计期间以各种方式偿还。没有足够的息税前利润，资本化利息的支付就会发生困难。

从企业债权人的角度来看，衡量向企业贷款的风险，除了考察资产负债率、流动比率、速动比率以及应收账款周转率以外，还要考虑企业营业利润对应付利息费用的保障程度，利息保障倍数正是衡量企业利息支付能力的指标，可以反映债权人投入企业资金的风险。

一般而言，利息保障倍数应该越大越好。但合理评价企业的利息保障倍数，不仅需要与行业内其他企业、本行业平均水平进行比较，还要分析比较本企业连续数年的历史指标，并选择保障倍数较低的年份为测度标准。因为企业在经营状况较好的年份需要偿债，在经营不好的年份也要偿还相应的债务。如果恰逢利润较高的年份，利息保障倍数就会升高，但企业经营总是存在波动，不可能年年生意兴隆，采用保障倍数较低年份的指标为衡量标准，可以保证较好的偿债能力。

四、经营能力分析

经营能力主要体现在企业管理运行的效率上。面对变幻莫测的市场，只有高效运行的企业才能迅速做出反应，在激烈的行业竞争中脱颖而出，确保企业持续的现金流入以及保障企业的获利能力。

（一）存货周转率和存货周转天数

除少数特殊行业外，企业存货在流动资产中所占比重都相对较高。存货的流动性直接影响着企业的流动比率、速动比率等偿债能力比率，体现了企业从购入原材料、投入生产到销售回款等各环节的管理水平。因此，企业必须加强对存货周转速度的分析。存货的流动性一般用存货周转率或存货周转天数指标来反映。存货周转率是销售成本除以平均存货所得到的比率，或称存货的周转次数。用时间表示的存货周转率是存货周转天数，计算公式为：

$$存货周转率 = \frac{销售成本}{平均存货} \times 100\% \tag{14-14}$$

$$存货周转天数 = \frac{365 天}{存货周转率} \tag{14-15}$$

式（14-4）中的"销售成本"数据来自利润表，"平均存货"数据来自资产负债表中的"期初存货"与"期末存货"的算数平均数。通常情况下，较高的存货周转率体现出企业存货周转速度较快，存货占用的水平较低，流动性较强，存货转换为现金或应收账款的速度较快。存货周转率和存货周转天数指标的好坏反映企业存货管理水平，它不仅影响企业的短期偿债能力，也是整个企业管理的重要内容。影响存货周转速度的主要因素有：季节性生产因素、生产批量因素、存货生产周期等。此外，企业经营能力还体现在其他资产运营效率上。

（二）固定资产周转率

固定资产周转率是销售收入与固定资产平均余额的比值，计算公式为：

$$固定资产周转率 = \frac{销售收入}{平均固定资产} \times 100\% \tag{14-16}$$

其中，平均固定资产=(年初固定资产+年末固定资产)/2。

固定资产周转率是衡量企业运用固定资产效率的指标。固定资产周转率越高，固定资产运用效率越高，固定资产利用效果越好。运用该指标时，应关注企业产品结构，以及主营产品生产过程中的固定资产投入量，即企业产品是轻资产产品还是重投入产品。同时对比行业平均水平和行业龙头企业的相关指标。

（三）总资产周转率

总资产周转率是销售收入与平均资产总额的比值，计算公式为：

$$总资产周转率=\frac{销售收入}{平均资产总额}\times100\% \tag{14-17}$$

其中，平均资产总额=(年初资产总额+年末资产总额)/2。

总资产周转率反映资产总额的周转速度。周转率越大，总资产周转越快，企业销售能力越强。企业可以通过薄利多销的办法加速资产的周转，带来利润绝对额的增加。

（四）股东权益周转率

股东权益周转率是销售收入与平均股东权益的比值，计算公式为：

$$股东权益周转率=\frac{销售收入}{平均股东权益}\times100\% \tag{14-18}$$

其中，平均股东权益=(年初股东权益+年末股东权益)/2。

股东权益周转率反映公司运用股东资产的效率。该比率越高，表明股东资产的运用效率越高，企业运营股本投资的能力越强。

（五）主营业务收入增长率

主营业务收入增长率是本期主营业务收入和上期主营业务收入之差与上期主营业务收入的比值，计算公式为：

$$主营业务收入增长率=\frac{本期主营业务收入-上期主营业务收入}{上期主营业务收入}\times100\% \tag{14-19}$$

主营业务收入增长率通常用于衡量公司的产品生命周期，判断公司发展所处的阶段。虽然没有明确的标准和理论依据，但一般认为，如果主营业务收入增长率超过10%，说明公司产品处于成长期，将继续保持较好的增长势头，没有面临产品更新的风险，属于成长型公司。如果主营业务收入增长率在5%～10%，说明公司产品已步入稳定期，不久将进入衰退期，需要着手开发新产品。如果主营业务增长率低于5%，说明公司产品已进入衰退期，保持市场份额已经很困难，主营业务利润开始滑坡，如果没有已开发好的新产品，很可能将步入衰落。

【本章小结】

了解公司基本状况可以从公司股权结构、产品及市场占有率、技术水平、资本规模与效率、项目储备等方面入手。公司区位优势体现在区位自然条件、经济特色、政府政策等方面。公司竞争优势可以从竞争对手、竞争策略、资源优势、核心竞争力等方面考察。经营管理能力是公司重要的软实力，主要包括管理层素质、公司经营效率、内部调控机制等。财务分析是深入了解公司的有效方法，可以通过分析公司资本结构、获利能力、偿债能力、经营能力等方面的指标，获得公司运行状况、盈利潜力、发展前景等相关信息，为投资决策提供有力支持。

【思考与练习】

1. 公司的区位优势、竞争优势体现在哪些方面？
2. 如何理解公司在经营管理方面的优势？
3. 财务分析主要从哪些方面入手？
4. 练习财务指标的计算与分析。

第十五章 技术分析理论与方法

【章首导言】

与基本分析中的宏观分析、行业分析、公司分析不同，技术分析通过市场过去和现在的运行状态，直接对证券市场的市场行为做出分析，对价格的未来变化趋势进行预测。技术分析的应用需要一定的前提条件，即技术分析三大基本假设。市场条件与基本假设不符时，技术分析的效果会大打折扣。经过百年来的演变，技术分析形成了一套较为完善的理论体系，包括至少三大基础理论以及若干分支理论。由技术分析基础理论演变而来的技术指标体系是技术分析由定性向定量发展的重要标志，也是精确化定量交易的基础。

【本章知识结构图】

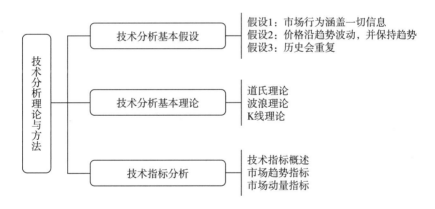

技术分析直接对证券市场的市场行为做出分析，对价格的未来变化趋势进行预测，通过分析市场过去和现在的行为，应用逻辑分析、数学模型等方法，探索市场运行的典型规律，并据此预测证券市场的未来变化趋势。作为证券投资分析的重要组成部分，技术分析已有百余年的历史，在众多证券投资者所进行的投资实践中，人们总结、提炼出多种技术分析方法，对今天的投资行为仍然具有很强的指导意义。

技术分析中，投资者重点关注的市场行为包括四个方面：价格的高低变化、价格变化所伴随的成交量、完成价格变化所经历的时间、市场价格波动的空间。简单地说，就是价、量、时、空。它们共同构成了市场行为的四个要素，其中的价格要素是投资者最为关心的内容。技术分析与基本分析不同，它是着眼于资本收益的分析方法，目的是低价买入高价卖出，取得买卖差价收入，其应用需要符合一定的假设条件。

第一节　技术分析基本假设

技术分析的理论基础是它的三大假设。技术分析通过对过往与现在市场行为进行分析来预测未来的价格走势，能够发现市场中隐蔽的、市场行为本身没有直接体现出来的特点。当市场处于关键转折点时，抓住这些特点，将有利于投资者的投资行为。总结技术分析对市场的独特见解，可以得出其理论基础，即下面的"三大假设"：

假设 1：市场行为涵盖一切信息。

假设 2：价格沿趋势波动，并保持趋势。

假设 3：历史会重复。

假设 1 是进行技术分析的基础。技术分析认为，影响股票价格的全部因素，无论是公司内部的还是公司外部的，都反映在市场行为中，最终形成公司股票价格对这些因素的反映，投资者不必过多关心影响股票价格的因素具体是什么。如果不承认假设 1，技术分析所做出的结论应该是无效的。这条假设是有一定合理性的，任何一个因素对股票市场的影响最终都会体现在股票价格的变动上。无论是外在的、内在的因素，还是基础性的、政策性的、心理方面的因素，以及其他影响股票价格的因素，都会在市场的行为中得到反映。实践中人们能够感觉到股票价格不但会对中长期因素做出反应，即使是突发的偶然事件，证券市场也会迅速做出反应，形成自身的均衡价格，从而验证"市场行为涵盖一切信息"的真实性。例如，中国证券市场对"3·11"日本大地震的反应。2011 年 3 月 11 日 14：46（北京时间 13：46）日本东北外海发生里氏 8.8 级地震，上海综合指数迅速做出反应，14：00 结束下午的反弹行情，开始下跌，约 14：30 开启放量下跌模式，最终以下跌 23.34 点、跌幅 0.79% 结束当日交易（见图 15-1）。

承认假设 1 意味着不用关心股市下跌背后的原因，因为所有引起价格下跌的因素都已经包含在价格变化中了。由此可见，投资者关心的重点应是事件对市场行为的影响效果，而不必过于关心导致这些变化的具体细节究竟是什么。

假设 2 是进行技术分析最根本、最核心的假设条件。其主要思想是股票价格的变动是按一定规律进行的，股票价格有保持原来运行方向的惯性，如果没有外在因素的影响，价格波动不会改变原来的方向。一般而言，若某段时间的价格一直是上升或下降的，那么在今后一段时间内，如果不出意外，股票价格也会按照这一方向继续上涨或下跌。"顺势而为"是股票市场的一句名言，如果股价没有掉头的内部和外部因素，投资者没有必要逆大势而为。正因如此，技术分析人员才会花费大量精力，试图找出股票价格变动的规律。针对实际行情的观察也表明，股票价格的确是以趋势方式演变的。

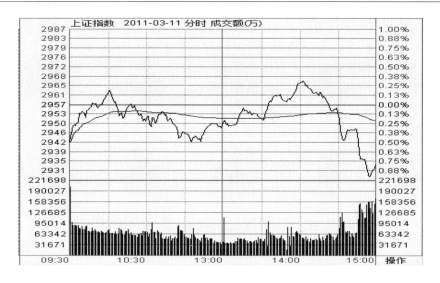

图15-1 2011年3月11日上证综指行情

假设3是从统计学和心理学两个方面考虑的。首先,股票价格波动有可能存在某种规律,而统计学方法可以揭示部分现象及其相关性。其次,市场中进行具体买卖的是人,由人决定最终的操作行为而不是机器,他必然受到人类心理学中某些规律的影响,进而可能出现一些规律性的现象。例如:在某种情况下,人们采用某种操作方法取得了成功,那么以后遇到相同或相似的情况,就会按同一方法进行操作;如果前一次失败了,后面的操作就会尽量避免相同的操作。这些行为在宏观层面上就形成了"历史会重复"的现象。图15-2为上证综合指数在2007年和2015年的两波上涨行情,行情的启动、高涨、下跌过程都有一定的相似性。

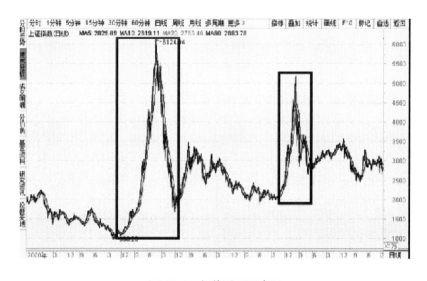

图15-2 规律重现示意图

因此，在进行技术分析时，如果遇到与过去某一时期相同或相似的情况，应该与过去的既有结果相对照，这一既有结果对预测未来市场的表现有重要的参考价值。

"三大假设"虽然是进行技术分析的基础，但它不是十全十美的，人们对其合理性的争议一直存在，不同人有不同的看法。例如：假设 1 认为"市场行为涵盖一切信息"，但市场行为反映的信息体现在股价波动之中，同原始的信息毕竟有差异，信息损失几乎是必然的。正因如此，在进行技术分析时，还应该进行一些基本分析和其他方面的分析，以便拾遗补阙。另外，假设 3 认为"历史会重演"，但市场行为千变万化，不可能完全重复过去的现象，差异总是存在的，投资者不能生搬硬套过去的经验。

第二节　技术分析基本理论

一、道氏理论

道氏理论是技术分析的鼻祖，也是最著名的技术分析理论之一，在它之前的技术分析尚未形成必要的分析体系。道氏理论的创始人是《华尔街日报》第一任编辑查尔斯·亨利·道（Charles Henry Dow），他在 1884 年 7 月 3 日首创了股票市场平均价格指数，用于反映市场总体的运行趋势。后人整理了他在《华尔街日报》上发表的一系列有关股票市场的文章，形成我们今天熟知的道氏理论。道氏理论的内容繁多，这里仅介绍其中最为重要的四点：

（1）市场平均价格指数可以解释和反映市场的大部分行为。这是道氏理论对证券市场的重大贡献，世界上所有的证券交易所都有自己的价格指数，指数的计算方法大同小异，目的都是为反映市场整体的情况。

（2）市场的三种波动趋势。道氏理论认为，虽然价格的起伏形态各异，但是都可以被划分为三种趋势：主要趋势、次要趋势和短暂趋势。三种趋势的划分为之后出现的波浪理论打下了基础。

（3）交易量必须验证趋势。趋势的反转点是进行投资的关键，交易量在确定趋势反转中起着重要作用，其所提供的信息有助于投资者做出正确的判断。

（4）收盘价是最重要的价格。道氏理论认为，在所有的价格中，收盘价最重要，甚至认为只需要考虑收盘价，其他价格不用考虑。

实践中，道氏理论的可操作性比较差，原因是道氏理论的结论往往落后于市场，信号比较滞后。同时，道氏理论更多的是理论上的叙述，对随时随地都在发生的小波动无能为力，只在大趋势的判断上有较好的效果。

二、波浪理论

（一）波浪理论的形成过程

波浪理论是技术分析方法的重要组成部分，创始人是艾略特（Eliot），他在 20 世纪 30 年代就有了波浪理论的初步想法。1938 年，柯林斯总结完善了艾略特等的研究结果，发表了专著《波浪理论》，奠定了波浪理论的基础。波浪理论把股价的变动以及不同阶段的持续上涨或下跌看成是类似波浪的上下起伏。根据自然界中波浪的规律，股票的价格不会一直上涨或下跌，股价运动似乎也遵循着波浪起伏的规律。也就是说，上涨行情由 5 个波浪构成，下跌行情是 3 个波浪。通过数浪，弄清楚各波浪潮的状况，就能够预见到下跌已接近尾声，牛市即将来临；或是上涨行情已成强弩之末，熊市即将来到。

波浪理论是公认的较难掌握的技术分析方法。事情往往是这样的，身处行情的波澜之中，数浪总是一件让人迷惑的事情，很少有人能够做出正确的判断。事后复盘，回过头来数浪，发现很多情况都能用波浪理论解释。用波浪理论得出的一些结论，一开始可能觉得有些荒唐，但事后却不可思议地被证实，这也是波浪理论最为神奇的地方。相较于其他技术分析流派，波浪理论最大的优势在于能够提前较长时间预测行情的底或顶，其他流派往往需等到新趋势被确认之后才能得出结论。

（二）波浪理论的核心内容

波浪理论的核心内容是"浪"。艾略特观察到股票价格上涨、下跌不断重复的现象，总结出股价上升、下降的周期性。波浪理论中的每个周期都以 8 浪结构模式运行，上升阶段是 5 浪结构，下降阶段是 3 浪结构。这 8 个过程完结以后，周期结束，进入另一个周期，新的周期依然遵循上述模式。同时，一个大周期之中存在小周期，而小周期又可以再被细分成更小的周期。这 8 个浪分为主浪（Propulsive Wave）和调整浪（Corrective Wave）。某浪的趋势方向与比它高一层次的浪的趋势方向相同，这一浪就称为主浪。主浪起着推动趋势发展的作用，所以也称推动浪。8 浪结构中的 1 浪、3 浪、5 浪就是上涨趋势下的主浪，a 浪、c 浪构成下跌趋势下的主浪。运行方向同它的上一层次的波浪方向相反的浪是调整浪，调整浪是对主浪的调整和补充。8 浪结构中的 2 浪、4 浪是调整浪，下跌过程中，b 浪是调整浪（见图 15-3）。

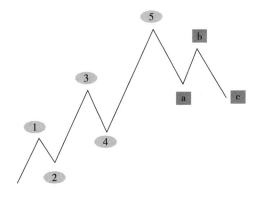

图 15-3 波浪理论示意图

（三）波浪的合并和细分

波浪理论认为，浪是分层次的，既可以细分也可以合并，这是波浪理论的一大特点。波浪理论研究价格变动时，其跨越的时间和空间可以很大，这就涉及某个浪所处层次的问题。层次较低的几个浪可以合并成一个层次较高的大浪，而处于层次较高的一个大浪又可以细分成几个层次较低的小浪。层次的高低和浪的大小是相对的。相对于高层次浪，就是小浪，相对于低层次浪，就是大浪，具体如图15-4所示：

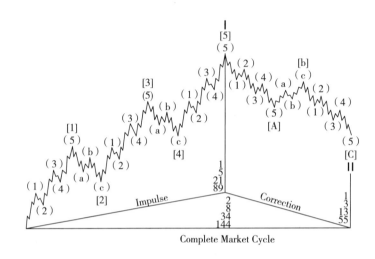

图15-4　波浪的细分与合并

在图15-4中最高层次的是Ⅰ浪和Ⅱ浪，其中Ⅰ浪是起推动作用的上升主浪，Ⅱ浪是调整浪。Ⅰ浪可以分成 [1]、[2]、[3]、[4]、[5] 五浪，Ⅱ浪可以分成 [A]、[B]、[C] 三浪。其中的 [1] 浪又可细分为（1）、（2）、（3）、（4）、（5）五浪，[2] 浪可细分为（a）（b）（c）三浪，其他浪也可以如此细分。以此类推可以得到 144 个小浪。

（四）波浪理论的实践应用

波浪理论对价格波动的全过程进行了描述，理论上讲，如果明确当前价格在 8 浪结构中所处的位置，就可以预测未来了。例如，如果发现了一个 5 浪上升的结构，而目前处在这个 5 浪结构的最后一浪，就可以预测接下来会出现下跌的调整浪。但是，波浪理论大浪套小浪，浪中还有浪，在"数浪"的过程中极容易发生偏差，投资者需要结合宏观经济环境、市场供求关系、市场心态等因素的变化，理性看待价格波浪的形成与转变，切勿机械"数浪"。

三、K 线理论

K 线也称为阴阳线、蜡烛线或日本线，起源于日本，最初被大阪米市商人用以记录一天（一周）当中市场价格的波动变化。经过上百年的运用和演变，K 线因其良好的应用效果受到世界各地股票投资者的青睐，已经成为人们进行技术分析最重要且必不可少的工具。

（一）K 线的画法和基本形状

1. K 线的画法

K 线是一条柱状的线条，由影线和实体组成，主要由开盘价、最高价、最低价、收盘价描绘。中间的矩形长条叫实体，向上、向下伸出的两条细线分别叫上影线、下影线。如果开盘价高于收盘价，当期行情下跌，则实体为阴线，用绿色或黑线表示。反之，收盘价高于开盘价，当期行情上涨，则实体为阳线，用红线或中间留白表示。上影线的顶端，代表交易周期中的最高价，下影线的低端代表最低价，具体如图 15-5 所示。

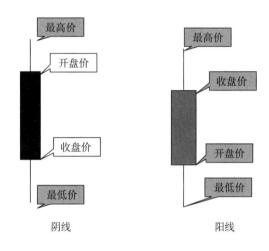

图 15-5 完整 K 线及阳线和阴线

以日 K 线为例，一根 K 线记录的是某只股票一天的价格变动情况，将每天的 K 线按时间顺序排列在一起，就组成这只股票开市以来数天的价格变动情况。绘制 K 线一般以一个交易日为周期，称作日 K 线图。调整 K 线的绘制周期可以得到周 K 线、月 K 线、年 K 线；缩短 K 线绘制周期，可以得到 60 分钟 K 线、30 分钟 K 线、15 分钟 K 线、5 分钟 K 线等。

价格的变动主要体现在四个价格上：开盘价、最高价、最低价、收盘价。在这四个价格中，收盘价最为重要。

以日 K 线为例，开盘价是指每个交易日的第一笔成交价格，这是传统的开盘价定义。由于存在机构庄家利用信息、资金等方面的优势，人为制造不合理开盘价（如"抢帽子"等违法行为）的可能，目前我国市场采用集合竞价的方式产生开盘价。集合竞价遵循最大成交量原则，可有效抑制针对开盘价的投机行为。这在一定程度上弥补了传统意义上开盘价的缺陷。

最高价和最低价是每个交易日成交股票的最高成交价格和最低成交价格。它们反映了当日股票价格上下波动的幅度。最高价和最低价相差越大，说明当日股票市场交易越活跃，多空双方激烈争斗。但是，同传统的开盘价一样，最高价、最低价也容易受到庄家大户做市的影响，人为制造出脱离实际的最高价和最低价。收盘价是指每个交易日的最后一笔成交价格，是多空双方经过一整个交易日的争夺最终达成的共识，也是买卖双方当日达成的暂时平衡点，具有明确当前价格的重要作用。在四个价格中，收盘价是最重要的，因此很多技术分析方法只关心收盘价。人们日常谈论的某只股票当前的价格，往往是指收盘价。

将四个价格在坐标纸上一一标出，即可画出单日K线，每个交易日的K线连续不断地展示下去，就构成股票价格在一段时间内的交易情况的K线图，看起来一目了然，投资者可以根据K线图，对过去和现在的股价走势有一定的了解。

2. K线的主要形状

实践中，由于开盘价、最高价、最低价、收盘价四个价格的数值不同，会出现多种样式的K线，除了拥有实体、上下影线的K线外，还会产生其他形状的K线，概括起来有下列几种：

长实体无影线K线，也称光头光脚的阳线或阴线。这种K线既没有上影线也没有下影线，当收盘价和开盘价分别与最高价和最低价中的一个相等时，就会出现这种K线。

上影K线，又称光脚阳线和光脚阴线。当开盘价或收盘价正好与最低价相等时，就会出现这种K线，是没有下影线的K线。

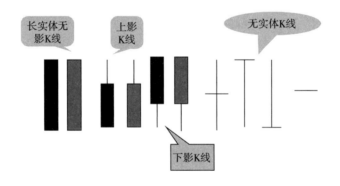

图15-6　K线的主要形状

下影K线，又称光头阳线和光头阴线。当收盘价或开盘价正好与最高价相等时，就会出现这种K线，是没有上影线的K线。

十字形K线，又称十字星。当收盘价与开盘价相同时，就会出现这种K线，它的特点是没有实体。

T字形K线，又称T形线。当收盘价、开盘价、最高价相同时，就会出现这种K线，是一种没有上影线的K线。该K线因形状像英文字母T而得名。

倒T字形K线，当收盘价、开盘价、最低价相同时，就会出现这种K线，是一种没有下影线的K线。因形似墓碑，在下跌行情末期出现时，又被称为墓碑线，标志着下跌过程行将结束。

一字形 K 线，又称一字线。当开盘价、最高价、最低价、收盘价四个价格都一样时，就会出现这种 K 线。这是一种比较少见的 K 线，在有涨跌幅限制的市场中，股价涨停或跌停时容易出现这种 K 线。

（二）单一 K 线的含义

股票价格的走势是多空双方争夺的结果，体现出一定时间范围内多空双方各自的能力与意愿。一般认为，股票的买卖双方站在对立的两边，不停地较量，一方获胜，另一方注定失败。但股票价格不仅受到买卖双方出价的影响，还受到宏观政治经济形势、上市公司基本面、市场资金充裕程度、市场心态变化等诸多因素的影响。人们通常将推动股票价格上涨的力量称为多方，将推动股票价格下跌的力量称为空方。这里的"力量"不是简单的买卖价格，还包括能够对市场产生影响的资源、信息等其他因素。而 K 线所表现出的形态，则体现了多空双方争夺的过程与结果。股票投资者要想获取收益，就必须准确地预计未来双方的优势所在，顺势而为，以合理的操作策略谋取利益最大化。

1. 光头光脚长实体阳线

实体较大的 K 线，意味着开盘价与收盘价相差较大，说明当天价格波动很大，多空双方的争夺已经有了一定的结果（见图 15-7）。长长的阳线表明多方发挥了最大的力量，已经取得了决定性胜利。如果成交量也有相应的配合，则说明今后一段时间多方将掌握主动权。今后讨论的问题将是还要继续上涨到什么程度，而不是要下跌到什么地方。

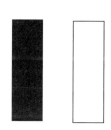

图 15-7　光头光脚长实体阴线和阳线

2. 光头光脚长实体阴线

光头光脚长实体阴线的含义正好与光头光脚长实体阳线相反，表明空方控制了市场，今后的走势将由空方主导，下跌多少取决于空方愿意投入的实力。空方取得多少优势与阴线实体的长短成正比，实体越长，空方优势越强。

3. 光头光脚短实体阳线

光头光脚短实体阳线表明价格上下波动的幅度较小，没有明显的趋势。多空双方都没有确定自身的优势，确定胜负为时尚早，结合之前的 K 线情况，可能有以下几种含义：

（1）横盘局势时，这种 K 线表明多方稍占优势，大举向上突破的时机还不成熟，多方只是试探性地将价格向上缓慢抬升，后面结果如何还取决于多方的能力与意愿。如果多方能力不济，即使有拉升股价的想法也不一定能实现。而空方只是暂时受挫，随时可能重整旗鼓、卷土重来。

（2）前一交易日大涨，今天是再一次上涨，表明多方踊跃入场，大量买入，供需平衡受到较大破坏，市场呈现上涨的浪潮。此时，如果成交量有所配合，则更加说明多方势力已被唤醒。

（3）前一交易日大跌，今天出现光头光脚短实体阳线，表明多方有顽强抵抗的意志，决心阻滞股价的再次大跌。多方的抵抗有了一定成效，但尚未取得决定性战果，多方今后还将受到来自空方的压力，较量的结果如何还很难有定论。

4. 光头光脚短实体阴线

光头光脚实体阴线与光头光脚短阳线的含义正好相反，参考上述内容，将涨改成跌、跌改成涨，多方换成空方，空方换成多方，买人换成卖出，就可以得到这种 K 线在市场表现的内容。同样，结合它之前的 K 线情况，它也可分为三种不同含义。

5. 光脚阳线

光脚阳线是一种上涨压制型 K 线。多方虽占据优势，但不像长实体阳线中的优势那么大，受到空方一定程度的打压，所以出现当天收盘价低于最高价的情况。多方所占优势的大小与上影线的长度有关，与实体的长度也有关。一般说来，上影线越长，实体越短，对多方越不利，即多方推高股价的行动受到空方的打压较多，多方所占优势较小。相反，上影线越短，实体越长，对多方越有利，多方所占优势越大（见图 15-8）。

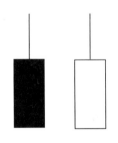

图 15-8　光脚阴线和阳线

6. 光头阳线

光头阳线是一种先跌后涨型 K 线，所以出现当天最低价低于开盘价的情况。多方在开始失利的情况下，全力发挥自身力量，体现出多方保持股价上涨的强烈意愿，整个形势是多方占优。多方优势的大小与下影线和实体的长度有关，下影线和实体的长度越长，越有利于多方，也就是多方优势越大。

7. 光脚阴线

这是一种先涨后跌型 K 线，所以出现当天开盘价低于最高价的情况。与光头阳线相反，这是空方反败为胜的 K 线。空方的优势大小与上影线和实体的长度有关，上影线和实体越长越有利于空方，空方优势越大。

8. 光头阴线

光头阴线是一种下降抵抗型K线，所以出现当天最低价低于收盘价的情况。它所包括的内容正好与光脚阳线相反。将光脚阳线中的上影线换成下影线，多方换成空方，就是其内容的完整叙述（见图15-9）。

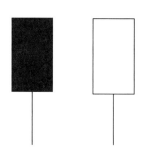

图15-9 光头阴线和阳线

9. 有上下影线的阳线

有上下影线的阳线是最为普遍的一种K线形状。这种形状说明多空双方激烈争夺，双方斗争的意愿都很强烈，各方都一度占据优势，把价格抬升到最高价或压低到最低价，但均遭被对方顽强抵抗，行情一度焦灼，只是到了收盘时间，多方才勉强保住优势。对多空双方能力的衡量主要依靠上下影线和实体的长度来确定。一般说来，上影线越长，下影线越短，实体越短，说明空方越有优势，越不利于多方。上影线越短，下影线越长，实体越长，说明多方越有优势，越不利于空方。上影线和下影线相比较的结果，也影响多方和空方取得的优势。上影线长于下影线，利于空方。反之，下影线长于上影线，利于多方（见图15-10）。

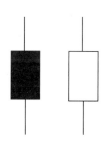

图15-10 有上下影线的阴线和阳线

10. 有上下影线的阴线

有上下影线的阴线也是最为常见的一种K线形状。它的含义与有上下影线的阳线类似，只是结果稍稍有利于空方，因为在临近收盘时，空方取得了一定的优势。

11. 十字形

十字形是较少出现的K线。由于收盘价与开盘价相同，这种K线不易区分阴阳，在画图时与昨日收盘价相比，若上涨则为阳线，反之则画成阴线。十字形 K 线分为两种，一种上下影线较长，另一种上下影线较短。上下影线较长的十字形表示多空双方争夺激烈，最后回到原处，后市往往会有变化。上下影线较短的十字形表明多空双方均表现平淡，价格窄幅盘整，交易清淡，买卖不活跃（见图 15-11）。

图 15-11　十字星

12. T 字形和倒 T 字形

开盘价、收盘价和最高价相同，就是 T 字形 K 线；开盘价、收盘价和最低价相同，就是倒 T 字形 K 线。利用前述关于上下影线对多空双方优势影响的阐述，T 字形是多方占据优势，下影线越长，多方优势越大；倒 T 字形是空方占据优势，上影线越长，优势越大。

综合上述 12 种 K 线所包含的市场行为，可以得出如下结论：指向一个方向的影线越长，越不利于股票价格今后向这个方向变动（即长上影线不利于多方，长下影线不利于空方）；阴线实体越长，越有利于下跌；阳线实体越长，越有利于上涨。另外，在实际操作中，如果上影线相对于实体来说非常小，可以等同于没有上影线；下影线相对于实体来说非常小，也可视为没有。总之，上下影线小到一定程度，就可以视之为没有。单一 K 线的释义如图 15-12 所示。

（三）K 线组合的形态

单一 K 线（以日 K 线为例）体现的是一个交易日多空双方争夺的过程和结果，反映的是一个交易日内多空双方的能力与意愿。单日交易结束后，多空双方均有时间和机会重组操作策略，重新积聚力量，为次日的争夺做好准备。因此，K 线组合能够反映多空双方多日斗争的状况，对投资者判断趋势的发展有重要作用。以下介绍四种常见 K 线组合的形态和含义：

1. 锤形线和上吊线

锤形线的含义是空方力竭，反转即将来临。图 15-13 显示，市场已经处于下降趋势之中，开盘后空方发力，股票被大量抛售，但下降势头最终得到遏制，市场再次回到当天的高点附近。如果次日有较高的开盘价和更高的收盘价，将使锤形线的牛市含义得到确认。至于上吊线，由于处在上升趋势之中，被认为是牛市。当天的价格波动体现出空方强烈的打压意愿，但被多方成功破解，产生了长长的下影线。如果次日开盘价较低，则说明多方力竭，熊市意味浓厚。

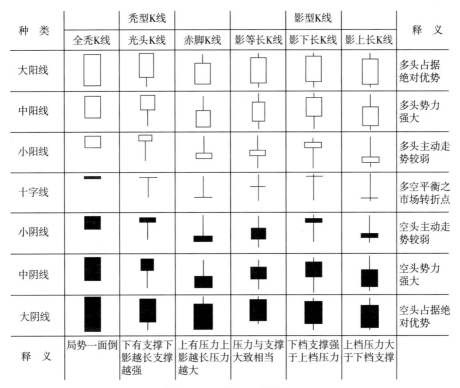

图 15-12　单一 K 线释义

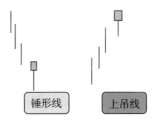

图 15-13　锤形线和上吊线

2. 鲸吞型

鲸吞型 K 线组合的特点是第二个交易日的实体完全包含前一天的实体。该形态出现在明显的趋势之中，第二根实体的颜色最好与第一天的颜色相反，如图 15-14 所示：

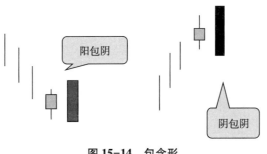

图 15-14　包含形

鲸吞型分为牛市鲸吞（阳包阴）和熊市鲸吞（阴包阳），牛市鲸吞位于下跌行情的末端，下跌趋势处在只有小成交量配合的小实体阴线排列的地方。第二天开盘价出现新低，之后多方迅速发力，并有较大成交量的支持，最后的收盘价高于前一天的开盘价，下跌趋势被破坏，多方尽显其能力与意愿。如果第三天的价格出现持续反弹，则下降趋势的小反转得以确认。熊市鲸吞型则有相似但相反的阴包阳过程。

3. 孕育型

孕育型K线组合的特点是，长实体之后是小实体，小实体被完全包含在长实体的实体区域之内。该形态在长实体之前有明显的趋势存在，小实体的颜色与长实体的颜色相反，前一天长实体的颜色是能反映市场趋势的颜色，即下跌趋势为阴线、上升趋势为阳线。如果在第三天出现十字形K线，且被前两个交易日的K线完全包含，则更能说明问题，如图15-15所示：

图 15-15　孕育形

孕育型分为牛市孕育型和熊市孕育型。对于牛市孕育型，下降趋势已经进行了一段时间，长阴线维持了熊市的含义。第二天价格高开、振幅收窄，空方的信心受到打击，说明多方开始有力反击，价格上升趋势逐步加强。多空双方开始在一个狭窄地域反复争夺，说明双方对保有这一价位均抱有强烈的意愿。如果第三天出现十字形K线，一般会被称为十字胎，显示多空双方势均力敌，变盘形势一触即发，后续走势将充分显示多空双方的实力对比。

4. 早晨之星和黄昏之星

该K线组合的特点是第一天、第三天都是长实体，中间夹着一个短实体、有上下影线的K线。第一天的实体颜色与趋势方向一致，早晨之星是阴线，黄昏之星是阳线。第二天的短实体K线与第一天之间有缺口，第三天的颜色与第一天相反，如图15-16所示。

早晨之星的第一天是一根长阴线，加强了原有的下降趋势。第二天价格向下跳空低开，出现缺口，当天交易未能回补缺口，收盘出现新低，但多空双方在小范围内争夺，说明双方均无退让之意。这个小实体K线是价格不确定性的开始。第三天价格跳空高开，收盘更高，说明多方重新集结力量，展开坚决反攻，趋势反转已显著发生。黄昏之星和早晨之星的图形是对称的，有相似但相反的情况发生。

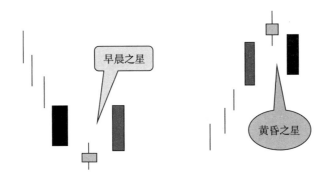

图 15-16　早晨之星和黄昏之星

类似的 K 线组合形态还有很多，它们都反映着多空双方在数日交锋中的表现，体现着双方实力与意愿的变化。一个交易日的结束只是中场休息，是双方重新思考、布局和调集资源的时间。多空双方的争夺只有暂停没有终止，永远不会出现一方长期持续占优的情况，即：没有只涨不跌的股市，只跌不涨亦然。

第三节　技术指标分析

技术指标是技术分析重要的分支。全世界各种各样的技术指标有千种以上，下面介绍一些目前中国证券市场常用的技术指标。

一、技术指标概述

（一）技术指标的本质

技术指标是按一定的数学方法对相关数据进行处理，处理之后所得到的数值就是技术指标值。不同的数学处理方法会产生不同的技术指标。每一个技术指标都是以一个特定的方式对市场进行观察，通过相应的数学公式计算技术指标数值。复杂的市场状况下，使用原始数据很难看出其趋势和内涵，通过精心设计的技术指标，人们可以看到市场某些方面较深层次的内涵。技术指标还将某些对市场的定性认识进行定量分析，使具体的投资操作更加精准。

（二）技术指标的应用法则

应用技术指标主要应该从六个方面进行考虑：指标的背离、指标的交叉、指标的高低、指标的形态、指标的转折、指标的趋势。

指标的背离表明指标的走向与价格走向不一致，是技术指标提前于价格的反映；指标的交叉是指标线图中的两条线发生相交现象，起着加强技术指标信号的作用，黄金交叉和死亡交叉就属此类情况；指标的高低是指标数达到一个极其少见的极端值（极高值或极低值），是判断超买、超卖的依据；指标的形态是指标呈现某种反转形态，是加强技术指标的信号；指标的转折是指标的曲线发生了掉头，这种掉头有时标志着一个价格趋势的结束；指标的趋势是指标本身波动的方向，也是加强技术指标的信号。

（三）应用技术指标应注意的问题

投资者使用技术指标常犯的错误是机械地照搬结论，而不研究这些结论成立的条件。而且，人们往往先是盲目地绝对相信技术指标，出了错误以后，又走向另一个极端，认为技术分析指标一点用也没有。投资者常犯的另一个错误是频繁地使用技术指标。其实技术指标能够发出信号的时间是较少的。在一年内，一个技术指标能够发出信号的次数一般为 4~5 次。

了解每种技术指标是很必要的。但是，技术指标毕竟只是一些预测工具，每种工具都有自己的适用范围和适用环境，众多的技术指标不可能都被考虑到，每个指标在预测行情方面的能力大小和准确程度也会有所不同。一般而言，投资者应该以 4~5 个技术指标为主，以其他技术指标为辅，而这 4~5 个主要技术指标的选择因人而异，反映出投资者不同的风险偏好和操作风格。

二、市场趋势指标

市场趋势指标主要有移动平均线（MA）和平滑异同移动平均线（MACD）。移动平均线和平滑异同移动平均线有一个共同点，都是对前期股价进行平滑之后的产物。正是由于两个指标的产生过程类似，反映的是股价同一方面的内容，所以这两个指标在操作法上有很多相通的内容。

（一）移动平均线（MA）

1. MA 的计算

MA 是连续若干天交易价格（通常采用收盘价）的算术平均数，天数就是 MA 的参数。例如，如果参数选择为 10 天，要计算今天的 MA，就把包括今天在内的最近 10 天的收盘价相加，然后除以 10，就得到今天的 10 日移动平均线的值，用符号 MA（10）表示，同理有 5 日均线、15 日均线等概念。此外，如果选择其他时间单位作为交易的时间单位，可以得到其他形式的 MA，如周线的移动平均线。

2. MA 的特点

MA 的基本思想是消除股价随机波动的影响，寻求股价波动的趋势。它是对收盘价进行平滑之后的产物，平滑的目的是消除偶然因素的影响。MA 具有以下三个特点：

第一，追踪趋势。MA 能够表示价格的趋势方向，不受小的反向波动的影响，并追随这个趋势。用原始数据得到的价格图表不具备这种保持追踪趋势的特性。

第二，滞后性和稳定性。由于是多日的平均价格，MA 的数值在短时间内发生较大的改变比较困难，当天的价格必须有很大的变动，才能诱发 MA 的大幅波动。这种特性的优点是不被暂时的小波动所影响，缺点是在价格原有趋势已经反转时反应迟缓，速度落后于大趋势。

第三，助涨助跌性和支撑压力性。当价格突破了 MA 时，无论是向上突破还是向下突破，价格有继续向突破方向再走一阵的趋势，这就是 MA 的助涨助跌性。这使 MA 具有了支撑线和压力线的特性。MA 被突破，实际是支撑线和压力线被突破，只不过

MA 是曲线，而不是直线。

3. MA 的应用

MA 参数的作用加强了 MA 的上述特性，参数选择越大，上述特性就越重。例如，突破 10 日均线的助涨助跌力度明显大于突破 5 日均线的，MA 通常同时使用多个不同的参数，包括长期、中期和短期三类 MA，长期、中期、短期是相对的，并因人而异。一般情况下，5 日均线为短期，10~20 日均线为中期，60 日以上为长期均线（见图 15-17）。

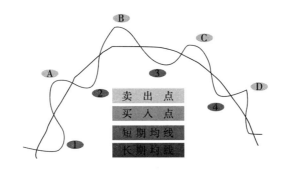

图 15-17　移动平均线的应用

MA 经典的使用方法是葛兰威尔法则，具体描述如下：

第一，平均线从下降开始走平，价格从下向上穿越平均线；价格连续上升远离平均线，然后突然下跌，但在平均线附近再度上升；价格跌破平均线，并连续暴跌，远离平均线。以上三种情况均为买入信号。

第二，平均线从上升开始走平，价格从上向下穿越平均线；价格连续下降远离平均线，然后突然上升，但在平均线附近再度下降；价格向上穿越平均线，并连续暴涨，远离平均线。以上三种情况均为卖出信号。

对葛兰威尔法则的记忆，只要掌握了支撑和压力的思想就不难。常说的死亡交叉和黄金交叉，实际上就是向上、向下突破支撑或压力的问题。短期均线向下穿过长期均线即为死亡交叉，是卖出的信号；短期均线向上穿越长期均线，即为黄金交叉，是买入的信号（见图 15-18）。

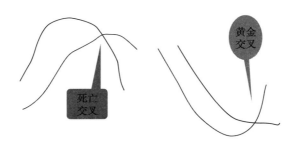

图 15-18　黄金交叉和死亡交叉

需要指出的是，在盘整阶段、趋势形成后中途休整阶段或局部反弹、回落阶段，MA 的信号出现得很频繁，极易发生错误的信号，这是使用 MA 时最应该注意的。另外，MA 只是作为支撑线或压力线，站在某线之上，当然有利于上涨，但并不是说一定会涨。支撑线也有被突破的时候。

（二）平滑异同移动平均线（MACD）

1. MACD 的计算

MACD 是两条指数平滑线之差，计算比较复杂，它由正负差（DIF）和异同平均数（DEA）两部分组成，DIF 是核心，DEA 是辅助。以现在常用的参数 12 和 26 为例，DIF 是快速指数平滑线 EMA（12）与慢速指数平滑线 EMA（26）之差。快速和慢速的区别在于进行指数平滑所采用的参数，参数小的是快速，参数大的是慢速。

指数平滑线 EMA 的计算采用递推的方法，其公式为：

今日 EMA＝a×今日收盘价+(1−a)×前一交易日的 EMA

其中，a 是大于零的计算平滑线的参数。a 的选择不同，可得到不同速度的 EMA。第一个 EMA 值等于第一天的收盘价，下面以常用的参数 12 和 26 为例。

快速平滑移动平均线 EMA（12）是 12 日的，计算公式为：

$$今日\ EMA(12)=\frac{2}{12+1}×今日收盘价+\frac{11}{12+1}×昨日\ EMA(12)$$

慢速平滑移动平均线 EMA（26）是 26 日的，计算公式为：

$$今日\ EMA(26)=\frac{2}{26+1}×今日收盘价+\frac{25}{26+1}×昨日\ EMA(26)$$

DIF 是两条指数平滑线之差，计算公式为：

$$DIF=EMA(12)-EMA(26)$$

有了 DIF 之后，MACD 的核心就有了。虽然单独用 DIF 也能进行行情预测，但为使信号更可靠，可引入另一个指标 DEA。DEA 是连续数日的 DIF 数值的算术平均。DEA 有自己的参数，即计算 DIF 的算术平均的天数。对 DIF 进行移动平均的处理是为消除某些因素的影响。如果选择计算 DEA 的参数为 10，即为常用的 MACD（12，26，10）。

2. MACD 的应用

MACD 的应用从下面两个方面考虑：

第一，考虑 DIF 和 DEA 的取值及两者之间的相对取值。DIF>0 说明短期指数平滑线比长期指数平滑线高，是多头市场。DIF 和 DEA 均为正值时，属多头市场。DIF 向上突破 DEA 是买入信号，DIF 向下跌破 DEA，被认为是回落，应作获利了结。同理，DIF 和 DEA 均为负值时，属空头市场。DIF 向下突破 DEA 是卖出信号，DIF 向上穿破 DEA，被认为是反弹，应暂时补空。

第二，考虑 DIF 和 DEA 曲线的走向。这属于技术指标的背离，具体地说，如果 DIF 或 DEA 的走向与价格走向相背离，则是采取行动的信号，底背离买进，顶背离卖出。

与 MA 相比，MACD 解决了 MA 信号出现频繁的问题，增加了产生信号的限制条件，假信号出现的概率会降低，使其信号比 MA 更有把握。但是，对未来价格上升和下降的幅度，MACD 不能给予有帮助的建议。MACD 的缺点同 MA 一样，在股市没有明显趋势而进入盘整时，失误的时候较多。

三、市场动量指标

市场动量指标主要有相对强弱指标（RSI）、威廉指标（WMS）和随机指标（KD）。

（一）相对强弱指标（RSI）

相对强弱指标（RSI）是由怀尔德（Wilder）于 1978 年首先提出的，是与 KD 指标齐名的常用技术指标。RSI 以一特定时期内股价的变动情况推测价格未来的变动方向，并根据股价涨跌幅度显示市场的强弱。

1. RSI 的计算

计算 RSI 需要收盘价和参数。参数是时间区间的长度，一般使用交易日的天数，常用的时间长度一般有 5 日、9 日、14 日等。下面以参数等于 14 日为例，具体介绍 RSI（14）的计算方法。

找到包括当天在内的连续 15 天的收盘价，每一天的收盘价减去前一天的收盘价，就得到 14 个数字，这 14 个数字中有正数（比前一天高），也有负数（比前一天低）。

A = 14 个数字中正数之和

B = 14 个数字中负数之和×（−1）

RSI（14）= A／（A+B）×100

A 表示 14 天中价格向上波动的大小，B 表示 14 天中价格向下波动的大小，A+B 表示价格总的波动大小。RSI 的取值在 0~100。RSI 实际上是表示向上波动的幅度占总的波动的百分比，如果占的比例大就是强市，反之就是弱市。

2. RSI 的应用法则

RSI 的应用应从以下三个方面考虑：

第一，考虑两条不同参数的 RSI 曲线的结合。不同参数的两条 RSI 曲线的联合使用同 MA 一样，天数越多的 RSI 考虑的时间范围越大，结论越可靠，但速度慢，反之亦然。参数小的 RSI 为短期 RSI，参数大的 RSI 为长期 RSI。如果短期 RSI 大于长期 RSI，则属多头市场。如果短期 RSI 小于长期 RSI，则属空头市场。

第二，考虑 RSI 取值的大小。根据 RSI 取值的大小及曲线形状判断行情。

当 RSI>80 时，市场处于超买状态，是卖出信号；

当 60<RSI<80 时，表示多方占据优势，市场处于强势，应持股或买入；

当 40<RSI<60 时，表示多空双方力量基本平衡；

当 20<RSI<40 时，表示空方占据优势，市场处于弱势，应卖出或空仓观望；

当 RSI<20 时，市场处于超卖状态，是买入信号。

上述强弱分界线的划分是比较粗略的，根据具体情况可做适当调整。应该考虑的因素有 RSI 的参数和股票本身的波动特性。

第三，考虑 RSI 指标与股价的背离信号来判断行情走势。当 RSI 处于高位，并形成一峰比一峰低的两个峰，而相对应的价格一峰比一峰高，形成顶背离，是比较强烈的卖出信号。与此相反的是底背离，RSI 在低位形成两个依次上升的谷底，而价格还在下降，这是建仓的信号。

（二）威廉指标（WMS）

威廉指标由拉里·威廉斯（Larry Williams）于 1973 年首创，表示的是市场处于超买还是超卖状态，是股市中最为重要的指标之一。威廉指标最早起源于期货市场，并受到广泛关注，现在已经成为中国股市中广泛使用的指标之一。

1. WMS% 的计算方法

$$WMS\%(n) = \frac{C - L_n}{H_n - L_n} \times 100\%$$

$$WMS = WMS\% \times 100$$

其中，C 为当天的收盘价；H_n 和 L_n 为最近 n 日内出现的最高价和最低价。WMS 指标表示的含义是当天的收盘价在过去的一段日子的全部价格范围内所处的相对位置，其取值在 1~100。如果 WMS 的值比较大，则当天的价格处在相对较高的位置，要提防回落。如果 WMS 的值较小，则说明当天的价格处在相对较低的位置，要注意反弹。WMS 取值居中，在 50 左右，则价格上下的可能性都有。

2. WMS 的参数选择和应用法则

WMS 的参数选择应该至少是循环周期的一半。人们认为市场是周期性循环的，取周期的前半部分或后半部分，就一定能包含这次循环的最高值或最低值。这样，WMS 所选的参数只要大于半个循环周期，则所选周期内的 H 或 L 至少有一个能成为顶价或底价。目前，对中国股市的循环周期还没有明确的共识，在应用 WMS 时，应该多选择几个参数试试，选择其中效果较好的使用。

WMS 的操作法则应从两方面考虑：一是从 WMS 取值的绝对数值，二是从 WMS 曲线的形状。

从 WMS 的绝对取值方面考虑：

当 WMS>80 时，市场处于超买状态，行情可能见顶，应考虑伺机卖出；

当 WMS<20 时，市场处于超卖状态，行情可能即将见底，应当考虑买入；

当 WMS 从超卖区向上爬升时，表明行情趋势可能反转。一般情况下，当 WMS 突破 50 中轴线时，市场由弱市转为强市，是买入信号；相反，则为卖出信号。

有时，市场在超买之后可能再超买，在超卖之后还可再超卖。因此，当 WMS 进入超买或超卖区域时，行情并非一定立刻转向，只有确认 WMS 线明显转向，跌破 80 或突破 20 时，方为正确的卖出或买入信号。

从 WMS 曲线的形状考虑，还可利用 WMS 和实际股价走势的背离和撞顶及触底次数来研判买卖时机。在 WMS 进入高位后，一般要回落，如果这时股价还继续上升，就产生了背离，是卖出的信号。在 WMS 进入低位后，一般要反弹，如果这时股价还继续下降，这就产生背离，是买进的信号。WMS 连续几次撞顶，局部形成双重或多重顶，则是卖出的信号。反之，连续撞底或形成双重、多重底，则为买入信号。

（三）随机指标（KDJ）

1. KDJ 指标的计算方法

随机指标（KDJ）是由乔治·莱恩（George Lane）首创的。KDJ 指标是 K 指标、D 指标和 J 指标的合称，在威廉指标的基础之上，可以计算 KDJ 指标，计算公式为：

当日 K 值＝（1−a）×前一日 K 值+a×当日的 WMS

当日 D 值＝（1−a）×前一日 D 值+a×当日的 K 值

当日 J 值＝K+2（K−D）＝K+2（K−D）＝3K−2D

其中，a 是 KD 指标的参数，通常取值 1/3，计算公式是递推公式，K 和 D 的第一个值一般为 50%。

2. KDJ 指标的应用法则

KD 指标是两条曲线，在应用时主要从四个方面进行考虑：KD 取值的绝对数字、KD 曲线的形态、KD 指标的交叉、KD 指标的背离。

第一，考虑 KD 指标的取值。KD 指标的取值在 80 以上为超买区，应考虑卖出；20 以下为超卖区，应考虑买入；其余为徘徊区。这种操作简单易行，是创建 KD 指标的初衷，但是很容易出错。

第二，考虑 KD 指标曲线的形态。当 KD 指标在较高或较低的位置形成了头肩形和多重顶（底）时，是采取行动的信号。注意，这些形态一定要在较高位置或较低位置出现，位置越高或越低，结论越可靠，越正确。操作时可按形态学方面的原则进行。对于 KD 的曲线我们也可以画趋势线，以明确 KD 的趋势。在 KD 的曲线图中仍然可以引进支撑和压力的概念。某一条支撑线和压力线被突破，也是采取行动的信号。

第三，考虑 K 与 D 的交叉。K 向上穿越 D 是黄金交叉，为买入信号，但对于黄金交叉还要看其他的条件。黄金交叉出现的位置应该比较低，在超卖区的位置，越低越好。对于 K 向下突破 D 的死亡交叉，也有类似的阐述。

第四，考虑 KD 与价格的背离。KD 处在高位，并形成两个依次向下的峰，而此时价格还在涨，即构成顶背离，是卖出的信号。KD 处在低位，并形成一底比一底高，而价格还在继续下跌，就构成底背离，是买入的信号。

J 值用以反映 K 值和 D 值的最大乖离程度，以便领先于 KD 值找出底部和头部。通常 J 值大于 100 时为超买，小于 10 为超卖。

相对于 MA 指标的黄金交叉，MACD、RSI、KDJ 等指标的黄金交叉均较早出现，说明这些指标具有一定的运用价值。指标体系如图 15−19 所示（方框为黄金交叉点）。

图 15-19　技术指标的运用

【本章小结】

技术分析与基本分析不同，其应用前提有三大基本假设：市场行为涵盖一切信息；价格沿趋势波动，并保持趋势；历史会重复。市场条件与基本假设不符时，技术分析的效果会出现较大波动。百年来，技术分析从无到有、从简单到复杂，形成了三大基础理论：道氏理论、波浪理论、K线理论，以及若干其他分支。这些理论是对证券市场现象分析总结得出的规律性结论，多数理论以定性分析为主，缺乏必要的定量标准。技术分析的指标体系在定性分析的基础之上发展而来，是适应精确化定量交易的产物，可以分为市场趋势指标和市场动量指标两大类，同时还存在诸多其他分类指标。技术指标应用的基本法则包括指标的高低、指标的背离、指标的交叉，以及指标的形态、转折、趋势。

【思考与练习】

1. 技术分析三大基本假设是什么？如何理解市场条件与基本假设的符合程度？

2. 什么是道氏理论？道氏理论的基本精神是什么？道氏理论在应用中的主要缺陷是什么？

3. 波浪理论是简单的数浪吗？波浪理论内含的基本逻辑是什么？

4. K线的构成及K线理论？单一K线的含义？K线组合的意义？

5. 如何理解技术指标应用的基本法则？

6. 市场趋势指标有哪些？如何运用？

7. 市场动量指标有哪些？如何运用？

8. 你还了解哪些技术指标的构成和应用？

第八篇　证券监管篇

第十六章　证券市场监管

【章首导言】

　　证券监管是国家证券管理机关及其授权机构，依照法律规定对证券的发行和交易市场、市场的参与者和服务者进行审核、许可、调控、监督的活动。证券市场存在信息不对称性、竞争不完全性和高风险性。为了能够提醒和警示投资者利用法律武器和市场监管体系维护自身利益，能够判断并分析证券市场的违规行为，我们必须学习证券市场的监管。本章将首先系统介绍证券市场的监管理论，包括我国证券市场监管体制、监管手段。其次，阐述证券市场监管的理论依据，包括公共利益理论、监管失灵理论、监管经济学、有效资本市场理论以及金融脆弱性理论。再次，将对证券市场监管的基本内容进行系统介绍。最后，介绍我国证券市场监管体制及其发展历程。

【本章知识结构图】

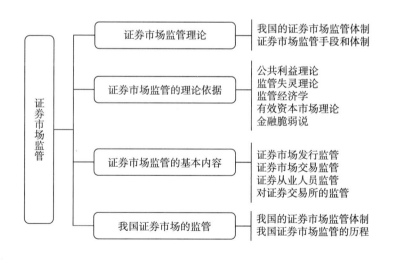

第一节　证券市场监管理论

　　证券市场监管是指证券管理机关运用法律的、经济的以及必要的行政手段，对证券的募集、发行、交易等行为以及证券投资中介机构的行为进行监督和管理。从各国具体的证券监管实践来看，证券监管主体侧重于不同的方式与手段，以对多元化的对象实施监管。监管主体遵照一定原则，以求实现监管目标，有效发挥证券监管的重要作用。

一、我国的证券市场监管体制

概括来讲，所有国家的证券监管活动都是由政府部门、行业协会和证券交易所共同完成的。至于以什么样的机构作为监管主体，则是一个综合政治、经济、历史、传统等多方面因素考虑的结果，各个国家各具特色。在大部分国家，政府部门担负主要监管职责，行业协会和证券交易所起配合辅助作用；而在有些国家却恰恰相反，政府部门承担较少职责，大部分监管职责则交由行业协会和证券交易所承担。

证券监管对象具有明显的广泛性和复杂性，涵盖参与证券市场运行的所有主体，既包括经纪商和自营商等证券金融中介机构，也包括工商企业和个人。从参与证券经济活动的具体主体的性质来区分，证券监管对象一般包括以下六个方面：

（1）工商企业。这里通常指进入证券市场筹集资金的资本需求者，也包括在证券交易市场参与交易的企业法人。

（2）个人。主要指证券市场上的投资者即资金供给者和各种证券从业人员。

（3）基金。既包括作为交易对象的上市基金，也包括作为重要市场力量的投资基金。

（4）证券金融中介机构。主要指涉及证券发行与交易等各类证券业务的金融机构，既可以是专业的经纪商、承销商以及自营商，也可以是商业银行和其他金融机构。

（5）证券交易所或其他集中交易场所。既包括传统的有形市场，也包括以电子交易系统为运行方式的无形市场。

（6）证券市场的其他中介机构。证券市场上的其他中介机构包括证券登记、托管、清算机构，以及证券咨询机构、会计师事务所、律师事务所、资产评估机构等。

笼统地说，证券监管的对象也就是证券市场，既包括以上提到的证券市场的参与者，也包括参与者在证券市场上的活动和行为。如若做稍微深入一些的探讨，在这些全部活动和行为中，哪些又是必须受到监管的呢？例如，对于那些明显损害他人利益和公共利益的证券犯罪行为，绝大多数经济学家认为政府应该实施干预。但是，对于诸如是否有必要控制某种证券产品或证券服务的供应量和价格，是否有必要对某种证券产品或证券服务提供税收优惠，是否有必要对证券中介的各种活动进行监督，是否有必要给投资者或者相关团体提供必要的信息，甚至是否有必要规定证券商和证券交易所的作息时间等行为，有些人认为政府必须对此进行干预，而有些人认为这应该留给市场自身来解决。对于这些问题的回答，不仅取决于人们对于证券监管对象性质和特点的认识，还取决于人们对证券监管目标的认识；不仅取决于所使用的监管手段和监管工具，还取决于证券监管所涉及的成本。因为在不同时间、不同地点、不同环境对以上问题将作出不同的回答，进而形成了各国千差万别的证券监管实践。

要确定证券监管对象，需要综合考虑以下四个方面的因素：

（1）市场机制本身的缺陷。证券市场同样存在着因垄断、外部性、公共物品、信息不对称等导致的市场失灵现象，这些会扭曲证券产品和证券服务的价格，降低社会资金配置效率。因此，对于因证券市场机制本身所引起的证券产品和证券服务价格的信息扭曲，社会必须通过一定的手段避免、消除或部分消除，以实现社会资金的有效配置。

（2）证券产品和证券市场的特殊性。证券业既是资本密集、信息密集、风险集中的行业，也属于公共产品或准公共产品行业。在这类行业中，市场失灵现象相当容易出现。证券产品的价值决定具有虚拟性，证券交易又具有集中性且普遍采用信用交易手段，这些都会造成证券市场具有比其他市场高得多的信息不对称性和风险性。所以，对信息披露和风险的监管应该是证券监管的关键。

（3）证券监管的成本和效果。对于通过政府引导"无形的手"就能解决的市场失灵问题，通常就会诉诸财政、经济和金融政策；在政府直接提供证券服务比实施证券监管效率更高、成本更低的时候，就会采取直接提供证券服务的做法。只有在上述两种方法失效或者成本太高的情况下，才考虑采用监管的做法。在现实情形中，更多的是几种手段联合使用。

（4）证券市场的发育程度以及监管者所面临的特殊环境和条件。如果市场经济比较发达，证券市场本身发展又比较完善，监管方也有着很强的监管能力和良好的监管条件、监管环境，那么证券监管对象就有着很大的选择余地；反之，如果市场经济欠发达，证券市场本身发展不完善，监管方也没有较强的监管能力并且监管条件、监管环境都很不尽如人意，那么证券监管对象的选择就会受到极大的限制，此时，很可能会仅集中于特定的监管对象以求实现特定的监管目标。

二、证券市场监管手段和体制

（一）监管手段

证券监管主体行使其职责所采用的工具又称为证券监管的手段。从一般的市场管理手段角度来考虑，为了消除市场失灵的负面作用，政府可以采取法律、经济、行政三方面的手段，并配合自律管理。

1. 法律手段

法律手段指国家通过立法和执法，将证券市场运行中的各种行为纳入法制轨道，证券发行交易过程中的各参与主体按法律要求规范其行为。运用法律手段管理证券市场，主要是通过立法和执法抑制和消除欺诈、垄断、操纵、内幕交易和恶性投机等现象，维护证券市场的良好运行秩序。涉及证券市场管理的法律、法规范围很广，大致可分为两类。一类是证券监管的直接法规，除证券管理法、证券交易法等基本法律外，还包括各国在上市审查、会计准则、证券投资信托、证券金融事业、证券保管和代理买卖、证券清算与交割、证券贴现、证券交易所管理、证券税收、证券管理机构、证券自律组织、外国人投资证券等方面的专门法规，几乎遍及证券市场的所有领域。另一类是涉及证券管理，与证券市场密切相关的其他法律，如公司法、银行法、票据法、破产法、财政法、反托拉斯法等。

2. 经济手段

经济手段指政府以管理和调控证券市场（而不是其他经济目标）为主要目的，采用间接调控方式，影响证券市场运行和参与主体的行为。在证券监管实践中，常见的有以下两种经济调控手段：

（1）税收政策。税收政策主要是指调整税率和税收结构。因为以证券所得税和证券交易税（即印花税）为主的证券市场税收可以直接计入交易成本，它们的调整将直接造成交易成本的增减，进而产生抑制或刺激市场的效应。所以税收政策可以为监管者所利用。

（2）金融信贷手段。金融货币政策对证券市场的影响颇为显著。在股市低迷之际，放松银根、降低贴现率和存款准备金率，可增加市场货币供应量从而刺激股市回升；反之，收紧银根、提高贴现率和存款准备金率，则可以抑制股市暴涨。运用"平准基金"开展证券市场上的公开操作可以直接调节证券供求与价格。金融货币手段可以有效地平抑股市的非理性波动和过度投机，有助于实现稳定证券市场的预期管理目标。

3. 行政手段

行政手段指政府监管部门采用计划、政策、制度、办法等对证券市场进行直接的行政干预和管理。与经济手段相比，运用行政手段对证券市场进行监管具有强制性和直接性的特点。例如：在证券发行方面采取上市审批制度，用行政手段控制上市种类和市场规模；对证券交易所、证券经营机构、证券咨询机构、证券清算和托管机构等实行严格的市场准入和许可制度；交易过程中的紧急闭市等。

在任何国家证券市场监管的历史长河中均可找到行政手段的身影，只是在不同阶段，其被使用的频繁程度会有所差异。在证券市场发育早期，因受社会经济诸方面条件制约，往往是法律手段不健全而经济手段低效率，故行政方式使用得多些。在证券市场成熟阶段，有各种完善的市场运行机制的保障，若再采取过多的、不恰当的行政干预反而会形成监管过度，破坏市场正常有序运行，故行政方式应少采用。

4. 自律管理

自律管理在市场出现到政府全面介入前的历史演变中扮演着重要的角色，它是西方证券市场发展的历史结果。此外，证券交易的高度专业化、证券从业者间的错综利益以及证券市场运行的纷繁庞杂都要求自律管理的客观存在。一般来说，证券市场监管采取政府管理与自律管理相结合的形式。应该明确的一点是，自律管理是政府监管的有效补充，自律管理机构本身也是政府监管框架中的一个监管对象，它们之间存在着主从关系。近年来，集中化证券监管和强化政府监管地位正成为各国，尤其是西方证券市场管理的发展趋势。

政府要实现对证券市场的有效监管可以结合法律、经济和行政三种手段。西方国家主要运用法律手段、经济手段来对证券市场进行监管，我国目前主要还是通过行政手段来进行监管。所以我国的证券市场又被称为"政策市"。当股市价格出现大幅上扬时，国家就会通过增加发行企业、调高交易费用，以及提高储蓄率等措施来控制资金流入股市；当出现熊市时，国家就会反方向操作，并发布一些利好消息。

（二）监管体制

由于各国的政治体制、经济体制、证券市场发育程度和历史传统习惯不同，随着证券市场监管实际的发展，各国证券市场监管体制形成了不同的制度模式，基本上可以分为以下三种类型：

1. 集中型证券市场监管体制

集中型证券市场监管体制模式也称为集中立法型监管体制模式，是指政府通过制定专门的证券法规，并设立全国性的证券监督管理机构来统一管理全国证券市场的一种体制模式。美国是集中型监管体制模式的代表。在这种模式下，政府积极参与证券市场管理，并且在证券市场监管中占主导地位，而各种自律性的组织，如证券业协会等则起协助政府监管的作用。

集中型监管体制模式有以下两个主要特点：

（1）设立全国性的监管机构负责监督、管理证券市场。这类机构由于政府充分授权，通常具有足够的权威维护证券市场正常运行。比如，美国证券交易委员会就是根据1934年颁布的《证券交易法》成立的。它由总统任命、参议院批准的5名委员组成，对美国的证券发行活动、证券交易所、证券商、投资公司实施全面监督管理。这种做法的优点是监管者处于比较超脱的地位，能够较好地体现和维持"三公"原则，避免部门本位主义，而且可以协调部门与部门之间的目标和立场。但是，它要求监管者具有足够的权威性，否则难以使各部门之间相互配合，保证证券市场有效运行。

（2）具有一整套互相配合的全国性的证券市场监管法规。美国证券监管的立法可以分为联邦政府立法、各州政府立法、各种自律组织如各大交易所和行业协会制定的规章等。这种联邦、州和自律组织所组成的既统一又相对独立的监管体制是美国体制的一大特色。

正是因为集中型管理体制模式具有以上两个特点，所以又决定了它具有以下两个优点：

1）具有超常地位的监管者能够更好地体现和维护证券市场监管的公开、公平和公正原则，更注重保护投资者的利益，并起到协调全国证券市场的作用，防止政出多门、相互扯皮的现象。

2）具有专门的证券市场监管法规，统一管理口径，使市场行为有法可依，提高了证券市场监管的权威性。

但是，一些缺点是集中型管理体制模式难以避免的：容易产生对证券市场过多的行政干预；在监管证券市场的过程中，自律组织与政府主管机构的配合有时难以完全协调；当市场行为发生变化时，有时不能迅速做出反应并采取有效措施。

2. 自律型证券市场监管体制

自律型证券市场监管体制模式是指政府除了一些必要的国家立法之外，很少干预证券市场，对证券市场的监管主要由证券交易所、证券商协会等自律性组织进行，强调证券业自我约束、自我管理的作用，一般不设专门的证券监管机构。从出现证券市场到金融服务局成立并运作的很长一段时间内，英国一直是自律型监管体制模式的典型代表。

与美国设立全国性证券监管机构和制定整套法律法规相比，自律型监管体制模式具有以下两个特点：

（1）一般不设立全国性的证券监管机构，而以市场参与者的自我约束为主。但许多英联邦国家或地区在公开原则与证券商的监管方面也采用了美国的一些做法。例如，英国在1967年颁布的《公司法》和1986年颁布的《金融服务法》中有关证券方面的条例，在某些方面就效仿美国证券法中的类似规定，逐步建立起了证券市场的集中统一监管体系。以英国为例，20世纪70年代以后，在商业银行的支持下，英国成立了证券与投资委员会（NB）以提高现有自治机构对英国证券市场的监管效率。1997年10月28日，证券与投资委员会更名为金融服务局，并强调取消分散管理模式，建立统一的监控体制。金融服务局下设3个被承认的自律机构、9个专业机构、6个投资交易所和2个清算机构。金融服务局在继承原证券与投资委员会部分职能的同时，特别沿袭了证券与投资委员会的十条戒律，并以此对证券市场进行监管。确立新的证券监管体制，意味着英国在证券市场集中监管问题上迈出了重要的一步。

（2）不制定单一的证券市场法规，而是依靠一些相关的法规来管理证券市场行为。比如，英国的证券法律就散见于各种具体的法律法规，如1948年的《公司法》、1958年的《反欺诈（投资）法》、1973年的《公平交易法》和1986年的《金融服务法》等。这些法律分别规定了股份的募集、股票的交易、禁止内幕交易等方面内容。自律型监管体制模式的特点决定了这种模式具有现实性强、灵活性好等优点，具体表现在：它允许证券商参与制定证券市场监管的有关法规，使市场监管更加切合实际，并且有利于促进证券商自觉遵守和维护这些法规；由市场参与者制定和修订证券监管法规，比政府制定证券法规具有更大的灵活性、针对性；自律组织能够对市场违规行为迅速做出反应，并及时采取有效措施，保障证券市场的有效运转。但是，自律型监管体制模式也有自己的缺陷：没有专门的监管机构协调全国证券市场发展，区域市场之间很容易互相产生摩擦，导致不必要的混乱局面；监管者的非超脱地位使证券市场的公正原则难以得到充分体现；缺少强有力的立法作后盾，监管软弱，导致证券商违规行为时有发生；自律型组织对投资者往往不能提供充分的保障，因为其通常将监管的重点放在市场的有效运转和保护会员的利益上。

3. 中间型证券市场监管体制

中间型证券市场监管体制模式，可以说是集中型监管体制模式和自律型监管体制模式相互结合、相互渗透的产物。它既强调集中立法管理，又强调自律管理。中间型监管体制模式又称为分级管理型监管体制模式，包括二级监管和三级监管两种子模式。二级监管是中央政府和自律型机构相结合的监管；三级监管是指中央、地方两级政府和自律机构相结合的监管。最早实行中间型监管体制的国家有德国、泰国等。

近三十年来，各国逐渐倾向于集中的证券市场监管体制。以英国和德国为例，1986年，英国政府颁布实施了《金融服务法》，标志着英国证券市场首次对传统的自律型监管体制作出倾向于"集中统一型"的重大修正。德国"中间型"监管体制政出多门，难以协调的弊端也在 20 世纪 70 年代显现。1994 年，德国颁布了《证券交易法》，并据此成立证券交易管理局，统一管理联邦证券市场，从而大大增强了其证券市场监管的集中程度。各国趋同于"集中型"监管的原因大致可以概括为以下两个方面：

（1）证券市场的不可分割性。在现实生活中，尽管证券市场呈现出许多不同的分市场或子市场，但各个分市场和子市场是紧密联系的，它们具有统一性和一体性。只有统一的证券市场才能有效发挥优化资源配置和提高资金运用效率的功能。如果把一个作为有机整体的证券市场进行人为的分割，分别由不同的部门管理，必然影响各分市场和子市场的持续、稳定发展，也会影响整个市场的稳定、健康、协调发展。

（2）客观规律不容违背。客观规律存在于证券市场的形成、发展、运行及管理之中，证券业监管体制的建立必须遵循这些规律。国际证券市场的发展实践表明，一个高效的证券市场具有统一性，公正、公开、公平性，信息真实、准确、完整性。要建立和维持证券市场的这些特性，降低证券市场运作成本，提高证券市场效率，必须对证券市场采取统一的管理政策。只有集中统一的管理体制，才可能制定出统一的证券市场法规体系，建立起统一的证券市场运作体系。

（三）证券市场监管目标、原则及方针

1. 监管目标

证券监管的总体目标是建立一个高效率的证券市场，即一个既能充分发挥市场机制资金配置作用，又能运行有序、合理竞争、信息透明度高、交易成本低、真正贯彻"公正、公开、公平"原则的市场。之所以是要建立如此一个高效率的证券市场，是因为其具有可以实现社会资金有效配置、进行产权整合与重组、引导资金流向、优化资源配置、配合宏观调控的实施等功能。具体体现在以下方面：促进全社会金融资源的配置与政府的政策目标相一致，从而得以提高整个社会资金的配置效率；消除因证券市场和证券产品本身的原因而给某些市场参与者带来的信息收集和处理能力上的不对称性，以避免因这种信息不对称而造成的交易不公平性；克服超出个别机构承受能力的、涉及整个证券业或者宏观经济的系统风险；促进整个证券业的公平竞争。

证券监管目标的确定取决于两个方面：一是证券监管的原因；二是证券产品和证券市场的特殊性。从证券监管的原因来看，之所以要对证券市场进行干预、施加某些限制，是因为如果不对其实施必要的限制和干预，证券市场自身的发展可能会偏离其预定的目标，从而带来人们所不愿意看到的结果。从证券产品和证券市场本身的特点来看，证券产品具有产品虚拟性、价值确定过程特殊性以及价格预期和波动性等特征。同时，证券市场是一个特殊的市场，该市场上的证券交易过程普遍使用信用手段和集中交易方式，这就使得证券市场具有特别强烈的信息决定性以及内在的高投机性和高风险性，很容易出现信息不对称和价格操纵。再者，证券市场上风险的形成、积累、扩散都非一般商品市场可比拟。证券产品和证券市场的这种特殊性要求在信息的公开披露方面和交易风险的控制方面对其采取特殊的监管，一方面可以消除信息不对称所造成的交易不公平；另一方面可以防止风险扩散超出市场所能承受的限度。证券监管的目的是保护投资者利益、维护证券市场正常秩序、健全证券市场体系。

《中华人民共和国证券法》第一条规定："为了规范证券发行和交易行为，保护投资者的合法权益，维护社会经济秩序和社会公共利益，促进社会主义市场经济的发展，制定本法。"由此可见，证券监管的具体目标是纠正市场失灵，保护市场参与者（尤其是投资者）的合法权益，保证证券市场"公开、公平、公正"运行，更好地发挥提高资源配置效率、分散投资风险、流通资本资产、建立企业的激励和约束机制、传导宏观经济调控等功能；最终目标是保证证券市场的稳定、健全和高效率，促进整个国民经济平稳发展。

2. 监管原则

尽管证券监管主体、对象、手段以及目标在各国均存在一定的差异，但普遍遵循以下六项原则：

（1）"三公"原则。

"三公"即公开、公平、公正。公开原则，指必须向有关当事人公开证券监管的实施过程和实施结果，必须保证有关当事人对证券监管过程和监管结果方面信息的知情权。公平原则，指交易各方在交易过程中的地位平等，证券监管不得有任何偏袒。公正原则，指证券监管部门在实施监管的过程中，必须站在公正的立场上，秉公办事，以保证证券市场的正常秩序，保护各个方面的合法权益。公开原则有利于相关信息及时、全面地披露，增大信息的透明度，减少证券市场上的信息不对称，防止内幕交易和舞弊行为的发生。公平原则保证投资者无论大小地位均平等，如此创造出的公平环境有利于减少市场操纵和欺诈行为。公正原则使得市场失灵行为能够尽快得到纠正，并对相关行为主体予以惩罚。"三公"原则能为整个证券市场的发展提供一个良好的环境，促进证券市场的健康发展。

（2）诚实信用原则。

在市场经济条件下，诚实信用原则更显重要，其对证券市场的参与者提出如下一些要求：作为证券市场筹资者，必须真实、准确、及时、完整地公开财务信息；作为证券市场的中介机构，在提供市场信息与服务时不得存在欺诈或严重误导行为；作为证券市场投资者，不得散布虚假信息，垄断或操纵市场价格，扰乱市场正常秩序。

（3）依法管理原则。

依法管理首先要求完善相关的证券法律、法规及制度，这是依法管理的第一步。只有有法可依了，才谈得上依法管理，否则依法管理只是空口白话，没有任何法律依据。其次要求执法必严。在违法违纪行为发生的情形下，只有真正以法律为准绳、严格执法，才能体现出法律的规范性和约束性，否则法律只是一纸空文。一个无法可依、执法不严或"人治"代替"法治"的证券市场必然出现动荡甚至危机。

（4）保护投资者利益原则。

投资者关系到证券市场的资金来源，关系到证券市场持续、稳定的发展。对于普通投资者而言，他们一般处于信息和资金劣势，为消除市场竞争中的信息不对称性，要求监管者尽力消除证券市场上的欺诈、操纵、信息偏离等问题，保证投资者利益免受侵害。对投资者利益的充分保护既是对证券市场自身缺陷的矫正和补充，又是证券市场正常运行的必要基础。对投资者利益的有效保护，不仅可以巩固一国证券市场的基础，而且可以强化上市公司的规范化运作。

（5）政府监管与自律管理相结合的原则。

政府证券监管机构必须注重政府监管与自律管理的有机结合，由此出发建立完整的证券市场监管体系。即使在自律管理具有悠久传统且发挥重大作用的英国等西方国家，政府监管也正成为整个证券监管框架中不可或缺的主体。对于新兴证券市场，则更应强调政府集中、统一的监管地位，在此基础上构建自律组织的权责和职能。

（6）服从国民经济稳定与发展的总体需要的原则。

证券市场作为资金使用者和供给者的纽带，为国民经济建设提供了巨额资金；证券市场丰富多样的金融工具为风险规避者提供了广阔的选择空间；证券资产也正逐渐成为一国居民的主要资产。证券市场在国民经济中的地位越来越重要。证券监管必须使证券市场运行同与之相联系的各个经济方面达到协调和一致，促进社会经济的稳定和发展。这就需要监管者从社会经济和政治的全局着眼来确定和推选各种监管制度。

3. 监管方针

发展证券市场的"八字方针"就是"法制、监管、自律、规范"。八字方针中的法制强调的是立法；监管强调的是执法；自律强调的是守法和自我约束；规范强调的是证券市场需要达到的运作标准和运作状态，是证券市场运行机制和监管机制完善和成熟的标志。"八字方针"是建立在我国证券市场发展的实际情况基础上的、保证证券市场健康发展的长期指导方针。

其中，法制是基础，监管和自律是手段，规范则是目的与核心：

（1）法制是基础。

（2）监管和自律是法律手段。

（3）规范是目的，是做好证券市场工作的基本出发点，也是八字方针的核心。

（四）证券市场监管的意义

经过二十多年的发展，中国的证券市场已从一个蹒跚学步的儿童逐渐长大，并取得了举世瞩目的成绩。但是，到目前为止，中国的证券市场还不够规范和成熟，与市场经济发达的证券市场有一定差距。想要把我国证券市场建设为高效率市场，证券监管就显得尤为重要，其关系到证券市场广大参与者的利益、证券行业的有序发展、国民经济的健康运行。证券市场监管的重要意义主要体现在以下三个方面：

1. 有利于保护证券市场所有参与者的正当权益

证券筹资者、投资者及中介机构基于对经济利益的追逐，共同参与到证券市场中。如果证券市场因缺乏监管而混乱无序、投机过度、价格信号严重扭曲，则广大投资者的正当权益就得不到保障；如果对证券发行、交易和投资行为缺乏必要的监管，则不仅投资者的利益得不到保障，发行公司及证券商的利益也得不到保障。例如，如果不加强对收购控股的监管，则发行公司的正常利益就得不到保障；如果没有一定的佣金制度和保证金制度，则证券商的利益就缺乏保障。

2. 有利于证券行业的稳定发展

要保障证券行业的平稳发展，证券监管必须可以控制住证券市场所特有的高风险。这种高风险一方面来源于证券产品的特殊性，另一方面则来源于证券市场自身的特殊性。证券产品本身具有价格波动性和预期性，使得证券产品又具有了内在高投机性和高风险性。再加上证券交易中普遍使用信用手段，使得证券市场的投机性更加强烈，证券市场的风险性也进一步提高。这种投机性和风险性远远超过了商品市场。如果不对其实施必要的监管，由投机所导致的风险就会迅速积累并快速向外扩散，很快就会超过市场所能承受的限制，从而酿成危机。因此，对证券市场实施必要的监管，有利于把潜在的风险因素扼杀在摇篮之中，并阻止风险传递，防止证券市场发生波动与危机。

3. 有利于国民经济的健康运行

证券市场作为市场体系的重要组成部分，其在国民经济中的地位与作用与日俱增。一个良好的证券市场除了具有充当资本供求双方之间的桥梁、发挥融资媒介这一基本功能之外，还具有进行产权整合与重组、引导资金流向、优化资源配置、配合宏观调控的实施等一系列重要的国民经济服务功能。如果证券市场能够健康发展，则它的融资功能和国民经济服务功能就能得到正常发挥，就能促进资本的有效配置和整个国民经济的健康发展。相反，如果证券市场由于缺乏监管而混乱无序，则不仅不能发挥它的融资功能和国民经济服务功能，而且可能会对国民经济发展起相反的作用，造成资源配置失误、信息传递误导及整个宏观经济的混乱甚至崩溃。特别是证券市场发展到一定程度以后，社会融资结构发生重大改变，实现了金融证券化，这时，许多宏观经济指标，如经济增长、投资规模、物价指数、收入分配等，都将与证券市场发生密切的关系。在这种情况下，国家对证券市场实施监管就显得更为迫切与必要了。

第二节　证券市场监管的理论依据

政府监管在经济学文献中可以用来特指市场经济国家的政府为克服市场失灵而采取的、有法律依据的管理或制约经济活动的行为。在所有关于监管问题的经济理论中，公共利益理论、监管失灵理论、监管经济学是相对成熟且最为流行的三种理论。证券市场作为市场体系的重要组成部分，这些理论同样适用。除此之外，还有有效资本市场理论、金融脆弱说等基于金融或证券市场的理论依据。

一、公共利益理论

公共利益理论是一种监管的规范分析框架，以市场失灵理论和福利经济学为基础，将市场失灵作为政府规制的动因。该理论认为，监管是政府对公众要求纠正某些社会个体和社会组织的不公正、不公平和无效率或低效率做法的一种回应。监管被看成是政府用来改善资源配置和收入分配的手段，如果不实施监管，那么市场机制本身的作用就可能导致社会资源配置的无效率或低效率以及收入分配的不公平甚至经济不稳定。

上述观点是建立在两个假设之上的：第一，市场本身是脆弱和有缺陷的，如果让市场单独发挥作用，那么它的运行就会缺乏效率；第二，政府的干预可以提高市场的运行效率。通常而言，市场运行的无效率或者低效率可能来自垄断、公共产品、外部性或信息分配的不完善等，具体分析如下：

（一）垄断

规模经济理论表明：在一定的条件下，随着产出的不断增加，产品的长期平均成本却在下降。因此，公司总会有扩大生产规模以求降低生产成本、争取竞争优势的冲动。如此，价格将进一步下降，那些无法有效降低自身生产成本的生产者将变得无利可图。市场经济优胜劣汰的结果就是几乎所有的公司都会为逃避损失而退出市场。结果就是竞争导致了一个行业的集中，垄断因此出现。

证券市场具有显著的自然垄断性。以具有显著规模经济和范围经济特性的投资银行业务为例，综观各国投行结构，大多呈现出寡头垄断的市场结构特征。例如，美国投行由摩根士丹利、高盛等超大型公司所左右；日本则以野村、同兴等大证券公司为主体；英国由华宝、ING、巴林及罗斯柴尔德等支撑。证券市场的垄断性还表现在证券市场上的垄断者能够通过控制一定数量的流通中的上市公司股份，间接控制该种证券的市场价格。这类垄断者一般是拥有巨额资金的投资者。在没有管制的条件下，他们可以利用证券供给量相对于所持资金的相对稀缺性和一般投资者或投机者的趋利性，掌握能够左右价格的股票数量，从而操纵市场价格，通过人为造市牟取暴利。这一方面给中小投资者造成不公正的损害，另一方面扭曲了价格信号，阻碍生产要素根据市场信号向高利润的部门流动。这就要求监管者界定此类行为并给予惩处和限制，以维护市场秩序。从公共利益理论出发，这就意味着如果政府采取的某种监管措施给获利一方（此处为被垄断者）带来的好处足以弥补由此而给遭受伤害的一方（此处为垄断者）所造成的损失而且还有剩余，从而使得每一个人都因此而境况变好，那么，这种监管措施就是一种好的监管措施，同时，所带来的经济剩余越大，该监管措施的效果越好。

（二）公共产品

西方经济学中论述的私人物品在消费上具有两个特点：一是竞争性；二是排他性。我们通常把不具有竞争性的商品叫作公共产品，如道路。如果公共产品同时也不具备排他性，我们则称之为纯公共产品，如国防。公共产品所导致的"搭便车"使得私人没有或极少有动机去生产它们。因此，需要通过管制以增加这些产品的生产，直到满足社会需求。

在证券市场中，存在明显的公共产品供给不足。证券市场上的公共产品主要有两种：一是证券交易设施和手段，例如集中交易大厅的建造、电子交易系统、对证券从业人员的培训等。二是证券信息。同时，证券信息的稀缺性又决定了信息收集是有成本的，甚至是高昂的。信息可以共享的特点以及收集信息的高额成本付出弱化了单个股东尤其是中小股东为了改善自身收益而进行信息搜集的激励，最终导致中小股东产生"搭便车"倾向。因此，需要政府提出强制性的信息披露要求，有效解决证券市场"公共产品"问题。

（三）外部性

西方经济学认为，当一种经济行为的私人收益与社会收益或者私人成本与社会成本不一致的时候，我们就说产生了外部性。它分两种情形：当私人收益小于社会收益时，是外部正效应；而当私人成本小于社会成本时，则是外部负效应。外部性的解决有三种方法：一是直接规制，通过制定相关法令、标准等加以控制。这需要政府规制者了解某些行业和它们所采取的各种技术细节。然而这些信息往往是规制者所缺乏的。因此，这种方式不是非常有效。二是以市场为基础的政策，即利用征税、许可证或补贴使得私人成本和私人利益与其相对应的社会成本和社会利益相等。三是私人解决方案，使用企业合并的方法将外部性内在化，或在交易成本为零或很低的基础上明确产权。根据科斯定理，如果产权是明确的，交易成本为零或者很小，那么无论在开始的时候将财产权赋予谁，市场均衡的最终结果都是有效率的。

证券产品的外部性首先表现为证券市场的公众参与性。随着越来越多的股民参与到金融市场中来，金融资产也逐渐成为一国居民所持有的主要资产，其中证券资产所占的比重越来越高。形形色色的投资者更是加剧了证券市场纷繁复杂的利益关系局面。因此，证券市场上的任何风吹草动都会影响到广大股民，影响到一国国民经济的稳定性，并且这种影响还可以波及世界其他国家和地区。

证券产品的外部性还表现在价格信息上。一方面，证券产品作为一种金融产品，价格的变化直接影响到物质利益在人们之间的分配，使各经济主体对此迅速做出反应。另一方面，证券市场价格指数作为个别证券价格信息的综合产物，其变化将对各经济主体的行为产生直接影响。更为重要的是，它已经成为体现一个国家经济发展状况的晴雨表，对国家宏观经济政策、产业结构调整、企业生产经营状况、政治局势变化等的反应非常灵敏。由此可见，消除外部性也是政府监管的重要任务之一。

（四）信息不对称

信息不对称的一种情形是信息在产品生产者和消费者间、合同双方或多方间的分配是不对称。当买者和卖者信息不对称时，价格总是等于所有销售产品的平均价值。这导致同一价格下销售更有价值产品的销售者将退出市场以逃避损失，而那些低价值产品的销售者会借此占据市场，结果是"劣货驱逐良货"，市场崩溃。另一种情形是一方试图以另一方的信息减少为代价取胜，因此发生扼制对方信息来源的道德风险。在证券市场上，投资者相对于上市公司、证券经营机构始终处于信息劣势地位。上市公司的隐瞒、遗漏和虚假信息披露行为导致投资者的投资决策处于一种不完全或被误导的信息状态下，加剧了其投资决策的不确定性和风险。证券经营机构隐瞒自己真实的经营状况和财务风险，使客户的受托财产也面临很大的损失风险。正是由于信息在证券市场中的重要性和市场失灵的严重后果，政府才有必要采取规制手段来弥补和减少因信息不完全和不对称所带来的市场失灵问题。具体措施包括制定和实施强制性信息披露制度、打击内幕交易行为、要求证券经营机构公布自己的经营状况，并对其欺诈客户行为和冒险投机行为进行限制和打击等。

二、监管失灵理论

一直到 20 世纪 70 年代，公共利益理论作为解释监管行为的标准理论，还很少遇到挑战。但是到了 70 年代中后期，这种情况发生了变化，尽管公共利益理论的观点仍然是监管理论的主流，因为它所赖以生存的基础——福利经济学为人们提供了一个研究监管者应该如何进行监管的有效工具，但是，监管者是否真正做了他们应该做的却越来越引起人们的怀疑。经济学家们开始把注意力从研究"市场失灵"转向"监管失灵"，即研究监管决策的具体过程。

监管失灵理论又可以具体分为管制"俘虏"理论和管制"寻租"说等。这一系列理论的核心观点认为监管活动会受监管利益集团的影响，无法实施有效的监管活动反而会造成市场的过度反应和剧烈波动。

（一）管制"俘虏"理论

管制"俘虏"理论以实证研究为基础。这一理论的最大贡献者斯蒂格勒（Stigler）在 1971 年发表的《经济管制理论》一书中指出：经济监管的中心任务是解释谁是监管的受益者或受害者，政府监管采取什么形式和政府监管对资源分配的影响。他通过实证研究得出受监管产业并不比无监管产业具有更高的效率和更低的价格。1976 年，佩兹曼（Peltzman）在市场失灵、对政府监管结果的预测以及推断政府在经济监管上的有效性三个层次上更全面地阐述了该理论。他认为无论监管者是否获得利益，被监管产业的产量和价格并没有多大的差异，其主要差别只是收入在各利益集团之间的分配。可以看出，该理论的核心观点是监管的目标不是为了公共利益，而是取悦于特殊的利益集团，管制机构不过是被管制者俘获的猎物而已。随着监管措施的实施，被管制的行业将逐渐熟悉立法和行政程序，情况就会发生变化。管制机构会逐渐被它所管制的行业控制和主导，被管制对象会借此给自己带来更高收益。它们可以通过影响政治决策过程和立法来设立旨在保护自身利益的监管机构。

（二）管制"寻租"说

公共选择学派的代表人物塔洛克在 1967 年发表的《关税、垄断和偷窃的社会成本》一书中最先提出管制"寻租"说。他通过分析关税产生的社会成本，认为政府对经济活动的管制与关税设立具有相同的性质，可以使特定集团的利益增加，同时使其他集团的利益受损。为此，获益集团将开展活动寻求这些管制，受损集团也将花费成本展开反对管制的活动。塔洛克认为，通过公共政策实现的收益转移具有租金性质，其本身并不影响社会福利，但这些租金的存在却会带来"寻租""护租""创租""抽租"以及"防租"等利益活动，消耗大量的社会稀缺资源，形成社会福利净损失。而且，考虑到在寻租过程中，每位寻租者以预期中的租金数量来决定自己"寻租"活动的投入，但总有一些人要失败，失败的寻租得不到任何补偿。这样，社会总的"寻租"活动浪费的社会资源数量可能大大超过租金数量，也就是说通过公共管制过程获取的租金可能被寻租活动的投入浪费掉，塔洛克将其称为"租金耗散"。由于证券监管是政府管制的重要组成部分，与其他政府管制活动一样，在证券监管中同样会存在大量"寻租"现象。这破坏了市场竞争的公平性，会影响证券监管的公平与效率。

三、监管经济学

监管经济学把监管看作一种商品，这种商品的供应受制于对它的需求，其代表的观点是"监管只是政治家用来向某些利益集团进行收入再分配的一种工具，反过来，这些利益集团要能够向政治家提供选票和其他好处。因此，这是一桩买卖，导致监管这种产品产生的原因完全可以用经济学的原理解释"。"将监管看成是受基本供求关系影响的一种产品，有助于发现影响监管对个人和集团价值的各种因素。因为在其他条件相同的情况下，某种产品总是优先供应给那些出价最高的买主。同时，也有助于发现获得监管的代价。"所以，管制可以被看作由政府供给、为特定个人与集体提供所需求的商品。管制同样受供求法则或规律支配，现行的管制安排是供求两种力量相互作用的结果。既然监管成为一种产品，那么就存在着一个生产成本问题，监管经济学认为，监管的成本除了维持监管机构存在和执行监管任务的行政费用之外，还包括四方面看不见的成本，即"道德风险成本"、"资产风险加大成本"、造成福利损失的"合规成本"以及阻碍管理和技术革新的"动态经济成本"。

四、有效资本市场理论

在有效市场上，价格能充分反映所有可获得的信息。价格机制是资本市场中资本有效配置的内在机制。因此，如果资本市场在确定资产价格中能够使用所获得的全部信息，该定价则为有效。也就是说，当出现任何新信息时，价格能够迅速做出反应。在这个意义上，证券市场价格曲线的任一点的价格都最真实而准确地反映了该证券的价值。所以，一个有效资本市场必须满足的条件是：所有可能影响证券定价或买卖决策的信息都能够在市场上得到充分、准确、及时的反映；所有市场参与者之间的信息分布对称且公平。有效资本市场理论对证券监管具有积极的理论意义。有效资本市场理论为论证政府在干预证券市场效率方面提供了一个理论依据，该理论的运用成为当前美国证券法规得以实施以及评价这一法规体系的理论基础。有效市场理论表明，一个具备信息完全性和分布对称性的证券市场才可以认为是有效率的市场。这为证券监管行为指明了监管目标和监管方向：首先，监管者需研究并制定涉及信息问题的监管法规制度，并保证其实施相关信息披露制度，制止垄断和操纵行为，降低交易成本和信息成本，打击内幕交易，促进信息在市场上充分、迅速、准确、对称地流动，为提高和实现市场有效性作出努力。其次，以信息为核心的市场有效性概念为衡量政府对证券市场的监管成效提供了一个评价标准。实证数据显示的市场有效性越强，监管获得的净收益越大。最后，这一理论所给出的三种有效市场形式（弱式有效市场、半强式有效市场和强式有效市场）对客观地把握一国资本市场的发展现状和存在的问题，从而令政府监管机构得以有的放矢地调整相应的监管制度和政策，确立本国资本市场发展的战略，具有重要的参考价值。

五、金融脆弱说

该学说认为金融体系其实是相对脆弱的，因为金融机构具有内在不稳定性、信息不对称、个体理性与集体理性相冲突等问题。这决定了金融系统需要政府提供监督管理，以维持社会公众的信心和金融安全。钱颖一在 2000 年发表的《市场与法治》中认为，相对其他市场（如产品市场和劳动力市场等）的管制应该放松不同，对金融市场的监管应该加强和改进。原因在于：第一，投资者投入资金与取得回报之间有相当的时间差，会给资金使用者和金融中介机构很大的机会从事不利于投资者的活动，即产生所谓的道德风险。第二，投资者人数众多且分散，会产生"搭便车"问题使合同执行缺乏监督，使投资者的利益易受侵犯。第三，金融市场中的定价往往依赖于投资者的期望，因而存在多个均衡价格，使市场价格与实质经济基本情况相关性不高。总之，如果没有金融市场的恰当监管，投资者的利益就无法得到保障，金融风险极易产生并传递开来，最后造成经济危机和整个社会的波动。

第三节　证券市场监管的基本内容

一、证券市场发行监管

证券市场发行监管是指证券监管部门对证券发行的审查、核准和监控。整个证券市场监管的第一步就是证券发行监管，所以证券发行监管的好坏将直接影响到交易市场的发展和稳定。纵观全球，绝大多数国家都对证券发行实施严格监管。按照审核制度划分，世界上各国证券发行监管主要分为三种制度：注册制、审批制和核准制。

（一）注册制

注册制即所谓的"公开原则"，是指证券发行者在公开募集和发行证券前，需要向证券监管部门按照法定程序申请注册登记，同时依法提供与发行证券有关的一切资料，并对所提供资料的真实性、可靠性承担法律责任。在注册制下，监管部门的权力仅限于保证发行人所提供的资料无任何虚假的陈述或事实。如果发行者未违反上述原则，监管部门则应该准予注册。因而在注册制下，只要发行者提供正式、可靠、全面的资料，一些高风险、低质量的公司证券同样可以上市，证券监管机关无权干涉。注册制的理论依据是"太阳是最好的消毒剂，电灯光是最有效的警察"。

注册制有两个方面的优点：一方面为投资者创造了一个高透明度的市场；另一方面又为投资者提供了一个公平竞争的场所，在竞争中实现优胜劣汰和资金的优化配置。但是，注册制也存在着明显的缺陷。注册制发挥良好作用的前提是信息披露的充分性，投资者能够根据所获得的信息作出理性的投资决策。从其对信息披露的高要求这一点来看，证券市场发展历史比较悠久、市场已经进入成熟阶段的国家比较适合采用注册制。

（二）审批制

审批制是一种带有较强行政色彩的股票发行管理制度，主要表现在：股票发行实行下达指标的办法，同时对各地区、部门上报企业的数量也作出限制；掌握指标分配权的政府部门对希望发行股票的企业进行层层筛选和审批，然后作出行政推荐；监管机构对企业发行股票的规模、价格、发行方式、时间进行审查。这一制度在我国证券市场发展初期起到了积极的作用，协调了证券市场的供求关系，解决了国有企业改制上市、筹集资金和调整国民经济结构等问题。但其缺陷也逐步暴露出来，主要是：用行政办法无法实现社会资源优化配置，不适应社会主义市场经济要求；政府部门和监管机构对发行事项高度集中管理，减少了发行人和承销商的自主权，制约了中介机构的发育；一些中介机构违反有关法律法规，帮助企业虚假"包装"，骗取发行上市资格，影响了市场的公正；发行额度计划管理方式容易使股票发行审批中出现"寻租"现象。在市场自律机制不完善的情况下，证券市场也积累了一定的风险。

（三）核准制

核准制即所谓的"实质管理原则"，是指证券发行者不仅必须公开所发行证券的真实情况，而且所发行的证券还必须符合公司法和证券法中规定的若干实质性条件，证券监管机关有权否决不符合实质条件的证券的发行申请。虽然各国国情差别较大，具体情况也各不相同，但是实行核准制的国家在规定实质条件时都考虑了众多因素，并在信息公开的基础上，附加了一些规定，从而把一些低质量、高风险的公司排除在证券市场之外，在一定程度上保护了投资者的利益，减少了投资的风险性，有助于新兴证券市场的发展和稳定。但是，核准制很容易导致投资者产生完全依赖的安全感，而且监管机关的意见未必完全准确。核准制会使一些高成长性、高技术和高风险并存的公司上市阻力加大，而这些公司的发展对国民经济的高速发展具有巨大的促进作用。由此可见，核准制比较适合于证券市场历史不长、经验不多、投资者素质不高的国家和地区。对这些国家和地区来说，核准制有助于新兴证券市场健康、有效、规范地发展。

二、证券市场交易监管

（一）证券上市标准

各国证券交易所对证券上市标准的规定不尽相同。对证券上市标准的比较主要涉及对股票上市标准的比较。债券上市标准一般都是针对企业债券，政府债券通常享有豁免权，可直接在交易所上市。但是一般说来，包括以下五个方面的内容：

（1）资本额。

资本额的多寡是一个公司实力是否雄厚的基本标志，为防止无本经营的皮包公司上市损害投资者的利益，各交易所都有最低资本额的规定。

（2）股权分布状况。

股权分布良好，上市公司由公众持有若干股的股东人数不低于一定数值，可以有效防止垄断和操纵市场，因此股权分散化也是各国证券交易所规定证券上市的标准之一。

（3）公司业绩。

申请上市的公司的业绩状况是公司发行的证券能否上市的重要条件，各证券交易所对此均有规定。

（4）公司最低营业年限。

为了提高上市证券的安全性，证券交易所要求上市证券的公司营业时间必须达到规定年限。

（5）其他条件。

除了上述条件之外，证券交易所对上市证券的发行公司还规定了应该达到的资信等级、偿债能力等其他条件，如公司在以往的经营中，不能有违约、欺诈等不法行为的经历，财务报表无虚假记载等。以我国为例，股份有限公司申请股票上市，应当符合下列条件：①股票经国务院证券监督管理机构核准已公开发行。②公司股本总额不少于人民币三千万元。③公开发行的股份达到公司股份总数的百分之二十五以上；公司股本总额超过人民币四亿元的，公开发行股份的比例为百分之十以上。④公司最近三年无重大违法行为，财务会计报告无虚假记载。

证券交易所可以规定高于前款规定的上市条件，并报国务院证券监督管理机构批准。在符合条件的同时，还必须向证券交易所报送相关必要文件，包括：上市报告书、申请股票上市的股东大会决议、公司章程、公司营业执照、依法经会计师事务所审计的公司最近三年的财务会计报告、法律意见书和上市保荐书、最近一次的招股说明书和证券交易所上市规则规定的其他文件。股票上市交易申请经证券交易所审核同意后，签订上市协议的公司应当在规定的期限内公告股票上市的有关文件，并将该文件置备于指定场所供公众查阅。上市公司如若违背相关法律法规，证券交易所有权决定暂停，甚至终止其股票上市交易。

（二）实行上市公司信息持续性披露制度

1. 信息持续性披露制度

信息持续性披露制度是公开原则在证券市场中的集中表现。上市公司持续性信息披露的文件包括：定期报告文件、临时报告书，以及为执行证券交易所的及时公开政策而公开的各类报告文件。定期报告包括年度报告、中期报告以及季度报告等，其中年度报告最为重要。我国上市公司信息披露制度：根据中国证监会规定，凡在中国证监会登记注册、公开发行股票的公司，以及持有一个公司5%以上发行在外普通股的投资者和收购上市公司的投资者，均须按照要求披露有关信息。除了发行公告书和上市公告书之外，公司还需披露定期报告和临时报告。前者包括年度报告和中期报告，后者包括重大事件公告和收购与合并公告。

就重大事项公告来说，这些事项是指可能对上市公司股票交易价格产生较大影响，而投资者尚未得知的事项，具体包括：公司经营方针和经营范围的重大变化；公司重大的投资行为和重大资产购置的决定；订立可能对公司资产、负债、权益和经营成果产生重要影响的合同；发生的重大债务和未能清偿到期债务的违约情况；发生重大亏损或者遭受超过净资产10%以上的重大损失；公司生产经营的外部条件发生的重大变化；公司的董事长、1/3 以上的董事，或者经理发生变动；持有公司 5% 以上股份的股东，其持有情况发生较大变化；涉及公司的重大诉讼，法院依法撤销股东大会、董事会的决议；公司减资、合并、分立、解散及申请破产的决定等。就收购与合并公告来说，根据《中华人民共和国证券法》有关规定，任何投资者直接或者间接持有一个上市公司发行在外的普通股达到 5% 以上时，应按照中国证监会制定的准则规定的内容和格式，将有关情况刊登在至少一种由中国证监会指定的全国性报刊上。当上述持股比例达到 30% 时，除按照规定报告外，还应当自所列事实发生之日起 45 日内向公司所有股东发出收购要约，并同时刊登在有关报纸上。

2. 信息披露存在的主要问题

我国上市公司信息披露的问题主要是临时信息披露不及时、信息披露未能完整详尽、信息披露未必真实准确，以及信息披露未能前后一致。

（三）证券商监管

1. 对证券商资格的监管

（1）证券商设立的审查批准机构。

由政府机构直接进行证券商的资格审查，然后核发许可证已经成为国际上通用的做法。有所区别的是，有的国家只要经过政府部门批准就可自动成为证券交易所会员、证券同业公会会员，如日本、韩国等。而有的国家在政府机构批准之后，并不一定被证券交易所吸收为正式会员，也就是说，不能取得完全的证券商资格，如美国、英国等。证券交易所和证券同业公会对推荐和选举程序、购买会员席位的规定等有相对独立的规定和审批权力。

在中国，设立证券公司，必须经国务院证券监督管理机构审查批准。未经国务院证券监督管理机构批准，任何单位和个人不得经营证券业务。同时，在中国证监会批准发给经营许可证后，还需到工商管理部门办理营业执照。

（2）取得证券商资格的主要条件及限制。采取注册制设立的证券商，必须具备下列条件：达到注册资本额的最低标准；缴纳保证金；从业人员已具有相应的知识、经验与能力；通过专门的考试。采取特许制设立的证券商，必须具备下列条件：拥有足够的注册资本金；具有相应的知识、技能与经验；信誉良好。

我国《证券法》规定：设立证券公司，应当具备下列条件：

1）有符合法律、行政法规规定的公司章程；

2）主要股东具有持续盈利能力，信誉良好，最近三年无重大违法违规记录，净资产不低于人民币 2 亿元；

3）有符合本法规定的注册资本；

4）董事、监事、高级管理人员具备任职资格，从业人员具有证券从业资格；

5）有完善的风险管理与内部控制制度；

6）有合格的经营场所和业务设施；

7）政法规规定的和经国务院批准的国务院证券监督管理机构规定的其他条件。

关于证券商的组织形式，各国的规定都不一样。目前，比利时、丹麦等国家仍然采取个人或合伙制的形式；德国和荷兰的法律明确规定，证券商可以采取多种组织形式，但实践中只限于个人或合伙的形式；中国香港、马来西亚、新西兰、南非等大多数国家和地区的理论与实践均允许采用个人或公司法人形式；而新加坡、巴西等国的法律则只允许采用公司法人的形式。不过，证券商采用公司法人形式是一个必然的发展趋势。

2. 证券商资金的监管

为保证证券商履行其职责，各国和地区对证券商的资金均有规定，一般是规定最低资本额、提存保证金、规定自营交易额三个方面。规定最低资本额是最早运用且比较流行的一种方式。根据《中华人民共和国证券法》规定，证券公司根据经营业务的不同，注册资本最低限额有 5000 万元、1 亿元、5 亿元等不同规定。同时，《中华人民共和国证券法》也规定证券公司必须按监管机构规定提取一定比例的营业保证金和证券交易风险准备金，用以弥补证券交易及其他业务因事故而发生的损失；赔偿因证券公司的失误而对客户造成的损失等。我国对于自营交易额的规定是：证券公司账户上持有的证券市价总额不得超过公司资本金的 80%；一种证券的持有量不得超过公司资本金的 30%；持有同一企业股票的数额不得超过该企业股份总额的 5% 和本公司资本金的 10%；证券交易营业部用于购买证券的资金不得超过其运行资本的 50%。

3. 证券商行为的自律监管

对证券商的行为监管是指对证券商的经营活动及其从业人员、管理人员的行为进行的监督管理。证券交易所、证券交易同业公会为规范证券商的行为一般都会实行比较严格的自律监管。

(1) 证券商最容易出现的欺诈舞弊行为有：扰乱证券市场价格；散布虚假信息；故意炒作；内外勾结；与交易所管理人员共同作弊；隐瞒实际收入；利用证券信用进行投机；骗取客户资金为自己牟利。自律组织制定规章制度从道义上建立起一种证券商彼此监督、彼此制约的机制，以最大限度地防止证券交易中的欺诈行为。

(2) 证券商行为约束的基本要求。各国证券商自律组织制定监管章程，对证券商交易行为的约束条款一般以下列原则为基本出发点：使投资者获得公正和公平对待的原则、充分披露原则、禁止操纵原则、维护市场稳定原则、不得兼职原则、客户优先原则、不违法收入的原则。

(3) 证券商自律组织对证券商违规行为的处罚。证券商违规行为主要指不道德的、有意识破坏正常交易的行为（违法行为由法律制裁或交政府证券监管机构处理）。在西方，证券业同业公会等自律组织均有较大的自治权，包括对证券商的惩戒权力。证券商出现违规行为，自律组织有权处罚，处罚的主要措施有：警告、要求证券商撤换从业人员、罚款直至开除会员席位。对证券商的处罚通常由仲裁委员会作出，仲裁委员会一般由会员选出，必要时采取投票的方式对议案进行表决，表决结果为最终决定。

4. 证券商业务的监管

我国法律规定：经国务院证券监督管理机构批准，证券公司可以经营下列部分或者全部业务：

（1）证券经纪；

（2）证券投资咨询；

（3）与证券交易、证券投资活动有关的财务顾问；

（4）证券承销与保荐；

（5）证券自营；

（6）证券资产管理；

（7）其他证券业务。

具体来说，经纪业务方面的规定主要有：证券公司办理经纪业务，必须为客户开立证券账户和资金账户，并对客户交付的证券和资金按账分户管理，如实进行交易记录，不得做虚假记载。证券公司不得以任何方式对客户证券买卖的收益或者赔偿证券买卖的损失作出承诺。禁止从事损害客户利益的欺诈行为，如违背客户的委托为其买卖证券；不在规定的时间内向客户提供交易的书面确认文件；挪用客户所委托买卖的证券或客户账户上的资金，私自买卖客户账户上的证券；为牟取佣金收入诱使客户进行不必要的证券买卖等。

证券自营业务方面的规定主要有：综合类证券公司必须将其经纪业务和自营业务分开办理，业务人员、财务账户均要分开，不得混合操作。客户交易结算资金必须全额存入指定的商业银行，单独立户管理，严禁挪用客户交易结算资金。证券公司的自营业务必须使用自有资金；证券公司自营业务必须以自己的名义进行，不得假借他人名义或者以个人名义进行；证券公司不得将自营账户借给他人使用，禁止操纵证券交易价格。

三、证券从业人员监管

证券从业人员的素质高低直接关系到证券行业的发展。证券从业人员素质的提高，特别是风险防范意识的增强有利于证券市场的风险防范。因此，需要相关制度的建设以保障对证券从业人员的监督管理。我国有关证券从业人员的监督管理法规主要体现在下列八个法律和法规中：《中华人民共和国公司法》《中华人民共和国证券法》《中华人民共和国刑法》《股票发行与交易管理暂行条例》《证券从业人员资格管理暂行规定》《禁止证券欺诈行为暂行办法》《证券市场禁入暂行办法》《关于加强证券从业人员犯罪预防工作的通知》。根据上述法律、法规，我国关于证券从业人员的监督管理的法律机制主要体现在以下方面：人员因进行证券欺诈活动或其他严重违反证券法律、法规、规章以及证券监管机构有关规定的行为，被证券监管机构认定为市场禁入者，在一定时期内或永久性不得从事证券业务（包括为证券发行人和投资者进行证券发行、交易及其相关活动提供中介服务或者专业服务等行为）的制度；被认定为市场禁入者的人员，证券监管机构将通过指定报刊和其他信息传播媒介向社会公布；该制度作为一种有力的行政处罚措施，可在相当程度上减小证券市场风险。

四、对证券交易所的监管

证券交易所是为证券集中交易提供场所和设施，组织和监督证券交易，实行自律管理的法人。各国（地区）证券法都规定，政府证券主管机关对证券交易所有检查监督权。我国规定证券交易所的设立和解散由国务院决定。主管机关主要通过审查交易所的章程、业务规则和决议的内容，规定交易所报告业务，以及监督检查交易所的业务、财务状况，调查违法、违规事件等方式对证券交易所进行管理和监督。

我国《证券交易所管理办法》规定，证券交易所应当履行下列报告义务：

（1）定期报告。每一财政年度终了后 3 个月内向证监会提交经具有证券从业资格的会计师事务所审计的财务报告；每一季度结束后 15 日内、每一年度结束后 30 日内，就业务情况、国家有关法律、法规、规章、政策的执行情况等向证监会提交季度、年度工作报告，年度报告抄报交易所所在地人民政府。

（2）重大事项报告。遇有重大事项发生，交易所应当随时报告证监会，必要时报交易所所在地人民政府备案。重大事项包括：①发现证券登记结算机构、证券交易所会员、上市公司、投资者和证券交易所工作人员存在或可能存在严重违反国家有关法律、法规、规章、政策的行为；②发现证券市场中存在产生严重违反国家有关法律、法规、规章、政策行为的潜在风险；③证券市场中出现国家有关法律、法规、规章、政策未作明确规定，但会对证券市场产生重大影响的事项；④在执行国家有关法律、法规、规章、政策过程中，需由证券交易所作出重大决策的事项；⑤证券交易所认为需要报告的其他事项等。

证券交易所不得以任何方式转让其依照法律法规取得的设立及业务许可。证券交易所的高级管理人员对其任职机构负有诚实信用的义务，交易所的总经理、副总经理不得在任何营利性组织或机构、团体中兼职，交易所的非会员理事及其他工作人员不得以任何形式在证券交易所会员公司兼职。证券交易所的高级管理人员及其他工作人员不得以任何方式泄露或者利用内幕信息，不得以任何方式从证券交易所的会员、上市公司获取利益；在履行职责时，凡有与其本人有亲属关系或者其他利害关系情形的，应当回避。

从一定意义上讲，证券交易所既是投资的场所，也是投机的场所，这一证券集中交易的场所不仅为投资者提供投资渠道，也给投机者提供了冒险的乐园。可以说证券交易所的发展史，就是同欺诈、操纵等不法行为斗争的历史。因此，加强对证券交易所的法律监管，通过立法规定证券交易所的法律地位与行为规则，规范证券商和工作人员的行为，制裁证券交易中出现的各种违法现象，是证券市场法律监管的重要一环。

第四节　我国证券市场的监管

一、我国的证券市场监管体制

我国现行证券监管体制属于集中型监管体制模式，具有集中型监管体制模式的基本特征，同时还有与我国证券市场相关的一些特点。

（一）政府监管

中国证券监督管理委员会是我国证券主管机构，负责对证券业、证券市场实行全过程和全方位的监管。其法定职能主要是：起草证券法规；监督管理有价证券发行、上市、交易；对证券经营机构和证券清算、保管、过户登记公司及投资基金经营机构与证券从业人员的业务活动进行监管；同有关主管部门审定从事证券业的律师、会计师事务所，颁布证券从业许可证；监管上市公司；对境内企业直接或间接向境外发行股票和上市行为进行监管；监管证券交易所的业务活动；等等。自 2004 年起，中国证监会进一步打造综合证券监管体系，加强证监会机关与派出机构之间、派出机构相互之间的协调配合，形成监管合力。

（二）自律监管

目前，我国有许多证券机构被称为自律性管理组织，如深圳证券交易所、上海证券交易所、中国证券业协会、证券登记结算公司等，但实际上没有一个可以有效履行自律管理职能。以中国证券业协会为例，它是受主管机关领导和指导的由证券经营机构组成的全国性会员组织。证券经营机构必须加入证券业协会，否则不得营业。证券业协会的设立主要是为了保证证券发行和交易的公正进行，保护投资者利益，促进证券业的健康发展。但在成立之初，其组织领导体系是半官半民的。其存在的问题是：证券业协会的权力和职责没有真正到位，难以依法实现自律；证券业协会体制不顺，证券交易所作为证券业协会的会员，导致自律组织重叠；证券业协会未能较好地处理证券经营机构与证券业协会的关系，证券业协会不能反映会员的利益和要求，不能对违法违规券商给予必要的惩戒；证券市场的政府监管过于刚性，使得证券经营机构的自律管理较难实现。

二、我国证券市场监管的历程

我国证券业监管体制是在改革开放后逐步产生和发展起来的，主要经历了以下四个阶段。

（一）无实体监管部门阶段（1981 年至 1985 年）

这一时期属于我国证券市场发展的萌芽期。除了财政部为弥补财政赤字以行政摊派的形式发行国库券外，基本不存在股票和企业债券市场。虽然 1984 年公开发行了首只股票，但股份制试点与股票发行交易的范围还很有限，股票也没有开始流通。这一阶段并不存在真正意义上的监管体制或明确的监管主体。

（二）多部门分散监管阶段（1986 年至 1992 年 10 月）

证券市场在这一阶段处于形成期，证券监管方面也就形成了多部门分散监管的监管体制，还未形成统一、有序、顺畅的集中管理体系。具体而言：依据 1986 年 1 月颁布的《中华人民共和国银行管理暂行条例》，"管理企业债券、股票等有价证券，管理金融市场"，中国人民银行被确立为证券市场主管机关。但中国人民银行对证券市场的监管职责并未明确，加上中国人民银行属政府部门的一员，很难协调证券监管中发挥作用的其他政府部门。因此，中国人民银行作为证券市场的主管机关在实践中缺乏集中型模式所要求的权威性。地方政府，尤其是上海、深圳两地政府扮演了重要的监管角色，体现出监管框架中的分散性或非集中性。但地方政府参与全国性证券市场的监管，难以规避地方利益和总体利益的冲突，容易导致证券市场价格信号的扭曲。多部门介入的管理格局略见雏形。1988 年以后，国家计划委员会逐步介入证券市场的计划管理，会同中国人民银行制订国内证券发行计划，共同实施对企业债券发行的额度审批管理。1990 年以后，国家经济体制改革委员会逐步介入股份制试点企业的报批管理，并颁布了若干股份制改革的规则与办法。1991 年，中国人民银行牵头设立了由国家计委、国家体改委、财政部、国资局、国家税务总局、经贸部、工商局、国家外管局八个部门组成的股票市场办公会议制度，并于 1992 年演变为国务院证券管理办公会议制度，执行对证券市场的日常监管。证券交易所的自律管理在一定程度上取代了政府管制并带有浓郁的官方色彩，交易所具有相当的实际管制实力。行业自律监管组织——中国证券业协会和中国国债协会于 1991 年成立，但尚未担负实质性自律职能。

（三）分散监管体制向集中监管体制的过渡阶段（1992 年 10 月至 1998 年 6 月）

这是我国证券市场的制度化形成时期。1992 年 10 月，专职性的中央政府证券监管机关国务院证券委员会和中国证券监督管理委员会成立，标志着我国证券监管体制开始向集中监管体制过渡。1992 年 12 月发布的《国务院关于进一步加强证券市场宏观管理的通知》和 1993 年 4 月颁布的《股票发行与交易管理暂行条例》，进一步确立了以国家证券委为主管机关、以中国证监会为执行机构、国务院各部门和地方政府共同参与的证券市场监管体制。

国务院证券委员会作为国家对全国证券市场进行统一宏观管理的主管机构，由 14 个部委的领导组成，主要职责是负责组织拟订有关证券市场的法律、法规草案，研究制定有关证券方针政策和规章，制定证券市场发展规划和提出计划建议，指导、监督和检查各地区、各有关部门与证券市场有关的各项工作，归口管理证监会等。中国证券监督管理委员会是国务院证券委员会的监督管理执行机构，依照法律、法规对证券发行和交易的具体活动进行管理和监督，并接受国务院证券委员会领导。主要职责是根据国务院证券委员会的授权，拟订有关证券发行和交易的规则、实施细则，以及对向社会公开发行股票的公司实施监管；对境内企业向境外发行股票实施监管；等等。

在确立中央监管机构的同时，相当一部分权力根据证券的性质和归口的不同，划分给国务院各部委，包括中国人民银行、国家计委、国家体改委、财政部、国资局、国家税务总局、国家外管局、外贸部、经贸委、各企业主管部委。地方政府相当深入地介入了证券市场管理，形成了中央与地方相结合的市场管理体系。它们负责选拔公开发行股票的企业，会同企业主管部门审批地方企业的股份制试点，同时管理当地证券市场。上海市和深圳市政府还负责归口管理两地的证券交易所。

从总体上来看，这一阶段证券监管体制的主要特点是，首次确立了独立的专门性证券监管机关，摆脱了前期依附于财政部和中国人民银行的旧模式，从而改善了非独立或非专职部门难以承担全面监管职能的弊端。同时，由国务院各部委联合协调的决策机制和各部门对证券市场的归口管理，在一定程度上解决了我国证券市场发展与规范过程中错综复杂的诸多难题。地方政府和证券交易所具有较多的权力，在市场发展初期也有助于及时解决市场矛盾，从而更快推进股份制改造和证券市场发展。然而，这一时期的证券市场规制还具有分散监管体制的诸多局限，监管机构的权威性和效率性也不适应证券市场快速发展的要求。

（四）集中监管体制建立和巩固阶段（1998年6月至今）

以1998年12月底全国人大通过的《中华人民共和国证券法》为标志，我国进一步确立了证券市场的集中监管体制。按照《中华人民共和国证券法》和国务院有关文件规定，中国证监会为国务院直属事业单位，是全国证券期货市场的主管部门，国务院证券监督管理机构。中国证券业协会辅助政府监管的地位在法律中也得到了明确。随着中国证券市场的发展，以及政府监管机构监管理念的发展和变化，中国证券业协会在证券市场上的作用日益增大，突出表现在四个方面：第一，证券市场的自律功能逐渐得到体现。不论是一级市场上的各种违规行为，还是二级市场上的佣金打折行为，中国证券业协会都及时做出反应，在券商中发起倡议、制定公约，严厉谴责和制裁违反公约的券商。第二，证券业协会为规范市场业务制定各种业务指引。不论是一级市场上的新股发行定价模式，还是二级市场上的各种委托协议书的指引，中国证券业协会都积极利用行业专家、国外同行的力量，为证券市场统一规范业务操作流程做出贡献。第三，为提高从业人员素质、增强券商综合竞争力，中国证券业协会配合中国证监会对高级管理人员和各种专业人员进行资格管理，在券商中加强对上述人员法律法规、知识素养、管理理论等多个方面的培训，提高他们合规经营的技能。同时，进行国际交流，扩大中国证券业协会和中国券商在国际证券市场上的影响。第四，中国证监会逐步将从业人员的资格审查转移到中国证券业协会，由后者完备从业人员的就业档案，跟踪从业人员就业经历，记录从业人员的违规违纪行为。

【本章小结】

本章首先从我国证券市场监管体制、监管手段入手系统介绍了证券市场的监管理论。其次，通过对比分析公共利益理论、监管失灵理论、监管经济学、有效资本市场理论以及金融脆弱说阐述了证券市场监管的理论依据。再次，从证券上市标准、实行上市公司信息持续性披露制度、证券商监管、证券从业人员监管、证券交易所监管系统入手介绍了证券市场监管的基本内容。最后，重点介绍了我国证券市场的监管体制和历程。

【思考与练习】

1. 证券市场监管的意义有哪些？请具体说明。
2. 证券市场监管的首要任务和目标是什么？
3. 如何理解证券交易所证券监管的职责？
4. 根据所学内容，谈一谈如何建立一个健康、有效的证券市场。

后 记

　　本教材是上海证券交易所投资者教育进入国民教育的一个阶段性成果。经过各方共同努力，历时两年编写完成并最终与读者见面。本教材的编写是根据上海证券交易所投资者教育进入国民教育整体安排，在上海证券交易所的统一领导下，在南京证券股份有限公司的组织下，与宁夏证券监督管理局共同完成的，宁夏证券业协会提供案例支持，并由南京证券提供出版经费资助。在编写过程中，上海证券交易所投资者服务部、南京证券，以及宁夏证监局、宁夏证券业协会领导和专家对教材编写工作多次进行指导并提出编写意见和修改建议。在此对为本教材编写提供支持和帮助的各个单位、各位领导和专家表示感谢，并对南京证券股份有限公司提供资金资助谨表谢忱。当然文中的疏漏甚至错误之处应由本编写组负责。

编写组

2023 年 1 月 8 日